텐서플로로 배우는
수치최적화와 딥러닝

텐서플로로 배우는 수치최적화와 딥러닝

초 판 | 1쇄 2022년 11월 01일

지은이 | 황윤구, 양한별, 신동욱
발행인 | 이민호

발　행 | 남가람북스
등　록 | 2014년 12월 31일 제 2014-000040호
주　소 | 인천광역시 연수구 송도미래로 30, E동 1910호
전　화 | 032 506 3536
팩　스 | 0303 3446 3536
홈페이지 | www.namgarambooks.co.kr
이 메 일 | namgarambooks@naver.com

편　집 | 남가람북스 편집팀
디자인 | 김혜정

ISBN | 979-11-89184-08-7

이 책은 저작권법에 따라 보호받는 저작물이므로 무단 전재와 무단 복제를
금지하며, 이 책 내용의 전부 또는 일부를 이용하려면 반드시 저작권자와
남가람북스의 서면 동의를 받아야 합니다. 책값은 표지 뒷면에 있습니다.
잘못된 책은 구입하신 곳에서 바꾸어 드립니다.

텐서플로로 배우는
수치최적화와 딥러닝

황윤구, 양한별, 신동욱 지음

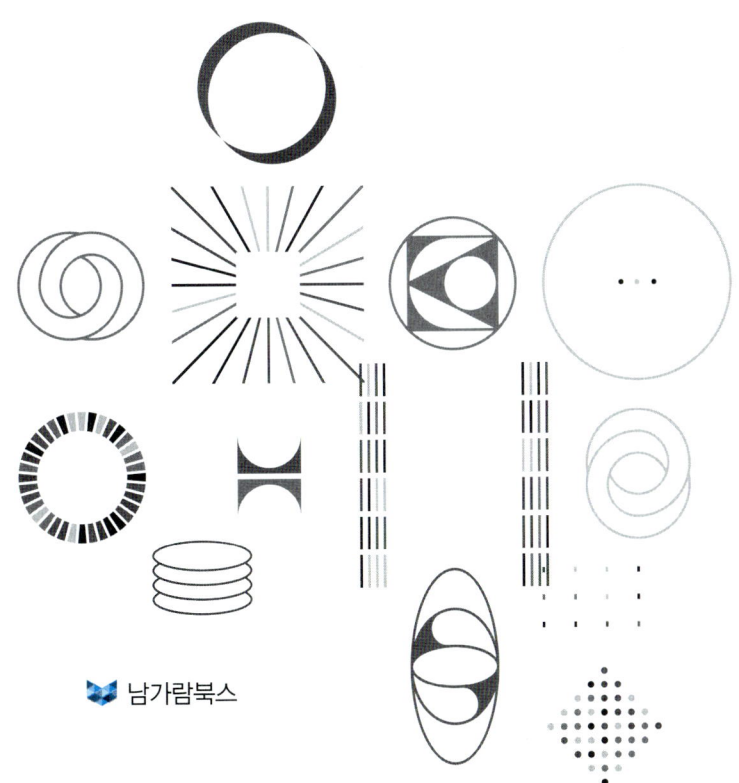

남가람북스

이 책을 내며…

2015년에는 구글의 텐서플로(TensorFlow) 라이브러리 오픈소스 공개, 2016년에 알파고와 이세돌 9단의 대결이 있고 난 뒤 본격적으로 딥러닝에 대한 관심도는 높아졌습니다. 이제는 높은 관심을 지나 많은 연구 분야에서 성과를 내고 있고, 실생활에 딥러닝 기술들이 점차 적용되고 있습니다. 또한, 많은 기업에서는 딥러닝 관련 프로젝트 경험자를 우대하고 있고, 학교에서는 딥러닝을 배우지 않는 학과를 찾아보기 어렵습니다.

사실 인공지능이나 딥러닝이라는 단어 속에는 아주 많은 학문이 섞여 있습니다. 영상, 자연어, 그리고 기존 머신러닝 분야들도 모두 인공지능으로 볼 수 있고, 통계적인 기법 역시 딥러닝 개념과 섞여 등장하는 경우도 많습니다. 따라서 딥러닝 관련 자료들은 여러 분야를 전반적으로 이해하는 것이 중요합니다.

필자 역시 딥러닝 관련 연구 및 조사를 하면서 많은 시행착오를 겪었습니다. 돌이켜 생각해 보면 조사했던 자료 및 논문이나 온라인 강의의 방대한 양에 비해서는 상당히 적은 양으로 요점을 정리할 수 있었습니다. 필자는 이러한 시행착오를 다른 분들이 최소로 겪기를 바라며 이 책을 썼습니다.

사실 수학 비전공자들에게도 딥러닝 핵심 이론은 어렵지 않습니다. 그렇다면 왜 딥러닝은 어렵게 느껴질까요? 딥러닝 이론과 실제 코드 구현의 분리가 딥러닝에 대한 이해를 높이는데 가장 큰 방해가 된다고 생각합니다.

그래서 이 책에는 모든 이론마다 그 이론을 돕기 위한 예제와 함께 텐서플로(TensorFlow) 코드 설명이 같이 진행됩니다. 필자가 강의했던 경험에 비추어 보면 이렇게 이론과 코드를 같이 습득하면 단순히 이론이나 코드만 보는 것보다 훨씬 효과가 높았습니다. 너무 이론이나 기초적인 딥러닝 모델에 치우치지 않도록 책의 후반부에는 실무에서 유용하게 사용할 수 있는 딥러닝 모델들을 소개합니다.

응용 부분에서는 딥러닝 관련 연구와 회사 업무를 하면서 필수적인 부분들을 추려서 설명합니다. 구성을 보면 이미지를 다루는 비전, 텍스트를 다루는 자연어 처리, 복합 데이터를 처리하는 응용 예제들로 구성했습니다. 근래에 대용량 파라미터를 갖는 자연어 모델은 사전학습을 최대한 활용하는 방향으로 구성되어 있습니다.

이 책을 보시는 분들의 소중한 시간이 효과적일 수 있도록 최선을 다했습니다. 혹시 궁금한 점이나 부족한 점이 있다면, 언제든지 https://github.com/DNRY/tfopt에 글을 남겨주시면 감사하겠습니다. 모쪼록, 딥러닝을 공부하는 독자 여러분에게 많은 도움이 되는 책으로 남았으면 하는 바람입니다.

2022년 깊어 가는 가을에
황윤구 드림

추천의 말

인공지능에 관한 관심이 높아지면서 그동안 딥러닝 주제를 다루는 책은 무수히 출간되었습니다. 하지만 딥러닝의 기초가 되는 수학 이론 중에 가장 핵심적인 최적화를 다루는 책은 찾아보기가 어렵습니다.

이 책은 최적화 이론을 소개하고 텐서플로를 이용하여 해결하는 코드 수준까지 자세히 보여주고 있습니다. 수학을 전공하지 않은 분들도 수치최적화 알고리즘을 쉽게 이해할 수 있도록 직관적으로 설명하고 코드로 구현한 것이 인상적입니다. 또한, 시각, 언어, 테이블 데이터와 같은 흥미로운 응용 분야의 예제를 포함하고 있습니다. 딥러닝을 처음 접하거나 이론적인 내용에 관심이 있는 분들에게 유용한 가이드로 적극 추천합니다.

연세대학교 수리과학연구소장
이지현 교수

딥러닝을 비롯한 머신러닝의 본질은 "데이터에서 배우는 것(learning from data)"입니다. 데이터에서 배우는 딥러닝 모델의 훈련 과정은 정답과의 오차를 최소화하는 최적화 문제로 치환될 수 있습니다. 이 책은 이와 같은 딥러닝의 본질적 메커니즘인 최적화 문제를 텐서플로 2.0 소스 코드로 하나하나 짚어 가며 설명하는 큰 장점이 있습니다.

더 나아가 주요 신경망 아키텍처와 비전, 언어 등의 응용문제 해결까지 다루고 있어, 딥러닝과 텐서플로 2.0의 기초를 다지는데 충분한 디딤돌이 됩니다. 딥러닝의 기초를 탄탄히 쌓고 텐서플로 2.0을 시작하고 자 하는 독자들께 [텐서플로로 배우는 수치최적화와 딥러닝]을 추천합니다.

LG CNS D&A 연구소장
이주열 상무

들어가며...

많은 분야에서 딥러닝의 선풍적인 인기와 엔지니어들의 선호도가 높아지던 시기를 지나, 딥러닝 관련 기술이 실제 현장과 제품에 적용되는 시기입니다. 이제는 인터넷을 통해 간단한 검색으로 많은 딥러닝 예제 코드를 구할 수 있습니다. 그럼에도 불구하고 본인만의 데이터로 실제 현장과 제품에 딥러닝 모델을 적용하려고 하면 예제 코드처럼 쉽게 되지 않습니다. 다음은 필자가 여러 딥러닝 강의를 진행한 경험을 토대로 알게 된 딥러닝 공부를 할 때 자주 겪는 어려운 점들입니다.

1. 예제 코드에서는 잘 되는데 다른 데이터를 이용하면 잘되지 않는다.
2. 딥러닝 모델이 복잡할수록 이론을 이해하기 어렵다.
3. 하이퍼 파라미터(Hyper parameter)들의 기능 파악이 어렵다.
4. 딥러닝 관련된 많은 이론을 공부하기 어렵다.

이 책은 텐서플로(TensorFlow)를 사용하여 다양한 딥러닝 모델을 학습하는 방법과 최적화 이론을 다룹니다. 딥러닝에 관련된 많은 수학 이론이 있지만, 가장 핵심적인 최적화 문제를 중심으로 딥러닝 학습을 설명합니다. 2020년도에 발간된 "딥러닝을 위한 최적화와 수치해석"의 개정판 성격이 강합니다.

텐서플로 1이던 기존 실습 예제들이 모두 텐서플로 2로 변경되는 큰 변화가 있습니다. 또한, 기존에는 자연어 데이터에서 중요한 사전학습 관련 파트를 추가하고, 영상, 자연어, 그리고 테이블 데이터가 모두 섞여 있는 데이터를 다루는 파트도 추가하여 실제 현장과 제품에 적용할 때 도움이 되도록 구성하였습니다.

현재까지 출판된 딥러닝 관련 도서와 강의들은 최적화 이론에 대해서 다루지 않거나 너무 간단하게 다룹니다. 하지만 최적화 이론을 이해하기에는 부족한 양입니다. 이 책에서는 가장 먼저 최적화 이론을 소개하고, 최적화 문제는 텐서플로를 사용하여 풉니다. 이러한 방식은 딥러닝 모델을 텐서플로를 사용하여 학습시킬 때도 변하지 않습니다. 사실 텐서플

목차

이 책을 내며... 4

들어가며... 6

PART 1
프로그래밍 준비 작업 21

Chapter 01 개발환경 설정하기 22

1.1 아나콘다(Anaconda) 23
1.1.1 아나콘다 설치하기 23
1.1.2 터미널 실행 방법 28
1.1.3 개발환경 생성과 삭제 그리고 패키지 설치 29
1.1.4 개발환경 활성화와 비활성화 31
1.1.5 개발환경 내에 패키지 설치하기 32
1.1.6 개발환경 내보내기와 불러오기 33

1.2 텐서플로(TensorFlow) 및 관련 패키지 설치하기 35
1.2.1 yml을 통해 불러오기 36
1.2.2 yml없이 직접 설정하기 36

Chapter 02 주피터 노트북과 파이썬 튜토리얼 38

2.1 주피터 노트북(Jupyter Notebook) 38
2.1.1 파이썬 코드 실행하기 39
2.1.2 마크다운 39
2.1.3 편리한 기능 소개 41

2.2 파이썬 기초 문법 42
2.2.1 변수 선언 및 함수 선언, 그리고 익명함수 43
2.2.2 주요 변수 타입 44
2.2.3 for loop 47
2.2.4 if statement 48

	2.2.5 제너레이터(Generator)	49
	2.3 자주 사용되는 파이썬 문법 패턴	**51**
	2.3.1 데이터 타입마다 다른 for loop 스타일	51
	2.3.2 zip이 들어간 for loop	52
	2.3.3 한 줄 for문	53
	2.3.4 파일 읽기/쓰기	54
	2.4 numpy array	**56**
	2.4.1 n차원 배열(Array)	56
	2.4.2 배열의 모양(Shape)	57
	2.4.3 전치 연산(Transpose)	59
	2.4.4 Reshape	59
	2.4.5 배열 인덱싱	61
	2.5 시각화 패키지(matplotlib) 튜토리얼	**62**
	2.5.1 분포도(Scatter Plot) 그리기	62
	2.5.2 Pair Plot(페어플랏) 그리기	65
	2.5.3 단일변수 함수 그래프 그리기	67
	2.5.4 여러 그래프를 한 눈에 보기	69
	2.5.5 그래프 스타일링	72
	2.5.6 다변수 함수 그래프 그리기	75
Chapter 03	**텐서플로 튜토리얼**	**78**
	3.1 텐서플로 설치	**79**
	3.2 텐서플로 구조 이해하기	**79**
	3.2.1 그래프(Graph)	79
	3.2.2 텐서(Tensor)	80
	3.2.3 연산(Operation)	81
	3.3 주요 타입 2가지	**82**
	3.3.1 Constant	82
	3.3.2 Variable	82
	3.4 기초 수학 연산	**83**

3.4.1 스칼라 덧셈	84
3.4.2 텐서플로에서 제공하는 다양한 함수	85
3.4.3 리덕션(Reduction)	89
3.4.4 케라스(Keras) 모델	91

PART 2
딥러닝에 필요한 수치해석 이론   99

Chapter 04 최적화 이론에 필요한 선형대수와 미분   100

4.1 선형대수   100
4.1.1 정의 및 표기법   101
4.1.2 교육과정에 따른 선형대수의 방향성   103
4.1.3 벡터/벡터 연산   105
4.1.4 행렬/벡터 연산   108
4.1.5 행렬/행렬 연산   116
4.1.6 선형시스템의 풀이   120

4.2 딥러닝에서 자주 사용되는 선형대수 표기법   123
4.2.1 미분과 그래디언트(Gradient)   129

Chapter 05 딥러닝에 필요한 최적화 이론   132

5.1 딥러닝에 나타나는 최적화 문제   135

5.2 최적화 문제의 출발   136

5.3 최적화 문제 표현의 독해법   138
5.3.1 선형 회귀 모델   139
5.3.2 제곱값의 합을 이용한 선형 회귀   140
5.3.3 절댓값의 합을 사용한 선형 회귀   147

5.4 다양한 딥러닝 모델과 최적화 문제 미리보기   153

Chapter 06 고전 수치최적화 알고리즘   154

6.1 수치최적화 알고리즘이 필요한 이유   155

	6.2 수치최적화 알고리즘의 패턴	156
	6.3 그래디언트 디센트(Gradient Descent)	158
	6.3.1 예제로 배우는 그래디언트 디센트	158
	6.3.2 그래디언트 디센트 방법의 한계점	167
	6.4 그래디언트 디센트를 사용한 선형 회귀 모델 학습	173
	6.4.1 선형 회귀 문제 수식 소개	174
	6.4.2 그래디언트 디센트 방법 적용	175
	6.4.3 한계점	183
Chapter 07	**딥러닝을 위한 수치최적화 알고리즘**	184
	7.1 스토캐스틱 방법(Stochastic method)	184
	7.2 스토캐스틱 방법의 코드 구현 패턴	187
	7.3 탐색 방향 기반 알고리즘	192
	7.3.1 스토캐스틱 그래디언트 디센트 방법	192
	7.3.2 모멘텀/네스테로프 방법	196
	7.4 학습률 기반 알고리즘	200
	7.4.1 적응형 학습률 방법의 필요성	201
	7.4.2 Adagrad	204
	7.4.3 RMSProp (Root Mean Square Propagation)	209
	7.4.4 Adam	211

PART 3
텐서플로를 사용한 딥러닝의 기본 모델 학습   217

Chapter 08	**선형 회귀 모델**	218
	8.1 예측 모델과 손실함수	219
	8.2 결정론적 방법과 스토캐스틱 방법	222
	8.2.1 결정론적 방법	222
	8.2.2 스토캐스틱 방법	224

8.3 비선형 회귀 모델   227
8.3.1 이차 곡선 데이터   227
8.3.2 삼차 곡선 데이터   231
8.3.3 삼각함수 곡선 데이터   235
8.4 비선형 특성값 추정 방법과 신경망 모델   239

Chapter 09 선형 분류 모델   242

9.1 이항 분류 모델   242
9.1.1 연속 확률 모델   244
9.1.2 최대우도법과 크로스 엔트로피   249
9.1.3 미니 배치 방법을 통한 모델 학습   255
9.1.4 특성값을 이용한 비선형 분류 모델   257

9.2 다중 분류 모델   259
9.2.1 소프트맥스(Softmax)   260
9.2.2 원-핫(One-hot) 인코딩   261
9.2.3 다중 분류 모델의 크로스 엔트로피   262
9.2.4 미니 배치 방법을 통한 모델 학습   265
9.2.5 MNIST   267

Chapter 10 신경망 회귀 모델   274

10.1 신경망 모델의 필요성   274
10.2 신경망 모델 용어 소개   281
10.3 신경망 모델 구현   284
10.4 신경망 모델의 다양한 표현   289
10.5 특성값 자동 추출의 원리   295
10.6 신경망 모델의 단점   297

Chapter 11 신경망 분류 모델   304

11.1 신경망 분류 모델의 필요성   304

	11.2 다양한 데이터 분포와 신경망 분류 모델	309
	11.2.1 신경망 분류 모델 학습	310
	11.2.2 체커보드 예제	316
	11.2.3 불규칙한 데이터 분포 예제	317
	11.3 신경망 분류 모델의 다양한 표현	321
	11.4 MNIST 분류 문제	323

PART 4
학습용/테스트용 데이터와 언더피팅/오버피팅   327

Chapter 12   언더피팅/오버피팅 소개   328

12.1 딥러닝 모델과 함수	329
12.2 학습용 데이터와 정답함수	330
12.3 정답함수와 테스트용 데이터	332
12.4 언더피팅/오버피팅의 2가지 요인	334

Chapter 13   언더피팅의 진단과 해결책   336

13.1 학습 반복 횟수 재설정	336
13.2 학습률 재설정	341
13.3 모델 복잡도 증가	344
13.4 언더피팅된 신경망 분류 모델	346
13.5 언더피팅 요약	352

Chapter 14   오버피팅의 진단과 해결책   354

14.1 학습 반복 횟수 재설정	360
14.2 Regularization 함수 추가	361
14.2.1 L^2 Regularization	362
14.2.2 L^1 Regularization	369

14.3 드롭아웃(Dropout)	375
14.4 분류 문제	383
14.5 교차검증 데이터의 등장	389

Chapter 15 텐서보드(TensorBoard) 활용 392

15.1 그래프 그리기	393
15.2 히스토그램 그리기	395
15.3 이미지 그리기	396
15.4 신경망 모델 학습 과정에 텐서보드 적용하기	398
15.5 Custom 값을 텐서보드에 출력하기	401

Chapter 16 모델 저장하기와 불러오기 404

16.1 저장하기	404
16.2 불러오기	407
16.3 오버피팅 현상 해결 응용 예제	408

Chapter 17 딥러닝 가이드라인 414

17.1 딥러닝 프로젝트 진행 순서	414
17.1.1 모델과 손실함수 선택	416
17.1.2 모델 학습 진행	416
17.1.3 언더피팅 확인	417
17.1.4 오버피팅 확인	418
17.1.5 최종 성능 확인	419
17.2 딥러닝 학습의 근본적 한계	419
17.2.1 손실함수에는 학습용 데이터뿐이다	419
17.2.2 데이터 전처리는 매우 중요하다	420
17.2.3 손실함수와 정확도는 다르다	421
17.2.4 테스트 데이터의 분포는 완전히 알 수 없다	421

PART 5
딥러닝 모델 423

Chapter 18 CNN 모델 424

18.1 딥러닝(Deep Learning) 이란 425

18.2 CNN 모델 소개 426

18.3 콘볼루션(Convolution) 426
18.3.1 커널(Kernel)/Filter 428
18.3.2 Strides 431
18.3.3 Padding 432

18.4 Max-Pooling 434

18.5 Dropout 436

18.6 ReLU 활성 함수 438
18.6.1 사라지는 그래디언트 문제(Vanishing gradient problem) 438
18.6.2 문제의 이해 438
18.6.3 문제의 원인 438
18.6.4 해결 439

18.7 자동 특성(Feature) 추출 439

18.8 MNIST 숫자 분류 문제 440
18.8.1 데이터 훑어보기 441
18.8.2 One-Hot 인코딩 443
18.8.3 CNN모델 구축하기 444
18.8.4 최적화 문제 설정 445
18.8.5 하이퍼 파라미터 설정 447
18.8.6 학습 시작 447
18.8.7 정확도 확인 448
18.8.8 전체 코드 449

Chapter 19 GAN(Generative Adversarial Networks) 모델 452

19.1 min-max 최적화 문제 소개	453
19.2 Generator(생성기)	454
19.2.1 학습용 데이터 준비	455
19.2.2 Leaky ReLU(누설 ReLU)	455
19.2.3 Tanh Output	456
19.3 Discriminator(판별기)	456
19.4 GAN 네트워크 만들기	457
19.4.1 Hyperparameters	457
19.5 손실함수	458
19.6 Training(학습)	459
19.6.1 Training(학습)의 세부 조건 설정	459
19.6.2 Training one epoch	460
19.6.3 학습 시작	461
19.6.4 Training loss(학습 손실)	462
19.6.5 생성기로 만든 샘플 영상	462
19.6.6 생성기로 새로운 영상 만들기	465
19.7 유용한 링크 및 전체 코드	465
19.7.1 유용한 링크	466
19.7.2 전체 코드	466

PART 6
응용 문제   471

Chapter 20 영상   472

20.1 Transfer Learning(전이 학습)	472
20.2 꽃 사진 분류	473
20.2.1 필요한 사전 지식	473
20.2.2 환경 준비	474

20.2.3 문제 소개		475
20.2.4 VGG16 모델		476
20.2.5 데이터 훑어보기		479
20.2.6 모델 만들기		482
20.2.7 최적화 문제와 하이퍼 파라미터 설정		483
20.2.8 학습		484
20.2.9 정확도		486
20.3 Fine-tuning		488
20.4 Transfer Learning 전체 코드		493

Chapter 21 자연어 데이터 전처리와 머신러닝 모델 — 500

21.1 IMDB 데이터	500
21.2 자연어 데이터 전처리	502
21.3 머신러닝에서 사용하던 전처리 기법	508

Chapter 22 IMDB 영화 리뷰 예제: RNN 모델 학습 — 512

22.1 Embedding	514
22.2 LSTM모델 학습	516
22.3 Bidirectional LSTM모델 학습	519
22.4 Multi-Layer LSTM 모델 학습	521

Chapter 23 IMDB 영화 리뷰 예제: RNN 사전학습 모델 활용 — 524

23.1 임베딩 그대로 사용하기	525
23.2 임베딩 추가 학습하기	527

Chapter 24 IMDB 영화 리뷰 예제: BERT 사전학습 모델 활용 — 530

24.1 BERT 사전학습 모델	530
24.2 BERT 사전학습 모델 로드하기	531

24.3 BERT 사전학습을 IMDB 감정 분석으로 추가 학습 534

Chapter 25 혼합 타입 데이터를 입력으로 받는 딥러닝 모델 538
25.1 Concatenate를 활용한 다중 입력 모델 생성 539
25.2 이미지 데이터 추가한 모델 생성 543
25.3 이미지와 자연어 데이터 추가한 모델 생성 545

PART 7
부록 551

Chapter 26 GPU 사용하기 552
26.1 CPU vs GPU – Latency and throughput processing 553
26.2 TPU, Tensor core 556
26.3 GPU 환경 구축 557
   26.3.1 Linux(리눅스) 558
   26.3.2 Windows(윈도) 560
26.4 텐서플로 예제 561

Chapter 27 텐서플로를 이용한 병렬 계산 564
27.1 암달의 법칙 565
27.2 데이터 병렬화와 모델 병렬화 566
   27.2.1 데이터 병렬화(data parallelism) 568
   27.2.2 모델 병렬화(model parallelism) 570
27.3 데이터 병렬화 예제 571
27.4 전체 코드 574
   27.4.1 18장 데이터 병렬화 575
   27.4.2 20장 데이터 병렬화 576

찾아보기 580

PART 1

프로그래밍 준비 작업

모든 프로그래밍 언어에는 그에 맞는 개발환경 설정과 통합개발환경(IDE: Integrated Development Environment) 준비가 필요합니다. 이 책에서는 파이썬 패키지인 텐서플로(TensorFlow)를 사용하여 딥러닝 이론과 실습을 진행하므로 이에 맞는 개발환경을 설정해야만 합니다.

PART 1에서는 개발환경 설정을 위해 아나콘다(Anaconda)를 소개함과 동시에 파이썬 코드를 작성하고 실행할 수 있는 주피터 노트북(Jupyter Notebook)의 사용 방법을 다룹니다. 또한 텐서플로가 처음인 독자를 위해 텐서플로 기본 동작에 관한 내용을 3장에서 준비했습니다.

아나콘다, 주피터 노트북, 그리고 텐서플로를 경험한 분들은 간단히 훑어보고, PART 2로 넘어가도 상관없습니다. 하지만, 책에서 소개하는 코드에서 나온 코드 결과와 그래프들을 정확히 재현하고 싶다면 찬찬히 안내대로 설정하는 것을 추천합니다.

Chapter 01 개발환경 설정하기

팀 프로젝트를 진행하던 A씨는 프로젝트 목적에 딱 맞는 패키지를 발견하게 되었으며, 많은 고생을 하여 A씨의 컴퓨터에 설치한 후 팀원들에게 이 소식을 공유합니다. 하지만 팀원들에게서 다음과 같은 피드백을 받았습니다.

> "왜 A씨 컴퓨터에서는 설치가 잘되는데, 내 컴퓨터에서는 설치가 안 돼?"
> "A씨가 알려준 순서대로 설치했는데, 자꾸 오류가 발생해"
> "내 컴퓨터에서도 A씨가 돌리고 있는 코드 돌아가게 해줘"

프로그래밍 협업을 해본 사람이라면 누구나 A씨가 되어본 경험이 있거나, A씨의 팀원이 되어본 경험이 있을 겁니다. 협업을 하기도 전에 설치부터 어려움을 마주치게 됩니다. 프로그래밍 언어 종류와 상관없이 패키지 설치, 즉, 개발환경 설정은 까다로운 작업입니다.

개발환경 설정을 어렵게 만드는 원인들은 다음과 같습니다.

- 하드웨어(CPU, GPU 등)
- 운영체제(OS)
- 환경변수(Environment Variables)
- 패키지 사이의 종속성(Dependence)
- 패키지 사이의 호환성(Compatibility)

이번 장에서는 파이썬(Python) 중심으로 개발할 때 개발환경 설정의 어려운 점과 해결 방법에 관해 설명합니다. 파이썬의 가장 큰 장점은 사용할 수 있는 오픈소스 패키지가 많다는 점입니다. 사용자가 필요한 기능이 구현된 패키지를 설치해서 사용하면 간편하게 원하는 기능을 빠른 속도로 구현할 수 있습니다.

이런 장점이 동시에 단점이 되기도 합니다. 각 패키지의 문서를 참고하여 설치해야 하는데, 이 과정에는 많은 프로그램 관련 지식이 들어가 있는 때도 있습니다. 예를 들면 터미널 사용법, C/C++ 빌드 방법, 관련 C/C++ 패키지 설치 방법, CUDA 패키지 설치 방법, 환경변수 설정 등이 있습니다. 운영체제(OS)마다 미묘하게 설치 방법들이 다릅니다. 또한, 오픈소스 패키지들이 또 다른 오픈소스 패키지들을 사용하는 상황이라면 사용하고 싶은 패키지를 설치하기 위해 그와 관련된 모든 패키지를 다시 깔아야 하는 상황이 일반적입니다. 이런 경우에는 패키지들 사이의 호환성 문제가 생길 수 있습니다. 이 경우는 버전(Version)을 잘 맞추어 설치해야 합니다. 보통 여러 패키지는 서로 종속성을 가지므로 초보자 기준에서는 까다로운 작업입니다.

이 책에서 다루게 될 패키지인 텐서플로(TensorFlow)도 마찬가지입니다. 텐서플로를 설치하려면 또 다른 많은 파이썬 패키지들을 설치해야 합니다. 다행스럽게도 아나콘다(Anaconda)를 사용하게 되면 이와 같은 개발환경 설정을 아주 쉽게 해결할 수 있습니다.

1.1 아나콘다(Anaconda)

아나콘다는 파이썬 패키지 관리 프로그램입니다. 비슷한 역할을 하는 pip라는 관리 프로그램도 있습니다. 아나콘다를 처음 접하는 분들은 아마도 주로 pip를 사용한 경우가 많을 겁니다. pip에 비해 아나콘다의 장점 중에 가장 눈여겨볼 부분은 같은 컴퓨터에서 파이썬 2와 파이썬 3을 동시에 사용할 수 있다는 점입니다.

이번 절에서는 윈도에서 아나콘다 설치 방법을 안내한 후, 아나콘다의 기본적인 기능을 소개합니다. 최종적으로는 일반 텐서플로와 GPU 가속 텐서플로의 설치법을 설명합니다. 설치 파일을 다운로드하기 위해서 아나콘다 공식 홈페이지(https://www.anaconda.com/download/)에 접속합니다.

1.1.1 아나콘다 설치하기

아나콘다 설치 파일(파이썬 3.9)을 CPU 아키텍처에 맞게 다운로드합니다.

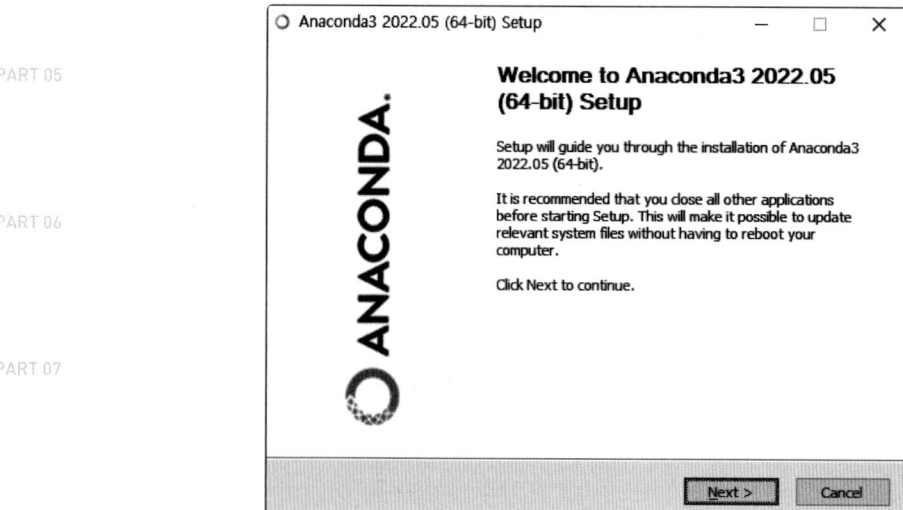

다운로드한 설치 파일을 실행하면 다음과 같은 창이 나타납니다. [Next] 버튼을 클릭합니다.

라이선스 동의 여부를 묻는 창입니다. 동의하기 [I Agree] 버튼을 클릭합니다.

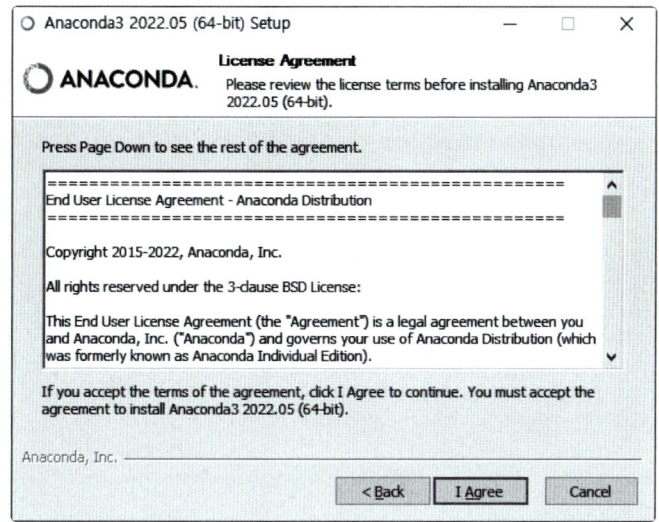

동의하기(I Agree) 버튼을 클릭하면 설치 타입을 묻는 창이 등장합니다. 컴퓨터를 사용하는 사람이 본인뿐이라면 차이가 없습니다. 하지만, 컴퓨터를 사용하는 사람이 여러 명인 경우에는 첫 번째를 추천합니다. 왜냐하면, 아나콘다의 큰 장점 중의 하나가 개발환경을 사용자별로 독립적으로 사용할 수 있다는 점이기 때문입니다.

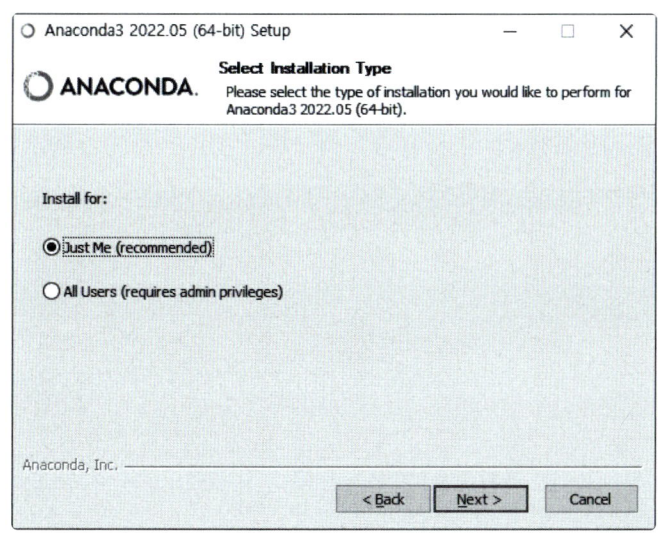

다음은 아나콘다를 설치할 폴더를 설정해주는 과정입니다. 특별히 경로를 맞출 필요는 없으므로 선호하는 폴더에 설치하면 됩니다.

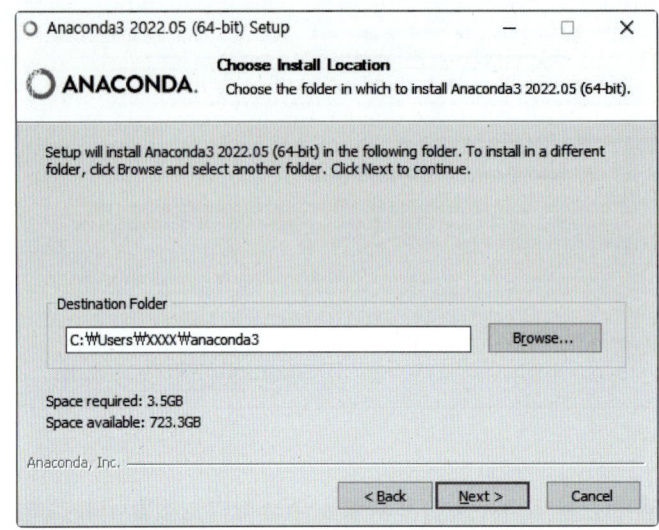

마지막으로 고급 설치 옵션이 등장합니다. 첫 번째 옵션은 아나콘다 폴더 경로를 윈도 환경변수에 포함 여부를 묻는 것입니다. 아나콘다 프롬프트(Prompt)를 사용할 예정이므로 체크하지 않는 것을 추천합니다.

두 번째 옵션은 아나콘다에서 제공하는 파이썬 3.9를 다른 프로그램(Visual Studio, PyCharm 등)에서 디폴트로 사용하겠냐는 질문입니다. 체크하는 것을 추천합니다만, 반드시 Visual Studio에서 따로 사용하는 파이썬이 이미 존재한다면 체크를 하지 않는 것이 바람직합니다.

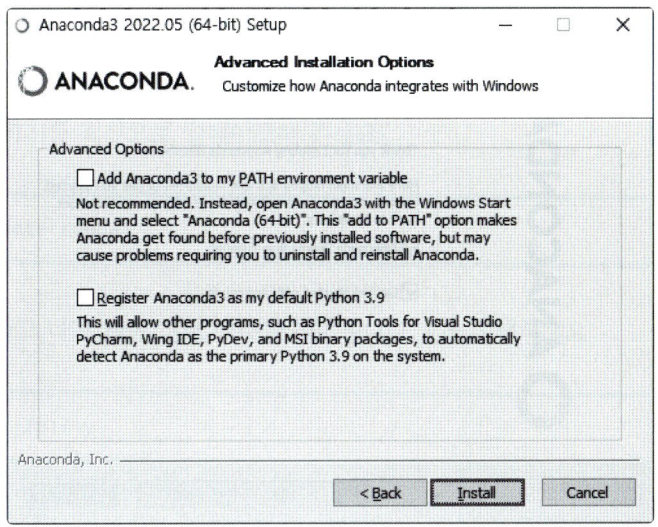

설치(Install) 버튼을 누르면 설치가 시작되고, 다음과 같이 완료(Completed)가 뜨면 [Next] 버튼을 클릭합니다.

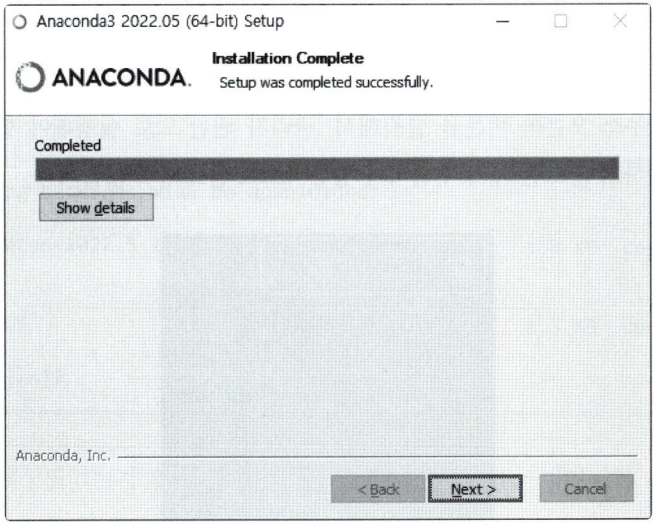

이제 완료가 되는 [Finish] 버튼을 누르면 길었던 설치 과정이 모두 끝이 납니다.

```
$ conda env list
# conda environments:
#
deep-learning            C:\Users\yoong\anaconda3\envs\deep-learning
base                   * C:\Users\yoong\anaconda3
```

추가적인 연습을 위해서 deep-learning-py35라는 이름의 개발환경을 파이썬 3.5 기반으로 생성해보겠습니다.

```
$ conda create --name deep-learning-py35 python=3.5
$ conda env list
# conda environments:
#
deep-learning            C:\Users\yoong\anaconda3\envs\deep-learning
deep-learning-py35       C:\Users\yoong\anaconda3\envs\deep-learning-py35
base                   * C:\Users\yoong\anaconda3
```

출력 내용에서 볼 수 있듯이 deep-learning-py35의 이름을 가진 개발환경이 하나 더 생겼습니다. 앞으로는 파이썬 3.8만을 사용할 예정이므로 테스트용으로 만들어 놨던 deep-learning-py35 개발환경은 필요 없습니다. 개발환경을 삭제하는 방법은 conda remove를 사용합니다.

```
$ conda remove --name deep-learning-py35 --all

Remove all packages in environment C:\Users\yoong\anaconda3\envs\deep-learning-py35:


## Package Plan ##

environment location: C:\Users\yoong\anaconda3\envs\deep-learning-py35
Proceed ([y]/n)? y

$ conda env list
# conda environments:
#
deep-learning            C:\Users\yoong\anaconda3\envs\deep-learning
base                   * C:\Users\yoong\anaconda3
```

conda remove를 이용하여 개발환경을 삭제한 후 conda env list를 이용하여 삭제가 완료되었는지를 확인할 수 있습니다. 정리해보면 각 운영체제에서 터미널을 열고 개발환경을 생성/삭제하고, 현재 사용자가 만든 개발환경 목록을 확인하는 법을 배웠습니다.

- 생성: conda create
- 삭제: conda remove
- 목록 확인: conda env list

1.1.4 개발환경 활성화와 비활성화

이제 개발환경을 만들고 삭제하는 목록을 확인할 수 있습니다. 하지만, 현재 터미널창에서 바라보고 있는 개발환경은 base입니다. 만들어 놓은 deep-learning 개발환경으로 바꾸려면 conda activate 명령어를 사용합니다. 여러 개발환경에서 작업하는 경우를 가정하기 위해서 삭제했던 deep-learning-py35를 다시 생성합니다.

```
$ conda create --name deep-learning-py35 python=3.5
```

conda activate를 사용하여 deep-learning 개발환경을 활성화시키는 코드는 다음과 같습니다.

```
$ conda activate deep-learning
(deep-learning) $ python ~version
Python 3.9.12
```

터미널 입력창 앞에 (deep-learning)이 있다면 정상적으로 활성화가 된 것입니다. 이번에는 deep-learning-py35 개발환경으로 변경한 후 파이썬의 버전을 확인해 볼 수 있는 예제 코드입니다.

```
(deep-learning) $ python ~version
Python 3.8.13

(deep-learning) $ conda activate deep-learning-py35
(deep-learning-py35) $ python ~version
Python 3.5.5
```

확인할 수 있듯이 (deep-learning)이 앞에 있으면 파이썬 3.8이 설정되어 있고, (deep-learning-py35)가 앞에 있으면 파이썬 3.5가 설정되어 있는 것을 확인할 수 있습니다.

다시 base로 돌아가고 싶다면 conda deactivate를 사용하여 비활성화를 하면 됩니다. 앞에 괄호가 사라지면서 base로 돌아옵니다.

```
(deep-learning-py35) $ conda deactivate
```

1.1.5 개발환경 내에 패키지 설치하기

conda install을 사용하면 개발환경에 쉽게 패키지를 추가 설치할 수 있습니다. 수치 계산 패키지인 numpy를 설치해봅니다.

```
$ conda activate deep-learning
(deep-learning) $ conda install numpy
```

출력된 메시지를 읽어보면 mkl과 numpy를 설치한다고 나옵니다. 분명히 numpy를 설치하라고 했는데, mkl이라는 패키지도 같이 설치하게 됩니다. 이러한 이유는 numpy에서 mkl(Math Kernel Library)라는 C/C++ 패키지를 사용하기 때문입니다.

```
The following NEW packages will be INSTALLED:
  mkl              conda-forge/win-64::mkl-2022.1.0-h6a75c08_874
  numpy            conda-forge/win-64::numpy-1.22.4-py38h1d2777f_0
```

y 입력 후 엔터를 누르면 설치가 완료됩니다.

```
Proceed ([y]/n)? y
```

numpy 외의 다른 패키지를 설치하고 싶으면 해당 패키지가 등록된 키워드를 입력하면 설치가 됩니다. 간혹 아나콘다에서 설치할 수 없는 패키지들이 있을 수도 있습니다. 그런 경우는 해당 패키지의 웹사이트에 방문하면 pip를 사용하거나, 다른 방식을 이용한 설치 가이드가 있으니 참고하여 설치하면 됩니다.

이 책에서 사용할 패키지들은 모두 conda와 pip를 사용하여 설치할 수 있으므로, 처음 아나콘다를 접하는 분들도 쉽게 개발환경을 설정할 수 있습니다.

1.1.6 개발환경 내보내기와 불러오기

이제 아나콘다를 사용하여 원하는 패키지들을 설치하거나 삭제할 수 있습니다. 이제 처음에 소개되었던 A씨의 상황을 다시 한번 떠올려보세요. A씨는 아나콘다를 사용하여 팀의 프로젝트에 필요한 개발환경을 구축했다면, 팀원들에게 손쉽게 자신이 만들었던 개발환경을 공유할 수 있습니다.

이것을 가능하게 해주는 명령어가 바로 conda env export입니다. 명령어를 보고 바로 알 수 있듯이, 자신의 개발환경을 내보내 주는 기능을 합니다. 직접 한 번 해보는 것이 기억에 남는 가장 빠른 길입니다. 다음과 같이 명령어를 입력하고 실행해보면 상당히 긴 출력들이 등장합니다.

```
(deep-learning) $ conda env export
```

이러한 출력에는 conda가 deep-learning 개발환경에 설치했던 모든 패키지들의 리스트와 각 패키지마다의 버전이 기록되어 있습니다.

```
name: deep-learning
name: deep-learning
channels:
  - conda-forge
  - defaults
dependencies:
- ca-certificates=2022.5.18.1=h5b45459_0
  - intel-openmp=2022.1.0=h57928b3_3787
  - libblas=3.9.0=15_win64_mkl
  …
  - mkl=2022.1.0=h6a75c08_874
  - numpy=1.22.4=py38h1d2777f_0
prefix: C:\Users\yoong\anaconda3\envs\deep-learning
```

이렇게 많은 정보를 파일 하나에 저장할 수 있는 간단한 방법을 소개합니다.

```
(deep-learning) $ conda env export > environment.yml
```

실행 후에는 environment.yml이라는 파일에 조금 전에 보았던 출력들이 모두 파일로 저장이 됩니다. *.yml은 YAML이라는 문법입니다. YAML의 이름은 YAML Ain't Markup Language의 약자입니다. 이것은 GNU(GNU's Not Unix)와 비슷한 Recursive Acronym입니다. YAML은 데이터를 저장시키는 여러 가지 문법 중 하나인데, 사람이 가장 편하게 읽을 수 있도록 가독성에 중점을 둔 언어입니다. 아나콘다에서는 *.yml 형식으로 개발환경을 내보내고 불러오게 됩니다.

이제 environment.yml로 내보내었으니, 이 파일을 A씨의 팀원들에게 공유합니다. 각 팀원은 A씨의 안내에 따라 아나콘다를 설치합니다. 아나콘다를 설치한 후 A씨에게 받은 environment.yml을 사용하여 개발환경을 불러오면 A씨가 고생해서 구축한 개발환경이 손쉽게 팀원들의 컴퓨터에 구축됩니다. 이를 가능하게 해주는 명령어는 초반에도 소개되었던 conda create와 비슷한 conda env create입니다.

```
(deep-learning) $ conda deactivate
$ conda env create -f environment.yml
```

-f 옵션을 사용하면 environment.yml 파일에 포함된 개발환경을 불러올 수 있습니다. 혹시 deep-learning 개발환경을 구축했던 컴퓨터에서 작업하고 있다면 아래와 같은 에러를 보게 됩니다.

```
CondaValueError: prefix already exists: C:\Users\yoong\anaconda3\envs\deep-learning
```

현재 deep-learning 개발환경이 이미 존재하기 때문에 같은 이름으로 또 다른 개발환경을 만들 수 없다는 설명입니다. 그러므로 이미 존재하는 deep-learning 개발환경을 삭제합니다. 삭제해도 environment.yml을 이용해서 쉽게 복수할 수 있으므로 걱정하지 않아도 됩니다. 삭제 후 다시 conda env create를 통해 개발환경을 불러오면 에러 없이 성공적으로 실행됩니다.

```
$ conda remove --name deep-learning --all
$ conda env create -f environment.yml
```

이제 conda activate를 사용하여 deep-learning 개발환경으로 전환이 쉽게 되는 것을 확인할 수 있습니다.

```
$ conda activate deep-learning
(deep-learning) $
```

간단히 소개한 실습을 통해서 느낄 수 있듯이, 아나콘다는 A씨와 팀원들 모두의 일을 간편하게 해주는 기능을 제공합니다. 간단히 파일을 통해서 개발환경을 공유할 수 있다는 아나콘다의 장점은 팀 프로젝트를 진행할 때 쓸데없는 준비 시간을 줄여주고 프로젝트 목적에 집중할 수 있게 합니다.

다만, 서로 다른 운영체제에서는 호환되지 않는 한계점이 있습니다. 팀원 중에 다른 운영체제가 있다면 그 팀원을 위해 따로 파일을 만들어줘야 합니다. 이런 경우에는 A씨가 자신이 설치한 패키지 목록들을 기록했다가 운영체제가 다른 팀원에게 그 리스트를 전달해 준다면 conda install을 사용하여 개발환경을 맞출 수 있습니다. 그 외에도 아나콘다는 많은 기능이 있습니다. 추가 기능들이 궁금하다면 https://conda.io/docs/user-guide/ 에 접속하면 많은 정보를 얻을 수 있습니다.

1.2 텐서플로(TensorFlow) 및 관련 패키지 설치하기

이번 절에서는 앞으로 주로 사용하게 될 주요 패키지들을 설치하는 방법을 소개합니다. 아나콘다를 사용하므로 쉽게 설치할 수 있습니다. 미리 제공된 개발환경 파일(*.yml)을 사용하는 방법과 직접 관련 패키지들을 설치하는 방법 2가지를 소개합니다.

미리 제공된 파일을 사용하면 매우 간단하게 개발환경을 설정할 수 있지만, 사용자의 입장에서는 어떠한 패키지를 설치하는지를 파악하는 것도 중요한 정보이므로 2가지 모두 소개합니다. 이번 절에서 설치하는 패키지들은 PART 4까지를 위한 패키지들입니다. PART 5부터는 각 장마다 제공되는 yml 파일들을 이용하여 개발환경을 설정하면 됩니다.

개발환경 파일은 한 번 만들면 변경될 일이 없으나, 오픈소스 특성상 변경이 잦고, 변경되었을 때 정상 동작이 안 될 가능성이 있습니다. 정상적으로 동작하는 최신의 개발환경 파일은 https://github.com/DNRY/tfopt에서 다운 받을 수 있습니다.

1.2.1 yml을 통해 불러오기

미리 제공된 env.yml을 사용하여 개발환경을 불러오는 명령어입니다.

```
$ conda remove --name deep-learning --all
$ conda env create -f env.yml
$ conda activate deep-learning
(deep-learning) $
```

성공적으로 deep-learning 개발환경으로 변환했다면, 필요한 모든 패키지가 이미 컴퓨터에 설치되어 있으므로 각 장에서 사용하는 패키지에서 오류 없이 학습에 집중할 수 있습니다.

1.2.2 yml없이 직접 설정하기

파일을 사용하지 않고 직접 설정하고 싶은 분은 다음과 같은 명령어를 입력 후 실행하면 됩니다. 마지막 명령어인 tensorflow는 pip로 설치해야 합니다.

```
$ conda remove --name deep-learning --all
$ conda create --name deep-learning python=3.8
$ conda activate deep-learning
(deep-learning) $ conda install jupyter notebook
(deep-learning) $ conda install seaborn scikit-learn matplotlib
(deep-learning) $ pip install tensorflow
```

여러 가지 패키지를 설치하게 됩니다. 그 중에서 중요한 3가지 패키지의 기능은 다음과 같습니다.

1. tensorflow : 구글에서 2015년도 11월에 공개한 딥러닝 프레임워크입니다. 책에 포함된 그래프들을 똑같이 재현하고 싶은 분들은 2.9 버전으로 설치해야 합니다.
2. matplotlib : 데이터의 시각화 작업(그래프)을 도와주는 패키지입니다.
3. jupyter notebook : 주피터 노트북(Jupyter Notebook)이라는 문서와 코딩을 동시에 하는데 매우 편리한 패키지입니다. 웹브라우저를 통해서 파이썬을 실행할 수 있고, 마크다운(Markdown)을 사용하여 코딩과 함께 문서를 만드는데도 매우 편리한 패키지입니다.

이 패키지들의 사용 방법에 대해서는 2장에서 더 자세히 다룰 예정입니다.

Chapter 02 주피터 노트북과 파이썬 튜토리얼

이번 장에서는 파이썬의 통합개발환경(Integrated Development Environment, IDE) 중의 하나인 주피터 노트북(Jupyter Notebook)을 설명하고, 이를 통해 파이썬 기초 문법과 자주 사용하는 문법 패턴을 소개합니다.

파이썬 코드를 편집하고 실행하는 방법은 매우 많습니다. 가장 간단한 방법은 텍스트 편집기를 사용하여 코드를 편집하고, 프롬프트를 사용하여 코드를 실행하는 것입니다. 하지만, 이러한 방법은 매번 에디터로 창을 옮기고 명령어를 입력하느라 작업 효율이 떨어지게 됩니다. 통합개발환경(IDE)은 이런 작업 효율을 높여주는 모든 프로그램들을 지칭합니다. 가장 유명한 통합개발환경에는 마이크로소프트의 Visual Studio와 애플의 Xcode가 있습니다. 코드의 편집 기능과 실행 기능은 기본이고 많은 부가 기능이 포함되어 코드를 작성하는 사용자의 작업 효율을 크게 높여줍니다.

파이썬에도 많은 통합개발환경이 있습니다. Spyder, PyCharm, Visual Studio, 그리고 Jupyter Notebook 등이 가장 대표적입니다. 이 책에서는 무료로 설치할 수 있고 운영체제(OS)에 민감하지 않은 주피터 노트북을 사용할 예정입니다. 실습 코드들도 모두 주피터 노트북 파일로 공유됩니다.

2.1 주피터 노트북(Jupyter Notebook)

주피터 노트북 실행을 위해서는 먼저 아나콘다 명령 프롬프트를 실행합니다.

```
$ cd /your/path/
$ conda source activate deep-learning
(deep-learning) $ jupyter notebook
```

jupyter notebook 명령어를 실행했다면 인터넷창이 뜹니다. 혹시, 인터넷창이 뜨지 않는다면 http://localhost:8888/로 접속하면 됩니다. 우측 상단에 있는 [New] 버튼을 누르고 Python3을 클릭하면 새로운 노트북이 만들어집니다. 가장 위쪽에 있는 [Untitled] 부분을 클릭하면 파일명을 변경할 수 있습니다.

2.1.1 파이썬 코드 실행하기

다음과 같은 파이썬 코드를 입력하고 [Shift+Enter] 키를 누르면 코드가 실행됩니다.

```
print("Hello, World!")
```

오타 없이 입력했다면 출력값은 바로 밑에 나옵니다.

```
Hello, World!
```

2.1.2 마크다운

마크다운(Markdown)은 일종의 마크업(Markup, 예: HTML, JSON, XML 등) 언어입니다. 존 그루버(John Gruber)와 아론 스워츠(Aaron Swartz)가 마크업 언어보다 읽고 쓰기 쉽게 고안했습니다. 간단한 문법만 배우면 누구나 쉽게 적용할 수 있습니다. 최근에는 여러 분야에서 간단한 문서를 작성하는데 활용되고 있습니다.

주피터 노트북에서는 파이썬뿐만 아니라 마크다운도 제공하고 있습니다. 마크다운을 적용하기 위해서는 메뉴바 아래에 있는 키보드 윗편의 리스트 박스를 클릭한 후 Markdown을 선택해야 합니다.

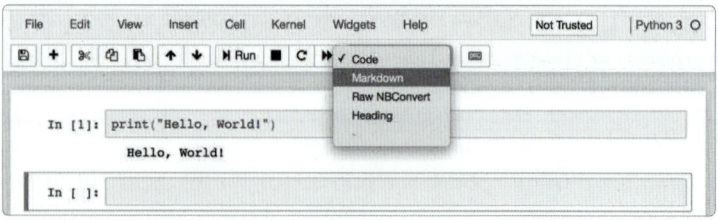

[그림 2-1] 마크다운을 선택하는 리스트 박스

제목은 앞에 #을 붙여줍니다. #의 개수에 따라서 제목의 하위 레벨이 결정됩니다. 번호가 있는 목록을 만들 때는 매번 숫자를 바꿔 입력할 필요 없이 일괄적으로 "1."을 입력해주면 자동으로 번호가 지정됩니다. 번호가 없는 목록은 * 또는 −를 사용하면 됩니다. 마크다운에서는 코드 조각들을 위한 문법도 제공합니다. 코드의 시작과 끝에 ```를 붙여주면 됩니다. 특정 언어로 지정할 경우에는 시작 부분의 ```뒤에 언어 이름을 써주면, 그에 맞는 하이라이팅(Syntax Highlight)을 제공합니다.

```
# 제목1
## 제목2
### 제목3

본문 내용1

1. 번호 리스트 1
1. 번호 리스트 2
1. 번호 리스트 3

본문 내용2

- 리스트 1
- 리스트 2
- 리스트 3

코드 Snippet

```python
import numpy as np
a = np.array([1,2,3])
print(a)
print("Hello, world!")
```
```

앞에서와 같이 마크다운 문법으로 문서를 작성한 후 [Shift+Enter] 키를 누릅니다. 주피터 노트북은 앞의 내용을 다음과 같이 시각화를 제공합니다. 이러한 장점으로 인해 코드에 필요한 간단한 이론이나 주의사항들을 기록하는 목적으로 많이 사용됩니다.

[그림 2-2] 마크다운이 적용된 주피터 노트북 화면

2.1.3 편리한 기능 소개

그 외의 주피터 노트북의 편리한 기능들을 소개합니다. 이러한 기능들은 주피터 노트북을 사용하는 동안 효율성을 높여줍니다.

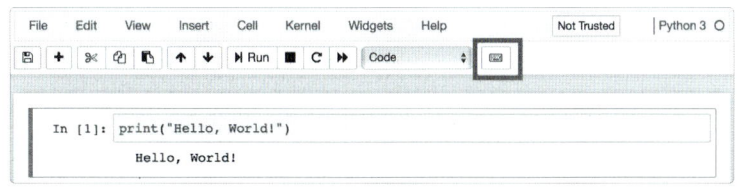

[그림 2-3] "Hello, World!"를 출력 코드 주피터 노트북에서 실행화면

위 화면 우측 상단에 박스로 표기된 키보드 아이콘을 누르면 다음과 같은 창이 뜹니다. 이 창에서는 자주 사용되는 기능들을 모아 놓았습니다. 오른쪽에는 해당되는 기능의 단축키가 있습니다.

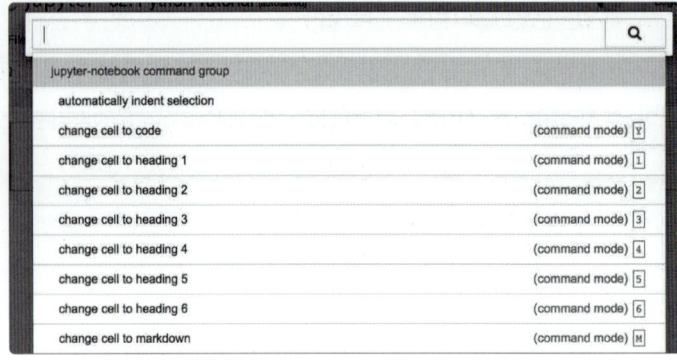

[그림 2-4] 단축키 화면

주요 기능을 몇 가지 소개하면 다음과 같습니다.

1. M: 코드셀을 마크다운셀로 변경
2. Y: 마크다운셀을 코드셀로 변경
3. B: 새로운 셀을 선택된 셀의 아래(Below)에 추가
4. A: 새로운 셀을 선택된 셀의 위(Above)에 추가
5. D+D: 선택된 셀 삭제
6. Z: 방금 삭제된 셀 복구
7. Ctrl+S: 노트북 저장

2.2 파이썬 기초 문법

파이썬은 프로그래밍 언어 중 가장 인기 있는 언어로 다양한 분야에서 널리 사용하고 있습니다. 따라서 분야와 사람마다 선호하는 스타일이 다릅니다. 이번 절에서는 포괄적인 파이썬에 대한 설명보다는 이 책에 포함된 코드들을 이해하는데 필요한 사항들을 중심으로 설명합니다.

2.2.1 변수 선언 및 함수 선언, 그리고 익명함수

모든 언어에서 가장 기본은 변수 선언입니다. 파이썬은 기존 언어들과 변수 선언이 크게 다르지 않습니다. 또한, 변수를 선언할 때 타입을 명시적(Explicit)으로 표시하지 않으므로 간편합니다. 그렇지만, 변수의 타입은 중요하므로 항상 신경을 써야 합니다. 숫자 변수를 "2"로 선언하는 것과 "2."으로 선언하는 것은 변수의 타입에 영향을 줍니다. "2"인 경우는 암묵적으로 정수(integer)로 선언하는 것이고, "2."인 경우는 실수(float)로 선언하는 것입니다.

```
a = 1 #int로 선언
b = 2. #float으로 선언
c = "String" #string으로 선언
```

직접 변수 타입을 확인하고 싶으면 다음 코드를 실행하면 됩니다.

```
print(type(a))
print(type(b))
print(type(c))
```

다음 출력값을 보면 앞의 설명과 일치하는 것을 확인할 수 있습니다.

```
<class 'int'>
<class 'float'>
<class 'str'>
```

다음은 파이썬에서 함수를 선언하는 방법 2가지를 소개합니다. 먼저 def 키워드를 사용하여 선언하는 방법입니다. 이 방법은 가장 기본적인 함수 선언 방법입니다. 기본 구조는 "def 함수이름(입력1, 입력2, …, 입력N):"로 시작하고, 입력을 통해 계산한 값을 "return" 키워드를 통해 함수의 출력값으로 표시해줍니다.

```
def f(x, y):
    val = x + y
    return val
```

이 방법으로는 복잡한 기능도 작성하는데 어렵지 않다는 장점이 있지만, 간단한 계산인 경우 코드가 길어진다는 단점이 있습니다. 이러한 단점을 보완시켜주는 기능이 익명함수(Anonymous function 또는 Lambda function)입니다. 익명함수의 구조는 "함수이름=lambda 입력1, 입력2, …, 입력N: 계산식"입니다.

```
f = lambda x,y : x + y
```

Return과 def 키워드가 없어서 코드는 한 줄로 작성할 수 있습니다. 하지만 복잡한 논리의 연산은 구현하기 어렵습니다. 하지만 간단하게 선언하고 수정할 수 있어서 많이 사용됩니다. 두 경우 모두 사용법은 동일합니다.

```
a = 1
b = 2.
d = f(a,b)
print(d)
```

1과 2를 더한 값은 3이므로 결과창에는 3.0이 나타납니다.

```
3.0
```

2.2.2 주요 변수 타입

파이썬에는 여러 가지 변수 타입이 있습니다. 하지만 이번에 소개할 변수 타입들은 Bool, int, float, str 등 기본적인 데이터 타입이 아닙니다. 리스트(List), 튜플(Tuple), 그리고 딕셔너리(Dictionary)입니다.

리스트(List)

리스트(List)는 객체들을 일렬로 담고 있습니다. 1과 3 그리고 4를 하나의 리스트로 묶는 코드는 다음과 같습니다.

```
a = [1, 3, 4]
print(a)

#출력: [1, 3, 4]
```

리스트는 선언된 이후에도 구성요소를 변경할 수 있습니다. 즉, 리스트 안의 구성요소를 언제든지 읽고 쓸 수 있습니다.

```
a[0] = 9
print(a)

#출력: [9, 3, 4]
```

첫 번째 요소에 9를 넣은 후, 리스트 a를 출력해보면 리스트 내용이 변경된 것을 확인할 수 있습니다.

앞서 한 가지 타입으로만 구성되어 있는 리스트 예제를 보았지만, 리스트는 여러 타입의 변수를 리스트에 포함시킬 수 있습니다. 파이썬의 모든 객체는 리스트로 묶일 수 있습니다.

```
b = [1, 3, 'string']
print(b)

#출력: [1, 3, 'string']
```

이미 선언된 후로도 append를 사용하여 리스트에 추가할 수 있습니다.

```
b.append(6.24)
print(b)

#출력: [1, 3, 'string', 6.24]
```

파이썬 객체들은 모두 리스트에 포함될 수 있기 때문에 많은 응용이 가능한 유용한 데이터 타입입니다.

튜플(Tuple)

튜플은 리스트와 형태는 비슷하나 변형이 불가능합니다. 여기서 변형이란 구성요소 값의 변경이나 튜플의 길이 변경을 나타냅니다. 리스트는 대괄호를 사용했으나 튜플은 괄호를 사용합니다.

```
a = (1, 2, 3)
print(a)

#출력: (1, 2, 3)
```

변형할 수 없는 튜플은 리스트와 다르게 값을 변경할 수 없습니다.

```
a[0] = 2

#출력: TypeError: 'tuple' object does not support item assignment
```

또한, 튜플은 리스트와 다르게 append가 존재하지 않습니다.

```
a.append(4)

#출력: AttributeError: 'tuple' object has no attribute 'append'
```

하지만 리스트와 마찬가지로 여러 타입을 같이 묶을 수 있습니다.

```
b = (1, 3, 'string')
print(b)

#출력: (1, 3, 'string')
```

리스트와 튜플은 기능이 비슷하여 혼동하여 사용하는 경우가 더러 있습니다. 하지만 변형이 불가능한 튜플은 주로 약속된 구조가 있는 경우에 사용되고 리스트는 가변적으로 길이가 변하는 경우에 많이 사용합니다.

딕셔너리(Dictionary)

딕셔너리는 키(Key)와 밸류(Value)로 구성되어 있습니다. { Key1 : Value1, …, KeyN : ValueN }로 나타냅니다. 순서는 키가 항상 먼저 나오고, 밸류가 뒤에 나옵니다.

```
info = {'A' : 2.3, 'B' : 'C', 5 : 'D'}
print(info)

#출력: {'B': 'C', 'A': 2.3, 5: 'D'}
```

키와 밸류는 타입에 제한 없이 사용할 수 있어서 편리합니다. 다음과 같이 해당 키의 밸류를 변경하는 것도 가능합니다.

```
info['A'] = 5.2
print(info)

#출력: {'B': 'C', 'A': 5.2, 5: 'D'}
```

기존에 없던 'Hello'라는 키를 추가하고 해당 밸류에는 리스트 [1, 2, 3, 4, 'World.']를 할당하는 코드는 다음과 같습니다. 출력을 보면 전에는 없던 'Hello'라는 키가 생성된 것을 알 수 있습니다.

```
info['Hello'] = [1, 2, 3, 4, 'World.']
print(info)

#출력: {'B': 'C', 'A': 5.2, 5: 'D', 'Hello': [1, 2, 3, 4, 'World.']}
```

리스트는 키로 등록되지 않고 밸류에만 할당할 수 있습니다. 하지만 튜플은 키와 밸류 모두에 할당될 수 있습니다.

2.2.3 for loop

제어문(Control flow) 중 제일 중요한 for문을 살펴보기 위해 다음과 같이 items라는 정수, 문자열, 실수가 섞여 있는 리스트를 선언합니다.

```
items = [1, 2, 3, 4, 'Hello', 6.24]
```

가장 기본적인 for문은 다음과 같습니다. Range는 items의 개수만큼 0부터 연속된 정수를 반환해주는 함수입니다. 다음은 items에 있는 모든 요소를 출력(print)하는 코드입니다.

```
for k in range(0, len(items)):
    print(items[k])
```

매번 k로 인덱싱을 해야 하는 불편함 없이 같은 기능을 하는 코드를 다음과 같이 작성할 수도 있습니다.

```
for item in items:
    print(item)
```

2.2.4 if statement

다음은 조건 제어문입니다. 정수 a를 4와 크기 비교를 하여 알맞은 메시지를 출력해주는 코드입니다.

```
a = 3
if a > 4:
    print("a is bigger than 4.")
else:
    print("a is not bigger than 4.")

#출력: a is not bigger than 4.
```

반대의 경우도 잘 동작하는지 a에 5를 넣어서 확인해보세요.

```
a = 5
if a > 4:
    print("a is bigger than 4.")
```

```
else:
    print("a is not bigger than 4.")

#출력: a is bigger than 4.
```

2.2.5 제너레이터(Generator)

제너레이터는 딥러닝에서 학습용 데이터의 Batch를 만들 때 많이 사용됩니다. 제너레이터를 쉽게 이해하기 위해서 다음과 같은 함수를 먼저 소개합니다. 시작할 때 print를 이용하여 메시지를 출력하고, 0부터 4까지 각 값의 제곱을 val이라는 리스트에 추가하여 반환해주는 함수입니다.

```
def method():
    print("Start method()")
    val = []
    for x in range(0,5):
        val.append( x**2 )
    return val
```

Return 키워드를 사용한 코드에는 성능 문제가 있습니다. 만약에 range(0, 100000) 같이 범위가 매우 커진다면, 메모리 공간도 부족하고 성능도 저하됩니다.

```
out = method()
for i in range(0,5):
    print(out[i])
```

out = method( )가 실행되는 순간 for문을 모두 돌고 나온 후 리스트가 반환됩니다. 다음과 같이 출력값이 나오는 것은 충분히 예상할 수 있습니다.

```
Start method()
0
1
4
9
16
```

제너레이터는 메모리 문제와 성능 저하 문제를 해결해줍니다. Yield 키워드를 사용하여 제너레이터를 이용할 수 있습니다.

```
def generator():
    print("Start generator()")
    for x in range(0,5):
        yield x**2
```

방금 전 살펴보았던 method( )와는 다르게 다음과 같이 generator( )를 실행해도 메시지가 출력되지 않습니다.

```
gen = generator()
```

계산 부분이 아직 실행되지 않은 채로 제너레이터가 선언만 되어 있는 상태입니다. 다음과 같이 next( )를 사용해야 실제 계산이 실행됩니다.

```
for i in range(0,5):
    print(next(gen))
```

next를 호출할 때마다 yield까지만 실행이 됩니다. 그러므로 메모리 공간도 아낄 수 있고 성능 저하도 막을 수 있습니다.

```
Start generator()
0
1
4
9
16
```

딥러닝에서는 보통 매우 많은 데이터를 사용하게 됩니다. 이 많은 데이터를 작은 배치(Batch)들로 쪼개는 작업을 해야 하는데, 이 경우 제너레이터를 사용하지 않으면 성능이 현격히 저하되는 것을 확인할 수 있습니다.

2.3 자주 사용되는 파이썬 문법 패턴

이번 절에서는 딥러닝 관련 소스 코드에 자주 등장하는 파이썬 문법 패턴을 다룹니다. 딥러닝을 시작하면서 파이썬을 접한 분들이 익숙하지 않을 것으로 예상되는 문법 패턴을 살펴보겠습니다. 텐서플로를 이용한 딥러닝 코드에서 자주 등장하는 패턴을 먼저 소개합니다.

2.3.1 데이터 타입마다 다른 for loop 스타일

다음은 이중 리스트(items) 안에 있는 데이터들을 출력하는 코드입니다. 이중 리스트이므로 item은 단일 리스트입니다. 그러므로 접근할 때 따로 인덱싱을 해주어야 데이터에 접근할 수 있습니다.

```
items = [[1,2], [3,4], [5,6]]
for item in items:
    print(item[0], item[1])
```

```
#출력:
1 2
3 4
5 6
1 2
3 4
5 6
```

"item[0], item[1]"처럼 인덱싱을 따로 하면, 가독성이 떨어지는 단점이 있습니다. 이중 리스트 items에는 길이가 2인 단일 리스트가 있으므로 다음과 같이 같은 기능을 구현할 수 있습니다.

```
for item1, item2 in items:
    print(item1, item2)
```

매번 인덱싱을 하지 않아도 되고 가독성도 높아진 것을 확인할 수 있습니다. 튜플의 경우도 같은 방법을 적용할 수 있습니다.

```
items = [(1,2), (3,4), (5,6)]
for item1, item2 in items:
    print(item1, item2)
```

딕셔너리의 경우는 for문을 적용할 때 주의해야 합니다. 다음과 같이 딕셔너리 info를 선언한 후 for key in info:를 이용하게 되면 키값에만 접근이 가능합니다. 해당되는 밸류에 접근하려면 info[key]를 사용해야 합니다.

```
info = {'A' : 1, 'B' : 2, 'C' : 3}
for key in info:
    print(key, info[key])
```

또한, 출력을 확인해보면 A, B, C 순서로 나오는 것이 아닙니다. 딕셔너리는 순서가 있지 않습니다. 임의의 순서로 데이터에 접근하므로 반드시 주의하세요.

```
A 1
C 3
B 2
```

매번 밸류에 접근하기가 불편하다면 items( )를 사용하면 됩니다. for key, value in info.items( ): 으로 작성하면 편리하게 같은 기능을 구현할 수 있습니다.

```
for key, value in info.items():
    print(key, value)
```

2.3.2 zip이 들어간 for loop

보통 zip은 압축파일의 확장자에서 많이 볼 수 있습니다. 파이썬에도 zip( ) 함수가 있는데, 압축의 기능은 전혀 아닙니다. 압축은 여러 파일을 한 가지 파일로 묶어준다고 생각할수 있습니다. 파이썬의 zip( )은 동일한 개수로 이루어진 데이터 타입(리스트, 튜플 등)을 묶어주는 역할입니다. 다음 예제를 보면 쉽게 이해할 수 있습니다.

```
items1 = [[1,2], [3,4], [5,6]]
items2 = [['A','B'], ['C','D'], ['E','F']]
print(items1)
print(items2)
```

선언된 이중 리스트 변수 2개를 출력해보면 다음과 같습니다.

```
[[1, 2], [3, 4], [5, 6]]
[['A', 'B'], ['C', 'D'], ['E', 'F']]
```

zip을 사용하면 첫 번째 숫자 리스트와 첫 번째 문자 리스트를 묶어주고, 두 번째, 세 번째 모두 순서대로 숫자 리스트와 문자 리스트를 묶어줍니다.

```
for digits, characters in zip(items1, items2):
    print(digits, characters)
```

출력값을 보면 다음과 같이 각 리스트 별로 순서대로 묶어준 것을 알 수 있습니다.

```
[1, 2] ['A', 'B']
[3, 4] ['C', 'D']
[5, 6] ['E', 'F']
```

이 패턴은 딥러닝에서 중요한 개념인 미니 배치 강하법(Mini Batch Gradient Descent Method)에서 학습용 데이터(Train data)와 레이블(Label)을 묶어줄 때 자주 사용됩니다.

2.3.3 한 줄 for문

파이썬에서는 간단한 for문은 한 줄로 나타낼 수 있습니다. for문을 돌면서 리스트에 데이터를 추가할 때 유용하게 사용할 수 있습니다. 간단한 예제를 소개합니다. a라는 비어 있는 리스트에 0부터 4까지 정수들을 추가하는 코드를 작성해보면 다음과 같습니다.

```
a = []
for k in range(0,5):
    a.append(k)
print(a)

#출력: [0, 1, 2, 3, 4]
```

똑같은 기능을 한 줄로 표현할 수 있습니다.

```
a = [k for k in range(0,5)]
print(a)

#출력: [0, 1, 2, 3, 4]
```

뒷부분은 if문을 붙이면 해당 조건에 맞는 데이터만 리스트에 추가합니다.

```
a = [k for k in range(0,5) if k % 2 == 0]
print(a)

#출력: [0, 2, 4]
```

이런 패턴은 리스트에만 적용되지 않습니다. 딕셔너리도 이렇게 적용할 수 있습니다. 다음은 for문을 돌면서 k를 키로 등록하고 밸류에는 10*k를 할당하는 코드입니다.

```
a = {k : k*10 for k in range(0,5) }
print(a)

#출력: {0: 0, 1: 10, 2: 20, 3: 30, 4: 40}
```

2.3.4 파일 읽기/쓰기

일반적으로 딥러닝에서 사용하는 데이터들은 파일 형태로 제공되므로 파일을 쓰고 읽는 방법을 숙지하는 것이 좋습니다. 다음은 "Hello, World!"라는 문장을 readme.txt 파일에 쓰는 코드입니다.

```
filename = 'readme.txt'
file = open(filename, 'w')
file.write("Hello, World!")
file.close()
```

open(filename, 'w')에서 반드시 'w'를 넣어 줘야합니다. 그리고 마지막에는 반드시 close( )를 해야 파이썬이 file에 대한 소유권을 놓게 됩니다.

방금 만들었던 readme.txt 파일을 읽는 코드는 아래와 같습니다. 쓰는 코드와 비슷하지만 open(filename, 'r')에서 'r'이 들어간다는 점에 주의해야 합니다.

```
filename = 'readme.txt'
file = open(filename, 'r')
content = file.read()
print(content)
file.close()
```

마찬가지로 파일을 모두 읽은 뒤에는 반드시 close( )를 호출해줘야 합니다. 매번 close( )를 호출하는 것을 생략하고 싶다면 다음과 같이 with문을 사용하면 됩니다. with문을 벗어나는 순간 자동으로 file을 닫아줍니다.

```
filename = 'readme.txt'
with open(filename, 'w') as file:
    file.write("Hello, World!")
```

읽는 코드도 마찬가지로 with문을 사용할 수 있습니다.

```
filename = 'readme.txt'
with open(filename, 'r') as file:
    content = file.read()
    print(content)
```

2.4 numpy array

딥러닝을 공부하다 보면 데이터를 읽어 오거나 전처리 및 시각화하는 경우가 많습니다. 이런 경우에 가장 많이 사용되는 패키지가 numpy입니다. 또한, 텐서플로의 주요 개념인 텐서(Tensor)와도 비슷한 점이 많으므로 numpy에서 제공하는 배열(array)에 대해 간단히 소개합니다.

2.4.1 n차원 배열(Array)

먼저 numpy 패키지를 임포트합니다. 리스트와 차이가 없어 보이지만, 타입이 리스트가 아닌 numpy.array입니다. 배열을 선언하는 방법은 다음과 같습니다. 배열에 단일 리스트를 입력해주면 1차원 배열(벡터)이 선언됩니다.

```
import numpy as np
a = np.array([1,2,3,4])
print(a)

#출력: [1 2 3 4]
```

리스트와 numpy 배열은 매우 비슷해 보이지만 많은 차이가 있습니다. 리스트가 아닌 numpy 배열을 사용하게 되면 배열의 사칙연산과 그 외의 많은 함수를 사용할 수 있습니다. 덧셈에 대한 리스트와 numpy 배열의 차이를 보면 다음과 같습니다.

```
print(a + a)

#출력: [2 4 6 8]
```

numpy 배열을 사용하면 출력값이 a와 a를 더한 [2, 4, 6, 8]로 나옵니다. 여기까지는 자연스럽습니다. 하지만 리스트 b를 선언한 후 b와 b를 더하게 되면 덧셈이 아닌 이어붙이기(Append)가 됩니다. 그러므로 데이터를 다룰 때는 리스트가 아닌 numpy 배열로 선언하는 것이 좋습니다.

```
b = [1,2,3,4]
print(b + b)

#출력: [1, 2, 3, 4, 1, 2, 3, 4]
```

2차원 배열(행렬)을 선언하는 방법은 numpy.array( )에 이중 리스트를 입력해주면 됩니다. 2차원 배열(행렬)은 numpy.matmul( ) 등의 행렬간 연산 함수를 사용하는데 필수적입니다.

```
a = np.array([[1,2],[3,4]])
print(a)

#출력: [[1 2]
       [3 4]]
```

마찬가지로 3차원 배열은 삼중 리스트를 입력해주면 되고, n차원 배열은 n중 리스트를 입력하면 됩니다.

```
a = np.array([[[1,2],[3,4]], [[1,2],[3,4]]])
print(a)
```

3차원과 n차원 배열은 벡터와 행렬 같은 수학적 용어는 존재하지 않습니다. 데이터 구조에 따라 의미가 다르고 데이터를 정리한 사람에 따라서도 다릅니다.

```
[[[1 2]
  [3 4]]

 [[1 2]
  [3 4]]]
```

2.4.2 배열의 모양(Shape)

네 개의 숫자 1,2,3,4를 배열로 선언하는 방법을 2가지 소개합니다. 벡터와 행렬로 선언하는 방법 2가지를 살펴보며 배열 모양(Shape)에 대해 알아봅니다. 벡터로 선언된 배열 a

와 행렬로 선언된 b가 있습니다.

```
a = np.array([1,2,3,4])
b = np.array([[1],[2],[3],[4]])
print(a)
print(b)
```

벡터 a와 행렬 b를 출력한 결과는 다음과 같습니다. 보는 각도에 따라서는 행 벡터(Row vector), 열 벡터(Column vector)로 칭하기도 합니다.

```
[1 2 3 4]
[[1]
 [2]
 [3]
 [4]]
```

두 배열의 shape을 출력하는 코드를 작성 후 결과를 살펴봅니다.

```
print(a)
print(a.shape)
print(b)
print(b.shape)
```

각각 (4,)와 (4,1)이 출력되었습니다. 튜플의 두 번째 값인 1의 유무가 두 배열의 모양의 차이입니다. 1차원 배열은 모양 튜플에 1이 없습니다. 배열의 모양은 배열간의 연산(dot( ), matmul( ), transpose( ) 등)에서 중요하므로 항상 확인하는 습관을 갖는 것을 권합니다.

```
[1 2 3 4]
(4,)
[[1]
 [2]
 [3]
 [4]]
(4, 1)
```

2.4.3 전치 연산(Transpose)

행렬을 전치한다는 것은 행과 열을 바꾸는 것입니다. 선형대수와 함께 자세하게 다룰 예정이지만, 배열의 모양과 차원에 밀접한 관련이 있어 간단히 소개합니다. 다음과 같이 a 라는 행렬을 선언하고 전치 연산(a.T)을 하면 배열의 모양이 바뀝니다.

```
a = np.array([[1],[2],[3],[4]])
print(a) #shape = (4,1)
print(a.T) #shape = (1,4)
```

둘 다 모두 행렬인 채로 열 벡터가 행벡터로 변경된 것을 확인할 수 있습니다.

```
[[1]
 [2]
 [3]
 [4]]
[[1 2 3 4]]
```

하지만 1차원 배열(벡터)에서는 전치 연산이 동작하지 않습니다. 행만 존재하고 열이 존재하지 않으므로 전치 연산이 정의되지 않습니다.

```
a = np.array([1,2,3,4])
print(a)
print(a.T)
```

그래서 a와 a.T 모두 (4,)로 같은 모양을 갖고 있습니다.

```
[1 2 3 4]
[1 2 3 4]
```

2.4.4 Reshape

Reshape은 1차원 배열을 행렬로 변경해주는 역할을 합니다. 다음은 [1,2,3,4,5,6]을 (3,2) 행렬로 변경하는 코드입니다. 세 가지 모두 같은 결과를 줍니다. 배열의 길이가 6개이므로 행의 개수를 3으로 지정하면 열의 개수는 자동으로 2로 할당됩니다. 이런 경우 reshape(3,2)로 명시적으로 표현해도 되지만, 매번 개수 계산을 해야 합니다. 이런 경우 -1을 사용하면 편리합니다. 따라서 reshape(3,-1)과 reshape(-1,2) 모두 같은 결과를 반환하게 됩니다.

```
a = np.array([1,2,3,4,5,6])
print(a.reshape(3,2))
print(a.reshape(3,-1))
print(a.reshape(-1,2))
```

출력값을 보면 모두 (3,2) 행렬로 변경된 것을 확인할 수 있습니다.

```
[[1 2]
 [3 4]
 [5 6]]

[[1 2]
 [3 4]
 [5 6]]

[[1 2]
 [3 4]
 [5 6]]
```

전치 연산에도 reshape( )가 응용될 수 있습니다. 앞서 보았듯이 1차원 배열은 전치 연산이 적용되지 않습니다. 이런 경우 reshape( )를 사용하면 전치 연산을 적용할 수 있습니다.

```
a = np.array([1,2,3,4])
print(a)
print(a.T)
print(a.reshape(-1,1))
```

1차원 배열 a를 a.T와 a.reshape(-1,1)을 적용한 후 출력하면 다음과 같습니다. 전치 연산이 a.reshape(-1,1)에서만 적용된 것을 확인할 수 있습니다.

```
[1 2 3 4]
[1 2 3 4]
[[1]
 [2]
 [3]
 [4]]
```

2.4.5 배열 인덱싱

배열의 순서를 바꾸거나 필요한 부분만 추출할 때 배열 인덱싱을 사용합니다. 다음은 6개의 데이터가 있는 배열에서 다섯 번째, 세 번째, 첫 번째 순서로 구성된 배열을 만드는 코드입니다. a[[4,2,0]]이 이에 해당되는 코드입니다. 대괄호 안에 인덱스 정보를 포함한 리스트나 배열을 입력하면 됩니다.

```
a = np.array([10,20,30,40,50,60])
print(a)
b = a[[4,2,0]]
print(b)
```

다음 출력과 같이 50,30,10으로 구성된 배열이 나옵니다.

```
[10 20 30 40 50 60]
[50 30 10]
```

미니 배치 강하법(Mini batch Gradient Method)에서 자주 사용될 코드를 미리 소개합니다. 배열의 순서를 임의로 섞는 코드입니다.

```
idx = np.arange(0, len(a))
print(idx)
np.random.shuffle(idx)
print(idx)
print(a[idx])
```

numpy.random.shuffle( )을 이용하여 인덱스를 섞은 후 배열에 넣어주면 배열 a가 잘 섞이는 것을 확인할 수 있습니다.

```
[0 1 2 3 4 5]
[1 2 5 0 4 3]
[20 30 60 10 50 40]
```

2.5 시각화 패키지(matplotlib) 튜토리얼

이 책에서는 딥러닝의 기초부터 수학적으로 설명하고 전달력과 이해도를 높이기 위해 시각화 코드가 많이 등장합니다. 기본적인 데이터의 시각화에 필요한 사항들을 이번 절에서 설명합니다.

다음 코드에서 첫 번째 코드 라인은 주피터 노트북에서 그림이 나타나도록 하는 코드입니다. 그리고, 두 번째 코드는 그래프가 고해상도로 그려질 수 있게 설정해주는 명령어입니다.

```
%matplotlib inline
%config InlineBackend.figure_format = 'retina'
```

2.5.1 분포도(Scatter Plot) 그리기

분포도는 두 변수 간의 관계를 파악하기 위해 가장 먼저 그려보는 그래프입니다. 다음 코드는 시각화를 그리기 위해서 numpy와 matplotlib을 불러오는 코드입니다.

```
import numpy as np
import matplotlib.pyplot as plt
```

50개의 데이터를 갖고 있는 배열 2개를 임의로 만듭니다. numpy.random.rand(N)은 0과 1사이의 값 중에 임의로 N개를 반환해주는 함수입니다. numpy.random.seed( )는 독자 여러분이 코드를 돌렸을 때도 책의 그림과 똑같이 나오게 해주는 기능을 합니다.

```
np.random.seed(19680801)

N = 50
x = np.random.rand(N)
y = np.random.rand(N)

plt.scatter(x, y)
plt.show()
```

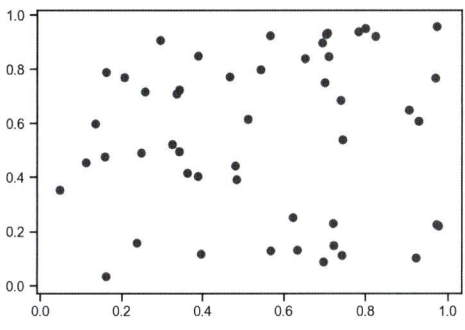

[그림 2-5] 분포도 예제 결과

앞선 분포도에서는 좌표 외 어떤 정보도 존재하지 않았습니다. 점이 찍히는 방식 대신 원을 그리는 방식으로 접근해보면 원의 크기에도 의미를 넣을 수 있습니다. 그런 경우 plt. scatter(x, y, s=area)와 같이 s에 해당 정보(area)를 넣어주면 그림과 같이 각기 다른 크기의 원이 그려지는 것을 확인할 수 있습니다.

```
np.random.seed(19680801)

N = 50
x = np.random.rand(N)
y = np.random.rand(N)
area = (30 * np.random.rand(N))**2

plt.scatter(x, y, s=area)
plt.show()
```

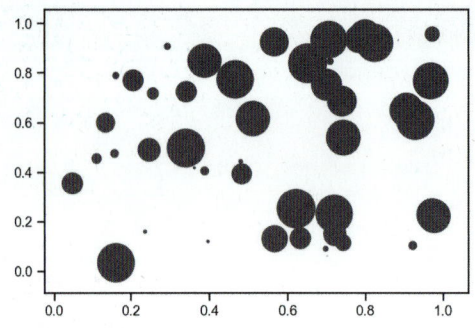

[그림 2-6] 원의 반지름을 이용한 분포도

원의 크기가 커질수록 서로 겹치는 부분들이 많아집니다. 겹치는 부분이 많아질수록 뒤에 가려지는 데이터들도 많아지게 되는 단점이 있습니다. 이런 단점은 투명도(alpha)를 조정하여 해결할 수 있습니다. 0은 완전히 투명한 상태를 나타내고, 1은 완전히 불투명한 상태를 나타냅니다.

```
np.random.seed(19680801)

N = 50
x = np.random.rand(N)
y = np.random.rand(N)
area = (30 * np.random.rand(N))**2

plt.scatter(x, y, s=area, alpha=0.5)
plt.show()
```

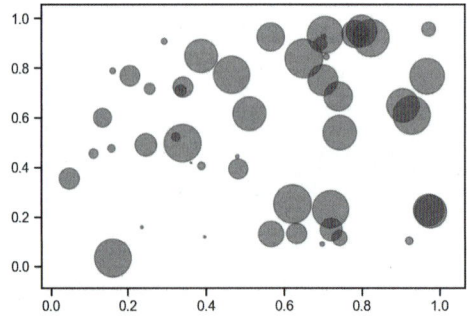

[그림 2-7] 투명도를 적용한 분포도

이번에는 투명도에 이어서 색깔에도 정보를 표현하는 법을 소개합니다. 간단하게 plt.scatter(x, y, s=area, c=colors, alpha=0.5)에서 c부분에 colors라는 배열을 넣어주면 디폴트 색조(hue)로 값에 따라 색이 표현됩니다.

```
np.random.seed(19680801)

N = 50
x = np.random.rand(N)
y = np.random.rand(N)
colors = np.random.rand(N)
area = (30 * np.random.rand(N))**2

plt.scatter(x, y, s=area, c=colors, alpha=0.5)
plt.show()
```

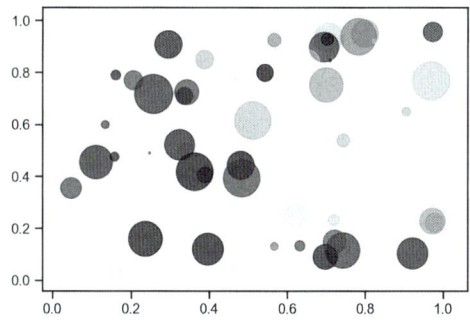

[그림 2-8] 색조를 이용한 분포도

2.5.2 Pair Plot(페어플랏) 그리기

분포도는 두 변수 간의 관계만을 파악할 수 있습니다. 변수가 바뀔 때마다 매번 따로 그려야 하는 번거로움이 있습니다. 모든 변수에 대해서 분포도와 히스토그램을 그려주는 기능이 seaborn에 있어서 사용하면 매우 편리합니다. 간단히 seaborn을 임포트하고 seaborn.pairplot(df)를 실행하면 주피터 노트북에 그림과 같이 페어플랏이 나타납니다.

여기서 df는 pandas.DataFrame입니다. 데이터프레임(DataFrame)에 존재하는 모든 변수에 대해서 그려주므로 데이터프레임이 너무 큰 경우에는 시간도 오래 걸리고 그래프도 보기 힘듭니다. 이런 경우 어느 정도 관심이 있는 변수를 추려 낸 후 페어플랏을 그리는 것을 추천합니다.

```
import seaborn as sns
sns.set(style="ticks", color_codes=True)
iris = sns.load_dataset("iris")
g = sns.pairplot(iris)
```

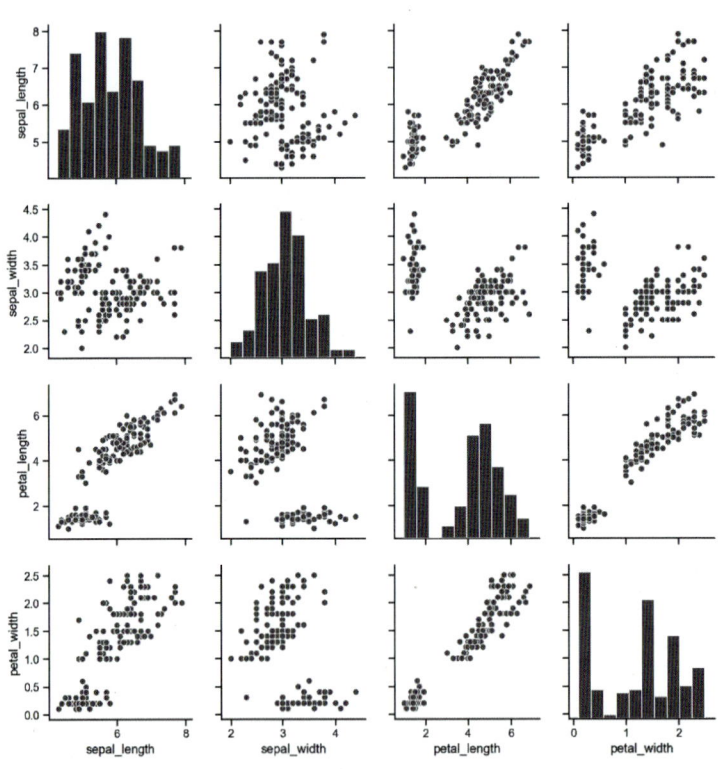

[그림 2-9] Pair Plot 예제

페어플랏에서는 범주형 변수(Categorical Variable)에 따라서 색깔과 마커의 모양을 다르게 하여 표시할 수 있습니다. 다음 코드를 실행하면 그림과 같은 페어플랏을 볼 수 있습니다.

```
g = sns.pairplot(iris, hue="species", markers=["o", "s", "D"])
```

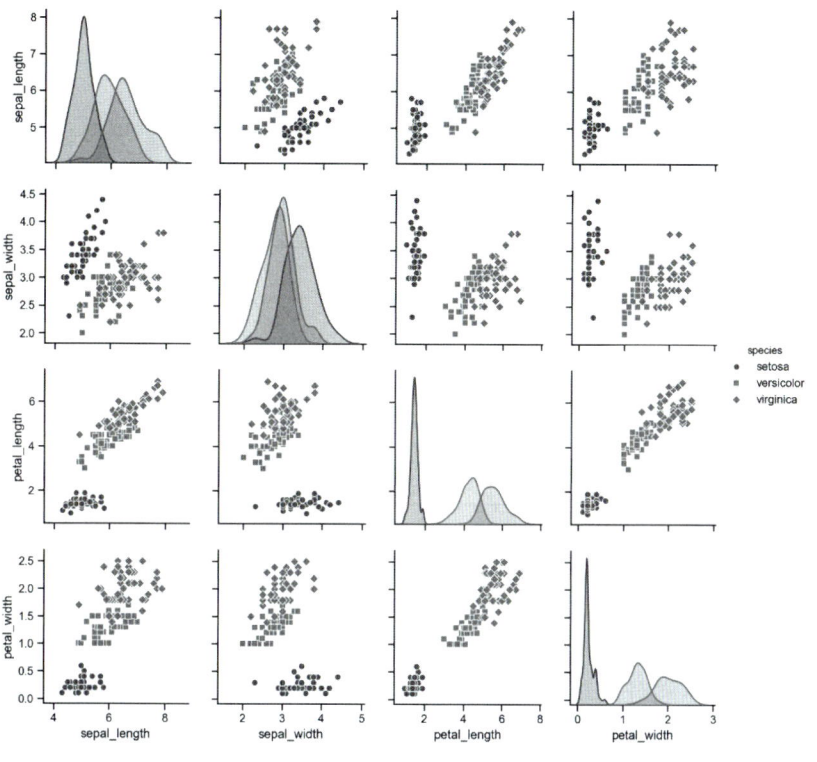

[그림 2-10] 범주형 변수를 이용한 Pair Plot

2.5.3 단일변수 함수 그래프 그리기

단일변수 함수의 그래프를 그릴 때는 plot( )을 사용합니다. $y = x^2$의 그래프를 [0, 5]에서 그리고 싶을 땐 다음과 같은 순서로 코드를 작성하면 됩니다.

1. 정의역(Domain)을 선언합니다. x = np.arange(0., 5., 0.2)
2. 선언된 정의역으로 함숫값(Function Value)을 계산합니다. y = x**2
3. plot(x,y)을 호출합니다.
4. show( )를 호출하여 그래프를 화면에 띄웁니다.

그래프의 선 모양을 다르게 해주는 기능도 간편하게 구현할 수 있습니다. plot( )의 세 번째 인자로 선 모양을 정해줍니다. 4가지 선 모양을 제공합니다.

1. '-' : solid
2. '--' : dashed
3. '-.' : dash-dot
4. ':' : dotted

```
plt.plot(x,y1, '-')
plt.plot(x,y2, '--')
plt.plot(x,y3, ':')
plt.show()
```

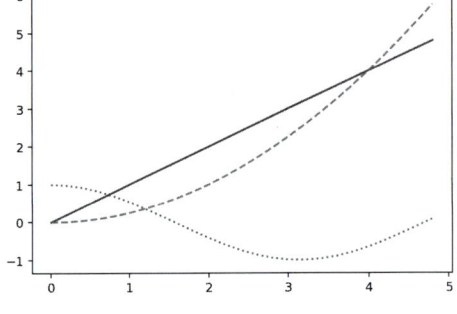

[그림 2-14] 그래프 선 모양을 다르게 한 다중 그래프

점들의 위치를 마커로 표시할 수 있는 기능도 있습니다. 선 모양과 함께 plot( )의 세 번째 입력에 넣어주면 됩니다. 예를 들면, 선 모양은 실선(Solid line)으로 하고 마커는 동그라미로 하고 싶다면 세 번째 입력에 '-'과 'o'를 합친 '-o'를 넣어주면 됩니다. 제공되는 마커의 모양은 많지만 대표적으로 다음과 같은 3가지(동그라미, 네모, 엑스)를 소개합니다. 더 많은 마커 모양은 matplotlib 홈페이지에서 제공하고 있습니다.

```
plt.plot(x,y1, '-o')
plt.plot(x,y2, '--s')
plt.plot(x,y3, ':x')
plt.show()
```

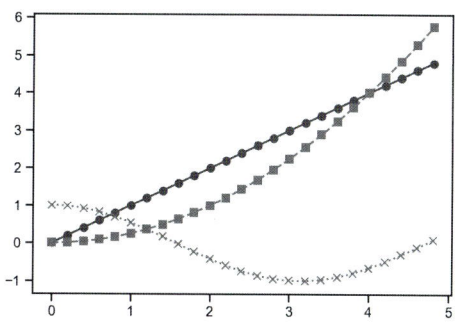

[그림 2-15] 그래프 점 모양을 다르게 한 다중 그래프

각 그래프에 이름을 달아주는 기능을 소개합니다. 범례라고 불리기도 합니다. 다음 코드와 같이 legend( )에 순서에 맞춰 문자열 리스트를 입력하면 됩니다. 그림을 확인해보면 좌측 상단에 범례가 나타난 것을 확인할 수 있습니다.

```
plt.plot(x,y1, '-o')
plt.plot(x,y2, '--s')
plt.plot(x,y3, ':x')
plt.legend(['y=x', 'y=0.25 * x**2', 'y = cos(x)'])
plt.show()
```

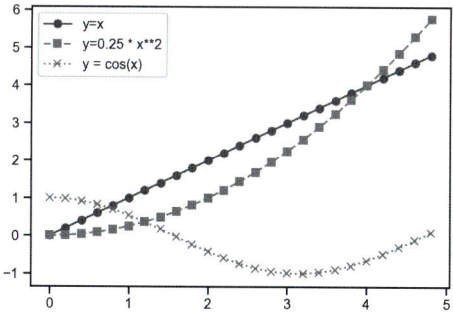

[그림 2-16] 각 그래프 이름을 달아준(legend) 다중 그래프

plot( )을 한 번 호출하여 3가지 그래프를 모두 그리는 코드는 다음과 같습니다.

```
plt.plot(x, y1, '-o', x, y2, '--s', x, y3, ':x')
plt.legend(['y=x', 'y=0.25 * x**2', 'y = cos(x)'])
plt.show()
```

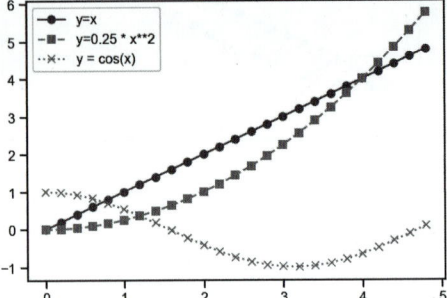

[그림 2-17] 한 번의 plot( )으로 그린 다중 그래프

2.5.5 그래프 스타일링

지금까지 그렸던 그래프에는 정보를 전해주는 중요 항목들이 빠져있습니다. 제목, 눈금, x축 이름, 그리고 y축 이름이 대표적입니다. 각각 title( ), grid( ), xlabel( ), ylabel( )의 함수를 사용하여 구현할 수 있습니다. 수식을 범례에 추가하고 싶다면 $ 표시 사이에 LaTeX 문법을 사용하면 됩니다.

```
plt.plot(x, y1, 'o-', x, y2, '--s', x, y3, ':x')
plt.title('Plot Tutorial')
plt.grid()
plt.xlabel('x')
plt.ylabel('y')
plt.legend(['$y=x$', '$y=0.25 * x^2$', '$y = cos(x)$'])
plt.show()
```

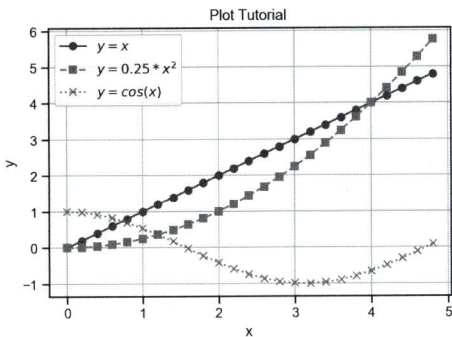

[그림 2-18] 그래프 스타일링 예제1

매번 plot( ) 범례에 나올 이름을 지정하는 방법도 있습니다. 가독성이 좋아지는 장점이 있고, legend( )에 입력할 인자가 필요하지 않습니다.

```
plt.plot(x, y1, 'o-', label=r'$y=x$')
plt.plot(x, y2, '--s', label=r'$y=\frac{1}{4}x^2$')
plt.plot(x, y3, ':x', label=r'$y=cos(x)$')
plt.title('Plot Tutorial')
plt.grid()
plt.xlabel('x')
plt.ylabel('y')
plt.legend()
plt.show()
```

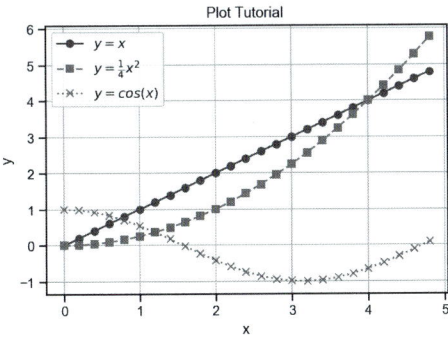

[그림 2-19] 그래프 스타일링 예제2

이번에는 3개의 그래프를 한 창에 따로따로 나타내는 subplot( )의 예제입니다. subplot(3,1,1)은 3개의 행과 1개의 열로 구성된 틀(axis)중에 첫 번째 틀에 그래프를 그린다는 뜻입니다. 이 함수를 호출한 뒤 지금까지 배웠던 모든 기능을 사용하여 그래프를 구성하면 됩니다. 두 번째와 세 번째도 subplot(3,1,2)와 subplot(3,1,3)을 사용하면 똑같은 방법으로 그래프를 완성할 수 있습니다.

다음 코드에서는 plot( )의 세 번째 입력에 'k'가 추가되었는데, 이것은 흑색(Black)으로 그래프를 그리라는 명령어입니다. 그 외 색깔로는 파랑(b), 초록(g), 빨강(r) 등이 있습니다.

```python
plt.subplot(3,1,1)
plt.plot(x, y1, '-ok')
plt.title('Subplots Example')
plt.grid()
plt.xlabel('x')
plt.ylabel('y')

plt.subplot(3,1,2)
plt.plot(x, y2, '--sk')
plt.grid()
plt.xlabel('x')
plt.ylabel('y')

plt.subplot(3,1,3)
plt.plot(x, y3, ':xk')
plt.grid()
plt.xlabel('x')
plt.ylabel('y')
plt.show()
```

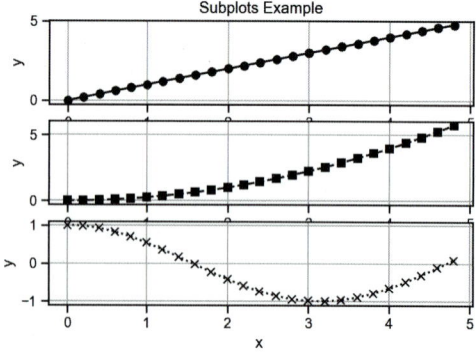

[그림 2-20] Subplot을 사용한 그래프 스타일링 예제

2.5.6 다변수 함수 그래프 그리기

이 책에서는 딥러닝 모델을 표현한 최적화 문제를 여러 수치최적화 알고리즘을 사용하여 풀게 됩니다. 여러 수치최적화 알고리즘마다 고유의 특성들을 확인하기 위해 시각화를 많이 이용할 예정입니다. 하지만 고차원의 시각화는 매우 어려우므로 2차원 예제로 이해도를 높일 예정입니다. 따라서 2차원 함수의 그래프를 그리는 방법 또한 필수적입니다.

다음 코드는 정사각형 정의역($[-5, 5] \times [-5, 5]$)에서 $z = \sin\left(\sqrt{x^2 + y^2}\right)$를 계산하는 코드입니다.

```
X = np.arange(-5, 5, 0.25)
Y = np.arange(-5, 5, 0.25)
X, Y = np.meshgrid(X, Y)
R = np.sqrt(X**2 + Y**2)
Z = np.sin(R)
```

컨투어(Contour)는 같은 함숫값(z)을 갖는 선을 이어주는 그래프입니다. 지도를 그릴 때 활용되는 등고선과 같은 개념입니다. contour( )를 사용하면 컨투어를 그릴 수 있습니다. 컬러맵도 사용자가 지정할 수 있고 많은 컬러맵이 존재하므로 사용자의 기호에 맞게 입력값을 넣어주면 됩니다. matplotlib의 홈페이지를 방문하면 많은 컬러맵을 확인할 수 있으므로 자세한 설명은 생략하겠습니다.

```
import matplotlib.pyplot as plt
fig = plt.figure(figsize=(5,5))
plt.contour(X, Y, Z, cmap='coolwarm')
plt.grid()
plt.axis('equal')
plt.show()
```

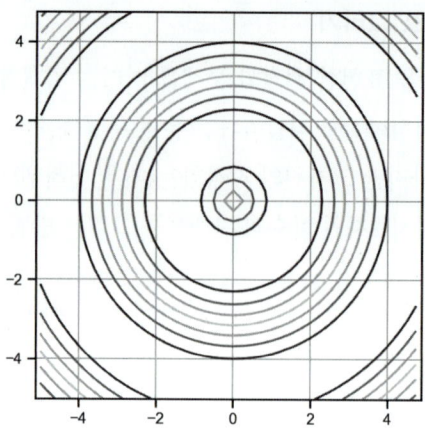

[그림 2-21] 컨투어를 사용한 다변수 함수 그래프

컨투어를 구성하는 선들 사이를 해당 색깔로 채운 그래프는 contourf( )를 사용합니다. 기존 contour( ) 명령어 뒷부분에 f가 붙어있는데 이것은 Filled의 f입니다.

```
fig = plt.figure(figsize=(5,5))
plt.contourf(X, Y, Z, cmap='coolwarm')
plt.grid()
plt.axis('equal')
plt.show()
```

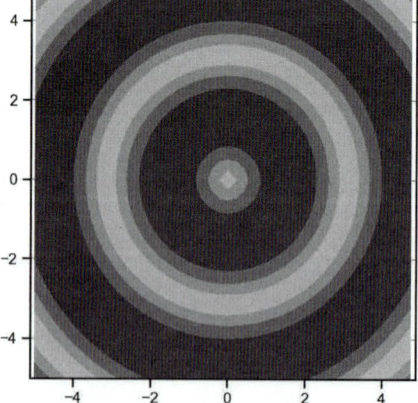

[그림 2-22] 색을 채운 컨투어를 사용한 다변수 함수 그래프

Chapter 03 | 텐서플로 튜토리얼

이번 장에서는 텐서플로(TensorFlow)의 개념과 기본적인 수학 연산 방법을 설명합니다. 텐서플로는 2011년부터 구글 브레인(Google Brain)에서 구글 내부 사용 목적으로 개발한 패키지입니다. 텐서플로에서는 C++, JAVA 등의 언어로도 API를 제공하지만 파이썬(Python) API가 압도적으로 사용되고 있습니다.

텐서플로는 2015년 11월에 오픈소스로 공개되면서 유명세를 치르게 되었습니다. 국내에서는 알파고와 이세돌의 대결로 딥러닝에 대한 많은 관심과 함께 널리 퍼지게 되었습니다. 기존의 머신러닝 패키지인 scikit-learn 보다는 사용이 쉽지 않지만, 사용자가 다양한 딥러닝 모델을 만들어 볼 수 있도록 설계되어 있습니다. 텐서플로는 다음과 같은 4가지 장점을 갖고 있습니다.

1. 딥러닝 모델을 그래프 방식으로 표현함으로써 다양한 딥러닝 모델 구축 가능
2. 자동으로 미분 계산을 처리하므로 역전파법(Backpropagation) 구현이 생략 가능
3. 텐서보드를 사용하여 딥러닝 학습 진행 상황을 웹서버를 통해 간편한 모니터 가능
4. 적은 코드 내용 수정으로 그래픽카드(GPU)를 사용한 가속이 가능

하지만 기존의 데이터 분석 및 머신러닝 패키지들과는 다른 패턴의 사용법이 있어서 처음 접하는 분들에게는 어색한 경우가 많습니다. 이번 장에서 소개된 내용을 차근차근 따라오면 처음에 느꼈던 어색함이 많이 없어질 것입니다.

3.1 텐서플로 설치

먼저 텐서플로는 아나콘다를 사용하여 설치합니다. 다음 터미널 명령어를 실행하면 텐서플로가 설치되고 주피터 노트북이 실행됩니다.

```
$ cd /your/path/
$ conda activate deep-learning
(deep-learning) $ conda install numpy tensorflow
(deep-learning) $ jupyter notebook
```

3.2 텐서플로 구조 이해하기

주피터 노트북을 실행해서 새 노트북을 추가한 후 다음 코드를 작성하여 numpy와 tensorflow를 임포트합니다. "Successful import"라고 출력이 된다면 설치가 정상적으로 된 것입니다.

```
import numpy as np
import tensorflow as tf
print("Successful import")
```

텐서플로의 핵심은 그래프(Graph)입니다. 그래프는 2가지로 구성되어 있습니다. 노드(Node)와 엣지(Edge)입니다. 이번 절에서는 텐서플로에서 사용하는 그래프의 개념을 소개합니다. 또한, 텐서플로가 그래프의 구성요소인 노드와 엣지를 어떻게 설계했는지를 설명합니다.

3.2.1 그래프(Graph)

텐서플로를 사용한 코드는 크게 두 부분으로 나눌 수 있습니다. "그래프 만들기"와 "만든 그래프에 데이터를 흘려보내기"입니다.

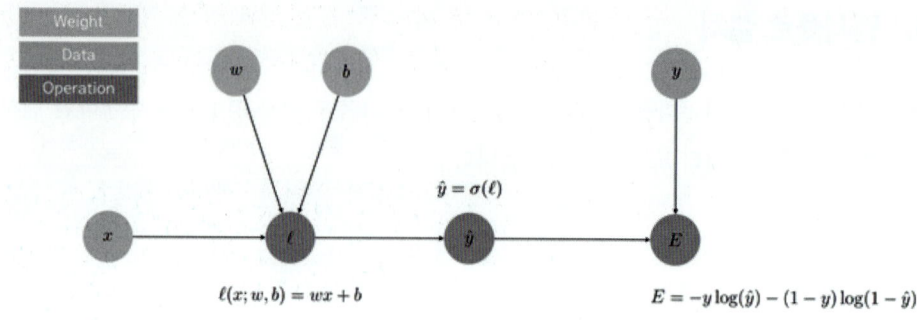

[그림3-1] 노드와 엣지로 구성한 그래프 예시

위의 그림처럼 그래프에는 동그라미로 표시된 노드와 화살표로 표시된 엣지로 구성되어 있습니다. 각 노드는 화살표를 통해 들어오는 데이터들을 입력으로 받은 후 연산을 합니다. 연산한 결과는 다음 노드로 화살표를 통해 흘려보내 줍니다.

텐서플로에서는 노드에 해당되는 클래스가 연산(Operation)이고, 엣지(화살표)에 해당되는 클래스가 텐서(Tensor)입니다. 딥러닝 모델을 데이터가 들어와 노드를 거치며 변하는 그래프로 표현합니다. 따라서, 텐서플로 이름의 기원을 알 수 있습니다. 텐서들은 화살표를 따라 노드를 지나가는 흐름에 따라 정의하는 모델이 달라집니다. 즉, 텐서들의 흐름을 정의하여 딥러닝 모델을 구축합니다. 그래서 **텐서(Tensor) + 흐름(Flow) = 텐서플로(TensorFlow)** 로 패키지 이름의 기원을 유추해 볼 수 있습니다.

3.2.2 텐서(Tensor)

텐서는 벡터와 행렬의 N차원 배열을 일반화한 개념입니다. 딥러닝에 필요한 데이터와 계산된 값들은 모두 예외 없이 텐서로 표현됩니다. 모든 텐서에는 데이터 타입(Data Type)과 모양(Shape)이 있습니다. 데이터 타입은 float32, float64, int32, int64, bool, string 등 기본적인 타입들이 존재합니다. 한 텐서는 모두 같은 데이터 타입이 구성되어야 합니다.

모양은 각 차원의 크기를 알려주는 튜플입니다. N차원 텐서라면 튜플의 길이는 N이 됩니다. 그리고 이때 N을 랭크(Rank)라고 부릅니다. 다음은 특정한 랭크를 갖는 텐서의 경우를 부르는 수학적 용어를 소개하는 표입니다.

랭크(Rank)	수학적 용어
0	스칼라(Scalar)
1	벡터(Vector)
2	행렬(Matrix)
3	3-Tensor(Cube of numbers): 숫자를 직육면체로 쌓은 구조
N	N-Tensor(사용자가 정의하기 나름)

텐서플로를 사용할 때 직접 텐서 클래스를 사용하는 경우는 드물고 Constant, Variable 등 텐서 클래스를 상속받는 자식 클래스들을 통해 그래프를 구성합니다

3.2.3 연산(Operation)

그래프에서 동그라미로 표시된 노드는 텐서플로에서 연산에 해당합니다. 연산은 여러 텐서들(화살표들)을 입력으로 받아 "정해진 계산" 역할을 합니다. 계산의 결괏값 또한 텐서(화살표)로 출력해 줍니다. 사용자는 이러한 연산들을 쌓고 쌓아 딥러닝 모델을 구성합니다. 간단한 예로 $y = x + b$의 덧셈을 살펴보겠습니다.

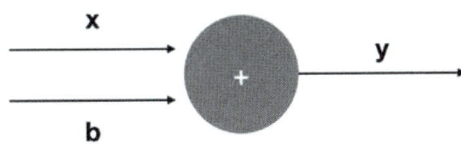

[그림3-2] 텐서 덧셈 연산의 그래프 표현

x와 b라는 텐서(화살표)가 "+"라는 연산(노드)에 입력으로 들어와서 $x + b$로 계산됩니다. 그 결괏값은 y라는 텐서에 저장되어 출력됩니다. 이렇게 연산들을 자유롭게 구성하는 것이 텐서플로의 가장 큰 장점입니다.

3.3 주요 타입 2가지

이번 절에서는 주로 사용하게 될 2가지 타입을 소개합니다.

1. Constant
2. Variable

모두 텐서 클래스를 상속받는 자식 클래스들입니다. 하지만 기능 측면에서 제각기 많이 다르므로 2가지 경우를 나누어 소개하고 적절한 예제를 첨부했습니다.

3.3.1 Constant

Constant는 말 그대로 상수를 표현할 때 사용합니다. 상수는 한번 선언되면 변경될 수 없는 기능을 갖고 있습니다. 실전에서는 사용 빈도가 높지 않은 편입니다. 다음은 "Hello World!"를 Constant로 선언하여 출력하는 코드입니다.

```
hello_constant = tf.constant('Hello World!')
print(hello_constant)
```

3.3.2 Variable

Variable 타입은 딥러닝에서 가장 핵심적인 역할을 합니다. 딥러닝 모델을 학습한다는 것은 가장 좋은 딥러닝 모델을 만드는 Variable을 찾는다고 말할 수 있습니다. 이에 대한 자세한 설명은 최적화 이론과 함께 설명할 계획입니다. 지금은 간단하게 연산하는 방법을 알아보겠습니다. 가장 먼저 시도하게 되는 코드는 다음과 같습니다.

```
x = tf.Variable(10)
print(x)
```

3.4 기초 수학 연산

앞선 절까지는 매우 단순한 텐서 변수(Constant, Variable)에 데이터 값을 넣는 예제였습니다. 이번 절에서는 기초 수학 연산들을 예제로 추가했습니다. 배우는데 큰 어려움은 없지만, 확인하고 넘어가면 좋습니다. 다음 코드에서는 변수를 선언만 했던 앞선 코드와 다르게 선언한 변수와 함께 z 와 w 에 나눗셈과 뺄셈이 포함되어 있습니다.

```
x = tf.constant(10)
y = tf.constant(2)
z = x / y
w = z - 1
print(x)
print(y)
print(z)
print(w)
```

출력된 결과들은 다음과 같습니다.

```
tf.Tensor(10, shape=(), dtype=int32)
tf.Tensor(2, shape=(), dtype=int32)
tf.Tensor(5.0, shape=(), dtype=float64)
tf.Tensor(4.0, shape=(), dtype=float64)
```

z 와 w 모두 텐서인 것을 확인할 수 있지만, 텐서의 이름과 데이터 타입이 달라지는 것을 확인할 수 있습니다. z 를 살펴보면 x 를 y 로 나눈 연산을 한 결괏값을 텐서로 저장하고 있습니다. 다음으로 w 를 살펴보면 방금 계산된 y 에서 1을 빼주는 연산의 결괏값을 텐서로 저장하는 코드입니다. 이를 그림으로 나타내면 다음과 같습니다.

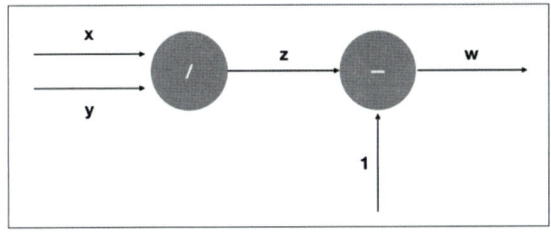

[그림3-3] $z = x / y$, $w = z - 1$ 연산의 그래프 표현

세션을 통해 그래프를 실행해 보면 다음과 같은 출력값이 나옵니다.

```
x = tf.constant(10)
y = tf.constant(2)
z = x / y
w = z - 1

print([z, w])

# Output: [5.0, 4.0]
```

3.4.1 스칼라 덧셈

이제부터는 기초 수학 연산들을 2가지 텐서(constant, Variable)들로 구현하는 코드들을 소개합니다. 먼저 스칼라 덧셈입니다. 수식으로 표현하면 다음과 같습니다.

$$z = x + y$$

가장 먼저 constant 텐서를 이용한 코드입니다. 다시 한번 살펴보면, constant는 선언할 때 타입과 밸류를 입력합니다. 그리고 $z = x + y$로 스칼라 덧셈을 정의합니다. 그 후 실행을 위해 세션을 열고 run( )을 호출해 결괏값(12=10+2)을 얻습니다.

```
x = tf.constant(10)
y = tf.constant(2)
z = x + y

print(z)

# Output: tf.Tensor(12, shape=(), dtype=int32)
```

다음은 Variable을 사용한 텐서 코드입니다. 위에서 Constant를 사용했을 때와 동일한 텐서 값이 나오게 됩니다. 텐서플로 1.x버전에서는 Constant와 Variable이 상당히 다르게 동작했지만, 텐서플로 2.x에서는 큰 차이가 없게 동작합니다. 이는 사용자에게 매우 편리한 점입니다.

```
x = tf.Variable(10, dtype=tf.int32)
y = tf.Variable(2, dtype=tf.int32)
z = x + y

print(z)

# Output: tf.Tensor(12, shape=(), dtype=int32)
```

3.4.2 텐서플로에서 제공하는 다양한 함수

이번 절에서는 텐서플로에서 제공하는 다양한 함수를 소개합니다. 선형대수와 관련한 함수도 많지만, 이 부분은 다음 장에서 선형대수의 개념과 함께 다루므로 이번 절에서는 설명을 생략합니다. 2가지 텐서(constant, Variable)에 관해서는 앞에서 설명을 충분히 했으므로 각 텐서를 사용하는 예제 코드를 한 번에 소개합니다.

Square/Pow

다음 수식처럼 주어진 입력(x)에 제곱값을 구해주는 함수인 square( )를 소개합니다.

$$z = x^2$$

square( )의 입력에 x를 넣어주면 결괏값으로 z에 x의 제곱수가 계산이 되어 들어갑니다.

```
# Constant
x = tf.constant(4.0)
z = tf.math.square(x)
print(z)
# Output: 1tf.Tensor(16.0, shape=(), dtype=float32)

# Variable
x = tf.Variable(4.0)
z = tf.math.square(x)
print(z)
# Output: tf.Tensor(16.0, shape=(), dtype=float32)
```

다음은 N-제곱수를 구하는 방법입니다. 다음 수식과 같이 pow( )를 활용하여 x의 세제곱값을 계산할 수 있습니다.

$$z = x^3$$

```
# Constant
x = tf.constant(4.0)
z = tf.math.pow(x, 3)
print(z)
# Output: 1tf.Tensor(64.0, shape=(), dtype=float32)

# Variable
x = tf.Variable(4.0)
z = tf.math.pow(x, 3)
print(z)
# Output: tf.Tensor(64.0, shape=(), dtype=float32)
```

SquaredDifference

이번에는 두 수$(x,\ y)$의 차이의 제곱값을 구해주는 함수입니다. 이 함수는 최소자승법(Least Squares Method)에서 손실함수(Cost function)를 구할 때 자주 사용하게 되어 소개합니다.

$$z = (x - y)^2$$

다음 코드는 $9.0 = (4.0 - 1.0)^2$을 squared_difference( )를 사용하여 2가지 텐서를 사용하여 구하고 있습니다. 어려움 없이 이해할 수 있는 코드이므로 자세한 설명은 추가하지 않았습니다.

```
# Constant
x = tf.constant(4.0)
y = tf.constant(1.0)
z = tf.math.squared_difference(x,y)

print(z)
# Output: tf.Tensor(9.0, shape=(), dtype=float32)

# Variable
x = tf.Variable(4.0)
y = tf.Variable(1.0)
```

```
z = tf.math.squared_difference(x,y)

print(z)
# Output: tf.Tensor(9.0, shape=(), dtype=float32)
```

Sqrt/nsqrt

이번에는 제곱근을 구하는 함수를 소개합니다. sqrt( )를 사용하면 제곱근을 구해줍니다. 앞에서 소개했던 제곱값을 구하는 함수와 사용법이 같습니다.

$$z = \sqrt{x}$$

```
# Constant
x = tf.constant(4.0)
z = tf.math.sqrt(x)
print(z)
# Output: tf.Tensor(2.0, shape=(), dtype=float32)


# Variable
x = tf.Variable(4.0)
z = tf.math.sqrt(x)
print(z)
# Output: tf.Tensor(2.0, shape=(), dtype=float32)
```

pow( )를 사용하면 N-제곱값 외에도 N-제곱근을 구할 수 있습니다. 세제곱근을 예로 들면, 다음과 같이 제곱값 식으로 표현할 수 있습니다.

$$z = \sqrt[3]{x} = x^{\frac{1}{3}}$$

그러므로 pow(x, 1.0/3.0)를 이용하게 되면 세제곱근을 구하는 코드를 작성할 수 있습니다.

```
# Constant
x = tf.constant(8.0)
z = tf.math.pow(x, 1.0/3.0)
```

```
print(z)
# Output: tf.Tensor(2.0, shape=(), dtype=float32)

# Variable
x = tf.Variable(8.0)
z = tf.math.pow(x, 1.0/3.0)
print(z)
# Output: tf.Tensor(2.0, shape=(), dtype=float32)
```

Cosine/sine

삼각함수 또한 텐서플로에서 제공하고 있습니다. 다음은 수식과 같이 코사인과 사인함수를 구하는 코드입니다.

$$y = \sin(x)$$
$$z = \cos(x)$$

이번에는 tf.Tensor를 numpy( )를 사용하여 tf.Tensor 오브젝트가 아닌 값을 출력해 보도록 하겠습니다.

```
# Constant
x = tf.constant(np.pi/3.0)
y = tf.math.sin(x)
z = tf.math.cos(x)
print([y.numpy(), z.numpy()])
# Output: [0.86602545, 0.49999997]

# Variable
x = tf.Variable(np.pi/3.0)
y = tf.math.sin(x)
z = tf.math.cos(x)
print([y.numpy(), z.numpy()])
# Output: [0.86602545, 0.49999997]
```

exp/log

지수함수와 로그함수 또한 텐서플로에서 제공합니다. 이때 지수와 로그함수의 밑으로 사용되는 숫자 e는 오일러(Euler) 상수입니다. e의 값은 대략 2.71828입니다.

$$y = e^x$$
$$z = \ln(x)$$

```
# Constant
x = tf.constant(1.0, dtype=tf.float64)
y = tf.math.exp(x)
z = tf.math.log(y)
print([y.numpy(), z.numpy()])
# Output: [2.718281828459045, 1.0]

# Variable
x = tf.Variable(1.0, dtype=tf.float64)
y = tf.math.exp(x)
z = tf.math.log(y)
print([y.numpy(), z.numpy()])
# Output: [2.718281828459045, 1.0]
```

3.4.3 리덕션(Reduction)

리덕션은 여러 개의 값을 사용하여 한 개의 값을 계산하는 연산을 지칭합니다. 리덕션의 사전적 의미는 감소, 소거, 줄임입니다. 리덕션 연산에서는 여러 개의 값이 연산을 통해 한 개의 값으로 개수가 줄어드는 공통점이 있습니다. 이번에는 대표적인 리덕션 연산인 최솟값, 최댓값과 합, 평균을 예제를 통해 설명합니다.

Reduce_min/Reduce_max
다음 수식처럼 N차원 벡터 x에서 최솟값(y)과 최댓값(z)를 구하는 코드입니다.

$$y = \min_{i=1,\cdots,N} x_i$$
$$z = \max_{i=1,\cdots,N} x_i$$

예제에서는 1부터 10까지로 구성된 10차원 벡터에서 최솟값과 최댓값을 찾고 있습니다. 열 개의 값이 입력으로 들어가서 최솟값(y), 최댓값(z)이 각각 한 개씩 나오는 것을 확인할 수 있습니다. 이렇게 열 개의 입력값이 한 개의 출력값으로 나오기 때문에 리덕션 연산이라고 불립니다.

```
# Constant
x = tf.constant([1,2,3,4,5,6,7,8,9,10])
y = tf.math.reduce_min(x)
z = tf.math.reduce_max(x)
print([y.numpy(), z.numpy()])
# Output: [1, 10]

# Variable
x = tf.Variable([1,2,3,4,5,6,7,8,9,10])
y = tf.math.reduce_min(x)
z = tf.math.reduce_max(x)
print([y.numpy(), z.numpy()])
# Output: [1, 10]
```

Reduce_sum/Reduce_mean

알고리즘 공부를 하면서 가장 많이 접하는 총합계와 평균 구하는 기능입니다. 수식으로 나타내면 다음과 같이 나타낼 수 있습니다.

$$y = \sum_{i=1}^{N} x_i$$

$$z = \frac{1}{N} \sum_{i=1}^{N} x_i$$

1부터 10까지 총합은 55이고, 평균은 5.5가 나오게 되는 코드입니다. 평균을 구할 때 나눗셈이 들어가는 부분에서 정수형 값들은 소수점을 표현하지 못하기 때문에 반드시 실수형(float32나 float64)로 선언해야 정확한 값을 얻을 수 있습니다.

```
# Constant
x = tf.constant([1,2,3,4,5,6,7,8,9,10], dtype=tf.float64)
y = tf.math.reduce_sum(x)
z = tf.math.reduce_mean(x)
print([y.numpy(), z.numpy()])
# Output: [55.0, 5.5]

# Variable
x = tf.Variable([1,2,3,4,5,6,7,8,9,10], dtype=tf.float64)
y = tf.math.reduce_sum(x)
z = tf.math.reduce_mean(x)
```

```
print([y.numpy(), z.numpy()])
# Output: [55.0, 5.5]
```

3.4.4 케라스(Keras) 모델

TensorFlow 1.x에서는 Session이라는 개념을 통해 실행이 되는 방식이었습니다. 이 개념은 TensorFlow를 처음 접하는 사람들에게는 큰 진입 장벽이었습니다. Placeholder라는 클래스를 이용하여 Session을 열고, run( )을 해야 실제 연산이 시작되었기 때문입니다. 이러한 불편함을 TensorFlow 2.x에서는 Eager execution 방식으로 해결해서 일반 Python과 같은 방식으로 이용할 수 있게 되었습니다.

```
# TF 1.x
outputs = session.run(f(placeholder), feed_dict={placeholder: input})

# TF 2.x
outputs = f(input)
```

TensorFlow 1.x의 이러한 불편한 부분들을 보완해 주는 패키지 Keras가 있었습니다. Keras는 Backend 엔진으로 Theano와 TensorFlow를 사용하는 일종의 Wrapper 패키지입니다. TensorFlow 2.x에서는 Keras를 더 긴밀하게 연동시켜서 사용자의 편리함을 확보했습니다.

사실 TensorFlow와 Keras는 다른 용어지만, TensorFlow 2.x에서는 Keras와 아주 긴밀하게 연동되어서 사실상 구분이 의미가 없어졌습니다. TensorFlow에서 딥러닝 모델을 만드는 다음과 같이 3가지 방식이 존재합니다.

1. Sequential을 이용하는 방식
2. Functional API를 이용하는 방식
3. Model 클래스를 상속하는 방식

Keras 모델을 사용하게 되면 학습에 필요한 많은 최적화 알고리즘이나 평가 알고리즘을 쉽게 구현할 수 있습니다. Keras 패키지에서 이미 작성해놓은 부분들을 Keras 모델을 사용함으로써 재사용이 가능하기 때문입니다. 가장 도움 되는 2가지는 다음과 같습니다.

1. Optimizer 클래스를 이용해서 그래디언트 계열 알고리즘 사용 가능
2. 부모 클래스에 구현되어 있는 fit( )을 활용하여 학습 가능

지금부터는 위의 3가지 방법을 가장 기본적인 Dense 레이어를 3개 쌓는 모델을 예제를 통해 소개합니다.

Sequential

Sequential 모델은 TensorFlow에서 포함된 Keras 모듈에 포함되어 있습니다. 다음과 같은 코드로 Sequential 모델을 만들 수 있습니다.

```
from tensorflow import keras
model = keras.Sequential()
```

위의 모델에 add( )를 이용하여 다음과 같은 레이어들을 추가하면 되는 단순한 방식입니다.

- Dense
- Conv2D
- Flatten
- Reshape
- MaxPool2D
- 그 외 많은 Built-in 레이어
- 사용자가 직접 만든 Custom 레이어

다음과 같이 간단한 레이어들을 순차적으로 쌓아서 신경망 모델을 만들 수 있습니다.

```
from tensorflow.keras import layers

model = keras.Sequential()
model.add(layers.Dense(16))
model.add(layers.Dense(8))
model.add(layers.Dense(2))
```

```
x = tf.ones((1, 4))
y = model(x)
print(y.numpy())

# Output: [[-1.2724985  -0.45298302]]
```

Dense 레이어가 만들어질 때, Weight들이 랜덤으로 초기화되므로 출력값은 다를 수 있습니다. 똑같은 결괏값을 원할 경우, 'tf.random.set_seed(624)'를 위의 코드 앞에 실행하면 됩니다. Sequential( )의 다른 기능을 사용하여 아래와 같은 코드로 간단하게 나타낼 수도 있습니다.

```
from tensorflow.keras import layers

model = keras.Sequential(
          [
              layers.Dense(16),
              layers.Dense(8),
              layers.Dense(2)
          ])
x = tf.ones((1, 4))
y = model(x)
print(y.numpy())

# Output: [[-1.2724985  -0.45298302]]
```

Sequential을 이용한 모델 선언법은 매우 간단하고 직관적이지만, 다음과 같은 한계점들이 있습니다.*

1. 단일 입력값이 들어오고 단일 출력값이 나오는 경우에만 적합합니다.
2. 2개 이상의 입력값이 들어오는 레이어를 사용할 수 없습니다.
3. 레이어를 공유할 수 없습니다.

---

* https://www.tensorflow.org/guide/keras/sequential#when_to_use_a_sequential_model

Functional API

Sequential의 한계점들은 Functional API 방식을 이용하면 해결할 수 있습니다. 다음과 같이 입력값 레이어와 Dense 레이어들을 각각 선언합니다.

```
inputs = keras.Input(shape=(4,))
dense1 = layers.Dense(16)
dense2 = layers.Dense(8)
dense3 = layers.Dense(2)
```

이렇게 선언한 값들은 서로 연결이 되지 않았습니다. Sequential에서는 앞/뒤의 레이어들과 연결이 자동으로 되지만 Functional API 방식에서는 그렇지 않습니다. 그러므로 연결하는 작업을 다음과 같이 따로 해줘야 합니다.

```
x = dense1(inputs)
x = dense2(x)
outputs = dense3(x)
```

이제 모델을 선언해야 하는데 모델에 사용할 입력값과 출력값을 다음과 같이 넣어주면 됩니다.

```
model = keras.Model(inputs=inputs, outputs=outputs)

x = tf.ones((1, 4))
y = model(x)
print(y.numpy())

# Output: [[-1.2724985  -0.45298302]]
```

tf.random.set_seed(624)를 이용하여 같은 Weight 값을 생성한 후 비교해 보면, 출력값이 Sequential을 사용한 경우와 동일한 것을 확인할 수 있습니다. 또한, 모델의 전체 구조가 보고 싶은 분들은 model.summary( )를 호출하면 다음과 같이 구조를 확인할 수 있습니다.

```
Model: "model"
_____
Layer (type)                 Output Shape              Param #
=================================================================
input_1 (InputLayer)         [(None, 4)]               0
_____
dense (Dense)                (None, 16)                80
_____
dense_1 (Dense)              (None, 8)                 136
_____
dense_2 (Dense)              (None, 2)                 18
=================================================================
Total params: 234
Trainable params: 234
Non-trainable params: 0
_____
```

혹시 다수의 입력값과 출력값이 필요한 사용자라면 이러한 Function API 방식을 이해하고, TensorFlow 공식 홈페이지에서 제공하는 튜토리얼을 참조하는 것을 추천합니다.**

Subclassing

마지막으로 tf.keras.Model를 상속받아서 사용하는 방법입니다. 여러 개의 모델을 같이 섞어서 구현할 수 있고, Sequential과 Functional API 방식을 모두 사용할 수 있습니다. 상속함수를 구현해서 fit( ) 로직을 사용자의 의도대로 구현할 수 있습니다.

가장 기본적인 기능들을 위해서는 tf.keras.Model을 상속받아서 다음 기본적인 메서드를 구현하면 됩니다.

1. __init__( ) 구현하기
2. call( ) 구현하기

그 외에 fit( ), predict( ), 그리고 evaluate( ) 등을 따로 구현하면 Keras 모델의 편리성을 유지하면서 사용자가 원하는 로직으로 학습 알고리즘이나 평가 방법을 구현할 수 있습

** https://www.tensorflow.org/guide/keras/functional#models_with_multiple_inputs_and_outputs

니다. 위에서 살펴봤던 간단한 신경망 모델을 Subclassing 방법을 이용해서 구현하면 다음과 같습니다.

```python
class MyModel(keras.Model):
    def __init__(self):
        super().__init__()
        self.dense1 = layers.Dense(16)
        self.dense2 = layers.Dense(8)
        self.dense3 = layers.Dense(2)
    def call(self, inputs):
        x = self.dense1(inputs)
        x = self.dense2(x)
        outputs = self.dense3(x)
        return outputs
```

이렇게 Custom 클래스를 생성하고 결괏값을 비교해 보면 다음과 같이 앞에서 살펴봤던 모델들과 똑같은 출력값을 확인할 수 있습니다.

```python
model = MyModel()
x = tf.ones((1, 4))
y = model(x)
print(y.numpy())

# Output: [[-1.2724985  -0.45298302]]
```

레이어를 사용하지 않고 다음과 같이 간단한 연산도 Subclass 방식으로도 가능합니다.

```python
class MyModel(tf.keras.Model):
    def __init__(self):
        super().__init__()
        self.w = tf.Variable(1.0)
        self.b = tf.Variable(3.0)

    def call(self, inputs):
        return self.w * inputs + self.b

model = MyModel()
y = model(0.5)
print(y.numpy())

# Output: 3.5 = 1.0 * 0.5 + 3.0
```

레이어들 안에는 각 레이어의 로직에 필요한 Variable 타입인 Weight 값들이 존재합니다. 딥러닝은 이러한 Weight 값들을 업데이트하면서 정확도를 높이게 됩니다. 이러한 표현은 실제 코드를 짤 때는 많이 사용되지 않지만, 딥러닝의 학습 로직을 파악하는 데는 큰 도움이 됩니다.

PART 01

PART 02

PART 03

PART 04

PART 05

PART 06

PART 07

PART 2

딥러닝에 필요한 수치해석 이론

딥러닝 모델 관련 논문들을 보면 많은 수식이 등장합니다. 수학 전공이 아닌 사람들에게는 수식들이 때로는 어렵고 불편합니다. 이러한 어려움과 불편함을 해소하려고 다양한 수학책으로 공부하는 분들을 많이 만났습니다. 하지만 딥러닝 연구만을 본다면 대학교 도서를 처음부터 끝까지 공부해야 할 만큼 많은 양이 필요하지는 않습니다.

PART 2에서는 꼭 필요한 수학 이론들을 기반으로 많은 예제와 코드를 함께 소개하고자 합니다. 4장에서는 선형대수와 미적분을 다루고, 5장에서는 최적화 문제를 소개합니다. 이러한 최적화 문제를 푸는 방법을 6장과 7장에서 소개하여 수치해석과 수치 최적화 이론의 핵심 이해를 도모합니다.

Chapter 04 | 최적화 이론에 필요한 선형대수와 미분

딥러닝 공부를 더 해야겠다는 마음을 먹고, 논문이나 관련 도서를 읽어본 분들이 공통으로 겪는 어려움이 있습니다. 선형대수와 미적분에 대한 이해입니다. 복습을 위해 선형대수와 미적분 교과서를 다시 꺼내어보면 막막한 마음이 먼저 들게 됩니다.

> "선형대수의 column space, row space, basis, linear dependence, projection, eigenvalue 등을 모두 알아야 하나?"
> "미적분에 나오던 치환적분이나 변수변환 테크닉들을 모두 알아야 하나?"

이 질문들은 딥러닝에 관심이 많은 분이 필자에게 자주 묻는 말입니다. 이번 장은 앞선 질문들에 대한 답변으로 내용을 구성합니다. 실제로 딥러닝을 이해하고 더 나아가 관련 논문을 이해하는데 꼭 필요한 것은 다음 장에서 다루는 최적화 이론입니다. 선형대수와 미적분은 최적화 이론을 사용하여 딥러닝 모델을 설명하는데 필요한 표현법일 뿐입니다. 따라서 이번 장에서는 딥러닝을 이해하는 데 필요한 최소한의 선형대수와 미적분만을 다룹니다.

4.1 선형대수

선형대수는 고차원 벡터들을 쉽게 다루기 위한 학문입니다. 다루는 정보의 차원이 높아질수록 수식이 길어지므로 표현된 수식을 이해하는 데 어려움이 있습니다. 이러한 문제를 해결하기 위해 행렬과 벡터를 도입하고 기호들로 단순하게 연산을 정의합니다. 이번 절에서는 벡터/벡터, 행렬/벡터, 행렬/행렬 간의 연산(덧셈, 곱셈)을 설명합니다. 1차원부터 시작하여 점진적으로 차원을 높이는 예제들로 구성하여 이해가 쉽도록 구성하였습니다.

4.1.1 정의 및 표기법

기본적인 표기법을 소개합니다. 벡터와 행렬의 크기를 나타내는 표기법을 가장 먼저 소개합니다. 벡터 $\boldsymbol{x} \in \mathbb{R}^n$는 $\boldsymbol{x}$라는 벡터가 실수의 n차원이라는 표기입니다. 즉,

$$\boldsymbol{x} = \begin{bmatrix} x_1 \\ x_2 \\ \vdots \\ x_n \end{bmatrix} \quad \text{또는} \quad \boldsymbol{x} = (x_1, x_2, \cdots, x_n)$$

과 같은 뜻입니다. 위의 표현과 같이 n차원 벡터에는 n개의 구성요소 $x_1, x_2, \cdots, x_n$가 있습니다. 이 구성요소를 벡터의 성분이라고 합니다. 벡터 $\boldsymbol{x}$의 i번째 성분은 아래첨자를 이용하여 x_i와 같이 나타냅니다. 매번 n개의 구성요소를 쓰는 것은 지겹고 불편한 일이므로, $\boldsymbol{x} \in \mathbb{R}^n$와 같이 단순하게 나타낼 수 있습니다. 보통은 실수를 나타내는 미지수 x와 구별하기 위해 벡터는 $\boldsymbol{x}$와 같이 볼드체로 나타냅니다. 마찬가지로 다른 알파벳을 사용하는 벡터 $\boldsymbol{b} \in \mathbb{R}^n$도

$$\boldsymbol{b} = \begin{bmatrix} b_1 \\ b_2 \\ \vdots \\ b_n \end{bmatrix} \quad \text{또는} \quad \boldsymbol{b} = (b_1, b_2, \cdots, b_n)$$

로 표기됩니다. 벡터를 다룰 때는 벡터의 크기가 매우 중요하므로 신경 써서 보는 것이 좋습니다. 이와 비슷하게 행렬 $A \in \mathbb{R}^{m \times n}$라는 표기는 실수 행렬의 행이 m개이고, 열이 n개라는 의미입니다. 즉, 총 $m \times n$개의 실수들이 다음과 같이 이루어진 행렬이라는 표기입니다.

$$A = \begin{bmatrix} a_{11} & a_{12} & \cdots & a_{1n} \\ a_{21} & a_{22} & \cdots & a_{2n} \\ \vdots & \vdots & \ddots & \vdots \\ a_{m1} & a_{m2} & \cdots & a_{mn} \end{bmatrix}$$

일반적으로 행렬은 A, B, C, …와 같이 알파벳 대문자로 나타냅니다. 위 식과 같이 행렬에는 직사각형 형태로 실수들이 배열되어 있으며 벡터와 마찬가지로 아래첨자를 이용하여 행렬의 성분을 나타냅니다. 행렬 A의 i번째 행과 j번째 열이 만나는 위치에 있는 성분은 a_{ij}와 같이 나타냅니다. 다른 방법으로 $(A)_{ij} = a_{ij}$와 같이 나타낼 수 있습니다.

벡터에서 차원이 중요하듯이 행렬에서도 차원이 매우 중요합니다. 행과 열이 몇 개인지를 항상 확인하는 것이 좋습니다. 행과 열의 개수에 따라 다른 행렬 또는 벡터와 연산의 성립이 결정되기 때문입니다. 이 점은 수학적으로도 중요하지만, 텐서플로를 이용할 때도 중요합니다. 행렬과 벡터의 크기가 맞지 않는 경우 발생하는 오류가 초보자들에게 가장 까다로운 부분입니다. 이번 장에서 소개되는 이론 내용과 실습 코드를 공부하면 이 부분은 아주 쉽게 처리할 수 있습니다.

다음으로 행렬 A의 전치(Transpose) 행렬(A^T)을 소개합니다. 이 연산은 행렬의 각 성분이 위치한 행과 열을 바꾸어주는 역할을 합니다. 즉, a_{ij}가 a_{ji}값으로 위치가 바뀌는 것을 의미하며 $(A^T)_{ij} = (A)_{ji}$와 같이 나타낼 수 있습니다. 이것을 모두 표기해보면 다음과 같습니다.

$$A^T = \begin{bmatrix} a_{11} & a_{21} & \cdots & a_{m1} \\ a_{12} & a_{22} & \cdots & a_{m2} \\ \vdots & \vdots & \ddots & \vdots \\ a_{1n} & a_{2n} & \cdots & a_{mn} \end{bmatrix} \in \mathbb{R}^{n \times m}$$

전치된 행렬은 행의 개수가 n개이고 열의 개수가 m개로 바뀌게 됩니다.

이따금 벡터 $x \in \mathbb{R}^n$을 행렬로 바라보는 경우도 있습니다. 이 경우에는 $x \in \mathbb{R}^{n \times 1}$로 표기합니다. 지금까지 소개된 표기법을 바탕으로 행렬과 벡터의 연산을 소개하고 텐서플로를 사용하여 실습 코드를 소개합니다. 앞에서 설명한 것과 같이 일반적으로 행렬은 알파벳 대문자로, 벡터는 알파벳 소문자(볼드체)로 표시합니다. 그렇지만 지키지 않는 경우도 많기 때문에 변수가 행렬인지 벡터인지 먼저 파악하는 습관이 중요합니다.

4.1.2 교육과정에 따른 선형대수의 방향성

많은 사람이 대학에서 처음으로 선형대수라는 단어를 접합니다. 하지만, 선형대수는 중등교육(중, 고등학교)부터 등장합니다. 가장 간단한 선형시스템의 해(Solution)와 그 해의 존재성을 중학교에서 이미 배웠습니다. 가장 간단한 선형시스템은 바로 일차방정식입니다. 다음과 같은 일차방정식은 아주 쉽게 풀 수 있습니다.

$$ax = b$$

단순히 양변에 a^{-1}를 곱하면(양변을 a로 나누면) 됩니다. 해는 $x = b/a = a^{-1}b$가 됩니다. 단, $a \neq 0$라는 조건이 필요합니다. 이 기본적인 방정식의 풀이에 선형대수의 핵심 아이디어가 모두 들어있습니다.

1. 행렬: a
2. 벡터: x, b
3. 행렬/벡터 곱: ax
4. 판별식: $a \neq 0$
5. 역행렬: a^{-1}
6. 선형방정식: $ax = b$
7. 선형방정식의 해: $x = a^{-1}b$

a는 행렬이 아닌 하나의 숫자(스칼라)이지만 행이 1개, 열이 1개인 행렬로 볼 수 있습니다. x는 1차원 벡터로 생각할 수 있습니다. 이 경우 행렬 a와 벡터 x의 곱은 일반적인 숫자의 곱과 같습니다. 판별식은 a의 절댓값이 되며 역행렬은 a의 역수인 a^{-1}입니다. 이렇게 구한 역행렬을 이용하여, 선형방정식 $ax = b$의 해 $x = a^{-1}b$를 찾을 수 있습니다.

다음으로 고등학교 때 배웠던 연립방정식을 살펴보면 다음과 같은 식으로 표현됩니다.

$$\begin{cases} ax_1 + bx_2 = e \\ cx_1 + dx_2 = f \end{cases}$$

이 경우 행렬을 이용하여 표현하면 다음과 같이 변형할 수 있습니다.

$$\begin{bmatrix} a & b \\ c & d \end{bmatrix} \begin{bmatrix} x_1 \\ x_2 \end{bmatrix} = \begin{bmatrix} e \\ f \end{bmatrix}$$

앞선 일차방정식을 통한 설명보다 조금 더 복잡해졌습니다. 1차원이었던 변수들 (x, b)은 아래와 같이 모두 2차원 벡터로 바뀌었습니다.

$$x \to \begin{bmatrix} x_1 \\ x_2 \end{bmatrix}, \quad b \to \begin{bmatrix} e \\ f \end{bmatrix}$$

$A = \begin{bmatrix} a & b \\ c & d \end{bmatrix}$라고 하면, 그 역행렬은 $A^{-1} = \dfrac{1}{ad-bc} \begin{bmatrix} d & -b \\ -c & a \end{bmatrix}$입니다. A의 판별식은 $ad - bc$입니다. $ad - bc$의 값이 0이 아니어야만 역행렬이 존재하며 연립방정식의 해가 유일하게 존재합니다. 역행렬이 존재한다면 해는 다음과 같이 계산할 수 있습니다.

$$\begin{bmatrix} x_1 \\ x_2 \end{bmatrix} = \begin{bmatrix} a & b \\ c & d \end{bmatrix}^{-1} \begin{bmatrix} e \\ f \end{bmatrix} = \frac{1}{ad-bc} \begin{bmatrix} d & -b \\ -c & a \end{bmatrix} \begin{bmatrix} e \\ f \end{bmatrix}$$

이 경우에도 선형대수의 핵심 사항들을 살펴보면 다음과 같습니다.

1. 행렬: $\begin{bmatrix} a & b \\ c & d \end{bmatrix}$

2. 벡터: $\begin{bmatrix} x_1 \\ x_2 \end{bmatrix}, \begin{bmatrix} e \\ f \end{bmatrix}$

3. 행렬/벡터 곱: $\begin{bmatrix} a & b \\ c & d \end{bmatrix} \begin{bmatrix} x_1 \\ x_2 \end{bmatrix}$

4. 판별식: $ad - bc \neq 0$

5. 역행렬: $\begin{bmatrix} a & b \\ c & d \end{bmatrix}^{-1}$

6. 선형방정식: $\begin{bmatrix} a & b \\ c & d \end{bmatrix} \begin{bmatrix} x_1 \\ x_2 \end{bmatrix} = \begin{bmatrix} e \\ f \end{bmatrix}$

7. 선형방정식의 해: $\begin{bmatrix} x_1 \\ x_2 \end{bmatrix} = \begin{bmatrix} a & b \\ c & d \end{bmatrix}^{-1} \begin{bmatrix} e \\ f \end{bmatrix}$

앞선 두 가지 경우를 살펴보면 선형대수의 일반화 방향이 명확하게 보입니다. 일차방정식에서 연립방정식으로 바뀌었을 때 변수 벡터가 1차원에서 2차원이 되었습니다. 선형대수에서는 일반적으로 n개의 식과 n개의 변수가 있는 연립방정식을 다루므로 변수 벡터는 n차원 벡터가 됩니다. 고차원을 다루기 때문에 모든 변수를 사용하여 수식을 쓰면 상당히 복잡해집니다. 그래서 선형대수에서는 $A\boldsymbol{x} = \boldsymbol{b}$와 같이 기호를 도입하여 고차원 방정식도 $ax = b$처럼 단순하게 생각할 수 있도록 도움을 줍니다.

4.1.3 벡터/벡터 연산

벡터와 벡터의 연산에는 덧셈/뺄셈, 실수배, 내적, 그리고 크기를 나타내는 노름(norm)이 있습니다. 4가지 연산 모두 어렵지 않으므로 빠르게 진행할 수 있습니다.

덧셈/뺄셈

벡터와 벡터의 덧셈은 다음과 같이 같은 위치에 있는 성분을 더해주면 됩니다. 뺄셈도 이와 마찬가지로 같은 위치에 있는 성분을 빼주면 됩니다.

$$\boldsymbol{x} = \begin{bmatrix} x_1 \\ x_2 \\ \vdots \\ x_n \end{bmatrix}, \; \boldsymbol{y} = \begin{bmatrix} y_1 \\ y_2 \\ \vdots \\ y_n \end{bmatrix} \Rightarrow \boldsymbol{x} + \boldsymbol{y} = \begin{bmatrix} x_1 + y_1 \\ x_2 + y_2 \\ \vdots \\ x_n + y_n \end{bmatrix}, \; \boldsymbol{x} - \boldsymbol{y} = \begin{bmatrix} x_1 - y_1 \\ x_2 - y_2 \\ \vdots \\ x_n - y_n \end{bmatrix}$$

실수배

벡터와 실수의 곱셈은 다음과 같이 벡터의 각 성분에 실수를 곱해주면 됩니다.

$$\boldsymbol{x} = \begin{bmatrix} x_1 \\ x_2 \\ \vdots \\ x_n \end{bmatrix} \Rightarrow c\boldsymbol{x} = \begin{bmatrix} cx_1 \\ cx_2 \\ \vdots \\ cx_n \end{bmatrix}$$

내적(Inner product)

내적은 다양한 표현방법이 있습니다. 다음 세 가지는 대표적인 내적의 표기법입니다.

1. $\boldsymbol{x} \cdot \boldsymbol{y}$
2. $\langle \boldsymbol{x}, \boldsymbol{y} \rangle$
3. $\boldsymbol{x}^T \boldsymbol{y}$

벡터 간의 내적 결괏값은 차원이 없이 크기만 존재하는 스칼라(Scalar)입니다. 대응되는 성분끼리 곱해준 값들을 모두 더해주는 계산입니다.

$$\boldsymbol{x}^T \boldsymbol{y} = \begin{bmatrix} x_1 & x_2 & \cdots & x_n \end{bmatrix} \begin{bmatrix} y_1 \\ y_2 \\ \vdots \\ y_n \end{bmatrix} = x_1 y_1 + x_2 y_2 + \cdots + x_n y_n = \sum_{i=1}^{n} x_i y_i$$

여기에서 $\boldsymbol{x}^T$와 $\boldsymbol{y}$의 순서를 바꾸어, $\boldsymbol{y}\boldsymbol{x}^T$으로 계산하면, 결괏값이 스칼라가 아닌 행렬이 되므로 주의해야 합니다. 다음 코드는 텐서플로를 사용하여 내적을 구하는 코드입니다. $\boldsymbol{x} = (1, 2, 3)$, $\boldsymbol{y} = (4, 5, 6)$일 때, $\boldsymbol{x}^T \boldsymbol{y} = 1 \cdot 4 + 2 \cdot 5 + 3 \cdot 6 = 32$가 되는 코드를 구현했습니다.

```
import tensorflow as tf
x = tf.constant([[1.], [2.], [3.]], dtype=tf.float32)
y = tf.constant([[4.], [5.], [6.]], dtype=tf.float32)
xT = tf.transpose(x)
out = tf.matmul(xT, y)
print(out)
```

출력은 위의 계산처럼 32가 나오는 것을 확인할 수 있습니다.

```
#출력
tf.Tensor([[32.]], shape=(1, 1), dtype=float32)
```

벡터의 노름(Norm)

노름은 벡터의 크기를 나타내기 위한 기호입니다. 노름은 수학 이론적으로 매우 중요한 개념이지만 수학 연구자가 아니라면 계산 방법만 알고 있어도 충분합니다.

$$\|x\|_2 = \sqrt{x_1^2 + x_2^2 + \cdots + x_n^2} = \sqrt{x^T x}$$

벡터의 각 성분을 제곱한 후 모두 더해주면 노름의 제곱을 구할 수 있습니다. 벡터의 노름은 앞서 배운 내적으로 표현할 수 있습니다. 벡터의 노름 제곱은 x와 x의 내적과 같습니다.

$$\|x\|_2^2 = x_1^2 + x_2^2 + \cdots + x_n^2 = x^T x$$

$x = (1, 2, 3)$일 때, $\|x\|_2 = \sqrt{1^2 + 2^2 + 3^2} = \sqrt{14} \approx 3.74165739$를 출력하는 코드를 구현했습니다.

```
x = tf.constant([[1.], [2.], [3.]], dtype=tf.float32)
xT = tf.transpose(x)
out = tf.sqrt(tf.matmul(xT, x))
print(out)
```

```
#출력
tf.Tensor([[3.74165739]], shape=(1, 1), dtype=float32)
```

tf.norm( )을 사용하는 더 간단한 방법을 소개합니다. 결괏값은 같지만 형식이 다릅니다. 앞선 예제 코드의 결괏값은 모양이 (1,1)이었지만, tf.norm( )을 사용하면 모양이 없는 스칼라값이 나옵니다.

```
x = tf.constant([[1.], [2.], [3.]], dtype=tf.float32)
out = tf.norm(x)
print(out)
```

```
#출력
tf.Tensor(3.7416573867739413, shape=(), dtype=float32)
```

4.1.4 행렬/벡터 연산

행렬 $A \in \mathbb{R}^{m \times n}$와 벡터 $x \in \mathbb{R}^n$가 있을 때 행렬과 벡터의 곱 Ax는 다음과 같이 정의됩니다. 행렬과 벡터 곱의 결괏값을 $b = Ax$라고 했을 때 계산법은 다음과 같습니다.

$$b_i = \sum_{k=1}^{n} (A)_{ik} x_k = a_i^* \cdot x$$

위의 수식에서 a_i^*는 행렬 A의 i번째 행으로 이루어진 벡터(행 벡터)입니다. 이 수식을 자세히 살펴보면 결괏값 b의 i번째 성분은 행렬 A의 i번째 행 벡터와 벡터 x의 내적으로 계산된다는 것을 알 수 있습니다. 내적은 차원이 같은 두 벡터 사이의 연산이므로 행렬 A의 행 벡터의 차원(행렬 A의 열의 개수)과 벡터 x의 차원이 같을 때 행렬과 벡터의 곱을 계산할 수 있습니다.

$$\begin{bmatrix} a_{11} & a_{12} & \cdots & a_{1n} \\ \vdots & \vdots & \vdots & \vdots \\ a_{i1} & a_{i2} & \cdots & a_{in} \\ \vdots & \vdots & \vdots & \vdots \\ a_{m1} & a_{m2} & \cdots & a_{mn} \end{bmatrix} \begin{bmatrix} x_1 \\ \vdots \\ x_i \\ \vdots \\ x_n \end{bmatrix} = \begin{bmatrix} a_{11}x_1 + a_{12}x_2 + \cdots + a_{1n}x_n \\ \vdots \\ a_{i1}x_1 + a_{i2}x_2 + \cdots + a_{in}x_n \\ \vdots \\ a_{m1}x_1 + a_{m2}x_2 + \cdots + a_{mn}x_n \end{bmatrix}$$

개인적인 경험으로는 오랜만에 선형대수 공부를 다시 시작했을 때 행렬의 i번째 행으로 곱했는지 열로 곱했는지 헷갈릴 때가 자주 있었습니다. 그럴 때는 행!렬(열)! 단어를 기억해서 행렬의 행과 벡터의 열을 내적 한다고 생각하면 헷갈리지 않고 쉽게 해결할 수 있습니다.

이 방식으로 기억하면 행렬과 벡터 곱이 성립하는 행렬의 크기와 벡터의 크기를 쉽게 이해할 수 있습니다. 앞에서도 언급했듯이 행렬의 행의 차원과 벡터의 차원이 같아야만 내적이 성립하므로 행렬 A의 열의 개수(행의 차원)와 벡터 x의 차원이 같아야 합니다. 그리고 결괏값 b의 i번째 성분이 행렬 A의 i번째 행 벡터와 벡터 x의 내적으로 계산된다는 것을 생각한다면 b의 차원은 행렬 A의 행의 개수와 같다는 것을 알 수 있습니다.

다음은 예제를 통해 텐서플로 코드로 행렬과 벡터의 곱을 공부합니다. 가장 작은 행렬부터 점차 행과 열의 개수를 늘려가는 방식으로 구성했습니다. 코드를 직접 실행하기 전에 손으로 계산해보는 것을 추천합니다. 행렬과 벡터의 곱이 성립하는 행렬의 크기와 벡터의 크기에 집중해야 나중에 딥러닝 프로그래밍에 도움이 됩니다.

예제1: 1×1행렬과 1차원 벡터의 곱

가장 간단한 행렬은 행과 열의 개수가 한 개이고 벡터의 차원도 한 개인 경우입니다. 이 경우 행렬과 벡터의 곱은 일반적인 숫자의 곱과 같습니다. 행렬 A는 모양이 (1, 1)이고 벡터 x의 모양도 (1, 1)입니다. 결괏값인 b 역시 (1, 1)인 모양을 갖고 있습니다.

$$A = \begin{bmatrix} 1 \end{bmatrix} \in \mathbb{R}^{1 \times 1}, \quad x = \begin{bmatrix} 1 \end{bmatrix} \in \mathbb{R}^1 \quad \Rightarrow \quad b = Ax = \begin{bmatrix} 1 \end{bmatrix} \begin{bmatrix} 1 \end{bmatrix} = \begin{bmatrix} 1 \end{bmatrix} \in \mathbb{R}^1$$

행렬과 벡터의 곱은 tf.matmul( )을 사용하여 구현합니다. 이번 예제에서는 곱셈의 순서가 결과에 영향을 미치지 않지만, 일반적으로 행렬과 벡터의 곱은 교환법칙이 성립하지 않으므로 tf.matmul( )의 입력값의 순서가 중요합니다.

```
A = tf.constant([[1.]], dtype=tf.float32)
x = tf.constant([[1.]], dtype=tf.float32)
b = tf.matmul(A, x)
print(b)
print("A의 Shape : {0}".format(A.shape))
print("x의 Shape : {0}".format(x.shape))
print("b의 Shape : {0}".format(b.shape))
```

출력값을 확인하면 모두 모양이 (1, 1)인 것을 확인할 수 있습니다.

```
#출력
tf.Tensor([[1.]], shape=(1, 1), dtype=float32)
A의 Shape : (1, 1)
x의 Shape : (1, 1)
b의 Shape : (1, 1)
```

예제2: 1×2행렬과 2차원 벡터의 곱

이번 예제에서는 행렬의 열이 2개인 예제를 살펴봅니다. 행렬의 열의 개수와 벡터의 차원은 같아야 하므로 벡터의 차원도 2차원으로 증가합니다. 벡터 x가 2차원이 아니라면 행렬과 벡터의 곱이 성립하지 않아 b = tf.matmul(A, x)에서 모양이 맞지 않는다는 오류가 발생합니다.

$$A = \begin{bmatrix} 1 & 4 \end{bmatrix} \in \mathbb{R}^{1 \times 2}, \quad x = \begin{bmatrix} 1 \\ 2 \end{bmatrix} \in \mathbb{R}^2 \quad \Rightarrow \quad b = Ax = \begin{bmatrix} 1 & 4 \end{bmatrix} \begin{bmatrix} 1 \\ 2 \end{bmatrix} = \begin{bmatrix} 9 \end{bmatrix} \in \mathbb{R}^1$$

앞에서 살펴본 내용을 다시 한번 생각해보면, 행렬과 벡터의 곱의 결과인 b의 차원은 행렬 A의 행의 개수와 같으므로 1차원입니다. 코드에서는 결괏값의 모양을 특별히 지정하지 않아도 자동으로 정해집니다. 행렬과 벡터의 곱은 신경망 모델에서도 많이 사용되는데 많은 오류가 tf.matmul( )에서 발생합니다. 항상 곱하게 될 행렬과 벡터의 모양과 그 결괏값의 모양에 신경을 쓰는 것을 권합니다.

```
A = tf.constant([[1., 4.]], dtype=tf.float32)
x = tf.constant([[1.], [2.]], dtype=tf.float32)
b = tf.matmul(A, x)
print(b)
print("A의 Shape : {0}".format(A.shape))
print("x의 Shape : {0}".format(x.shape))
print("b의 Shape : {0}".format(b.shape))
```

출력값을 확인하면 행렬 A의 모양은 (1, 2), 벡터 x의 모양은 (2, 1), 그리고 벡터 b의 모양은 (1, 1)인 것을 확인할 수 있습니다.

```
#출력
tf.Tensor([[9.]], shape=(1, 1), dtype=float32)
A의 Shape : (1, 2)
x의 Shape : (2, 1)
b의 Shape : (1, 1)
```

예제3: 2×2행렬과 2차원 벡터의 곱

이번 예제에서는 예제2의 행렬에서 행의 개수를 하나 더 추가했습니다. 이번에는 결괏값이 2차원 벡터로 변경된 것이 중요합니다. 앞의 예제들과 마찬가지로 결괏값 b의 차원은 행렬 A의 행의 개수와 같습니다.

$$A = \begin{bmatrix} 1 & 4 \\ 9 & 5 \end{bmatrix} \in \mathbb{R}^{2 \times 2}, \quad x = \begin{bmatrix} 1 \\ 2 \end{bmatrix} \in \mathbb{R}^2 \quad \Rightarrow \quad b = Ax = \begin{bmatrix} 1 & 4 \\ 9 & 5 \end{bmatrix} \begin{bmatrix} 1 \\ 2 \end{bmatrix} = \begin{bmatrix} 9 \\ 19 \end{bmatrix} \in \mathbb{R}^2$$

행렬 A의 모양이 바뀔 때마다, 벡터 x 혹은 b의 모양이 바뀌는 것이 행렬과 벡터의 곱에서 가장 간과되는 부분입니다. 대충 보면 다 아는 것 같지만, 의외로 많은 분들이 이 부분에서 어려움을 겪습니다. 다음은 위의 식을 계산하는 코드입니다.

```
A = tf.constant([[1., 4.], [9., 5.]], dtype=tf.float32)
x = tf.constant([[1.], [2.]], dtype=tf.float32)
b = tf.matmul(A, x)
print(b)
print("A의 Shape : {0}".format(A.shape))
print("x의 Shape : {0}".format(x.shape))
print("b의 Shape : {0}".format(b.shape))
```

결괏값 b의 모양이 (2, 1)로 바뀌는 것이 자연스러워져야 앞으로 학습이 순조롭습니다.

```
#출력
tf.Tensor(
[[ 9.]
 [19.]], shape=(2, 1), dtype=float32)
A의 Shape : (2, 2)
x의 Shape : (2, 1)
b의 Shape : (2, 1)
```

예제4: 3×2행렬과 2차원 벡터의 곱

이번 예제에서는 예제3의 행렬에서 행의 개수를 하나 더 추가했습니다. 예상했겠지만 행렬 A의 행의 개수가 3개로 늘어나면 결괏값 벡터인 b도 차원이 3차원으로 변경됩니다.

$$A = \begin{bmatrix} 1 & 4 \\ 9 & 5 \\ 4 & 0 \end{bmatrix} \in \mathbb{R}^{3\times 2}, \quad x = \begin{bmatrix} 1 \\ 2 \end{bmatrix} \in \mathbb{R}^2 \quad \Rightarrow \quad b = Ax = \begin{bmatrix} 1 & 4 \\ 9 & 5 \\ 4 & 0 \end{bmatrix} \begin{bmatrix} 1 \\ 2 \end{bmatrix} = \begin{bmatrix} 9 \\ 19 \\ 4 \end{bmatrix} \in \mathbb{R}^3$$

다음은 위의 식을 계산하는 코드입니다. 앞에서와 마찬가지로 행렬 A와 벡터 x의 모양만 신경 써서 입력하면, 결괏값인 벡터 b의 모양은 자동으로 정해집니다.

```
A = tf.constant([[1., 4.], [9., 5.], [4., 0.]], dtype=tf.float32)
x = tf.constant([[1.], [2.]], dtype=tf.float32)
b = tf.matmul(A, x)
print(b)
print("A의 Shape : {0}".format(A.shape))
print("x의 Shape : {0}".format(x.shape))
print("b의 Shape : {0}".format(b.shape))
```

출력값은 다음과 같이 나옵니다.

```
#출력
tf.Tensor(
[[ 9.]
 [19.]
 [ 4.]], shape=(3, 1), dtype=float32)
A의 Shape : (3, 2)
x의 Shape : (2, 1)
b의 Shape : (3, 1)
```

(3, 2) 모양의 행렬과 (2, 1) 모양의 벡터가 만나면, (3, 1) 모양의 벡터가 나옵니다. (3, 2) 와 (2, 1)이 만나면 가운데 2들이 사라지고, (3, 1)로 남게 됩니다. 이 내용을 일반적으로 확장하면 다음과 같습니다.

$$\underset{(m,n)}{A}\underset{(n,1)}{x} = \underset{(m,1)}{b}$$

행렬 A의 모양이 (m, n)이라면 벡터 x의 모양은 (n, 1)이어야 합니다. 행렬의 열의 개수 와 벡터의 차원이 같아야만 행렬과 벡터의 곱셈을 계산할 수 있기 때문입니다. 그러면 곱셈의 결괏값인 벡터 b의 차원은 행렬 A의 행의 개수와 같으므로 b는 m차원 벡터입니다. 행렬 A의 모양에서 행을 나타내는 m과 벡터 x의 모양에서 열을 나타내는 1이 합쳐져서 벡터 b의 모양은 (m, 1)이 되었습니다. 앞으로 소개될 예제들은 이 점에 유의해서 실습하길 추천합니다.

예제5: 4×2행렬과 2차원 벡터의 곱

이번에도 행의 개수를 증가시킨 예제입니다.

$$A = \begin{bmatrix} 1 & 4 \\ 9 & 5 \\ 4 & 0 \\ 6 & 1 \end{bmatrix} \in \mathbb{R}^{4 \times 2}, \quad x = \begin{bmatrix} 1 \\ 2 \end{bmatrix} \in \mathbb{R}^2 \quad \Rightarrow \quad b = Ax = \begin{bmatrix} 1 & 4 \\ 9 & 5 \\ 4 & 0 \\ 6 & 1 \end{bmatrix} \begin{bmatrix} 1 \\ 2 \end{bmatrix} = \begin{bmatrix} 9 \\ 19 \\ 4 \\ 8 \end{bmatrix} \in \mathbb{R}^4$$

예제4에서 설명한 것과 같이 결괏값 벡터는 4차원이 됩니다.

```
A = tf.constant([[1., 4.], [9., 5.], [4., 0.], [6., 1.]],
    dtype=tf.float32)
x = tf.constant([[1.], [2.]], dtype=tf.float32)
b = tf.matmul(A, x)
print(b)
print("A의 Shape : {0}".format(A.shape))
print("x의 Shape : {0}".format(x.shape))
print("b의 Shape : {0}".format(b.shape))
```

출력값은 다음과 같이 나옵니다.

```
#출력
tf.Tensor(
[[ 9.]
 [19.]
 [ 4.]
 [ 8.]], shape=(4, 1), dtype=float32)
A의 Shape : (4, 2)
x의 Shape : (2, 1)
b의 Shape : (4, 1)
```

예제6: 4×3행렬과 3차원 벡터의 곱

예제5의 행렬 A에서 열의 개수를 증가시켜서 어떻게 되는지 살펴보겠습니다. 이번에는 행렬 A의 열의 개수가 변했으므로 벡터 x의 차원도 변합니다. 행렬의 열의 개수가 3개이므로 벡터도 3차원이 되어야합니다.

$$A = \begin{bmatrix} 1 & 4 & 2 \\ 9 & 5 & 0 \\ 4 & 0 & 2 \\ 6 & 1 & 8 \end{bmatrix} \in \mathbb{R}^{4 \times 3}, \quad x = \begin{bmatrix} 1 \\ 2 \\ 3 \end{bmatrix} \in \mathbb{R}^3 \quad \Rightarrow \quad b = Ax = \begin{bmatrix} 1 & 4 & 2 \\ 9 & 5 & 0 \\ 4 & 0 & 2 \\ 6 & 1 & 8 \end{bmatrix} \begin{bmatrix} 1 \\ 2 \\ 3 \end{bmatrix} = \begin{bmatrix} 15 \\ 19 \\ 10 \\ 32 \end{bmatrix} \in \mathbb{R}^4$$

```
A = tf.constant([[1., 4., 2.], [9., 5., 0.], [4., 0., 2.], [6., 1., 8.]],
    dtype=tf.float32)
x = tf.constant([[1.], [2.], [3.]], dtype=tf.float32)
b = tf.matmul(A, x)
print(b)
print("A의 Shape : {0}".format(A.shape))
print("x의 Shape : {0}".format(x.shape))
print("b의 Shape : {0}".format(b.shape))
```

행렬 A의 행의 개수는 여전히 4개이므로 결괏값 벡터 b의 모양은 예제5와 같이 4차원입니다. 그러나 행렬 A와 벡터 x가 달라졌으므로 결괏값 b의 성분은 달라진 것을 확인할 수 있습니다.

```
#출력
tf.Tensor(
[[15.]
 [19.]
 [10.]
 [32.]], shape=(4, 1), dtype=float32)
A의 Shape : (4, 3)
x의 Shape : (3, 1)
b의 Shape : (4, 1)
```

예제7: 4x4 행렬과 4차원 벡터의 곱

예제6과 마찬가지로 열의 개수를 늘렸습니다. 벡터 x의 차원이 4로 증가했습니다.

$$A = \begin{bmatrix} 1 & 4 & 2 & 0 \\ 9 & 5 & 0 & 0 \\ 4 & 0 & 2 & 4 \\ 6 & 1 & 8 & 3 \end{bmatrix} \in \mathbb{R}^{4 \times 4}, \quad x = \begin{bmatrix} 1 \\ 2 \\ 3 \\ 4 \end{bmatrix} \in \mathbb{R}^4 \quad \Rightarrow \quad b = Ax = \begin{bmatrix} 1 & 4 & 2 & 0 \\ 9 & 5 & 0 & 0 \\ 4 & 0 & 2 & 4 \\ 6 & 1 & 8 & 3 \end{bmatrix} \begin{bmatrix} 1 \\ 2 \\ 3 \\ 4 \end{bmatrix} = \begin{bmatrix} 15 \\ 19 \\ 26 \\ 44 \end{bmatrix} \in \mathbb{R}^4$$

다음은 이를 구현한 텐서플로 코드입니다.

```
A = tf.constant([[1, 4, 2, 0], [9, 5, 0, 0], [4, 0, 2, 4], [6, 1, 8, 3]],
    dtype=tf.float32)
x = tf.constant([[1.], [2.], [3.], [4.]], dtype=tf.float32)
b = tf.matmul(A, x)
print(b)
print("A의 Shape : {0}".format(A.shape))
print("x의 Shape : {0}".format(x.shape))
print("b의 Shape : {0}".format(b.shape))
```

출력값은 다음과 같습니다.

```
#출력
tf.Tensor(
[[15.]
 [19.]
 [26.]
 [44.]], shape=(4, 1), dtype=float32)
A의 Shape : (4, 4)
x의 Shape : (4, 1)
b의 Shape : (4, 1)
```

예제8: 4×5행렬과 5차원 벡터의 곱

이제 행렬과 곱의 마지막 예제입니다. 행렬 A의 열 개수가 5개로 늘어났습니다. 따라서 x의 차원도 5차원이 되었습니다.

$$A = \begin{bmatrix} 1 & 4 & 2 & 0 & 2 \\ 9 & 5 & 0 & 0 & 5 \\ 4 & 0 & 2 & 4 & 7 \\ 6 & 1 & 8 & 3 & 1 \end{bmatrix} \in \mathbb{R}^{4 \times 5}, \quad x = \begin{bmatrix} 1 \\ 2 \\ 3 \\ 4 \\ 5 \end{bmatrix} \in \mathbb{R}^5 \quad \Rightarrow \quad b = \begin{bmatrix} 1 & 4 & 2 & 0 & 2 \\ 9 & 5 & 0 & 0 & 5 \\ 4 & 0 & 2 & 4 & 7 \\ 6 & 1 & 8 & 3 & 1 \end{bmatrix} \begin{bmatrix} 1 \\ 2 \\ 3 \\ 4 \\ 5 \end{bmatrix} = \begin{bmatrix} 25 \\ 44 \\ 61 \\ 49 \end{bmatrix} \in \mathbb{R}^4$$

행렬과 벡터의 곱의 결과인 벡터 b는 여전히 4차원입니다.

```
A = tf.constant([[1, 4, 2, 0, 2], [9, 5, 0, 0, 5], [4, 0, 2, 4, 7],
                 [6, 1, 8, 3, 1]], dtype=tf.float32)
x = tf.constant([[1.], [2.], [3.], [4.], [5.]], dtype=tf.float32)
b = tf.matmul(A, x)
print(b)
print("A의 Shape : {0}".format(A.shape))
print("x의 Shape : {0}".format(x.shape))
print("b의 Shape : {0}".format(b.shape))
```

출력값은 다음과 같습니다.

```
#출력
tf.Tensor(
[[25.]
 [44.]
 [61.]
 [49.]], shape=(4, 1), dtype=float32)
A의 Shape : (4, 5)
x의 Shape : (5, 1)
b의 Shape : (4, 1)
```

소개된 예제를 모두 직접 작성했다면 가로가 더 긴 직사각 행렬과 세로가 더 긴 직사각 행렬, 그리고 정사각 행렬과 벡터의 곱들은 모두 이해했을 것이라고 생각합니다. 행렬과 벡터 곱은 이 세 가지 경우가 전부입니다.

4.1.5 행렬/행렬 연산

행렬과 행렬의 곱은 행렬과 벡터의 곱보다 더 복잡해 보이지만 원리는 같습니다.

$$\underbrace{\begin{bmatrix} a_{11} & a_{12} & \cdots & a_{1n} \\ \vdots & \vdots & \ddots & \vdots \\ a_{i1} & a_{i2} & \cdots & a_{in} \\ \vdots & \vdots & \ddots & \vdots \\ a_{m1} & a_{m2} & \cdots & a_{mn} \end{bmatrix}}_{A} \underbrace{\begin{bmatrix} b_{11} & \cdots & b_{1j} & \cdots & b_{1\ell} \\ \vdots & \ddots & \vdots & \ddots & \vdots \\ b_{i1} & \cdots & b_{ij} & \cdots & b_{i\ell} \\ \vdots & \ddots & \vdots & \ddots & \vdots \\ b_{n1} & \cdots & b_{nj} & \cdots & b_{n\ell} \end{bmatrix}}_{B} = \underbrace{\begin{bmatrix} c_{11} & \cdots & c_{1j} & \cdots & c_{1\ell} \\ \vdots & \ddots & \vdots & \ddots & \vdots \\ c_{i1} & \cdots & c_{ij} & \cdots & c_{i\ell} \\ \vdots & \ddots & \vdots & \ddots & \vdots \\ c_{m1} & \cdots & c_{mj} & \cdots & c_{m\ell} \end{bmatrix}}_{C}$$

행렬 C를 한 번에 모두 구한다고 생각하는 것보다는 각각의 열들을 차례대로 구한다고 생각하면 됩니다. 행렬 B의 열들을 하나씩 바라보면 각각 벡터의 형태(열벡터)를 가지고 있습니다. 앞 절에서 살펴본 대로 행렬 A와 행렬 B의 열벡터를 곱하면 결괏값 역시 벡터로 나오게 되는데, 이 결괏값들이 C의 열을 이루게 됩니다.

행렬 C의 첫 번째 열은 행렬 A와 행렬 B의 첫 번째 열벡터를 곱하여 구합니다. 행렬 C의 두 번째 열도 마찬가지로 행렬 A와 행렬 B의 두 번째 열벡터를 곱한 값입니다. 행렬 C의 나머지 열들도 마찬가지로 계산하면 됩니다. 수식으로 복잡하게 쓰는 것보다 직관적으로 행렬과 행렬의 곱은 행렬과 벡터의 곱이 여러 개(B의 열 개수만큼) 있는 것으로 생각하면 기억이 정확하고 오래갑니다.

$$\underbrace{\begin{bmatrix} a_{11} & a_{12} & \cdots & a_{1n} \\ \vdots & \vdots & \vdots & \vdots \\ a_{i1} & a_{i2} & \cdots & a_{in} \\ \vdots & \vdots & \vdots & \vdots \\ a_{m1} & a_{m2} & \cdots & a_{mn} \end{bmatrix}}_{A} \underbrace{\begin{bmatrix} b_{11} & \cdots & b_{1j} & \cdots & b_{1\ell} \\ \vdots & \ddots & \vdots & \ddots & \vdots \\ b_{i1} & \cdots & b_{ij} & \cdots & b_{i\ell} \\ \vdots & \ddots & \vdots & \ddots & \vdots \\ b_{n1} & \cdots & b_{nj} & \cdots & b_{n\ell} \end{bmatrix}}_{B} = \underbrace{\begin{bmatrix} c_{11} & \cdots & c_{1j} & \cdots & c_{1\ell} \\ \vdots & \ddots & \vdots & \ddots & \vdots \\ c_{i1} & \cdots & c_{ij} & \cdots & c_{i\ell} \\ \vdots & \ddots & \vdots & \ddots & \vdots \\ c_{m1} & \cdots & c_{mj} & \cdots & c_{m\ell} \end{bmatrix}}_{C}$$

앞 절에서 행렬과 벡터의 곱은 행렬의 각 행과 벡터의 내적을 통해서 구한다고 했습니다. 그리고 행렬의 i번째 행과 벡터의 내적은 결괏값 벡터의 i번째 성분이 되었습니다. 앞에서 행렬과 행렬의 곱을 앞의 행렬과 뒤 행렬의 열벡터의 곱으로 차례로 구했던 것을 기억한다면 결괏값 행렬의 각 성분을 내적으로 표현할 수 있을 것입니다.

위 표현과 같이 행렬 C의 (i, j) 성분은 행렬 A의 i번째 행과 행렬 B의 j번째 열을 내적 하여 구할 수 있습니다. 또한, 행렬 간의 곱이 성립하려면 앞 행렬의 열의 개수와 뒤 행렬의 행의 개수가 같아야 함을 알 수 있습니다. 그리고 결괏값 행렬의 행의 개수는 앞 행렬의 행의 개수와 같고 결괏값 행렬의 열의 개수는 뒤 행렬의 열의 개수와 같습니다. 이를 정리하면 다음과 같습니다.

$$\underset{(m,n)}{A}\underset{(n,\ell)}{B} = \underset{(m,\ell)}{C}$$

예제1: 4×4행렬과 4×3행렬의 곱

행렬 A와 B가 다음과 같이 주어져 있습니다.

$$A = \begin{bmatrix} 1 & 4 & 2 & 0 \\ 9 & 5 & 0 & 0 \\ 4 & 0 & 2 & 4 \\ 6 & 1 & 8 & 3 \end{bmatrix} \in \mathbb{R}^{4 \times 4}, \quad B = \begin{bmatrix} 1 & 5 & 9 \\ 2 & 6 & 10 \\ 3 & 7 & 11 \\ 4 & 8 & 12 \end{bmatrix} \in \mathbb{R}^{4 \times 3}$$

행렬 A의 모양은 (4, 4)이고 행렬 B의 모양은 (4, 3)입니다. 행렬 A의 열의 개수와 행렬 B의 행의 개수가 같으므로 두 행렬의 곱인 AB를 계산할 수 있습니다. 그러면 두 행렬의 곱의 결과인 행렬 C는 4차원짜리 열벡터가 3개인 (4, 3) 행렬이 됩니다.

$$C = AB = \begin{bmatrix} 1 & 4 & 2 & 0 \\ 9 & 5 & 0 & 0 \\ 4 & 0 & 2 & 4 \\ 6 & 1 & 8 & 3 \end{bmatrix} \begin{bmatrix} 1 & 5 & 9 \\ 2 & 6 & 10 \\ 3 & 7 & 11 \\ 4 & 8 & 12 \end{bmatrix} = \begin{bmatrix} 15 & 43 & 71 \\ 19 & 75 & 131 \\ 26 & 66 & 106 \\ 44 & 116 & 188 \end{bmatrix} \in \mathbb{R}^{4 \times 3}$$

텐서플로 코드는 크게 달라지지 않습니다. 여전히 tf.matmul( )을 사용하여 계산합니다. 다음 코드를 실행하여 위의 수식과 비교해봅니다.

```
A = tf.constant([[1, 4, 2, 0], [9, 5, 0, 0], [4, 0, 2, 4], [6, 1, 8, 3]],
    dtype=tf.float32)
B = tf.constant([[1, 5, 9], [2, 6, 10], [3, 7, 11], [4, 8, 12]],
    dtype=tf.float32)
C = tf.matmul(A, B)
print(C)
print("A의 Shape : {0}".format(A.shape))
print("B의 Shape : {0}".format(B.shape))
print("C의 Shape : {0}".format(C.shape))
```

출력값은 다음과 같습니다.

```
#출력
tf.Tensor(
[[ 15.  43.  71.]
 [ 19.  75. 131.]
```

```
   [ 26.  66. 106.]
   [ 44. 116. 188.]], shape=(4, 3), dtype=float32)
A의 Shape : (4, 4)
B의 Shape : (4, 3)
C의 Shape : (4, 3)
```

예제2: 4×5행렬과 5×2행렬의 곱

예제1의 행렬 A에서 열의 개수가 5개로 늘어났고 행렬 B는 (5, 2) 모양의 행렬로 주어져 있습니다.

$$A = \begin{bmatrix} 1 & 4 & 2 & 0 & 2 \\ 9 & 5 & 0 & 0 & 5 \\ 4 & 0 & 2 & 4 & 6 \\ 6 & 1 & 8 & 3 & 1 \end{bmatrix} \in \mathbb{R}^{4 \times 5}, \quad B = \begin{bmatrix} 1 & 6 \\ 2 & 7 \\ 3 & 8 \\ 4 & 9 \\ 5 & 10 \end{bmatrix} \in \mathbb{R}^{5 \times 2}$$

두 행렬 A와 B를 곱한 결괏값 행렬 C의 행의 개수는 A의 행의 개수와 같고 열의 개수는 행렬 B의 열의 개수와 같습니다.

$$C = AB = \begin{bmatrix} 1 & 4 & 2 & 0 & 2 \\ 9 & 5 & 0 & 0 & 5 \\ 4 & 0 & 2 & 4 & 6 \\ 6 & 1 & 8 & 3 & 1 \end{bmatrix} \begin{bmatrix} 1 & 6 \\ 2 & 7 \\ 3 & 8 \\ 4 & 9 \\ 5 & 10 \end{bmatrix} = \begin{bmatrix} 25 & 70 \\ 44 & 139 \\ 56 & 136 \\ 49 & 144 \end{bmatrix} \in \mathbb{R}^{4 \times 2}$$

위의 내용을 구현하는 텐서플로 코드는 다음과 같습니다.

```
A = tf.constant([[1, 4, 2, 0, 2], [9, 5, 0, 0, 5], [4, 0, 2, 4, 6],
    [6, 1, 8, 3, 1]], dtype=tf.float32)
B = tf.constant([[1, 6], [2, 7], [3, 8], [4, 9], [5, 10]],
    dtype=tf.float32)
C = tf.matmul(A, B)
print(C)
print("A의 Shape : {0}".format(A.shape))
print("B의 Shape : {0}".format(B.shape))
print("C의 Shape : {0}".format(C.shape))
```

출력값은 다음과 같습니다.

```
#출력
tf.Tensor(
[[ 25.  70.]
 [ 44. 139.]
 [ 56. 136.]
 [ 49. 144.]], shape=(4, 2), dtype=float32)
A의 Shape : (4, 5)
B의 Shape : (5, 2)
C의 Shape : (4, 2)
```

4.1.6 선형시스템의 풀이

이번에는 선형대수에서 가장 중요한 선형시스템($A\boldsymbol{x} = \boldsymbol{b}$)을 다룹니다. 행렬이 포함된 복잡한 방정식처럼 보이지만 실제로는 중학교 때 배웠던 방정식 $ax = b$와 같습니다. 고차원 벡터를 간단하게 생각하기 위하여 행렬과 벡터의 곱을 정의했다는 것을 항상 유념해야 합니다. 선형대수에서는 복잡한 선형 연립방정식의 계산을 간단하게 정의합니다.

행렬 A와 벡터 b가 다음과 같이 주어져 있습니다.

$$A = \begin{bmatrix} 1 & 4 & 2 & 0 \\ 9 & 5 & 0 & 0 \\ 4 & 0 & 2 & 4 \\ 6 & 1 & 8 & 3 \end{bmatrix} \in \mathbb{R}^{4 \times 4}, \quad \boldsymbol{b} = \begin{bmatrix} 15 \\ 19 \\ 26 \\ 44 \end{bmatrix} \in \mathbb{R}^4$$

주어진 행렬과 벡터로 다음과 같은 선형시스템을 생각할 수 있습니다.

$$A\boldsymbol{x} = \boldsymbol{b} \quad \Longleftrightarrow \quad \begin{bmatrix} 1 & 4 & 2 & 0 \\ 9 & 5 & 0 & 0 \\ 4 & 0 & 2 & 4 \\ 6 & 1 & 8 & 3 \end{bmatrix} \begin{bmatrix} x_1 \\ x_2 \\ x_3 \\ x_4 \end{bmatrix} = \begin{bmatrix} 15 \\ 19 \\ 26 \\ 44 \end{bmatrix}$$

그러면 위의 식을 만족하는 해 벡터 $\boldsymbol{x}$를 찾는 것이 우리의 목표가 됩니다. 선형대수학에서는 정사각행렬인 A의 역행렬이 존재할 때, 다음과 같이 $\boldsymbol{x}$를 나타냅니다.

$$x = A^{-1}b \in \mathbb{R}^4$$

텐서플로를 이용해서 선형시스템의 해를 구하려면 tf.linalg.solve( )를 사용해야 합니다. tf.linalg.solve( )의 첫 번째 입력에는 행렬 A를, 두 번째 입력에는 벡터 b를 순서대로 넣어주어야 합니다. 선형시스템을 풀 때는 행렬과 벡터의 모양도 정확하게 맞아야 하고, tf.linalg.solve( )의 입력값의 순서도 신경 써야 합니다.

```
A = tf.constant([[1, 4, 2, 0], [9, 5, 0, 0], [4, 0, 2, 4], [6, 1, 8, 3]],
    dtype=tf.float32)
b = tf.constant([[15], [19], [26], [44]], dtype=tf.float32)
x = tf.linalg.solve(A, b)
print(x)
print("A의 Shape : {0}".format(A.shape))
print("b의 Shape : {0}".format(b.shape))
print("x의 Shape : {0}".format(x.shape))
```

출력값은 다음과 같습니다.

```
#출력
tf.Tensor(
tf.Tensor(
[[0.9999999]
 [2.0000002]
 [2.9999995]
 [4.       ]], shape=(4, 1), dtype=float32)
A의 Shape : (4, 4)
b의 Shape : (4, 1)
x의 Shape : (4, 1)
```

코드를 통해 구한 해 x가 정답이 맞는지 확인하는 코드는 아래와 같습니다. 해 벡터 x를 행렬 A와 곱해서 벡터 b가 나오는 것을 확인하는 코드입니다.

```
b2 = tf.matmul(A,x)
print(b2)
print("b - b2:\n {0}".format(b - b2))
```

출력값은 다음과 같습니다.

```
#출력
tf.Tensor(
[[15.       ]
 [19.       ]
 [25.999998 ]
 [43.999996]], shape=(4, 1), dtype=float32)
b - b2:
 [[0.0000000e+00]
 [0.0000000e+00]
 [1.9073486e-06]
 [3.8146973e-06]]
```

출력값을 보면 원래의 벡터 b와 약간 차이가 있는 것을 알 수 있습니다. 그러나 차이가 매우 작으므로 벡터 x를 선형시스템의 해로 볼 수 있습니다. 더 높은 정확도를 원하는 분들은 행렬 A와 벡터 b의 데이터 타입을 조정하면 됩니다. 지금까지는 단정밀도(single precision)인 float32를 사용했지만, 이번에는 배정밀도(double precision)인 float64를 사용하여 결과를 비교해보겠습니다. 앞의 코드에서 dtype의 float32를 float64로 바꿔주면 됩니다.

```
A = tf.constant([[1, 4, 2, 0], [9, 5, 0, 0], [4, 0, 2, 4], [6, 1, 8, 3]],
    dtype=tf.float64)
b = tf.constant([[15], [19], [26], [44]], dtype=tf.float64)
x = tf.linalg.solve(A, b)
print(x)
print("A의 Shape : {0}".format(A.shape))
print("b의 Shape : {0}".format(b.shape))
print("x의 Shape : {0}".format(x.shape))
```

출력값은 다음과 같습니다.

```
#출력
tf.Tensor(
[[1.]
 [2.]
 [3.]
 [4.]], shape=(4, 1), dtype=float64)
A의 Shape : (4, 4)
b의 Shape : (4, 1)
x의 Shape : (4, 1)
```

코드로 구한 해가 맞는지 확인해 보겠습니다. 이미 A와 b의 데이터 타입이 float64로 되어있으므로 위의 코드를 실행한 후에는 앞의 코드를 그대로 사용하더라도 배정밀도로 계산이 됩니다.

```
b2 = tf.matmul(A,x)
print(b2)
print("b - b2:\n {0}".format(b - b2))
```

출력값은 다음과 같습니다.

```
#출력
tf.Tensor(
[[15.]
 [19.]
 [26.]
 [44.]], shape=(4, 1), dtype=float64)
b - b2:
 [[ 0.00000000e+00]
 [ 0.00000000e+00]
 [-3.55271368e-15]
 [ 7.10542736e-15]]
```

배정밀도로 계산한 경우 원래의 벡터인 b와 같은 결괏값이 나오는 것을 알 수 있습니다. 오차를 측정해보면 단정밀도로 계산했을 때보다 훨씬 작은 것을 알 수 있습니다.

4.2 딥러닝에서 자주 사용되는 선형대수 표기법

앞선 절에서 행렬과 벡터 간의 곱셈을 배워도 막상 딥러닝 쪽의 수식을 보면 헷갈릴 때가 많습니다. 행렬(matrix)은 주로 A, B, C로 표기하고 벡터는 x, b 등으로 표기하다가, 딥러닝이나 머신러닝 분야에서는 행렬 표시가 X, W로 바뀌고 벡터도 w, b 등으로 변하기 때문입니다. 단순한 표기법의 변화이지만 처음에는 익숙하지 않습니다. 그래서 이번 절에서는 딥러닝에서 주로 사용되는 표기법(Notation)으로 데이터들을 어떻게 행렬로 표현하는지를 다룹니다.

$$X = \begin{bmatrix} x_{11} & x_{12} & \cdots & x_{1n} \\ x_{21} & x_{22} & \cdots & x_{2n} \\ \vdots & \vdots & \ddots & \vdots \\ x_{m1} & x_{m2} & \cdots & x_{mn} \end{bmatrix} \in \mathbb{R}^{m \times n}$$

주로 데이터를 나타내는 행렬을 X라고 표현합니다. 여기서 행의 개수(m)는 데이터의 개수를 말하고 열의 개수(n)는 데이터의 차원을 말합니다. 때로는 열의 개수를 특성(feature)의 차원으로 부르기도 합니다. 가장 간단한 선형 모델(linear model)에서는 데이터에 곱해주는 가중치(또는 웨이트, weight)들은 w(또는 행렬 W)로 나타냅니다.

$$w = \begin{bmatrix} w_1 \\ w_2 \\ \vdots \\ w_n \end{bmatrix} \in \mathbb{R}^n$$

또한, 편향(또는 바이어스, bias) 값은 b로 표현됩니다. 편향 b는 벡터 안의 모든 값이 상수인 특징을 갖고 있습니다.

$$b = \begin{bmatrix} b \\ b \\ \vdots \\ b \end{bmatrix} \in \mathbb{R}^n$$

가장 간단한 선형 모델을 나타내는 수식은 다음과 같습니다.

$$Xw + b = \begin{bmatrix} x_{11} & x_{12} & \cdots & x_{1n} \\ x_{21} & x_{22} & \cdots & x_{2n} \\ \vdots & \vdots & \ddots & \vdots \\ x_{m1} & x_{m2} & \cdots & x_{mn} \end{bmatrix} \begin{bmatrix} w_1 \\ w_2 \\ \vdots \\ w_n \end{bmatrix} + \begin{bmatrix} b \\ b \\ \vdots \\ b \end{bmatrix}$$

이어지는 예제에서는 x값이 5개가 있는 데이터가 있고 선형 모델의 가중치인 w와 b가 주어져 있는 경우를 살펴보겠습니다. 이 경우 $y = Xw + b$가 표현하는 것은 w를 기울기로 갖고 b를 y 절편으로 하는 직선 위에 5개의 값을 대입한 결과입니다.

총 다섯 번의 연산을 행렬과 벡터의 곱을 이용하여 한 줄의 식으로 표현한 편리한 방법이지만, 선형대수가 익숙하지 않은 경우에는 오히려 헷갈릴 때가 많습니다. 편리성을 위해 도입되었으므로 무거운 마음으로 이해해야 하는 수식이 아닌 가벼운 마음으로 이해할 수 있는 수식입니다.

예제1: 직선 위의 5개의 점과 선형 모델

데이터들은 다음과 같이 −1.0, −0.1, 0.9, 2.0, 그리고 3.1로 총 5개의 점이 주어져 있습니다. 선형 모델은 주어진 w와 b를 사용합니다.

$$X = \begin{bmatrix} x_{11} \\ x_{21} \\ x_{31} \\ x_{41} \\ x_{51} \end{bmatrix} = \begin{bmatrix} -1.0 \\ -0.1 \\ 0.9 \\ 2.0 \\ 3.1 \end{bmatrix} \in \mathbb{R}^{5 \times 1}, \quad w = \begin{bmatrix} 2.0 \end{bmatrix} \in \mathbb{R}^1, \quad b = 1.0 \in \mathbb{R}$$

편향에 해당되는 b는 정확한 연산을 위해서는 5차원 벡터가 되어야 하지만, 텐서플로 연산에서는 텐서 덧셈이 적용되므로 스칼라값으로 선언해도 문제없습니다. 주어진 5개 점들의 선형 모델 (w, b)을 이용한 예측값은 다음과 같은 행렬과 벡터의 곱으로 쉽게 구할 수 있습니다.

$$y = Xw + b = \begin{bmatrix} -1.0 \\ -0.1 \\ 0.9 \\ 2.0 \\ 3.1 \end{bmatrix} \begin{bmatrix} 2.0 \end{bmatrix} + 1.0 = \begin{bmatrix} -1.0 \times 2.0 + 1.0 \\ -0.1 \times 2.0 + 1.0 \\ 0.9 \times 2.0 + 1.0 \\ 2.0 \times 2.0 + 1.0 \\ 3.1 \times 2.0 + 1.0 \end{bmatrix} = \begin{bmatrix} -1.0 \\ 0.8 \\ 2.8 \\ 5.0 \\ 7.2 \end{bmatrix}$$

지금까지는 항상 tf.constant( )를 사용했지만, 모델의 파라미터들은 tf.Variable( )을 사용합니다. 자세한 이유는 최적화를 배울 때 소개합니다.

```
X = tf.constant([[-1.0], [-0.1], [0.9], [2.0], [3.1]], dtype=tf.float32)
w = tf.Variable([[2.0]])
b = tf.Variable(1.0)
y = tf.matmul(X,w) + b

print("{0}".format(y))
print("X의 Shape : {0}".format(X.shape))
print("w의 Shape : {0}".format(w.shape))
print("b의 Shape : {0}".format(b.shape))
print("y의 Shape : {0}".format(y.shape))
```

출력값을 보면 각 점에서 선형 모델의 예측값을 손쉽게 한 번에 구할 수 있는 것을 확인할 수 있습니다.

```
#출력
[[-1. ]
 [ 0.8]
 [ 2.8]
 [ 5. ]
 [ 7.2]]
X의 Shape : (5, 1)
w의 Shape : (1, 1)
b의 Shape : ()
y의 Shape : (5, 1)
```

구해진 값을 그림으로 표현하는 코드입니다.

```
import matplotlib.pyplot as plt
plt.plot(X, y, 'o:')
plt.grid()
plt.show()
```

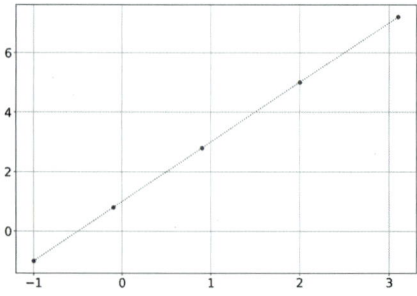

[그림 4-1] 1차원 값 5개를 선형 모델을 이용하여 예측한 그래프

예제2: 평면 위 5개의 점과 선형 모델

예제1과 마찬가지로 선형 모델을 고려합니다. 이번 예제에서는 데이터가 2차원입니다. 즉, 5개의 평면 위의 점에 대해 선형 모델을 사용하여 예측값을 구하는 것입니다.

$$X = \begin{bmatrix} x_{11} & x_{12} \\ x_{21} & x_{22} \\ x_{31} & x_{32} \\ x_{41} & x_{42} \\ x_{51} & x_{52} \end{bmatrix} = \begin{bmatrix} -1.0 & 1.0 \\ -0.1 & 0.3 \\ 0.9 & 1.2 \\ 2.0 & 2.0 \\ 3.1 & 2.9 \end{bmatrix} \in \mathbb{R}^{5 \times 2}, \quad w = \begin{bmatrix} 2.0 \\ 1.0 \end{bmatrix} \in \mathbb{R}^2, \quad b = 1.0 \in \mathbb{R}$$

이 예제에서는 데이터가 2차원이므로 기울기를 표시하는 파라미터 w 또한 2차원입니다. 예측값을 구하는 수식과 코드는 다음과 같습니다.

$$y = Xw + b = \begin{bmatrix} -1.0 & 1.0 \\ -0.1 & 0.3 \\ 0.9 & 1.2 \\ 2.0 & 2.0 \\ 3.1 & 2.9 \end{bmatrix} \begin{bmatrix} 2.0 \\ 1.0 \end{bmatrix} + 1.0 = \begin{bmatrix} -1.0 \times 2.0 + 1.0 \times 1.0 + 1.0 \\ -0.1 \times 2.0 + 0.3 \times 1.0 + 1.0 \\ 0.9 \times 2.0 + 1.2 \times 1.0 + 1.0 \\ 2.0 \times 2.0 + 2.0 \times 1.0 + 1.0 \\ 3.1 \times 2.0 + 2.9 \times 1.0 + 1.0 \end{bmatrix} = \begin{bmatrix} 0.0 \\ 1.1 \\ 4.0 \\ 7.0 \\ 10.1 \end{bmatrix}$$

```
X = tf.constant([[-1.0, 1.0], [-0.1, 0.3], [0.9, 1.2], [2.0, 2.0],
    [3.1, 2.9]], dtype=tf.float32)
w = tf.Variable([[2.0], [1.0]])
b = tf.Variable(1.0)
y = tf.matmul(X,w) + b

print("{0}".format(y))
print("X의 Shape : {0}".format(X.shape))
print("w의 Shape : {0}".format(w.shape))
print("b의 Shape : {0}".format(b.shape))
print("y의 Shape : {0}".format(y.shape))
```

위의 수식과 일치하는 출력값을 확인할 수 있습니다.

```
#출력
[[ 0. ]
 [ 1.1]
 [ 4. ]
 [ 7. ]
```

```
       [10.1]]
X의 Shape : (5, 2)
w의 Shape : (2, 1)
b의 Shape : ()
y의 Shape : (5, 1)
```

위의 모델을 그림으로 표현하는 코드는 다음과 같습니다.

```
import matplotlib.pyplot as plt
import mpl_toolkits.mplot3d.art3d as art3d

fig = plt.figure(figsize=(5,5))
ax = fig.add_subplot(1, 1, 1, projection='3d')
for (xi, yi), zi in zip(X, y):
    line=art3d.Line3D(*zip((xi, yi, 0), (xi, yi, zi)), marker='o',
        markevery=(1, 1))
    ax.add_line(line)

ax.set_xlim3d(-2, 3.5)
ax.set_ylim3d(-2, 3.5)
ax.set_zlim3d(0, 11)
plt.show()
```

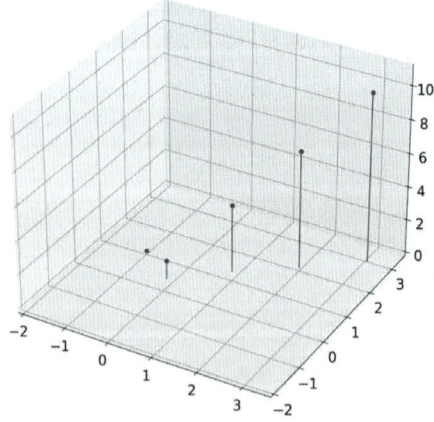

[그림 4-2] 5개의 평면 위의 점들을 선형 모델로 예측한 그래프

4.2.1 미분과 그래디언트(Gradient)

보통 미분과 적분을 함께 다루지만, 딥러닝 모델을 학습시키는 과정에는 적분보다는 미분이 중요합니다. 미분 중에서도 각 방향으로 미분한 값들을 모아 놓은 그래디언트가 매우 중요합니다. 그래디언트는 수치 최적화 알고리즘의 가장 핵심적인 키워드가 됩니다.

그래디언트는 딥러닝 관련 논문에서 항상 등장하는 단어이지만 실제로 코드를 이용해서 계산할 일은 없습니다. 사실 텐서플로와 같은 딥러닝 패키지가 자동으로 계산하기 때문에 실습 대신 간단한 이론 및 공식만 숙지해도 충분합니다. 미적분보다 중요한 부분은 5장과 6장에서 다룰 수치 최적화 알고리즘의 동작 원리입니다.

가장 먼저 미분의 정의입니다. 함수 $f(x)$의 미분은 어떤 지점 x와 이 지점으로부터 아주 작은 값인 Δx만큼 떨어진 지점 $x + \Delta x$ 사이의 기울기 값의 극한값입니다. 이것을 수식으로 나타내면 다음과 같습니다.

$$f'(x) = \lim_{\Delta x \to 0} \frac{f(x + \Delta x) - f(x)}{\Delta x}$$

위 미분은 함수의 변수가 1개뿐인 단일 변수 함수의 미분입니다. 딥러닝 모델에서는 차원이 매우 높아지므로 다변수 함수의 미분을 정의해야 합니다. 다변수 함수의 미분을 정의하기 위해서 편미분을 소개합니다. 2개의 변수를 갖는 함수 $f(x, y)$의 편미분 정의는 다음과 같습니다.

$$\frac{\partial}{\partial x} f(x, y) = \lim_{\Delta x \to 0} \frac{f(x + \Delta x, y) - f(x, y)}{\Delta x}$$

$$\frac{\partial}{\partial y} f(x, y) = \lim_{\Delta y \to 0} \frac{f(x, y + \Delta y) - f(x, y)}{\Delta y}$$

편미분은 각 방향 (x, y)만의 기울기를 구하는 작업입니다. 그러므로 해당 변수 외의 나머지 변수는 고정(숫자처럼 취급)하고 구합니다. 따라서 표기법만 약간 다를 뿐 단일변수의 미분과 동일하다고 말할 수 있습니다.

이제 일반화를 시켜서 n개의 변수가 있는 함수 $f(x_1, x_2, \cdots, x_n)$의 편미분을 나타내면 다음과 같습니다. 정수 $i = 1, 2, \cdots, n$에 대해서,

$$\frac{\partial}{\partial x_i} f(x_1, x_2, \cdots, x_n) = \lim_{\Delta x_i \to 0} \frac{f(x_1, \cdots, x_i + \Delta x_i, \cdots, x_n) - f(x_1, \cdots, x_i, \cdots, x_n)}{\Delta x_i}$$

그래디언트는 편미분들을 모은 벡터입니다. 일반적으로 ∇f로 나타냅니다.

$$\nabla f = \begin{bmatrix} \frac{\partial}{\partial x_1} f(x_1, x_2, \cdots, x_n) \\ \frac{\partial}{\partial x_2} f(x_1, x_2, \cdots, x_n) \\ \vdots \\ \frac{\partial}{\partial x_n} f(x_1, x_2, \cdots, x_n) \end{bmatrix} \in \mathbb{R}^n$$

그래디언트의 방향은 기하학적으로 중요한 정보를 갖고 있습니다. (x, y) 위치에서 $\nabla f(x, y)$의 방향은 함수 $f(x, y)$가 가장 빠르게 증가하는 방향입니다. 반대로 $-\nabla f(x, y)$는 함수 $f(x, y)$가 가장 빠르게 감소하는 방향입니다. [그림 4-3]에 $f(x, y)$의 그래프와 $\nabla f(x, y)$의 벡터장을 참고하면 됩니다.

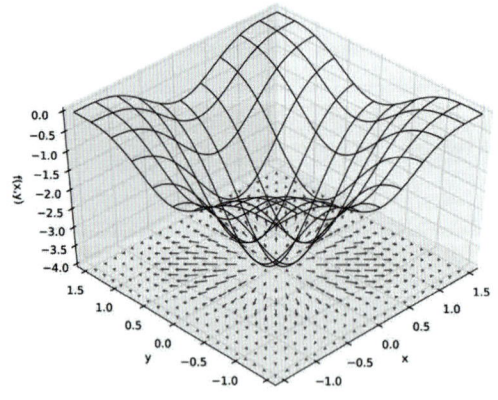

[그림 4-3] 함수 $f(x, y)$의 그래프와 그래디언트의 벡터장 시각화

$f(x,y)$가 가장 빠르게 감소하는 방향이 $-\nabla f(x,y)$의 방향과 같다는 것은 5장부터 7장에서 다룰 최적화 문제를 푸는데 큰 단초가 됩니다. 딥러닝 모델의 학습은 손실함수를 가장 작게 만들어 가는 과정이므로 손실함수가 그래디언트의 방향이 큰 역할을 하게 됩니다.

Chapter 05 딥러닝에 필요한 최적화 이론

데이터 분석 관련 자료를 조사하다 보면 다음과 비슷한 수식들을 자주 만납니다.

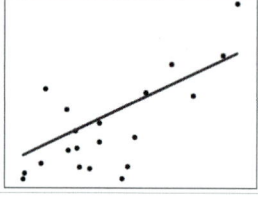

[그림 5-1] scikit-learn의 선형 회귀(Linear Regression) 문서

[그림 5-1]은 주어진 좌표들을 가장 잘 표현하는 직선의 기울기와 y절편을 찾는 선형 회귀 모델의 scikit-learn 패키지 문서 중 일부입니다.

> ### 1.1.3. Lasso
>
> The Lasso is a linear model that estimates sparse coefficients. It is useful in some contexts due to its tendency to prefer solutions with fewer parameter values, effectively reducing the number of variables upon which the given solution is dependent. For this reason, the Lasso and its variants are fundamental to the field of compressed sensing. Under certain conditions, it can recover the exact set of non-zero weights (see Compressive sensing: tomography reconstruction with L1 prior (Lasso)).
>
> Mathematically, it consists of a linear model trained with ℓ_1 prior as regularizer. The objective function to minimize is:
>
> $$\min_{w} \frac{1}{2n_{samples}} ||Xw - y||_2^2 + \alpha ||w||_1$$
>
> The lasso estimate thus solves the minimization of the least-squares penalty with $\alpha ||w||_1$ added, where α is a constant and $||w||_1$ is the ℓ_1-norm of the parameter vector.

[그림 5-2] scikit-learn의 Lasso 회귀 모델 문서

다른 회귀 분석 모델인 Lasso 모델을 보면 더 복잡한 수식을 볼 수 있습니다. 사실 scikit-learn을 사용하기 위해서 그림에 있는 수식들을 이해할 필요는 없습니다. 패키지는 사용하기 편리해서 간단한 입력값으로도 쉽게 모델들을 이용할 수 있습니다.

하지만 딥러닝을 위해서 텐서플로를 선택한 경우 텐서플로 패키지가 scikit-learn과는 다르게 구성되어 있어서 편리하게 함수만 호출하여 사용할 수 없습니다. 텐서플로 공식 홈페이지에도 scikit-learn같이 바로 적용할 수 있는 예제 코드가 들어 있는 문서는 없습니다. 그래서 처음 접하는 사용자들이 많은 어려움을 겪습니다.

선형 회귀 분석을 하기 위해 scikit-learn을 사용한 코드 예제와 텐서플로를 사용한 코드 예제를 살펴보면, 이러한 어려움을 금방 느낄 수 있습니다. scikit-learn은 매우 간단한 코드로도 선형 회귀 분석을 완료합니다.

```
# training data
x_train = [[1], [2], [3], [4]]
y_train = [[0], [-1], [-2], [-3]]

# Scikit-Learn의 선형 회귀 예제
from sklearn import linear_model
reg = linear_model.LinearRegression()
reg.fit(x_train, y_train)

print(reg.score(x_train,y_train))
print(reg.coef_)
print(reg.intercept_)
print(reg.predict([[5]]))
```

반면에 텐서플로를 사용하면 보다 긴 코드를 작성해야 합니다.

```
# TensorFlow 의 선형 회귀 예제
import tensorflow as tf

# Model Parameter
W = tf.Variable([.3], dtype=tf.float32)
b = tf.Variable([-.3], dtype=tf.float32)

@tf.function
def linear_model(x):
    return W * x + b

@tf.function
def loss(y,predict):
    return tf.reduce_sum(tf.square(y-predict))

# training data
x_train = [[1], [2], [3], [4]]
y_train = [[0], [-1], [-2], [-3]]

MaxIter = 1000
lr = 0.01

for i in range(MaxIter):
    with tf.GradientTape() as tape:
        current_loss = loss(y_train, linear_model(x_train))
        dw, db = tape.gradient(current_loss, [W, b])

        if i%100 == 0:
            print(i, W.numpy(), b.numpy(), current_loss.numpy())

        W.assign_sub(lr * dw)
        b.assign_sub(lr * db)
```

이번 장에서는 텐서플로 코드의 가장 중요한 요소인 최적화 이론을 설명합니다. 텐서플로는 딥러닝 사용을 위한 패키지라고 알려져 있지만, 사용자가 자유롭게 정의한 딥러닝 모델과 최적화 문제를 편리하게 풀어주는 패키지라고 표현해야 더 정확합니다. Scikit-learn의 코드는 패키지 관리자가 미리 만들어 놓은 모델이므로 코드가 짧은 반면 텐서플로는 사용자가 직접 모델을 정의하고 최적화 문제를 설정하기 때문에 코드가 길어집니다.

5.1 딥러닝에 나타나는 최적화 문제

딥러닝 모델에는 많은 연구자의 직관과 경험이 녹아 있습니다. 이런 직관과 경험은 글로 표현하는 경우도 있지만, 많은 부분이 수학적 표현으로 나타냅니다. 수학적 표현은 효율적이지만 상당히 불친절한 정보 전달 방법입니다. 그래서 딥러닝 관련 서적이나 논문을 읽을 때 몰려드는 피로감은 자연스러운 현상입니다.

복잡하고 어려운 수학적 표현들 속에서 최적화 이론은 딥러닝 모델을 구성하는 가장 큰 프레임워크(Framework)입니다. 따라서 모든 딥러닝 관련 자료들은 최적화 문제를 푸는 것으로 귀결됩니다. 간단한 최적화 이론을 이해하는 것만으로도 딥러닝 연구와 설명의 큰 맥락을 잡을 수 있습니다.

텐서플로, 케라스(Keras), 파이토치(PyTorch) 등의 딥러닝 패키지들 모두 최적화 문제를 정의하고 정의된 문제를 풀어주는 역할을 합니다. 이 책에서는 텐서플로만 설명하고 있지만, 최적화 이론과 텐서플로를 잘 연동하여 이해한다면 다른 패키지(케라스, 파이토치 등)를 사용할 때도 큰 도움이 됩니다.

| 1. 모델 및 최적화 문제 정의 파트 |

```python
# TensorFlow 의 선형 회귀 예제
import tensorflow as tf

# Model Parameter
W = tf.Variable([.3], dtype=tf.float32)
b = tf.Variable([-.3], dtype=tf.float32)

@tf.function
def linear_model(x):
    return W * x + b

@tf.function
def loss(y,predict):
    return tf.reduce_sum(tf.square(y-predict))

# training data
x_train = [[1], [2], [3], [4]]
y_train = [[0], [-1], [-2], [-3]]
```

| 2. 정의된 최적화 문제 풀이 파트 |

```
MaxIter = 1000
lr = 0.01

for i in range(MaxIter):
    with tf.GradientTape() as tape:
        current_loss = loss(y_train, linear_model(x_train))
    dw, db = tape.gradient(current_loss, [W, b])

    if i % 100 == 0:
        print(i, W.numpy(), b.numpy(), current_loss.numpy())

    W.assign_sub(lr * dw)
    b.assign_sub(lr * db)
```

텐서플로는 선형 회귀 모델 및 최적화 문제를 정의하는 부분과 정의된 최적화를 푸는 부분으로 나눌 수 있습니다. 첫 번째 파트인 모델 및 최적화 문제 정의 부분이 다른 패키지들과 가장 다른 점입니다. 이 부분이 가장 어색하고 문제마다 다르게 설정해야 하므로 텐서플로가 익숙해지는 데 큰 걸림돌이 됩니다. 이번 장을 통해서 이러한 걸림돌을 제거할 수 있습니다.

5.2 최적화 문제의 출발

최적화 문제는 주어진 상황에서 어떤 수치가 가장 알맞은 건지 특정 상황을 찾는 것입니다. 이 한 문장을 세부적으로 나누면 다음과 같습니다.

1. 주어진 상황에서
2. 어떤 수치가
3. 가장 알맞은 건지
4. 특정 상황을 찾는 것입니다.

최적화 문제는 일상에서 쉽게 발견할 수 있습니다. "남매 중에 막내가 누구니?"라는 질문에서도 최적화 문제를 발견할 수 있습니다. 이 상황에서 1번의 '주어진 상황'은 '남매'를 나타내고, 2번의 '어떤 수치'는 '나이'를 나타냅니다. 3번의 '가장 알맞은 건지'는 '(나이가)적은'이며, '특정 상황'은 '막내'입니다. 이렇게 단순한 남매 중에 막내를 찾는 질문을 수학적으로 표현해보면 다음과 같습니다.

$$\min_{\text{남매}} \text{나이}$$

가끔 min 대신 arg min을 사용하기도 합니다.

$$\text{홍길동} = \arg\min_{\text{남매}} \text{나이}$$

최적화 문제는 특정 상황(막내)을 찾는 것이므로 엄밀하게는 arg min이 더 정확한 표현이지만, 일반적으로 min을 사용해서 표현합니다. 또 다른 예시로 [표 5-1]에는 어떤 야구 동아리 선수들의 삼진 확률과 수비 실책 확률에 대한 것입니다.

[표 5-1] 야구 동아리 선수의 경기 기록

선수	이한국	김경기	박대한	최서울
삼진 확률	12%	67%	53%	42%
실책 확률	7%	5%	21%	12%

두 가지 문제에 대해서 이번에는 독자들이 직접 풀어보고 맞춰 볼 수 있게 예제를 준비했습니다. min과 arg min의 차이에도 신경을 써야 합니다.

1. $\min_{\text{선수}} \text{삼진 확률} = ?$
2. $\arg\min_{\text{선수}} \text{삼진 확률} = ?$
3. $\min_{\text{선수}} \text{실책 확률} = ?$
4. $\arg\min_{\text{선수}} \text{실책 확률} = ?$

정답은 다음과 같습니다.

1. $\min_{\text{선수}} \text{삼진 확률} = 12\%$

2. $\arg\min_{\text{선수}} \text{삼진 확률} = \text{이한국}$

3. $\min_{\text{선수}} \text{실책 확률} = 5\%$

4. $\arg\min_{\text{선수}} \text{실책 확률} = \text{김경기}$

수학적 표현은 매우 함축적인 표현입니다. 문장으로 표현하면 긴 문제 설명을 기호로 간단하게 표현할 수 있어 편리하지만, 기호에 익숙하지 않으면 단순한 정보도 어렵게 느껴집니다. 하지만 최적화 문제의 본질은 "주어진 상황에서 어떤 수치가 가장 알맞은 건지 특정 상황을 찾는 것"임을 기억한다면 쉽게 문제의 맥락을 파악할 수 있습니다. 어떤 수치에서 가장 큰 상황을 찾는 문제는 min 대신 max를 사용합니다. 하지만, 이 경우에는 어떤 수치에 음수를 곱해주면 max를 min으로 표현할 수 있으므로 최적화 문제에서는 주로 min을 사용합니다.

5.3 최적화 문제 표현의 독해법

이번 절에서는 최적화 문제에 사용되는 용어를 소개하고 최적화 문제를 분석하는 방법을 설명합니다. 앞서 언급한 것과 같이 최적화 문제는 4가지의 정보를 포함하고 있습니다.

1. 주어진 상황에서: 제어변수(Control Variable) 또는 웨이트(Weight)

2. 어떤 수치가: 손실함수(Loss Function)

3. 가장 알맞은 건지: 가장 작은

4. 특정 상황을 찾는 것: 최적해(The optimal solution) 또는 최적웨이트(The optimal weight)

최적화 이론은 딥러닝뿐만 아니라 많은 응용분야에서 사용됩니다. 최적화 이론에서는 min 기호 아래에 있는 변수를 제어변수(Control Variable)라고 부르지만, 딥러닝에서는 웨이트(Weight)와 바이어스(Bias)로 표현될 때가 많습니다. 웨이트와 바이어스 변수는 딥러닝 모델을 표현하는 파라미터입니다. 파라미터가 변하면 딥러닝 모델의 예측값이 달라지고 그에 따라 딥러닝의 성능 또한 영향을 받습니다. 모든 딥러닝 문제는 최적의 웨이트와 바이어스를 찾는 문제로 귀결됩니다.

손실함수는 다양한 웨이트의 조합으로 표현되는 딥러닝 모델들을 평가하는 기준이 됩니다. 손실함수를 작게 만들어주는 딥러닝 모델을 선택하는 것이 딥러닝 학습의 목표입니다. 즉, 손실함수를 최소로 만들어주는 딥러닝 모델의 웨이트를 찾는 것이 딥러닝 학습의 핵심입니다. 짧게 다시 정리해보면, 최적화 문제와 마주할 때 다음과 같은 순서로 분석하면 됩니다.

1. 제어변수 파악
2. 손실함수 파악
3. 손실함수 안의 모델 파악

이제는 선형 회귀 모델을 이 분석 순서에 따라 서로 다른 손실함수를 사용하는 예제를 살펴봅니다.

5.3.1 선형 회귀 모델

어떤 실험을 통해 다음 표와 같이 x 값을 갖는 상황에서 y 값이 관측되었다고 가정하겠습니다.

[표 5-2] 선형 회귀 모델

x	1	2	3	4
y	0	−1	−2	−3

선형 회귀 모델의 목표는 주어진 x 값에 대해 y 값을 예측하는 최적의 직선 식(선형 모델)을 찾는 것입니다. 편의를 위해 [표 5-2]의 x 값을 $x_1 = 1$, $x_2 = 2$, $x_3 = 3$, $x_4 = 4$로 나타내고, y 값을 $y_1 = 0$, $y_2 = -1$, $y_3 = -2$, $y_4 = -3$로 나타내겠습니다. 가장 이상적인 모델은 모든 x 값에 대해 다음과 같은 직선 식이 성립합니다.

$$y_i = wx_i + b \qquad (i = 1, \cdots, 4)$$

[표 5-2]의 값을 이용하면 위의 식을 만족하는 w와 b를 찾을 수 있지만, 일반적으로는 모든 값이 직선 식을 만족하는 모델은 찾을 수 없습니다. 따라서 각 x_i 값에 대해 선형 모델로 예측한 값과 실제로 관측한 값 y_i 사이에 오차가 존재하게 되고 이를 다음과 같이 잔차(residual)로 정의합니다.

$$r_i = wx_i + b - y_i$$

잔차는 양의 값과 음의 값을 모두 가질 수 있으므로 최적화 문제에 적합하지 않습니다. 따라서 잔차의 제곱이나 절댓값 등의 계산을 통해 최적화 문제를 정의합니다.

5.3.2 제곱값의 합을 이용한 선형 회귀

이번 절에서는 최소 제곱법(Least Squares Method)이라고도 불리는 선형 회귀 분석을 이용하겠습니다. [표 5-2]에 주어진 데이터에 대해 다음과 같이 최적화 문제로 표현합니다.

$$\min_{w,b} \sum_{i=1}^{4} (wx_i + b - y_i)^2$$

이번 절을 시작하면서 언급한 분석법을 이용하면 위의 문제를 다음과 같이 분석할 수 있습니다.

첫째, 제어변수를 파악합니다. 제어변수는 min 아래에 있는 변수들입니다. 이 문제에서는 w와 b입니다. 제어변수의 문자가 언제나 w, b는 아닙니다. 그러므로 항상 min 아래의 변수들을 가장 먼저 체크해야 합니다. 제어변수를 바꿀 때마다 $wx_i + b$의 값이 바뀝니다. 기울기가 w이고 y 절편이 b인 직선에 x_i를 넣어준 값입니다. 그러므로 w와 b를 바꾸면 직선의 모양이 바뀝니다.

둘째, 손실함수를 파악합니다. 손실함수는 $(wx_i + b - y_i)^2$의 합으로 되어있습니다. 이 손실함수에서는 제어변수와 주어진 상수들을 구분해야 합니다. w와 b는 제어변수이고 나머지 x_i와 y_i는 제어변수가 변화해도 바뀌지 않는 상수입니다. 딥러닝에서 이러한 상수들은 주로 학습데이터를 나타냅니다.

마지막으로, 손실함수 안의 모델을 파악해보면 $(wx_i + b - y_i)^2$은 두 가지로 분리할 수 있습니다. $wx_i + b$와 y_i입니다. 앞의 식은 주어진 w, b로 만든 직선의 방정식에 x_i를 대입한 값입니다. 이것은 주어진 선형 회귀 모델이 예측한 값입니다. 이 예측값과 주어진 정답 y_i의 차이를 나타내는 항이 $|wx_i + b - y_i|$입니다. 선형 모델의 예측값$(wx_i + b)$과 정답(y_i)의 차이의 제곱을 더한 값을 손실함수가 계산합니다. 합계가 총 4개이므로, 4개의 점이 주어져 있다고 예측할 수 있습니다.

다음 4개의 w, b 값의 조합에서 손실함수값을 계산해보고, 그때의 직선과 주어진 점들을 그래프로 그려보겠습니다.

1. $w = 0.2$, $b = 1$
2. $w = 0.2$, $b = -1$
3. $w = -0.8$, $b = 1$
4. $w = -1$, $b = 1$

최적화 문제는 손실함수의 값을 최소화하는 것이므로 손실함수는 다음과 같이 정의할 수 있습니다.

$$L(w, b; x, y) = \sum_{i=1}^{4}(wx_i + b - y_i)^2$$

손실함수 $L(w, b; x, y)$는 w, b, x, y에 대한 함수입니다. 여기에서 가운데 세미콜론(;)을 기준으로 왼쪽에 있는 w, b는 제어변수, 오른쪽에 있는 x, y는 상수를 나타냅니다.

첫 번째 경우는 기울기(w)가 0.2이고, y절편(b)이 1.0인 경우입니다($L(0.2, 1.0; x, y)$). 이 경우에는 손실함수를 다음과 같이 계산해보면 43.20이 나옵니다.

$$L(0.2, 1.0; x, y) = \sum_{i=1}^{4}(wx_i + b - y_i)^2$$
$$= (wx_1 + b - y_1)^2 + (wx_2 + b - y_2)^2 + (wx_3 + b - y_3)^2 + (wx_4 + b - y_4)^2$$
$$= (0.2 \cdot 1 + 1.0 - 0)^2 + (0.2 \cdot 2 + 1.0 - (-1))^2$$
$$+ (0.2 \cdot 3 + 1.0 - (-2))^2 + (0.2 \cdot 4 + 1.0 - (-3))^2$$
$$= 1.2^2 + 2.4^2 + 3.6^2 + 4.8^2$$
$$= 1.44 + 5.76 + 12.96 + 23.04$$
$$= 43.20$$

선형 모델과 각각의 x_i에 대한 손실함수의 값을 시각화하면 다음과 같습니다.

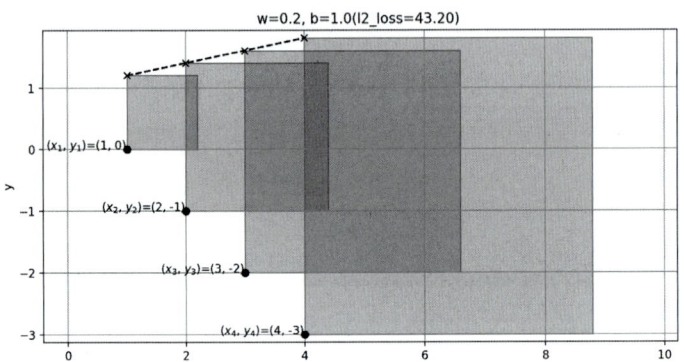

[그림 5-3] $w = 0.2, b = 1.0$ 에 대한 손실함수의 시각화

그림에서 x 표시는 선형 회귀 모델의 예측값($wx_i + b$)입니다. 그리고 정사각형의 넓이는 각각의 x_i에 대해 (모델의 예측값 − 정답)²을 나타냅니다. 기하적으로 최소 제곱법에서의 손실함수의 값은 색칠되어 있는 정사각형의 넓이의 합입니다. 최적화 문제는 손실함수의 값을 최소화하는 것이 목표이므로 기하적으로는 정사각형 넓이의 합을 가장 작게 만드는 것이 목표입니다. 따라서 정사각형의 넓이의 합이 가장 작은 모델이 가장 좋은 선형 회귀 모델입니다.

두 번째 경우는 기울기(w)가 0.2이고, y절편(b)이 −1.0인 경우입니다($L(0.2, -1.0; x, y)$).

$$L(0.2, -1.0; x, y) = \sum_{i=1}^{4}(wx_i + b - y_i)^2$$
$$= (wx_1 + b - y_1)^2 + (wx_2 + b - y_2)^2 + (wx_3 + b - y_3)^2 + (wx_4 + b - y_4)^2$$
$$= (0.2 \cdot 1 - 1.0 - 0)^2 + (0.2 \cdot 2 - 1.0 - (-1))^2$$
$$\quad + (0.2 \cdot 3 - 1.0 - (-2))^2 + (0.2 \cdot 4 - 1.0 - (-3))^2$$
$$= (-0.8)^2 + 0.4^2 + 1.6^2 + 2.8^2$$
$$= 0.64 + 0.16 + 2.56 + 7.84$$
$$= 11.20$$

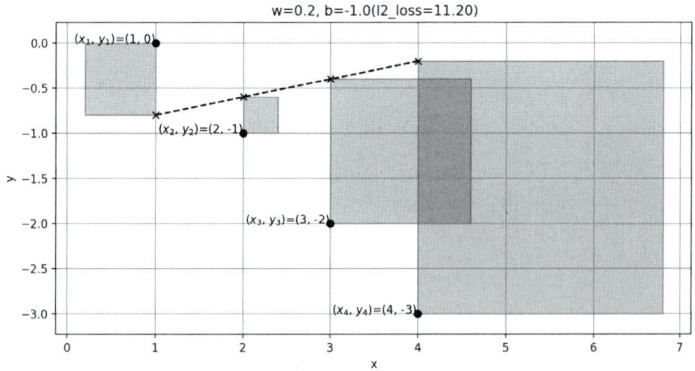

[그림 5-4] $w = 0.2, b = -1.0$에 대한 손실함수의 시각화

이번에는 정사각형 넓이의 합이 11.20입니다. 첫 번째 경우보다는 넓이가 작아졌지만, 아직 좋은 모델 같아 보이지는 않습니다.

세 번째 조합은 기울기(w)가 -0.8이고, y절편(b)이 1.0인 경우입니다($L(-0.8, 1.0; x, y)$).

$$L(-0.8, 1.0; x, y) = \sum_{i=1}^{4}(wx_i + b - y_i)^2$$
$$= (wx_1 + b - y_1)^2 + (wx_2 + b - y_2)^2 + (wx_3 + b - y_3)^2 + (wx_4 + b - y_4)^2$$
$$= ((-0.8) \cdot 1 + 1.0 - 0)^2 + ((-0.8) \cdot 2 + 1.0 - (-1))^2$$
$$+ ((-0.8) \cdot 3 + 1.0 - (-2))^2 + ((-0.8) \cdot 4 + 1.0 - (-3))^2$$
$$= 0.2^2 + 0.4^2 + 0.6^2 + 0.8^2$$
$$= 0.04 + 0.16 + 0.36 + 0.64$$
$$= 1.20$$

이번에는 상당히 근접한 선형 회귀 모델을 얻은 것을 알 수 있습니다. 손실함숫값도 1.20으로 앞의 두 경우에 비해 꽤 작은 값입니다.

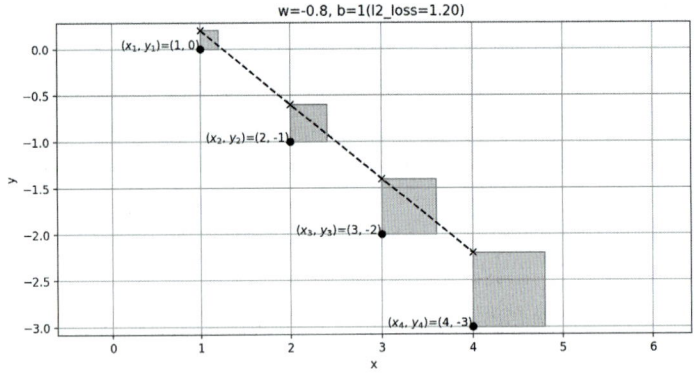

[그림 5-5] $w = -0.8, b = 1.0$에 대한 손실함수의 시각화

마지막 조합은 기울기(w)가 -1.0이고, y절편(b)이 1.0인 경우입니다($L(-1.0, 1.0; x, y)$). 이 경우에는 손실함수값이 0.0으로 계산됩니다. 손실함수는 제곱의 합으로 이루어져 있으므로 항상 0보다 크거나 같습니다. 그러므로 0.0은 손실함수의 최솟값입니다.

$$L(-1.0, 1.0; x, y) = \sum_{i=1}^{4}(wx_i + b - y_i)^2$$
$$= (wx_1 + b - y_1)^2 + (wx_2 + b - y_2)^2 + (wx_3 + b - y_3)^2 + (wx_4 + b - y_4)^2$$
$$= ((-1.0) \cdot 1 + 1.0 - 0)^2 + ((-1.0) \cdot 2 + 1.0 - (-1))^2$$
$$+ ((-1.0) \cdot 3 + 1.0 - (-2))^2 + ((-1.0) \cdot 4 + 1.0 - (-3))^2$$
$$= 0^2 + 0^2 + 0^2 + 0^2$$
$$= 0$$

손실함수의 값이 가장 작게 나왔으므로 가장 정확한 선형 회귀 모델입니다. 이 경우는 모든 정답을 정확하게 예측하고 있으므로 정사각형이 보이지 않게 됩니다.

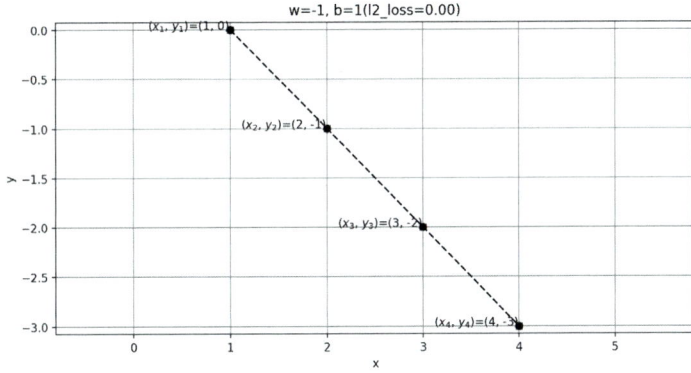

[그림 5-6] w = -1.0, b = 1.0에 대한 손실함수의 시각화

앞서 계산한 4가지 조합들을 한 번에 그린 그래프입니다. 손실함숫값이 43.20, 11.20, 1.20으로 줄어들다가 0.00으로 최솟값을 얻는 데 성공하였습니다. 지금은 임의의 숫자를 입력해서 얻은 결과이지만, 딥러닝 학습에서는 수치최적화 방법을 사용하여 손실함숫값을 작게 하는 w와 b를 찾게 됩니다.

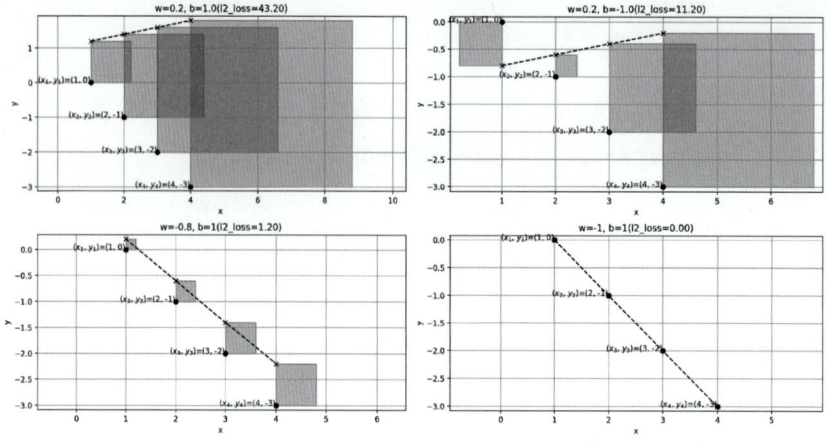

[그림 5-7] 4가지 경우의 손실함숫값들의 시각화

그래프를 그리는데 사용한 코드는 다음과 같습니다.

```python
import numpy as np
import matplotlib.pyplot as plt
from matplotlib.patches import Rectangle

def l2_loss(w,b,x,y):
    return np.sum(np.square(w*x + b - y))

def visualize_l2(w, b, x_train, y_train, loss):
    loss_name = loss.__name__
    plt.plot(x_train, y_train, 'ok')
    plt.plot(x_train, w * x_train + b, '--kx')
    [plt.text(x, y, '($x_{0}$, $y_{0}$)=({1}, {2}) '.format(k, x, y),
        horizontalalignment='right')
        for k, (x, y) in enumerate(zip(x_train, y_train),1)]
    currentAxis = plt.gca()
    for xx,yy in zip(x_train, y_train):
        currentAxis.add_patch(Rectangle( (xx, yy), (w * xx + b - yy),
        (w * xx + b - yy), alpha=0.3, facecolor='gray', edgecolor='k'))
    plt.grid()
    plt.axis('equal')
    plt.xlabel('x')
    plt.ylabel('y')
    plt.title("w={}, b={}({}={:1.2f})".format(w,b,loss_name,
        loss(w,b,x_train,y_train)))
```

```
x_train = np.array([1, 2, 3, 4])
y_train = np.array([0, -1, -2, -3])
plt.figure(figsize=(15,9))
plt.subplot(2,2,1)
visualize_l2(0.2, 1.0, x_train, y_train, l2_loss)
plt.subplot(2,2,2)
visualize_l2(-0.8, 1, x_train, y_train, l2_loss)
plt.subplot(2,2,3)
visualize_l2(-1, 1, x_train, y_train, l2_loss)
plt.subplot(2,2,4)
visualize_l2(0.2, -1.0, x_train, y_train, l2_loss)
plt.show()
```

5.3.3 절댓값의 합을 사용한 선형 회귀

이번 절에서는 절댓값의 합을 사용하여 손실함수를 정의해보겠습니다.

$$L(w, b; x, y) = \sum_{i=1}^{4} |wx_i + b - y_i|$$

위 손실함수를 이용하면 [표 5-2]에 주어진 데이터에 대해 다음과 같이 최적화 문제를 정의할 수 있습니다.

$$\min_{w,b} \sum_{i=1}^{4} |wx_i + b - y_i|$$

5.3.2절에서와 마찬가지로 다음 4개의 w, b 값의 조합에서 손실함수값을 계산해보고, 그때의 직선과 주어진 점들을 그래프로 그려보겠습니다.

1. $w = 0.2$, $b = 1$
2. $w = 0.2$, $b = -1$
3. $w = -0.8$, $b = 1$
4. $w = -1$, $b = 1$

첫 번째는 $w = 0.2, b = 1$인 조합입니다.

$$L(0.2, 1.0; x, y) = \sum_{i=1}^{4} |wx_i + b - y_i|$$

$$= |wx_1 + b - y_1| + |wx_2 + b - y_2| + |wx_3 + b - y_3| + |wx_4 + b - y_4|$$

$$= |0.2 \cdot 1 + 1.0 - 0| + |0.2 \cdot 2 + 1.0 - (-1)|$$

$$+ |0.2 \cdot 3 + 1.0 - (-2)| + |0.2 \cdot 4 + 1.0 - (-3)|$$

$$= 1.2 + 2.4 + 3.6 + 4.8$$

$$= 12.0$$

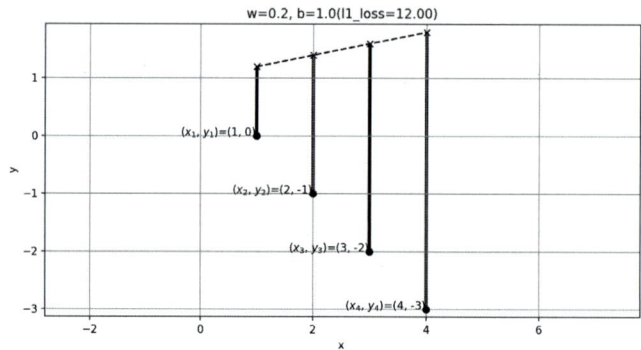

[그림 5-8] $w = 0.2, b = 1.0$에 대한 손실함수의 시각화

손실함수가 바뀌었으므로 기하학적 의미도 달라집니다. x 표시(예측값)와 o 표시(정답)를 이은 선분 길이의 합이 손실함수의 값입니다. 첫 번째 경우는 선분 길이의 총 합이 12.00입니다.

두 번째 경우는 $w = 0.2, b = -1$의 조합입니다. 이때 손실함수의 값은 5.6입니다. 첫 번째 경우의 손실함수인 12.0보다 값은 작지만 그림을 보면 결코 좋은 모델이라고 말할 수 없습니다.

$$
\begin{aligned}
L(0.2, -1.0; x, y) &= \sum_{i=1}^{4} |wx_i + b - y_i| \\
&= |wx_1 + b - y_1| + |wx_2 + b - y_2| + |wx_3 + b - y_3| + |wx_4 + b - y_4| \\
&= |0.2 \cdot 1 - 1.0 - 0| + |0.2 \cdot 2 - 1.0 - (-1)| \\
&\quad + |0.2 \cdot 3 - 1.0 - (-2)| + |0.2 \cdot 4 - 1.0 - (-3)| \\
&= |-0.8| + 0.4 + 1.6 + 2.8 \\
&= 5.6
\end{aligned}
$$

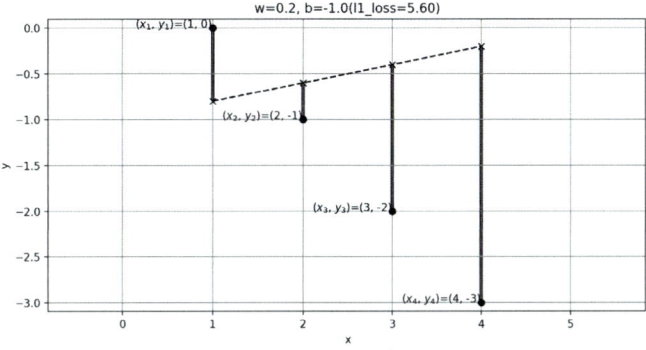

[그림 5-9] $w = 0.2, b = -1.0$에 대한 손실함수의 시각화

세 번째 조합($w = -0.8, b = 1$)에서는 손실함수값이 2.0입니다. 손실함숫값이 상당히 작으므로 모델의 예측값이 주어진 점들과 비슷하게 나올 것이라고 예상할 수 있습니다.

$$
\begin{aligned}
L(-0.8, 1.0; x, y) &= \sum_{i=1}^{4} |wx_i + b - y_i| \\
&= |wx_1 + b - y_1| + |wx_2 + b - y_2| + |wx_3 + b - y_3| + |wx_4 + b - y_4| \\
&= |(-0.8) \cdot 1 + 1.0 - 0| + |(-0.8) \cdot 2 + 1.0 - (-1)| \\
&\quad + |(-0.8) \cdot 3 + 1.0 - (-2)| + |(-0.8) \cdot 4 + 1.0 - (-3)| \\
&= 0.2 + 0.4 + 0.6 + 0.8 \\
&= 2.0
\end{aligned}
$$

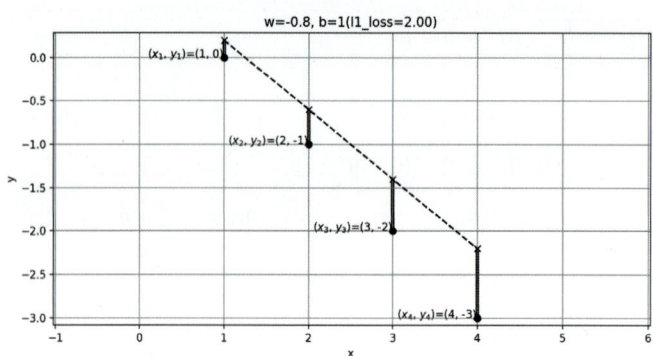

[그림 5-10] $w=-0.8, b=1$에 대한 손실함수의 시각화

마지막 조합은 기울기 w가 -1.0, y 절편 b가 1.0인 경우입니다. 이 경우는 모든 점들을 정확하게 예측하므로 손실함수의 값이 0.0이 나옵니다.

$$\begin{aligned}
L(-1.0, 1.0; x, y) &= \sum_{i=1}^{4} |wx_i + b - y_i| \\
&= |wx_1 + b - y_1| + |wx_2 + b - y_2| + |wx_3 + b - y_3| + |wx_4 + b - y_4| \\
&= |(-1.0) \cdot 1 + 1.0 - 0| + |(-1.0) \cdot 2 + 1.0 - (-1)| \\
&\quad + |(-1.0) \cdot 3 + 1.0 - (-2)| + |(-1.0) \cdot 4 + 1.0 - (-3)| \\
&= 0.0 + 0.0 + 0.0 + 0.0 \\
&= 0.0
\end{aligned}$$

모델의 예측값이 정확하게 정답과 일치하므로 선분들은 보이지 않습니다.

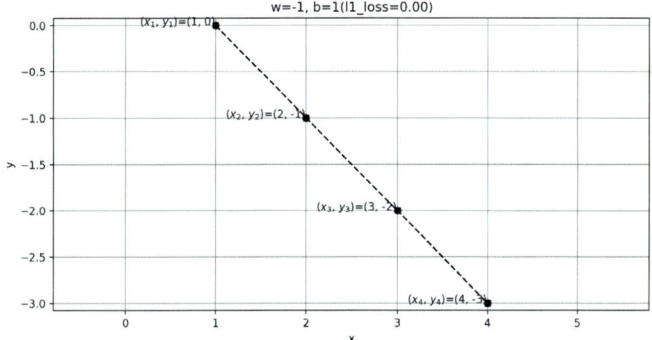

[그림 5-11] $w = -1.0, b = 1$에 대한 손실함수의 시각화

앞서 계산한 네 가지 조합들을 한 번에 그린 그래프입니다. 5.3.2절에서와 다르게 손실함수를 정의하여 손실함숫값은 달라지긴 했지만, 손실함숫값이 12.0, 5.6, 2.0으로 줄어들다가 0.0으로 최솟값을 얻는 데 성공하였습니다.

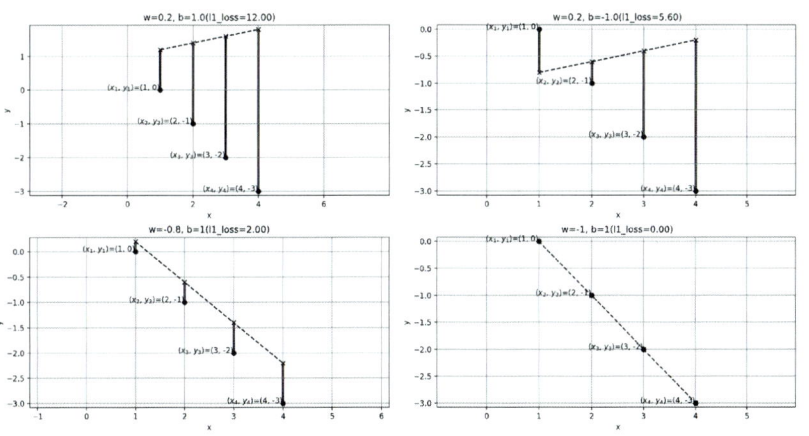

[그림 5-12] 4가지 경우의 손실함숫값들의 시각화

다음은 그래프를 그리는 데 사용한 코드입니다.

```python
import numpy as np
import matplotlib.pyplot as plt
from matplotlib.patches import Rectangle

def l1_loss(w,b,x,y):
    return np.sum(np.abs(w*x + b - y))

def visualize_l1(w, b, x_train, y_train, loss):
    loss_name = loss.__name__
    plt.plot(x_train, y_train, 'ok')
    plt.plot(x_train, w * x_train + b, '--kx')
    [plt.text(x, y, '($x_{0}$, $y_{0}$)=({1}, {2}) '.format(k, x, y),
        horizontalalignment='right')
        for k, (x, y) in enumerate(zip(x_train, y_train),1)]
    currentAxis = plt.gca()
    
    for xx,yy in zip(x_train, y_train):
        currentAxis.add_patch(Rectangle((xx, yy), 0, w * xx + b - yy,
            alpha=1.0, facecolor='k', edgecolor='k', linewidth=3))
    plt.grid()
    plt.axis('equal')
    plt.xlabel('x')
    plt.ylabel('y')
    plt.title("w={}, b={}({}={:1.2f})".format(w,b,loss_name,
        loss(w,b,x_train,y_train)))

x_train = np.array([1, 2, 3, 4])
y_train = np.array([0, -1, -2, -3])

plt.figure(figsize=(15,9))
plt.subplot(2,2,1)
visualize_l1(0.2, 1.0, x_train, y_train, l1_loss)
plt.subplot(2,2,2)
visualize_l1(0.2, -1.0, x_train, y_train, l1_loss)
plt.subplot(2,2,3)
visualize_l1(-0.8, 1, x_train, y_train, l1_loss)
plt.subplot(2,2,4)
visualize_l1(-1, 1, x_train, y_train, l1_loss)
plt.show()
```

5.4 다양한 딥러닝 모델과 최적화 문제 미리보기

지도학습(Supervised Learning)에서는 딥러닝 모델을 사용한 예측값이 학습용 데이터 값과 최대한 비슷하게 나오는 것을 목표로 합니다. 이러한 맥락에서 손실함수는 딥러닝 모델의 예측값과 데이터 값이 비슷한 정도를 나타내 주는 중요한 수치입니다. 딥러닝 모델을 학습시킨다는 것은 이러한 손실함수의 값을 가장 작게 만들어주는 웨이트(w)와 바이어스(b)의 조합을 찾는 것을 의미합니다.

이번 장에서는 임의의 조합으로 최적의 손실함수 조합을 찾아보았지만, 6장부터는 이러한 최적 조합을 찾는 수치적 알고리즘을 소개합니다. 이러한 알고리즘들은 딥러닝을 학습시키는 데 사용되는 핵심 아이디어입니다. 이러한 수치최적화 알고리즘들을 정확히 이해하면 어떤 딥러닝 모델이 등장해도 쉽게 분석할 수 있는 능력을 키울 수 있습니다.

Chapter 06 고전 수치최적화 알고리즘

국내에서는 2016년 3월에 이세돌 9단과 알파고의 대국을 기점으로 모든 분야에서 인공지능에 대한 관심이 커졌습니다. 2017년 10월에는 강화학습을 적용한 알파고 제로가 나왔습니다. 알파고 제로는 이세돌 9단을 상대했던 알파고에 100전 100승을 할 정도로 성능이 향상되었습니다. 게다가, 2017년 12월에는 알파 제로가 공개되었습니다. 알파 제로는 알파고 제로의 일반화 버전입니다.

바둑 외에도 체스와 쇼기(일본식 장기)를 학습하여 기존의 인공지능 알고리즘에 모두 승리했습니다. 인공지능은 갑작스럽게 우리에게 다가온 것 같지만, 오랜 시간 동안 꾸준히 연구를 해오던 분야입니다. 인공지능이란 단어는 광의적인 단어이므로 많은 분야의 통합으로 구현됩니다. 예를 들면, 패턴인식, 머신러닝, 딥러닝 등이 있습니다.

연구 주제와 산업분야에 따라 용어에는 많은 차이가 있지만, 한 가지 변하지 않는 공통점이 있습니다. 바로 모두 수학적으로 최적화 문제라는 것입니다. 이번 장에서는 5장에서 다룬 최적화 문제를 푸는 알고리즘을 다룹니다. 많은 알고리즘이 있지만 가장 기초적인 그래디언트 디센트 방법(Gradient descent method 또는 Steepest descent method)을 자세히 다룹니다. 독자 여러분은 이번 장에서 다음 두 가지를 얻을 수 있습니다.

- 텐서플로 패키지의 도움 없이 최적화 문제를 풀 수 있습니다.
- 그래디언트 디센트 방법 관련 하이퍼 파라미터(Hyper-parameter)의 역할을 이해할 수 있습니다.

이번 장은 딥러닝과 관련되지 않은 순수 최적화 문제로 시작하여, 가장 간단한 딥러닝(머신러닝) 모델인 선형 회귀 모델을 텐서플로 없이 직접 작성한 알고리즘으로 학습시키는 것으로 마무리됩니다.

6.1 수치최적화 알고리즘이 필요한 이유

다음과 같이 이차 함수의 최적화 문제가 있습니다.

$$\min_x f(x) = x^2 - 4x + 6$$

이런 최적화 문제를 푸는 방법은 크게 4가지가 있습니다.

첫째, 중학교 때 배운 인수분해를 사용하는 방법입니다. 인수분해를 통해 완전제곱식을 만들면 다음과 같습니다.

$$f(x) = x^2 - 4x + 6 = (x^2 - 4x + 4) + 2 = (x-2)^2 + 2$$

모든 실수 x에 대해 $(x-2)^2 \geq 0$이므로, 이 최적화 문제는 $x = 2$일 때 최솟값 $f(2) = 2$를 갖습니다.

둘째, 고등학교 때 배운 극값(Extreme value)을 이용합니다. 극값은 주변에 더 큰 함숫값이 없거나 더 작은 함숫값이 없는 점에서의 함숫값을 말합니다. 다시 말하면 한 점 근방(짧은 구간)에서의 최댓값(극댓값)이나 최솟값(극솟값)이 되는 함숫값을 말합니다. 극값을 찾기 위해서는 미분이 0이 되는 지점을 찾으면 됩니다. (엄밀하게는 미분이 불가능한 점에서의 함숫값도 극값이 될 수 있으므로 미분이 불가능한 점도 찾아야 합니다.)

$$f'(x) = 2x - 4$$

위의 식에서 $x = 2$인 점에서 $f'(2) = 0$이므로 극값 $f(2) = 2$를 갖습니다. $x = 2$ 근방에서 함숫값을 조사하면 $f(2) = 2$는 극솟값이 되는 것을 쉽게 알 수 있습니다(미분계수를 이용하여 극값 주변에서의 증가 또는 감소 상태를 확인하여 극솟값임을 확인하는 방법도 있습니다). 주어진 함수 f는 이차 함수이므로 이 극값은 최솟값이 됩니다. 이차 함수의 최적화 문제는 중·고등학교 때 배운 것을 활용하여 충분히 손으로 직접 풀 수 있지만, 높은 차원의 문제에서는 적용하기가 불가능하거나 매우 어렵습니다.

세 번째로, 고차원 비선형 함수의 최솟값을 찾기 위해서 가장 간단하게 접근할 수 있는 방법은 모든 경우의 수를 다 계산한 뒤 그중 최솟값을 찾는 것입니다. 모두 다 해보는 것이 가장 정확한 방법이지만, 무한하게 많은 조합을 고려해야 해서 현실에서는 불가능합니다.

마지막 방법은 바로 수치최적화 알고리즘을 사용하는 것입니다. 딥러닝 모델을 학습시키는 모든 경우에 반복법(Iterative method)을 사용한 수치최적화 알고리즘을 선택합니다. 최적화 문제를 컴퓨터를 사용해서 푸는 수치최적화 알고리즘은 3가지 유형이 있습니다.

- 직접 탐사법
- 그래디언트(Gradient) 계열
- 헤시안(Hessian) 계열

대부분 딥러닝 모델 학습에는 그래디언트 계열의 알고리즘을 사용합니다. 6장과 7장에서는 그래디언트 계열의 알고리즘을 집중적으로 다룹니다.

6.2 수치최적화 알고리즘의 패턴

모든 수치최적화 알고리즘은 반복법(Iterative method)을 사용합니다. 반복법이란 정해진 방법을 되풀이하여 값을 업데이트하는 방식을 말합니다. 처음에 수행한 계산은 정확하지 않으므로, 계산 결과를 반복 수행하여 점차 정확한 값을 얻는 방법입니다. 고등학교 때 배우는 점화식이 좋은 예시입니다. 수치최적화 알고리즘에서는 다음과 같은 규칙으로 계산을 반복합니다.

$$x^{(k+1)} = x^{(k)} + \alpha \Delta x^{(k)}$$

규칙에는 4가지의 기호가 있습니다. 먼저, $x^{(k)}$는 주어진 현재 값(k 단계에서 x의 값)입니다. $\Delta x^{(k)}$는 탐색 방향입니다. 만약 최소화하는 문제라면 탐색 방향은 $f(x)$가 현재 값 $x^{(k)}$에서 가장 빠르게 감소하는 방향을 나타내게 됩니다. 실수 α는 학습률(Learning rate)입니다. 학습률은 탐색 방향으로 현재 값을 얼마만큼 업데이트할 것인지를 정해줍니다. 마지막으로 $x^{(k+1)}$는 업데이트된 값입니다. 이러한 업데이트 방식을 통해서 손실함수를 가장 작게 해주는 x^*를 찾아가는 것이 수치최적화 알고리즘입니다.

반복법을 사용하기 위해서는 항상 초깃값 $x^{(0)}$가 필요합니다. 딥러닝에서는 초깃값도 상당히 중요한 역할을 합니다. 이에 대한 자세한 설명은 신경망 모델을 다룰 때 설명합니다. 딥러닝에서 사용되는 수치최적화 알고리즘은 다음 세 가지로 구성되어 있습니다.

1. 초깃값 $x^{(0)}$
2. 업데이트 방향(탐색 방향) $\Delta x^{(k)}$
3. 업데이트 크기(학습률) α

딥러닝에 사용되는 많은 수치최적화 알고리즘들이 있습니다. 예를 들면, 그래디언트 디센트 방법, 모멘텀 방법, Nesterov 방법, Adagrad, RMSProp, 그리고 Adam 등이 있습니다. 이런 알고리즘들은 업데이트 방향과 업데이트 크기를 어떻게 정하는지를 파악하면 쉽게 이해하고 구현할 수 있습니다. [표 6-1]은 업데이트 방향과 크기에 따라서 6장과 7장에서 다루는 알고리즘들을 간단하게 정리한 표입니다.

[표 6-1] 딥러닝에 사용되는 수치알고리즘들의 핵심 아이디어

알고리즘	연도	학습률	탐색 방향
Gradient Descent	1945	상수(Constant)	그래디언트
Momentum/Nesterov	1964/1983	상수	단기 누적 그래디언트
Adagrad	2011	장기 파라미터 변화량과 반비례	그래디언트
RMSProp	2012	단기 파라미터 변화량과 반비례	그래디언트
Adam	2014	단기 파라미터 변화량과 반비례	단기 누적 그래디언트

[표 6-1]에서 볼 수 있듯이 탐색 방향과 학습률의 계산 방법에 따라 알고리즘이 분류됩니다. 가장 기본적이고 중요한 방법인 그래디언트 디센트 방법을 먼저 살펴봅니다.

6.3 그래디언트 디센트(Gradient Descent)

산을 내려가는 방법은 아주 간단합니다. 현재 위치에서 가장 경사가 가파른 곳으로 내려가면 됩니다. 매번 가파른 방향으로 위치를 옮기면 언젠가 산에서 내려가게 될 것입니다. 이런 단순한 아이디어는 그래디언트 디센트 방법(Gradient descent method)의 모든 것을 설명해줍니다.

손실함수의 그래디언트 방향은 손실함수가 가장 가파르게 증가하는 방향입니다. 따라서, 그 반대 방향은 손실함수가 가장 가파르게 감소하는 방향입니다. 최적화 문제에는 최댓값을 구하는 문제와 최솟값을 구하는 문제가 있지만, 딥러닝에서는 주로 최솟값을 구하는 문제를 많이 다룹니다. 그러므로, 딥러닝에서의 그래디언트 디센트 방법은 탐색 방향을 손실함수가 가장 가파르게 작아지는 방향으로 선택합니다. 이것을 수식으로 나타내면 다음과 같습니다.

$$x^{(k+1)} = x^{(k)} - \alpha \nabla f\left(x^{(k)}\right)$$

그래디언트 디센트 방법을 한 문장으로 설명하면 다음과 같습니다.

> "현재 위치($x^{(k)}$)에서 손실함수가 가장 빨리 감소하는 방향($-\nabla f\left(x^{(k)}\right)$)으로 학습률($\alpha$)만큼 움직여 다음 위치($x^{(k+1)}$)로 간다."

손실함수 $f(x)$가 컨벡스(Convex)함수인 경우, 학습률 α를 충분히 작게 잡아주면 항상 최솟값으로 수렴한다고 수학적으로 증명이 되어있습니다. 손실함수가 컨벡스가 아닌 경우에는 국소 최솟값(Local minimum)으로 수렴할 수 있습니다.

6.3.1 예제로 배우는 그래디언트 디센트

앞서 설명한 그래디언트 디센트 방법을 예제와 파이썬 코드로 함께 살펴봅니다. 1차원 예제와 2차원 예제를 다룹니다. 예제마다 포함된 그림을 그리는 코드는 최대한 지면을 아끼기 위해 미리 작성한 코드를 사용합니다. 코드는 깃헙(Github) 저장소에서 다운로드하면 됩니다.

예제 1

첫 번째 예제는 다음과 같습니다.

$$\min_x f(x) = x^2 - 4x + 6$$

중학교 때 배운 인수분해를 사용할 수도 있고, 고등학교 때 배운 미분을 사용하여 최솟값을 찾을 수 있습니다. 앞선 설명을 기억하고 있는 분이라면 답이 $x = 2$에서 최솟값 2를 갖는 것을 알 수 있습니다. 이미 정답을 알고 있는 문제를 그래디언트 디센트 방법을 사용하면 추정치가 정답인 2로 수렴하는 것을 확인해 볼 수 있습니다. 다음은 함수의 그래프와 최솟값을 갖는 위치에 네모 표시를 그리는 코드입니다

```
f = lambda x: x**2 - 4*x + 6 # 함수
x = np.linspace(-1, 6, 100) # 정의역(domain)
y = f(x) # 함수 계산

# 함수 그래프 그리기
plt.plot(x, y, 'k-')
plt.plot(2, 2, 'sk') # 최솟값 위치 표시
plt.grid()
plt.xlabel('x')
plt.ylabel('f(x)')
plt.show()
```

코드를 실행하면 다음과 같이 함수의 모양을 알려주는 그래프가 나옵니다.

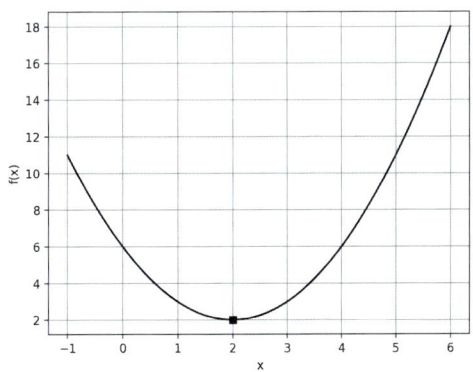

[그림 6-1] $y = f(x)$의 그래프와 최솟값 위치

주어진 함수는 이차 함수이므로 [그림 6-1]과 같이 그래프는 아래로 볼록합니다. 즉, 컨벡스 함수이므로 항상 전역 최솟값을 갖습니다. 그러므로 그래디언트 디센트 방법을 사용할 때 학습률을 충분히 작게 설정한다면 정답인 2로 수렴할 것입니다. 그래디언트 디센트 방법의 코드를 작성하기 위해 손실함수의 미분함수를 추가 정의합니다.

$$f'(x) = 2x - 4$$

초깃값은 0으로 시작합니다. 이 초깃값은 정답의 추정치입니다. 0으로 시작하여 반복법을 적용해서 계속 계산하면 최솟값을 만들어주는 값으로 수렴하는 것이 수치최적화 알고리즘의 핵심입니다. 학습률은 적당히 작게 0.25로 설정하고 반복은 총 10번을 하는 코드입니다.

```
grad_f = lambda x: 2*x - 4 # 그래디언트

x0 = 0.0 # 초깃값
MaxIter = 10 # 반복 횟수
learning_rate = 0.25 # 학습률
print("step\tx\tf(x)")
print("{:02d}\t{:6.5f}\t{:6.5f}".format(0, x0, f(x0)))
for i in range(MaxIter):
    x1 = x0 - learning_rate * grad_f(x0) # 알고리즘
    x0 = x1 # 업데이트
    print("{:02d}\t{:6.5f}\t{:6.5f}".format(i+1, x0, f(x0)))
```

출력을 보면 그래디언트 디센트 방법을 통해 업데이트를 할수록 정답인 2로 수렴하는 것을 확인할 수 있습니다.

```
#출력
step    x       f(x)
00  0.00000 6.00000
01  1.00000 3.00000
02  1.50000 2.25000
03  1.75000 2.06250
04  1.87500 2.01562
05  1.93750 2.00391
06  1.96875 2.00098
07  1.98438 2.00024
08  1.99219 2.00006
```

```
09  1.99609  2.00002
10  1.99805  2.00000
```

이런 수렴 현상을 그래프로 보면 [그림 6-2]와 같이 가장 낮은 부분으로 점들이 옮겨가는 것을 확인할 수 있습니다. 이를 통해 그래디언트 디센트 방법이 잘 동작한다는 것을 확인할 수 있습니다.

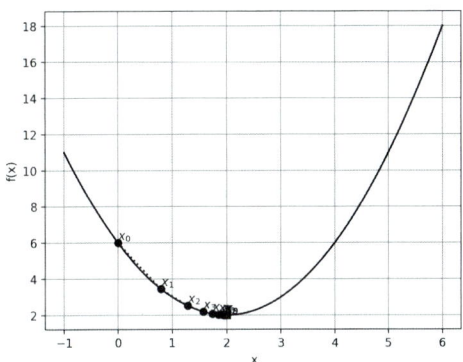

[그림 6-2] 그래디언트 디센트 방법에 따른 업데이트 값의 시각화

그렇다면 학습률이 조금 커지면 어떻게 되는지를 살펴볼까요? 이번에는 독자 여러분의 시간 절약을 위해 미리 작성해둔 코드를 사용합니다. 함수 gradient_descent의 출력값 3가지 중에 paths는 그래디언트 알고리즘의 추정치의 히스토리입니다. 학습률을 1.05로 설정 후 아홉 번의 반복문을 실행하는 코드입니다.

```python
xopt, fopt, paths = gradient_descent(f, grad_f, 0.0, learning_rate=1.05,
    MaxIter=9)
plt.plot(x, y, 'k-') # 그래프
plt.plot(2, 2, 'sk') # 정답
plt.plot(paths, f(paths), 'ko:') # 추정치의 경로
for k, point in enumerate(paths):
    # 위치 표시
    plt.text(point, f(point), '$x_{0}$'.format(k),
        verticalalignment='bottom')
plt.grid()
plt.xlabel('x')
plt.ylabel('f(x)')
plt.show()
```

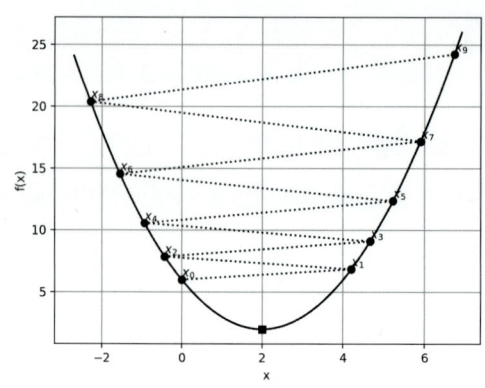

[그림 6-3] 큰 학습률을 설정한 경우

[그림 6-3]에서 볼 수 있듯이 업데이트할수록 정답에서 멀어지고 있습니다. 학습률은 그래디언트 디센트 방법에서 매우 중요한 역할을 합니다. 수학적으로 추정치가 정답에 수렴한다는 말을 기억하는 분들은 의아할 겁니다. 하지만 수학적인 증명에서는 "충분히 작은 학습률"이라는 가정이 있습니다. 학습률이 충분히 작지 않으면 손실함수가 작아지지 않고 손실함수가 더 커지는 폭발(Blowing up) 현상이 발생합니다. 이번에는 반대로 학습률이 작으면 어떤 현상이 나타나는지 확인하는 코드입니다.

```
xopt, fopt, paths = gradient_descent(f, grad_f, 0.0, learning_rate=0.05,
    MaxIter=9)
```

학습률을 0.05로 아주 작게 잡고 반복 횟수는 여전히 아홉 번으로 설정했습니다. 이번에는 최솟값 방향으로 수렴을 하고 있긴 하지만, 충분히 가깝게 가지 못하는 것을 [그림 6-4]를 통해 확인할 수 있습니다.

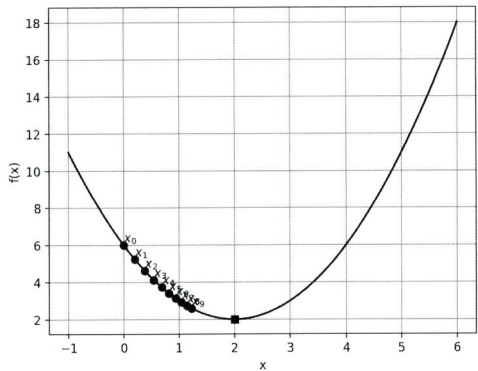

[그림 6-4] 작은 학습률을 설정한 경우

학습률이 작다는 것은 업데이트하는 크기가 작다는 것을 의미합니다. 그러므로 수렴 속도가 느려지는 것은 자연스러운 현상입니다. 큰 학습률을 사용한 경우에는 폭발 현상이 발생하지만 작은 학습률을 사용한 경우에는 폭발 현상을 막을 수 있습니다. 그 대신 수렴 속도가 아주 느리기 때문에 반복 횟수를 증가시켜야 합니다. 반복 횟수를 1,000번 정도로 충분히 증가시키면 다음과 같이 정답에 수렴한 추정치를 얻을 수 있습니다.

```
xopt, fopt, paths = gradient_descent(f, grad_f, 0.0, learning_rate=0.05,
    MaxIter=1000)
print(xopt)
# 출력값 1.9999999999999991
```

간단한 최적화 예제였지만 딥러닝에서 중요한 개념이 포함되어 있습니다. 학습률과 반복 횟수는 딥러닝에서 제일 골치 아픈 하이퍼 파라미터입니다. 이렇게 간단한 예제도 적절한 학습률과 반복 횟수는 경험적으로 알아내야 합니다. 이번 장에서는 하이퍼 파라미터의 의미와 역할 파악을 우선적으로 다루므로, 적절한 하이퍼 파라미터 설정에 대한 가이드는 17장에서 다루도록 하겠습니다.

예제 2

두 번째 예제는 2차원 손실함수의 최솟값을 찾는 문제입니다.

$$\min_{x,y} f(x,y) = 3(x-2)^2 + (y-2)^2$$

실수의 제곱이 항상 0보다 크거나 같다는 성질을 이용하면 두 번째 예제의 정답은 (x,y) =$(2,2)$ 인 것을 알 수 있습니다. 첫 번째 예제와 다른 점은 손실함수의 입력값의 차원이 1차원에서 2차원으로 바뀐 것입니다. 따라서 min 기호의 밑부분도 x에서 x, y로 바뀌었습니다. 먼저 손실함수의 모양 파악을 위해 그래프를 그리는 코드는 다음과 같습니다.

```
f = lambda x,y : 3*(x-2)**2 + (y-2)**2 # 손실함수

# 정의역
xmin, xmax, xstep = -8.0, 8.0, .25
ymin, ymax, ystep = -4.0, 4.0, .125
x, y = np.meshgrid(np.arange(xmin, xmax + xstep, xstep),
        np.arange(ymin, ymax + ystep, ystep))

from visualize import surf

minima_ = np.array([[2], [2]]) # 정답
surf(f, x, y, minima=minima_) # 그래프
```

코드가 오류 없이 실행되면, 다음 그림을 볼 수 있습니다.

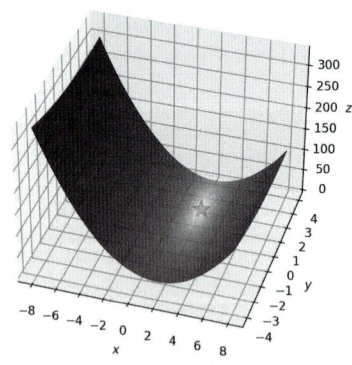

[그림 6-5] 정의역 [-8, 8]X[-4, 4]에서 f(x)의 그래프와 최적해의 정답

첫 번째 예제와 마찬가지로 주어진 함수는 항상 국소 최솟값을 찾을 수 있는 아래로 볼록한 컨벡스 함수입니다. 그래디언트 디센트 방법을 적용하기 위해 가장 먼저 할 일은 그래디언트를 계산하는 것입니다. 손실함수의 그래디언트를 구해보면 다음과 같습니다.

$$\nabla f(x,y) = \begin{bmatrix} 6(x-2) \\ 2(y-2) \end{bmatrix}$$

손실함수의 컨투어(Contour, 등고선 지도)와 그래디언트의 반대 방향인 $-\nabla f(x,y)$ 를 그려보면 그래디언트의 반대 방향이 손실함수가 가장 가파르게 줄어드는 방향이라는 것을 쉽게 알 수 있습니다.

```
grad_f_x = lambda x, y: 6 * (x-2)
grad_f_y = lambda x, y: 2 * (y-2)

# 정의역
xmin, xmax, xstep = -8.0, 8.0, .5
ymin, ymax, ystep = -4.0, 4.0, .25
x, y = np.meshgrid(np.arange(xmin, xmax + xstep, xstep),
        np.arange(ymin, ymax + ystep, ystep))

# 그래프
from visualize import contour_with_quiver
contour_with_quiver(f, x, y, grad_f_x, grad_f_y)
```

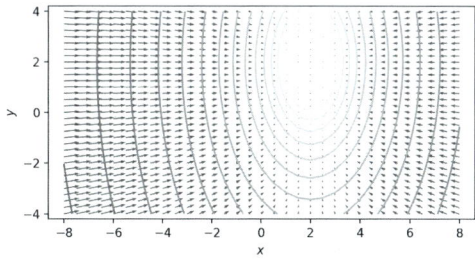

[그림 6-6] 손실함수의 컨투어와 그래디언트의 반대 방향의 관계

[그림 6-6]에서 화살표 방향은 그래디언트의 반대 방향을 나타냅니다. 모든 화살표가 함수의 최솟값인 (2, 2)를 향하고 있는 것을 알 수 있습니다. 그래디언트 디센트 방법은 이러한

성질을 이용한 것입니다. 이제 2차원 그래디언트 디센트 방법의 알고리즘을 살펴보겠습니다.

```
f = lambda x,y : 3*(x-2)**2 + (y-2)**2 # 손실함수
grad_f_x = lambda x, y: 6 * (x-2) # 손실함수의 x미분
grad_f_y = lambda x, y: 2 * (y-2) # 손실함수의 y미분

x0 = np.array([-2., -2.]) # 초깃값
MaxIter = 10 # 반복 횟수
learning_rate = 0.25 # 학습률
print("step\t(x,y)\t\tf(x)")
print("{:02d}\t({:5.4f},{:5.4f}) : {:5.4f}".format(0,x0[0],x0[1],f(*x0)))
for i in range(MaxIter):
    grad = np.array([grad_f_x(*x0), grad_f_y(*x0)]) # 그래디언트 계산
    x1 = x0 - learning_rate * grad # 업데이트
    x0 = x1
    print("{:02d}\t({:5.4f},{:5.4f}) : {:5.4f}".format(i+1, x0[0], x0[1],
        f(*x0)))
```

첫 번째 예제의 손실함수는 1차원이었습니다. 따라서 미분을 할 변수도 1개뿐이었습니다. 이번 예제에서는 미분할 변수가 2개 있습니다. 그러므로 그래디언트가 2차원 벡터가 됩니다. 위의 코드로 학습률 0.25로 10번 반복한 결과는 다음과 같습니다.

```
#출력
step    (x,y)           f(x)
00   (-2.0000,-2.0000) : 64.0000
01   (4.0000,0.0000) : 16.0000
02   (1.0000,1.0000) : 4.0000
03   (2.5000,1.5000) : 1.0000
04   (1.7500,1.7500) : 0.2500
05   (2.1250,1.8750) : 0.0625
06   (1.9375,1.9375) : 0.0156
07   (2.0312,1.9688) : 0.0039
08   (1.9844,1.9844) : 0.0010
09   (2.0078,1.9922) : 0.0002
10   (1.9961,1.9961) : 0.0001
```

반복 횟수가 증가할 때마다 (x,y)는 (2,2)로 수렴하고 있고, 손실함숫값은 0으로 수렴하는 것을 확인할 수 있습니다. [그림 6-7]을 보면 명료하게 확인할 수 있습니다.

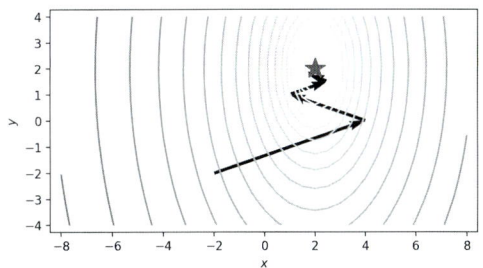

[그림 6-7] 그래디언트 디센트 방법으로 수렴하고 있는 최적해의 추정치

반복 횟수가 증가하면서 별 모양 표시가 되어있는 최적해로 수렴하고 있는 것을 알 수 있습니다. 첫 번째 예제와 마찬가지로 학습률과 반복 횟수의 값에 따라서 수렴을 하지 않는 발산 현상이 발생할 수 있습니다. 학습률의 크기에 따라서 수렴 속도가 크게 차이 날 수도 있습니다.

6.3.2 그래디언트 디센트 방법의 한계점

그래디언트 디센트 방법은 수치알고리즘 중에 가장 간단하고 강력한 알고리즘이지만 실무에 적용할 때 한계점이 있습니다. 이번 절에서는 이러한 한계점들을 적절한 예제를 통해 알아보겠습니다.

전역 최솟값과 국소 최솟값

가장 먼저 그래디언트 디센트 방법으로 얻은 추정치는 국소 최솟값(Local minimum)이라는 단점이 있습니다. 다만, 손실함수가 컨벡스 성질을 갖고 있는 경우에는 국소 최솟값이 항상 전역 최솟값이라는 수학적 증명이 있습니다. 실무에서는 컨벡스 성질을 만족하는 손실함수는 거의 없습니다. 따라서 그래디언트 디센트 방법으로 추정치를 찾아도 그것이 전역 최솟값이라는 확신은 할 수 없습니다. 다음은 이러한 한계점이 나타나는 좋은 예제입니다.

$$\min_x f(x) = x \sin x$$

손실함수의 그래프를 그려보면 다음과 같습니다.

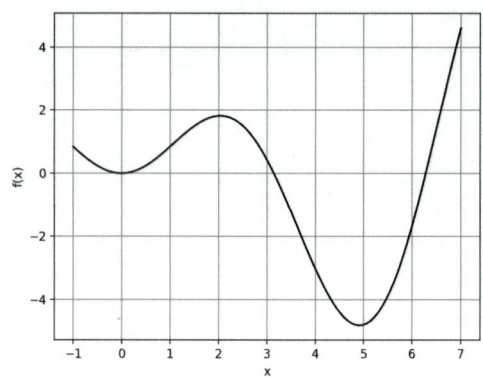

[그림 6-8] 컨벡스 성질이 없는 손실함수(Non-convex loss function)

[그림 6-8]에서 보면 국소 최솟값이 2개, 전역 최솟값은 1개 존재합니다. 2개의 국소 최솟값은 0과 4.9에 있습니다. 전역 최솟값은 이 국소 최솟값 중에서 가장 작은 값을 갖는 4.9에서의 함숫값입니다. 그래디언트 디센트 방법을 사용하면 2개의 국소 최솟값 중에 어디로 수렴할지 장담할 수 없습니다. 초깃값과 학습률에 따라서 수렴하는 곳이 달라집니다. 이러한 한계점은 단지 그래디언트 디센트 방법에서만 나타나는 것이 아닙니다. 안타깝게도 항상 전역 최솟값을 찾을 수 있는 수치최적화 알고리즘은 없습니다. 하지만, 항상 국소 최솟값을 찾아줍니다. 최근에 고안된 많은 수치최적화 알고리즘들은 이러한 한계점을 완화시킬 수는 있지만, 여전히 전역 최솟값을 찾는다는 보장이 없습니다.

초깃값 민감성

앞선 예제는 초깃값에 대한 민감성 또한 잘 나타내 줍니다. 같은 학습률을 설정해도 초깃값에 따라서 수렴하는 지점이 달라집니다.

```
x0 = 2.5 # 초깃값1
xopt1, _, paths1 = gradient_descent(f, grad_f, x0, learning_rate=0.25,
        MaxIter=6)

x0 = 1.5 # 초깃값2
xopt2, _, paths2 = gradient_descent(f, grad_f, x0, learning_rate=0.25,
        MaxIter=6)

# 그래프
```

```
plt.plot(x, y, 'k-')
plt.plot(paths1, f(paths1), 'ko:', markerfacecolor='none')
plt.plot(paths2, f(paths2), 'k^:', markerfacecolor='none')
for k, point in enumerate(paths1):
    plt.text(point, f(point), '$x_{0}$'.format(k),
             verticalalignment='bottom')
for k, point in enumerate(paths2):
    plt.text(point, f(point), '$x_{0}$'.format(k),
             verticalalignment='top')

plt.grid()
plt.xlabel('x')
plt.ylabel('f(x)')
plt.show()
```

위 코드는 2가지 초깃값을 사용합니다. 학습률과 반복 횟수 모두 같은 값을 사용해도 초 깃값에 따라 다른 값으로 수렴을 합니다.

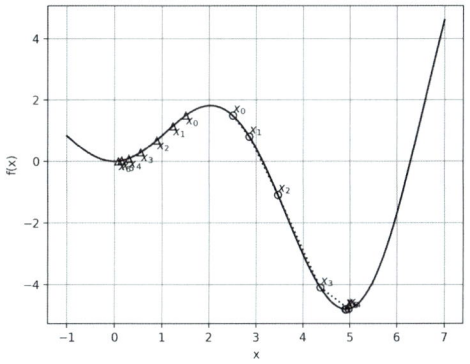

[그림 6-9] 첫 번째(동그라미)와 두 번째(세모) 초깃값을 사용한 결과

[그림 6-9]는 초깃값을 2.5로 설정한 경우는 동그라미로, 초깃값을 1.5로 설정한 경우는 세모로 표시한 그래프입니다. 초깃값이 2.5인 경우는 전역 최솟값으로 수렴하지만, 초깃값이 1.5인 경우에는 국소 최솟값으로 수렴하는 것을 확인할 수 있습니다. 그래디언트 방향은 경사를 나타내므로 굴곡진 언덕에 구슬을 내려놓는 현상으로 설명할 수 있습니다. 구슬을 놓는 위치에 따라서 어느 골짜기로 내려갈지 정해지는 것과 같은 원리입니다. 이번에는 초깃값에 따라 수렴하는 위치가 달라지는 2차원 예제를 살펴보겠습니다. 다음과 같이 삼각함수로 이루어진 손실함수입니다.

$$\min_{x,y} f(x,y) = \sin(2\pi x)\sin(2\pi y)$$

초깃값은 (0, 0.01)과 (0, −0.01)로 미세하게 다른 지점으로 설정하고 실험을 해봅니다.

```
f = lambda x,y : np.sin(np.pi*x) * np.sin(np.pi*y)
xmin, xmax, xstep = -2.0, 2.0, .0625
ymin, ymax, ystep = -1.0, 1.0, .0625
x, y = np.meshgrid(np.arange(xmin, xmax + xstep, xstep),
        np.arange(ymin, ymax + ystep, ystep))

grad_f_x = lambda x, y: np.pi*np.cos(np.pi*x) * np.sin(np.pi*y)
grad_f_y = lambda x, y: np.pi * np.sin(np.pi*x) * np.cos(np.pi*y)

x0 = np.array([0, 0.01]) # 초깃값
xopt, fopt, paths, fval_paths = gradient_descent_2d(f, grad_f_x, grad_f_y,
        x0, learning_rate=0.1)
contour_with_path(f, x, y, paths, norm=None, level=np.linspace(-1,1,10))
```

초깃값이 (0, 0.01)인 경우는 실험 결과를 보여주는 [그림 6-10]에서 알 수 있듯이 (−0.5, 0.5)로 수렴을 했습니다.

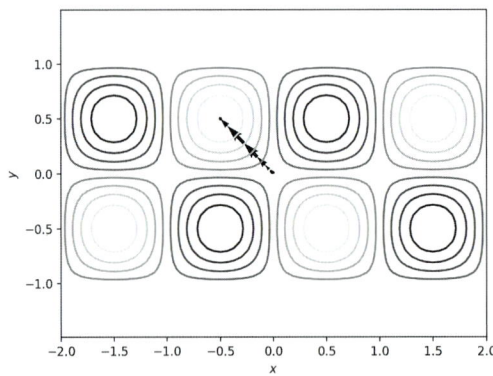

[그림 6-10] 초깃값이 (0, 0.01)인 경우 그래디언트 디센트 방법의 결과

다음은 같은 코드를 초깃값을 (0, −0.01)로 미세하게 변경한 후 실험한 결과입니다.

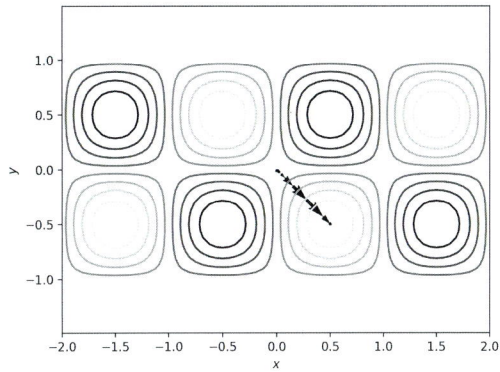

[그림 6-11] 초깃값이 (0, -0.01)인 경우 그래디언트 디센트 방법의 결과

이번에는 (0.5, -0.5)로 수렴한 것을 확인할 수 있습니다. 이처럼 초깃값에 매우 민감하게 반응하는 손실함수도 있습니다. 일반적으로 초깃값은 전역 최솟값과 가까울수록 좋습니다. 하지만, 전역 최솟값을 미리 알고 있다면 수치최적화 알고리즘이 필요 없습니다. 딥러닝에서도 마찬가지로 초깃값은 아주 중요한 역할을 합니다. 초깃값에 따라서 학습 속도가 현격하게 달라지는 경우도 있습니다. 따라서 딥러닝에서 초깃값을 어떻게 설정해야 하는지도 중요합니다.

학습률 민감성

학습률이 그래디언트 디센트 방법의 수렴 속도에 미치는 영향은 매우 큽니다. 보통은 다음과 같이 안전하게 학습률을 아주 작게 설정합니다. 정확한 비교를 위해 반복 횟수는 모두 여섯 번으로 설정하였습니다.

```
f = lambda x: x * np.sin(x)
x = np.linspace(-1, 7.8, 100) # 정의역(domain)
y = f(x) # 함수 계산
grad_f = lambda x: np.sin(x) + x * np.cos(x) # 손실함수의 x미분

x0 = 2.5 # 초깃값
xopt, fopt, paths = gradient_descent(f, grad_f, x0, learning_rate=0.05,
    MaxIter=6)

plt.plot(x, y, 'k-')
plt.plot(paths, f(paths), 'ko:')
for k, point in enumerate(paths):
```

```
    plt.text(point, f(point), '$x_{0}$'.format(k),
             verticalalignment='bottom')
plt.grid()
plt.xlabel('x')
plt.ylabel('f(x)')
plt.show()
```

학습률을 0.05로 설정한 경우에는 추정치가 수렴하는 속도가 너무 느립니다.

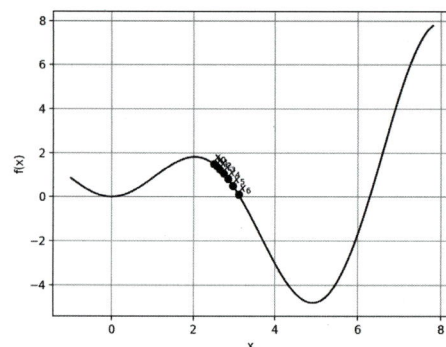

[그림 6-12] 너무 작은 학습률로 인한 느린 수렴 속도

물론 반복 횟수를 늘려주면 수렴합니다. 그러나 이 실험에서는 학습률의 영향을 살펴보기 위해 반복 횟수는 같게 설정한 후 학습률을 1.00으로 증가시켜봅니다. 위 코드의 7번째 줄에서 learning_rate=1.00으로 바꾸면 됩니다. 이 경우에는 학습률이 너무 커서 추정치가 수렴하지 않고 발산하는 것을 알 수 있습니다.

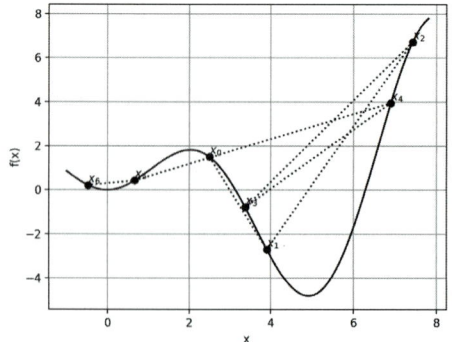

[그림 6-13] 너무 큰 학습률로 인하여 생기는 폭발 현상

따라서 0.05와 1.00사이의 적정한 값을 실험적으로 찾아야 합니다. 학습률이 0.25정도면 좋은 결과를 얻을 수 있습니다. 마찬가지로 위 코드의 7번째 줄에서 learning_rate=0.25 으로 바꾸면 됩니다.

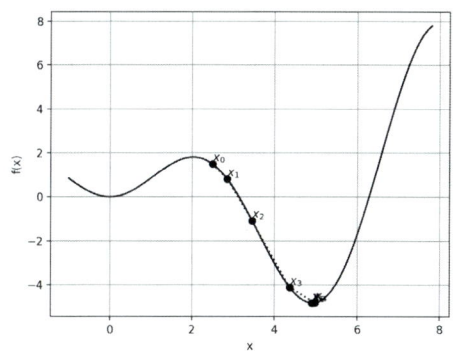

[그림 6-14] 적정한 학습률로 설정한 결과

[그림 6-14]를 보면 여섯 번의 반복 횟수 만에 최솟값으로 가까이 가는 것을 확인할 수 있습니다. 학습률에 따라 그래디언트 디센트 방법의 수렴 속도는 큰 차이가 나지만, 알고리즘을 수행하기 전까지는 결과를 예상하기는 어렵습니다. 그래서 실전에서는 상당히 작은 학습률로 설정하고 반복 횟수는 크게 가져갑니다. 이러면 수렴 속도는 느리더라도 폭발 현상(Blowing up)이 일어나지 않습니다. 그렇지만, 딥러닝 모델의 학습 속도는 매우 느린 단점이 있습니다.

6.4 그래디언트 디센트를 사용한 선형 회귀 모델 학습

앞의 절까지는 순수한 최적화 문제를 풀어보는 내용이었습니다. 딥러닝은 단순 수식의 최적화 문제가 아니라 데이터가 섞인 최적화 문제이므로 이번 절에서는 가장 간단한 선형 회귀 모델을 그래디언트 디센트 방법을 이용하여 풀어봅니다.

6.4.1 선형 회귀 문제 수식 소개

선형 회귀 문제에는 주어진 데이터(좌표)가 필요합니다. 다음 코드로 생성된 50개의 좌표 데이터가 있습니다.

```
# Target function
np.random.seed(320)
x_train = np.linspace(-1, 1, 50)
f = lambda x: 0.5 * x + 1.0
y_train = f(x_train) + 0.4 * np.random.rand(len(x_train))
plt.plot(x_train, y_train, '.k', markerfacecolor='none')
plt.grid()
plt.show()
```

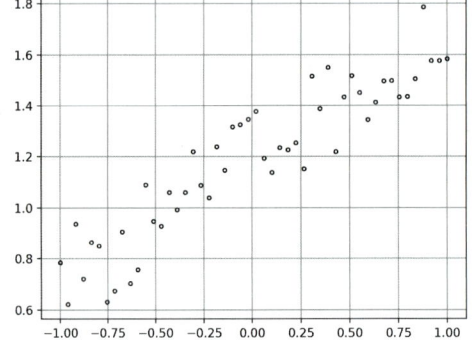

[그림 6-15] 주어진 데이터의 분포도

[그림 6-15]에 그려진 좌표 데이터들을 가장 잘 표현하는 직선의 방정식을 찾는 것이 선형 회귀 문제의 목적입니다. 가장 먼저 데이터들을 가장 잘 표현한다는 것을 수학적으로 표현해야 합니다. 이것을 수학적으로 표현한 최적화 문제는 다음과 같습니다.

$$\min_{a,b} E(a,b) = \frac{1}{N} \sum_{i=1}^{N} (ax_i + b - y_i)^2$$

x, y는 데이터 개수를 나타내므로 이 경우에는 $N=50$이 됩니다. a와 b는 각각 직선의 기울기와 y 절편입니다. 괄호 안에 들어 있는 $ax_i + b$는 선형 회귀 모델의 예측값이고,

y_i는 데이터 값입니다. 즉, 50개의 예측값과 실제 데이터 값 차이의 제곱값의 평균을 의미합니다. 따라서 이 최적화 문제를 한마디로 정리하면 다음과 같습니다.

> "예측값과 주어진 데이터 사이의 오차 제곱값의 평균을 제일 작게 만들어주는 기울기 a와 y절편 b를 찾으시오."

5장에서는 주어진 a와 b의 조합을 만들어서 손실함수를 작게 하는 값을 찾아보았습니다. 이번에는 그래디언트 디센트 방법을 사용하여 최적해인 a와 b의 추정치(approximation)를 구해보겠습니다.

6.4.2 그래디언트 디센트 방법 적용

그래디언트 디센트 방법을 적용하려면 가장 먼저 그래디언트를 구해야 합니다. 연쇄 법칙(Chain rule)을 사용하면 다음과 같이 수식을 전개할 수 있습니다.

$$\frac{\partial E}{\partial a} = \frac{2}{N} \sum_{i=1}^{N} x_i(ax_i + b - y_i) = \frac{2}{N} \sum_{i=1}^{N} x_i e_i$$

$$\frac{\partial E}{\partial b} = \frac{2}{N} \sum_{i=1}^{N} (ax_i + b - y_i) = \frac{2}{N} \sum_{i=1}^{N} e_i$$

여기서 e_i는 i번째 데이터의 오차를 나타내며, $e_i = ax_i + b - y_i$입니다. 손실함수와 손실함수의 그래디언트를 파이썬 함수로 선언하는 코드는 다음과 같습니다.

```python
# 손실함수
def loss(a, b):
    N = len(x_train)
    val = 0.0
    for i in range(N):
        val += 0.5 * ( a * x_train[i] + b - y_train[i] )**2
    return val / N

# 손실함수의 a방향 미분
def loss_grad_a(a, b):
    N = len(x_train)
    val = 0.0
    for i in range(N):
```

```
        er = a * x_train[i] + b - y_train[i]
        val += er * x_train[i]
    return val / N

# 손실함수의 b방향 미분
def loss_grad_b(a, b):
    N = len(x_train)
    val = 0.0
    for i in range(N):
        er = a * x_train[i] + b - y_train[i]
        val += er
    return val / N
```

그래디언트 디센트 방법에는 그래디언트 외에 초깃값 또한 필요합니다. 초기 기울기(a)는 -4, y절편(b)은 -1로 설정하고 알고리즘을 실행할 준비를 합니다. 이 직선과 데이터를 같이 그려보면 다음과 같습니다. 알고리즘의 가독성을 위해 기울기와 y 절편의 초깃값을 각각 와 로 나타내겠습니다.

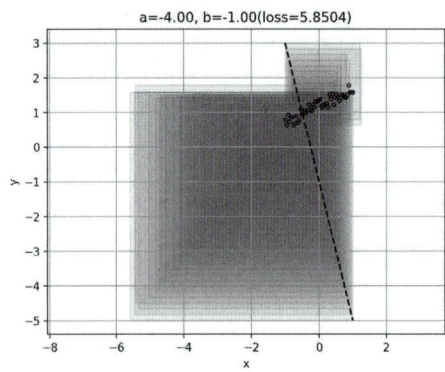

[그림 6-16] 초깃값 $(a_0, b_0)=(-4, -1)$일 때 선형 모델과 손실함수의 시각화

손실함수가 오차 제곱값의 평균이므로, 한 변의 크기가 오차(e_i)의 크기인 정사각형으로 시각화를 한 그래프가 [그림 6-16]입니다. 그림을 보면 진하게 보이는 부분이 있는데, 정사각형들이 여러 개 겹쳐 있기 때문입니다. 손실함수를 작게 만드는 추정치를 찾을수록 표시된 정사각형들의 넓이 평균이 작아지는 것을 시각적으로 확인할 수 있습니다. 초깃값이 (a_0, b_0)으로 주어진 경우 그래디언트 디센트 방법을 수식으로 열거하면 다음과 같습니다.

$$\begin{bmatrix} a_1 \\ b_1 \end{bmatrix} = \begin{bmatrix} a_0 \\ b_0 \end{bmatrix} - \alpha \begin{bmatrix} \dfrac{\partial E}{\partial a}(a_0, b_0) \\ \dfrac{\partial E}{\partial b}(a_0, b_0) \end{bmatrix}$$

$$\begin{bmatrix} a_2 \\ b_2 \end{bmatrix} = \begin{bmatrix} a_1 \\ b_1 \end{bmatrix} - \alpha \begin{bmatrix} \dfrac{\partial E}{\partial a}(a_1, b_1) \\ \dfrac{\partial E}{\partial b}(a_1, b_1) \end{bmatrix}$$

$$\vdots \qquad \vdots$$

$$\begin{bmatrix} a_{101} \\ b_{101} \end{bmatrix} = \begin{bmatrix} a_{100} \\ b_{100} \end{bmatrix} - \alpha \begin{bmatrix} \dfrac{\partial E}{\partial a}(a_{100}, b_{100}) \\ \dfrac{\partial E}{\partial b}(a_{100}, b_{100}) \end{bmatrix}$$

$$\vdots \qquad \vdots$$

이 예제는 그래디언트 디센트 방법으로 찾아야 할 추정치가 총 2개이므로 2차원 최적화 문제입니다. 2차원 버전의 그래디언트 디센트 알고리즘을 파이썬 함수로 만들면 다음과 같습니다.

```python
def gradient_descent_2d(func, gradx, grady, x0, MaxIter=10,
    learning_rate=0.25):
    paths = [x0]
    fval_paths = [func(x0[0], x0[1])]
    for i in range(MaxIter):
        grad = np.array([gradx(*x0), grady(*x0)])
        x1 = x0 - learning_rate * grad
        x0 = x1
        fval = func(*x0)
        paths.append(x0)
        fval_paths.append(fval)
    paths = np.array(paths)
    paths = np.array(np.matrix(paths).T)
    fval_paths = np.array(fval_paths)
    return(x0, fval, paths, fval_paths)
```

위 함수는 그래디언트 디센트 방법에 따라 계산해서 추정치를 업데이트하고, 그 기록을 paths에 저장하는 기능을 합니다. 주어진 초깃값을 입력하고 그래디언트 디센트 함수를 실행합니다.

```
w0 = np.array([-4, -1]) # 초깃값
wopt, fopt, paths, fval_paths = gradient_descent_2d(loss, loss_grad_a,
        loss_grad_b, w0, learning_rate=0.5,
MaxIter=30)
```

다음은 업데이트된 값이 최솟값으로 수렴하는지 확인을 위해 손실함수의 컨투어와 업데이트 경로를 그려보는 코드와 그 결과입니다.

```
a = np.linspace(-5, 7, 101)
b = np.linspace(-2, 5, 101)
A, B = np.meshgrid(a,b)
LOSSW = A * 0
for i in range(LOSSW.shape[0]):
    for j in range(LOSSW.shape[1]):
        aij, bij = A[i,j], B[i,j]
        LOSSW[i,j] = loss(aij, bij)

contour_with_path(loss,A,B,paths,norm=None,level=np.linspace(0,10,10))
```

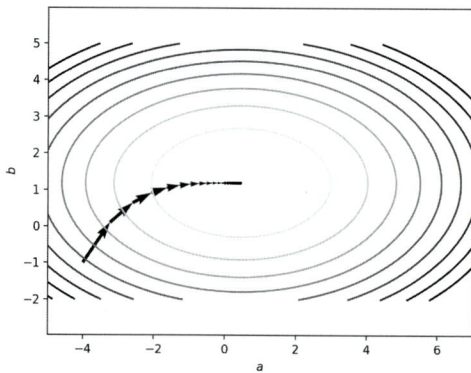

[그림 6-17] 손실함수의 그래프와 업데이트 경로

일반적으로는 [그림 6-17]처럼 손실함수를 컨투어로 그릴 수 없습니다. 이 예제에서는 추정치가 2차원이기 때문에 모든 컨투어를 그려서 추정치가 적절한 값으로 수렴하고 있는지를 눈으로 볼 수 있지만, 3차원이 되면 시각화하기 어렵고 4차원 이상은 시각화가 불가능합니다. 딥러닝에서 사용되는 모델에서는 100만 차원이 넘어가는 경우도 많습니다. 이런 경우에는 시각화가 불가능하므로 매 반복마다 손실함수의 값을 추적하는 그래프를 [그림 6-18]처럼 그리는 방법뿐입니다.

```
plt.plot(fval_paths, '.-')
plt.grid()
plt.xlabel('iteration')
plt.ylabel('loss')
plt.show()
```

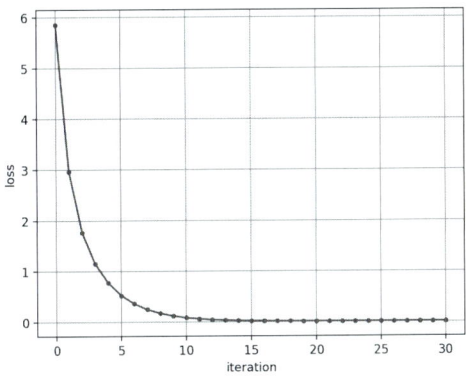

[그림 6-18] 업데이트된 추정치에서 손실함수 값

그래디언트 디센트 방법을 사용하여 추정치가 업데이트될 때마다 추정된 선형모델[직선의 방정식]이 어떻게 변하는지를 시각화하는 코드를 아래에 첨부합니다.

```
plt.figure(figsize=(16,9))
k = 1
for i in range(0, 31, 6):
    plt.subplot(2,3,k)
    plt.subplots_adjust(bottom=0)
    plt.plot(x_train, y_train, '.k', markerfacecolor='none')
    plt.plot(x_train, paths[0, i] * x_train + paths[1, i], 'k--')
    plt.grid()
    plt.title('loss = {:5.4f} after {:d} iterations'.
        format(fval_paths[i], i))
    k+=1
plt.show()
```

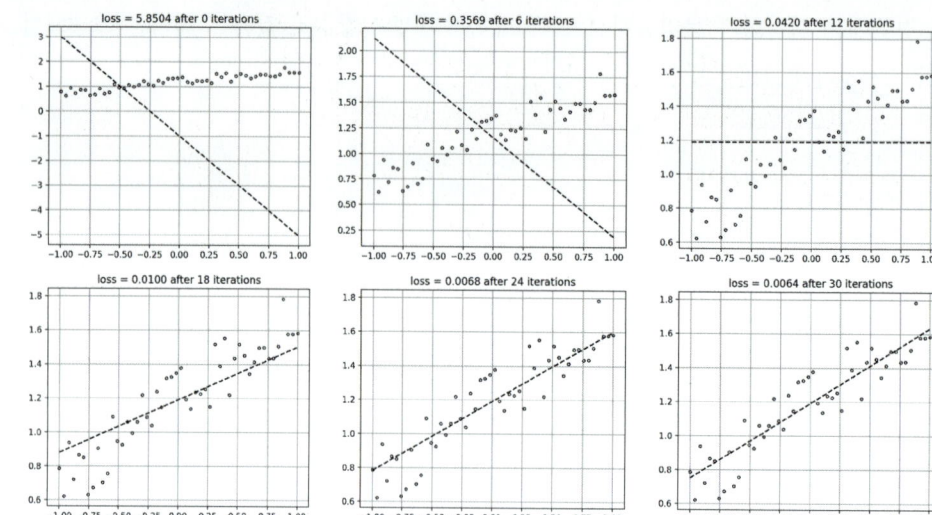

[그림 6-19] 그래디언트 디센트 방법을 사용하여 추정치가 업데이트 되는 과정

업데이트가 진행될수록 손실함수가 작아지고 직선과 데이터의 경향이 비슷해지는 것을 확인할 수 있습니다. 이런 현상을 자세히 보기 위해 오차 제곱의 평균인 손실함수를 시각화하는 코드를 실행해봅니다.

```python
plt.figure(figsize=(16,9))
k = 1
for i in range(0, 31, 6):
    plt.subplot(2,3,k)
    plt.subplots_adjust(bottom=0)
    ai, bi = paths[0:2, i]
    visualize_l2(ai, bi, x_train, y_train, loss)
    plt.title('a = {:3.2f},   b = {:3.2f} (loss = {:5.4f}, \n    iteration = {:d})'.format(ai, bi, fval_paths[i], i))
    k+=1
plt.show()
```

이번에는 단순히 손실함수만 표시하지 않고 추정치인 기울기 a와 y 절편 b도 그래프의 제목에 표시하였습니다.

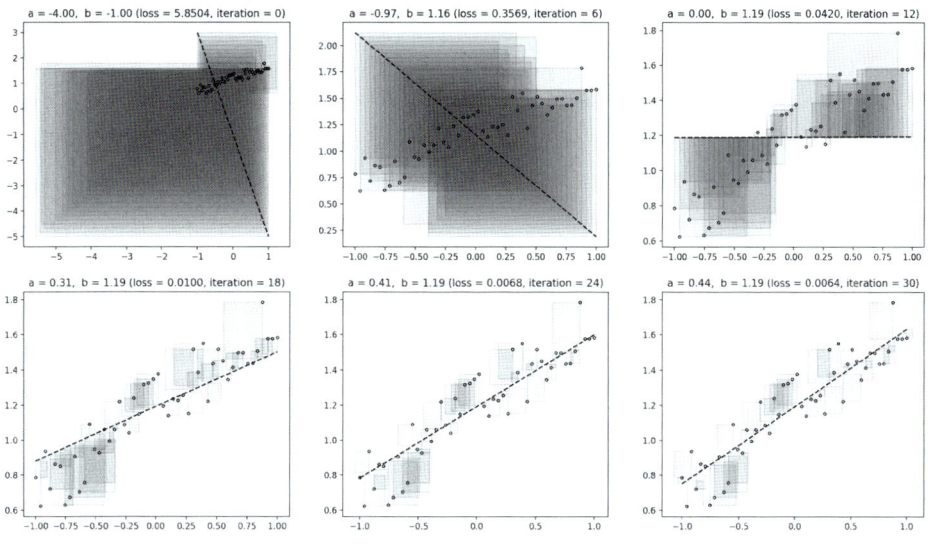

[그림 6-20] 그래디언트 디센트 방법을 통해 점점 작아지는 손실함수의 시각화

색칠한 정사각형들의 넓이가 점차 작아지는 것을 쉽게 확인할 수 있습니다. 또한, [그림 6-20]에 나타난 직선의 방정식도 확인할 수 있습니다. 30번의 업데이트 후에 얻은 직선의 방정식은 다음과 같습니다.

$$y = 0.44x + 1.19$$

그래디언트 디센트 방법으로 다양한 모델을 학습시킬 수 있습니다. 그래디언트를 계산만 할 수 있다면 더 복잡한 모델도 어렵지 않게 적용할 수 있습니다. 복잡한 모델을 사용하는 경우 이번 예제처럼 2차원이 아니라 더 높은 차원의 문제를 풀어야 합니다. 그때마다 함수를 다시 정의하는 것은 비효율적입니다. 모든 차원에 대해서 일반화 작업을 한 파이썬 함수를 선언하려면 다음과 같이 손실함수와 손실함수의 그래디언트를 선언해야 합니다.

```python
# 손실함수
def loss(w, x_set, y_set):
    N = len(x_set)
    val = 0.0
    for i in range(len(x_set)):
        val += 0.5 * ( w[0] * x_set[i] + w[1] - y_set[i] )**2
```

```
        return val / N

# 손실함수의 그래디언트
def loss_grad(w, x_set, y_set):
    N = len(x_set)
    val = np.zeros(len(w)) # 그래디언트
    for i in range(len(x_set)):
        er = w[0] * x_set[i] + w[1] - y_set[i]
        val += er * np.array([x_set[i], 1.0])
    return val / N
```

일반화 된 사항이 2가지가 있습니다. 첫째, 스칼라값인 a와 b를 따로 입력값에 넣지 않고, w라는 벡터를 넣습니다. 이 w는 임의의 크기로 정의할 수 있으므로 모든 차원에 적용할 수 있습니다. 즉, 예제로 풀어본 선형 회귀 문제에서는 $w = (w_0, w_1) = (a, b)$입니다. 그래디언트를 계산하는 경우 n차원의 입력값이면 그래디언트도 n차원의 벡터로 나타내야 하므로 모든 덧셈이 스칼라 덧셈이 아니라 벡터 덧셈인 것을 주목해야 합니다. 둘째, 임의의 데이터에 대해서 대비하기 위해서 x_set과 y_set 인자들을 추가했습니다. 다음은 n차원 문제에 대한 그래디언트 디센트 코드입니다.

```
def gradient_descent_nd(func, grad_func, w0, x_set, y_set, MaxIter=10,
    learning_rate=0.25):
    paths = [w0]
    fval_paths = [func(w0, x_set, y_set)]
    for i in range(MaxIter):
        grad = grad_func(w0, x_set, y_set)
        w1 = w0 - learning_rate * grad
        fval = func(w0, x_set, y_set)
        w0 = w1
        paths.append(w0)
        fval_paths.append(fval)
    paths = np.array(paths)
    paths = np.array(np.matrix(paths).T)
    fval_paths = np.array(fval_paths)
    return (w0, fval, paths, fval_paths)
```

이 함수를 사용하여 같은 문제를 풀어보면 다음과 같습니다.

```
w0 = np.array([-4, -1])
wopt, fopt, paths, fval_paths = gradient_descent_nd(loss, loss_grad, w0,
                                                    x_train, y_train,
learning_rate=0.5, MaxIter=30)
print(wopt)
```

추정치가 전에 수행했던 코드의 결괏값과 같음을 확인할 수 있습니다.

```
#출력
[0.44031858 1.19143584]
```

6.4.3 한계점

그래디언트 디센트 방법은 구현이 간단하고 강력해서 간단한 최적화 문제를 풀거나 머신러닝 모델을 학습할 때 유용하게 사용할 수 있습니다. 하지만 딥러닝의 경우에는 학습에 사용되는 데이터의 개수가 매우 많습니다. 그래디언트 디센트 방법을 한 번 수행하기 위해서 손실함수의 그래디언트를 계산해야 합니다.

$$\frac{\partial E}{\partial a} = \frac{2}{N}\sum_{i=1}^{N}x_i(ax_i+b-y_i) = \frac{2}{N}\sum_{i=1}^{N}x_ie_i$$

$$\frac{\partial E}{\partial b} = \frac{2}{N}\sum_{i=1}^{N}(ax_i+b-y_i) = \frac{2}{N}\sum_{i=1}^{N}e_i$$

수식을 다시 한번 살펴보면 총 N 개의 값에 대해 덧셈을 해야 합니다. 수십만 개가 훌쩍 넘어가는 데이터를 이용해 학습하는 경우에는 계산 시간이 매우 오래 걸리게 됩니다. 따라서, 전체적으로 딥러닝 모델을 학습시키는 데 걸리는 시간이 비현실적으로 증가합니다. 게다가 데이터가 이렇게 많으면 메모리에 한 번에 올리는 것도 불가능하여 구현도 어려워집니다. 이러한 한계점을 극복하는 방법과 그에 특화된 알고리즘은 7장에서 다루겠습니다.

Chapter 07 딥러닝을 위한 수치최적화 알고리즘

딥러닝 알고리즘을 깊게 공부하다 보면 필연적으로 선형대수와 수치해석을 만나게 됩니다. 수치최적화 알고리즘은 수치해석에서 배우는 많은 주제 중의 하나입니다. 그러나 많은 시간과 노력을 투자하여 수치해석을 공부해도 딥러닝에서 실제로 사용되는 최신 알고리즘을 직접 만나기는 쉽지 않습니다. 일반적으로 대학과 대학원에서 사용하는 교과서들은 최신 기술보다는 기초적인 고전 알고리즘을 다루는 경우가 많기 때문입니다.

기억해보면 최적화 이론을 전공한 필자에게도 생소한 알고리즘이 많았습니다. 필자가 수행했던 딥러닝 팀 프로젝트를 진행할 때나 딥러닝 강의를 할 때, 가장 많이 받았던 질문들은 바로 최신 수치최적화 알고리즘에 관한 것이었습니다. 텐서플로는 가장 기본적인 그래디언트 디센트(Gradient descent) 방법부터 시작하여 최신의 Adam(Adaptive moment estimation)까지 다양한 수치최적화 알고리즘을 제공합니다. 이번 장에서는 최신 수치최적화 알고리즘의 경향과 원리를 다루고, 예제를 통해서 알고리즘을 직접 작성해봅니다.

7.1 스토캐스틱 방법(Stochastic method)

6장에서는 그래디언트 디센트 방법에 대해서 다루었고, 끝부분에서는 딥러닝 모델을 학습시키는 경우에 발생하는 그래디언트 디센트 방법의 한계점에 대해서 언급했습니다. 데이터의 개수가 매우 많은 경우에는 그래디언트 계산에 너무 많은 자원(연산 속도, 저장 용량)이 필요했습니다. 스토캐스틱 방법은 이러한 한계점을 극복하는 방법입니다. 수식으로 살펴보면 매우 큰 정수 N이 주어져 있을 때, 그래디언트 계산은 다음과 같습니다.

$$\nabla E = \frac{2}{N} \sum_{i=1}^{N} \begin{bmatrix} x_i \\ 1 \end{bmatrix} (ax_i + b - y_i)$$

손실함수의 정확한 그래디언트 계산을 위해서는 N개의 데이터를 모두 사용해야 합니다. 스토캐스틱 방법의 아이디어는 간단합니다. 최소의 데이터 개수로 손실함수의 그래디언트를 최대한 정확하게 계산하는 것입니다. 즉, 전체 N개의 데이터 중 m개만을 임의로 추출해서 그래디언트를 계산하는데 사용하는 방법론입니다. 수식은 다음과 같습니다.

$$\nabla E = \frac{2}{N} \sum_{i=1}^{N} \begin{bmatrix} x_i \\ 1 \end{bmatrix} (ax_i + b - y_i) \approx \frac{2}{m} \sum_{j=1}^{m} \begin{bmatrix} x_{r_j} \\ 1 \end{bmatrix} (ax_{r_j} + b - y_{r_j})$$

위 식에서 $r_1, \cdots, r_m$은 $1 \sim N$ 사이에서 임의로 추출된 m개의 자연수입니다. 비록 정확한 그래디언트의 값은 아니지만, 적당한 m값만 찾는다면 빠른 속도로 그래디언트를 추정할 수 있어서 딥러닝 학습 속도를 크게 향상시킬 수 있습니다.

스토캐스틱 방법들은 일정한 패턴을 갖고 있습니다. 그 패턴은 다음과 같습니다.

1. 초깃값을 설정합니다.
2. 전체 데이터를 임의로 섞어줍니다.
3. 전체 데이터에서 개수가 m개인 부분집합(배치, Batch)들을 만듭니다.
4. 각 부분집합마다 다음을 반복합니다.
    a. 부분집합으로 그래디언트를 계산합니다.
    b. 계산한 그래디언트로 탐색 방향을 설정합니다.
    c. 학습률을 정합니다.
    d. 파라미터 추정치를 업데이트합니다.
5. 만들어진 부분집합을 모두 사용한 후 다시 4)를 Epoch번 반복합니다.

스토캐스틱 방법을 적용할 때 정해야 할 변수는 2가지가 있습니다. 부분집합의 데이터 개수인 m과 위 패턴의 4번을 반복하는 횟수인 Epochs입니다. m은 주로 배치 크기(Batch size)라고 부릅니다. 배치 크기가 클수록 그래디언트 계산의 정확도는 높아지지만, 계산 속도는 느려지므로 적절한 배치 크기를 정하는 것이 중요합니다. 또한, Epochs는 6장에서 반복 횟수(Iteration)라고 불렀던 것에 해당하는 용어입니다. Epoch은 사전적으로 '시대'라는 뜻을 갖고 있습니다. 스토캐스틱 방법은 N개의 데이터 중에 m개씩 뽑아서 파라미터 추정치를 계산합니다. N개의 데이터가 모두 다 추출이 완료되었을 때를 1개의 Epoch이 끝났다고 합니다.

딥러닝에 관한 자료들을 찾아보면 방법론에 대한 용어가 많아서 자주 헷갈립니다. 또한, 여러 용어를 혼용해서 쓰는 경우도 많습니다. 간단하게 정리해보면 2가지로 나눕니다. 그래디언트를 계산하기 위해서 데이터를 모두 사용하는 방법을 결정론적 방법(Deterministic method)이라고 합니다. 앞서 소개한 대로 그래디언트 계산을 하기 위해 데이터의 일부분을 사용하는 방법은 스토캐스틱 방법이라고 부릅니다. 다음은 이런 2가지 방법론을 부르는 몇 가지를 정리한 표입니다.

[표 7-1] 헷갈리는 용어 정리

결정론적 방법(Deterministic method)	스토캐스틱 방법(Stochastic method)
배치 방법(Batch method)	미니 배치 방법(Mini-batch method)
오프라인(Offline) 방법	온라인(Online) 방법

결정론적 방법을 배치 방법이라고 부르는 것이 가장 많이 헷갈리는 부분입니다. 배치 방법을 사용하려면 배치 크기를 정해야 한다고 생각하기 쉽습니다. 하지만 배치 크기는 미니 배치 방법에서만 사용합니다. 배치 방법에서 배치 크기는 전체 데이터 개수와 같으므로 설정할 필요가 없습니다.

스토캐스틱 방법을 적용한 알고리즘을 고안하려면 2가지를 결정해야 합니다. 탐색 방향과 학습률을 계산하는 법칙을 정해야 합니다. 앞서 소개한 알고리즘의 b와 c에 해당되는 부분입니다. 그 기준에 따라 알고리즘을 분류한 표가 다음과 같습니다.

[표 7-2] 스토캐스틱 방법이 적용된 알고리즘

알고리즘	연도	학습률	탐색 방향
Momentum/Nesterov	1964/1983	상수	단기 누적 그래디언트 크기
Adagrad	2011	장기 파라미터 변화량과 반비례	그래디언트
RMSProp	2012	단기 파라미터 변화량과 반비례	그래디언트
Adam	2014	단기 파라미터 변화량과 반비례	단기 누적 그래디언트 크기

다음 절부터는 각각의 알고리즘 아이디어와 구현 방법에 관해서 설명하고, 6장에서 다룬 선형 회귀 모델 학습을 각각의 알고리즘으로 풀어볼 예정입니다.

7.2 스토캐스틱 방법의 코드 구현 패턴

이번 절에서는 앞으로 소개할 5개의 알고리즘을 구현할 때 반복해서 사용하게 되는 사항들을 설명합니다. 앞서 언급한 대로 스토캐스틱 방법은 일정한 패턴이 있기 때문에 각각의 코드도 유사성이 존재합니다. 먼저 선형 회귀 모델 학습에 사용할 좌표 데이터는 다음과 같이 생성합니다.

```python
import numpy as np
np.random.seed(320)
x_train = np.linspace(-1, 1, 50)
f = lambda x: 0.5 * x + 1.0
y_train = f(x_train) + 0.4 * np.random.rand(len(x_train))
```

손실함수와 손실함수의 그래디언트는 다음과 같이 선언합니다.

```python
# 손실함수
def loss(w, x_set, y_set):
    N = len(x_set)
    val = 0.0
    for i in range(len(x_set)):
        val += 0.5 * ( w[0] * x_set[i] + w[1] - y_set[i] )**2
```

```
        return val / N

#손실함수의 그래디언트
def loss_grad(w, x_set, y_set):
    N = len(x_set)
    val = np.zeros(len(w))
    for i in range(len(x_set)):
        er = w[0] * x_set[i] + w[1] - y_set[i]
        val += er * np.array([x_set[i], 1.0])
    return val / N
```

손실함수의 그래디언트(loss_grad)에서 2번째, 3번째 입력값인 x_set, y_set이 중요합니다. 이 입력값들에 배치가 들어갑니다. 배치 크기를 다르게 할 때마다 손실함수의 그래디언트를 매번 수정하지 않게 하기 위한 입력값들입니다. 스토캐스틱 방법에서 그래디언트를 계산할 때, x_set과 y_set에는 m개의 데이터가 들어갑니다. 다음은 데이터를 임의로 섞어주는 셔플링(Shuffling)을 구현하는 방법입니다. numpy 패키지의 random.shuffle을 사용합니다.

```
idx = np.arange(len(x_train))
print(idx)
np.random.shuffle(idx)
print(idx)
```

np.radnom.shuffle( )를 사용할 때는 반환값이 없는 것에 주의해야 합니다.

```
#출력
[ 0  1  2  3  4  5  6  7  8  9 10 11 12 13 14 15 16 17 18 19 20 21 22 23
 24 25 26 27 28 29 30 31 32 33 34 35 36 37 38 39 40 41 42 43 44 45 46 47
 48 49]
[32 17 47 33  1  7 23 19 21 40  3 14 18  0  4 12 42 41 25 10  2 36 31  6
 16 24 11 22 45 46 49 15 38 48  8 37 30  9 35 13 28 34 29 27 39 26 20 44
  5 43]
```

총 50개의 인덱스(위의 배열)를 생성한 후, 셔플링한 결과(아래 배열)를 확인할 수 있습니다. np.random.seed( )를 사용해서 난수 생성 씨앗(Seed)을 고정시켰으므로, 위 출력값과 정확하게 같은 것을 확인할 수 있습니다. 만일 Seed를 고정하지 않는다면 코드를 실행할 때마다 결과가 달라지게 됩니다. 배치를 만들어주는 가장 중요한 코드는 다음과 같습니다.

배치 크기와 배치 개수를 혼동하지 않게 주의해야 합니다.

```python
def generate_batches(batch_size, features, labels):
    outout_batches = []
    sample_size = len(features)
    for start_i in range(0, sample_size, batch_size):
        end_i = start_i + batch_size
        batch = [features[start_i:end_i], labels[start_i:end_i]]
        outout_batches.append(batch)
    return outout_batches
```

코드 입력과 출력을 보면 이해하기 쉽습니다. 다음은 주어진 좌표 데이터에서 배치 크기가 3개로 나오도록 실행하는 코드입니다.

```python
for x_batch, y_batch in generate_batches(3, x_train, y_train):
    print(x_batch, y_batch)
```

출력된 값들을 보면 모두 순서대로 3개씩 묶인 것을 알 수 있습니다. 하지만 총 데이터 개수는 50개이므로 3개씩 배치를 만든다면, 3개씩 16개 묶음이 나오고 마지막은 남아있는 2개가 배치로 나오는 것에 주목해야 합니다.

```
#출력
[-1.         -0.95918367 -0.91836735] [0.78574159 0.62279481 0.93814004]
[-0.87755102 -0.83673469 -0.79591837] [0.72150122 0.86499739 0.85115953]
[-0.75510204 -0.71428571 -0.67346939] [0.63109945 0.67370079 0.90634104]
[-0.63265306 -0.59183673 -0.55102041] [0.7042696  0.75735387 1.09007932]
[-0.51020408 -0.46938776 -0.42857143] [0.94743363 0.92818283 1.06045081]
[-0.3877551  -0.34693878 -0.30612245] [0.99368385 1.06051158 1.21971149]
[-0.26530612 -0.2244898  -0.18367347] [1.08782982 1.04038442 1.23899142]
[-0.14285714 -0.10204082 -0.06122449] [1.14773768 1.31747766 1.32483893]
[-0.02040816  0.02040816  0.06122449] [1.34687377 1.37697682 1.1934449 ]
[0.10204082 0.14285714 0.18367347] [1.13853236 1.2355545  1.22705389]
[0.2244898  0.26530612 0.30612245] [1.25411949 1.1516581  1.51647387]
[0.34693878 0.3877551  0.42857143] [1.38753167 1.55110038 1.22031966]
[0.46938776 0.51020408 0.55102041] [1.43410404 1.51725848 1.45144753]
[0.59183673 0.63265306 0.67346939] [1.34402611 1.41322458 1.49735717]
[0.71428571 0.75510204 0.79591837] [1.49792054 1.43479366 1.43661817]
[0.83673469 0.87755102 0.91836735] [1.506379   1.78654459 1.57711856]
[0.95918367 1.                    ] [1.57728913 1.58365848]
```

주어진 데이터에서 배치를 구성하는 방법은 코드 작성자에 따라 다양하지만, 이 책에서는 위 함수를 사용합니다. 마지막으로 전체 코드의 구조를 소개하기 전에 다시 한번 스토캐스틱 방법의 패턴을 살펴보겠습니다.

1. 초깃값을 설정합니다.
2. 전체 데이터를 임의로 섞어줍니다.
3. 전체 데이터에서 개수가 m개인 부분집합(배치, Batch)들을 만듭니다.
4. 각 부분집합마다 다음을 반복합니다.
    a. 부분집합으로 그래디언트를 계산합니다.
    b. 계산한 그래디언트로 탐색 방향을 설정합니다.
    c. 학습률을 정합니다.
    d. 파라미터 추정치를 업데이트합니다.
5. 만들어진 부분집합을 모두 사용한 후 다시 4)를 Epoch번 반복합니다.

아래 [그림 7-1]과 [그림 7-2]로 결정론적 그래디언트 디센트 방법과 스토캐스틱 그래디언트 디센트 방법의 차이를 명확하게 파악할 수 있습니다.

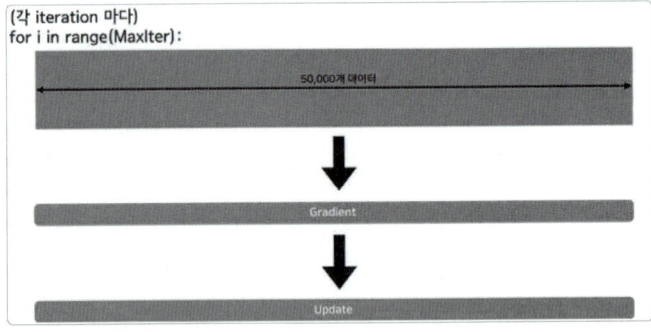

[그림 7-1] 결정론적 그래디언트 방법

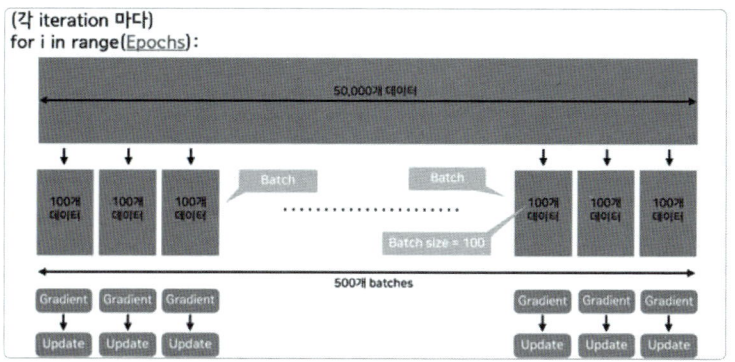

[그림 7-2] 스토캐스틱 그래디언트 방법

전체적인 알고리즘의 구조는 다음과 같습니다. 탐색 방향과 학습률을 설정하는데 추가 변수들이 필요한 경우가 있기 때문에 다음의 전체적인 구조에서 조금씩 변형이 있을 예정입니다.

```
batch_size = None # 배치 크기
lr = None # 학습률
MaxEpochs = None # 반복 횟수

# 1) 초깃값
w0 = np.array([4.0, -1.0])

# 2) 데이터 셔플링
np.random.seed(320)
idx = np.arange(len(x_train))
np.random.shuffle(idx)
shuffled_x_train = x_train[idx]
shuffled_y_train = y_train[idx]

for epoch in range(MaxEpochs+1):# 5) MaxEpochs번 반복
    for x_batch, y_batch in generate_batches(batch_size, x_train,
        y_train): # 3) 미니 배치 생성
        grad = loss_grad(w0,x_batch,y_batch) # 4-a) 미니 배치에서 그래디언트 계산
        search_direction = None # 4-b) 탐색 방향 설정
        lr = None # 4-c) 학습률 설정
        dw = lr * search_direction # 4-d) 파라미터 업데이트
        w0 = w0 + dw
```

7.3 탐색 방향 기반 알고리즘

이번 절에서 소개할 방법들은 그래디언트 계열의 방법에서 중요한 탐색 방향과 학습률 중에 탐색 방향에 집중하는 알고리즘입니다. 학습률은 고정시킨 채, 탐색 방향을 변경합니다. 총 3가지의 알고리즘을 소개합니다.

1. 스토캐스틱 그래디언트 디센트 방법(Stochastic Gradient Descent method, SGD)
2. 모멘텀 방법(Momentum method)
3. 네스테로프 모멘텀 방법(Nesterov momentum method)

7.3.1 스토캐스틱 그래디언트 디센트 방법

가장 먼저 스토캐스틱 그래디언트 디센트 방법을 살펴봅니다. 그래디언트 계산을 할 때 전체 데이터가 아닌 배치 데이터만을 사용하여 구한다는 것을 제외하면 그래디언트 디센트 방법과 동일합니다. 따라서 알고리즘의 핵심 수식은 다음과 같습니다.

$$w^{(k+1)} = w^{(k)} - \epsilon \nabla E(w^{(k)})$$

더 자세하게 알고리즘을 살펴보면 다음과 같습니다.

1. 초깃값을 설정합니다.
2. 전체 데이터를 임의로 섞어줍니다.
3. 전체 데이터에서 개수가 m개인 부분집합(배치, Batch)들을 만듭니다.
4. 각 부분집합마다 다음을 반복합니다.
    a. 부분집합으로 그래디언트를 계산합니다.
    b. 계산한 그래디언트의 반대 방향 $-\nabla E\left(w^{(k)}\right)$을 탐색 방향으로 설정합니다.
    c. 주어진 학습률 ϵ을 그대로 사용합니다.
    d. 파라미터 추정치를 업데이트합니다($w^{(k+1)} = w^{(k)} - \epsilon \nabla E(w^{(k)})$).
5. 만들어진 부분집합을 모두 사용한 후 다시 4.를 Epoch번 반복합니다.

스토캐스틱 그래디언트 디센트 방법을 사용한 코드는 다음과 같습니다. 총 50개의 데이터에 배치 크기가 5개인 배치가 10개 있습니다.

```python
# SGD
batch_size = 5 # 배치 크기
lr = 0.1 # 학습률
MaxEpochs = 10 # 반복 횟수

paths = []
batch_loss = []
w0 = np.array([4.0, -1.0]) # 1) 초깃값
search_direction = np.zeros_like(w0)

# 2) 데이터 셔플링
np.random.seed(320)
idx = np.arange(len(x_train))
np.random.shuffle(idx)
shuffled_x_train = x_train[idx]
shuffled_y_train = y_train[idx]

# 알고리즘
for epoch in range(MaxEpochs+1): # 5) MaxEpochs번 반복
    for x_batch, y_batch in generate_batches(batch_size,
        shuffled_x_train, shuffled_y_train): # 3) 미니 배치 생성
        paths.append(w0)
        batch_loss.append(loss(w0, x_batch, y_batch))
        grad = loss_grad(w0, x_batch, y_batch)
        # 4-a) 미니 배치에서 그래디언트 계산
        search_direction = -grad # 4-b) 탐색 방향 설정
        lr = lr # 4-c) 학습률 설정
        # 4-d) 파라미터 업데이트
        dw = lr * search_direction
        w0 = w0 + dw
    print('{:02d}\t{}\t{:5.4f}'.format(epoch, w0, loss(w0, x_train,
        y_train)))
```

매 Epoch마다 모든 미니 배치를 사용한 후의 업데이트된 파라미터(w) 값과 그때의 손실 함수 값을 보면 알고리즘이 수렴하는 것을 확인할 수 있습니다.

```
#출력
00    [2.91035731 0.41600626] 1.3528
01    [2.16116443 0.91072736] 0.5508
02    [1.64213678 1.08506558] 0.2565
03    [1.28118721 1.14753552] 0.1258
```

```
04  [1.02969021 1.17062936] 0.0639
05  [0.85428891 1.17964522] 0.0341
06  [0.73190101 1.18347802] 0.0197
07  [0.64648362 1.18530124] 0.0128
08  [0.58686184 1.18627879] 0.0094
09  [0.54524313 1.18685894] 0.0078
10  [0.51619055 1.18722852] 0.0070
```

파라미터가 업데이트되는 경로를 저장한 뒤 손실함수의 컨투어와 같이 업데이트 경로를 그래프로 나타내면 스토캐스틱 그래디언트 방법의 특징을 살펴볼 수 있습니다. 코드는 다음과 같습니다.

```
from matplotlib.colors import LogNorm
import matplotlib.pyplot as plt
def contour_with_path(l, x, y, paths, norm=LogNorm(),level=np.logspace(0,
    5, 35), minima=None):
    paths = np.array(paths).T
    fig, ax = plt.subplots(figsize=(7, 4))
    ax.contour(x, y, l, levels=level, norm=norm, cmap=plt.cm.Greys)
    ax.quiver(paths[0, :-1], paths[1, :-1], paths[0, 1:]-paths[0, :-1],
        paths[1, 1:]-paths[1, :-1],
        scale_units='xy', angles='xy', scale=1, color='k')
    if minima is not None:
         ax.plot(*minima, 'r*', markersize=18)
    
    ax.set_xlabel('$x$')
    ax.set_ylabel('$y$')
    plt.show()

W0 = np.linspace(-5, 7, 101)
W1 = np.linspace(-2, 5, 101)
W0, W1 = np.meshgrid(W0, W1)
LOSSW = W0 * 0
for i in range(W0.shape[0]):
    for j in range(W0.shape[1]):
        wij = np.array([W0[i, j], W1[i, j]])
        LOSSW[i, j] = loss(wij, x_train, y_train)

contour_with_path(LOSSW, W0, W1, paths, norm=None,
    level=np.linspace(0, 10, 10))
```

아래 [그림 7-3]을 6장의 그래디언트 디센트 방법과 비교하면, 경로가 부드럽게 이어지지 않는 것을 확인할 수 있습니다. 이것은 정확한 그래디언트를 구하지 못했기 때문입니다.

하지만 적은 데이터로 일정 수준 이상의 그래디언트를 계산하여 결국 손실함수의 최솟값을 얻을 수 있는 파라미터로 수렴하고 있습니다.

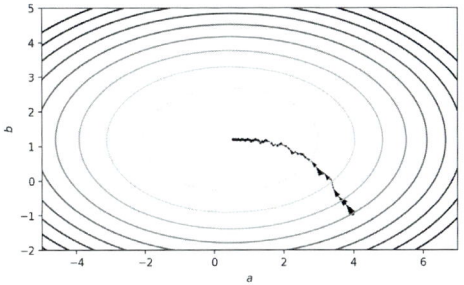

[그림 7-3] 스토캐스틱 그래디언트 디센트 방법의 파라미터 추정치 업데이트 과정

이번에는 각 배치의 데이터만으로 계산한 손실함수의 그래프를 그려보는 코드입니다.

```
plt.plot(batch_loss, '.-k', markerfacecolor='none')
plt.grid()
plt.xlabel('step')
plt.ylabel('loss')
plt.title('loss on a batch by SGD')
plt.show()
```

그래디언트 디센트 방법을 소개할 때 봤던 그래프와는 경향이 다른 것을 확인할 수 있습니다.

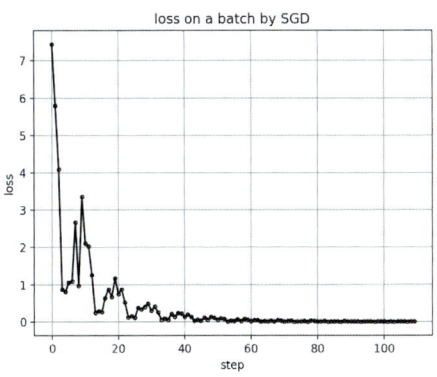

[그림 7-4] 각 배치에서 계산한 손실함수

[그림 7-4]에서 손실함수의 값들은 계속 감소하고 있지 않습니다. 감소와 증가를 번갈아 가면서 하고 있습니다. 하지만 전체적인 경향은 감소하고 있는 것이 명확합니다. 스토캐스틱 그래디언트 디센트 방법뿐만 아니라, 모든 스토캐스틱 방법에서 비슷한 경향의 손실함수 그래프를 볼 수 있습니다. 그래디언트 계산의 부정확성 때문에 발생한 현상입니다. 하지만 전체적인 경향이 감소한다면 파라미터의 추정치가 올바른 값에 수렴하고 있는 것입니다. 마지막으로 추정된 파라미터와 데이터들을 그래프로 나타내면 다음과 같습니다.

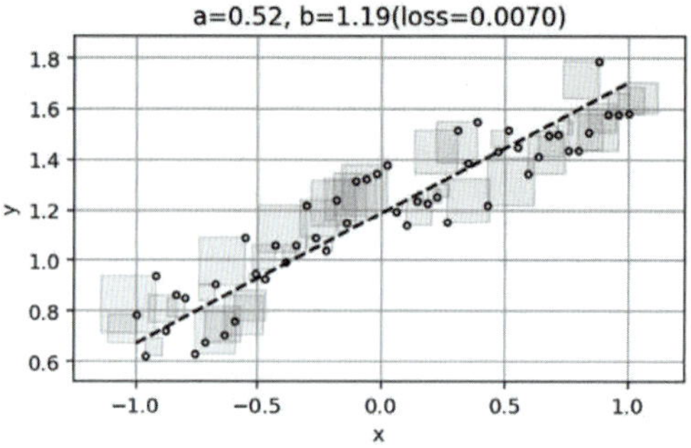

[그림 7-5] 스토캐스틱 그래디언트 디센트 방법(SGD)으로 얻은 선형 회귀 모델

7.3.2 모멘텀/네스테로프 방법

모멘텀 방법과 네스테로프 방법은 탐색 방향을 단순히 그래디언트의 반대 방향을 사용하는 것에서 한 단계 더 나아간 방법입니다. 국소 최솟값이 많은 손실함수에서 성능이 향상될 수 있습니다. 그래디언트 디센트 방법의 경우 [그림 7-6]에서 왼쪽의 국소 최솟값에 수렴하게 되면 더는 빠져나갈 방법이 없습니다. 그 이유는 국소 최솟값 위치에서는 탐색 방향을 결정할 때 사용하는 그래디언트의 크기가 0이기 때문입니다.

모멘텀 방법과 네스테로프 방법은 왼쪽의 국소 최솟값을 지나 오른쪽의 더 작은 손실함숫값을 갖는 국소 최솟값으로 갈 가능성을 높여줍니다. 이 방법들은 탐색 방향으로 단순히 그래디언트를 사용하는 것이 아니라, 전 단계의 탐색 방향의 누적합에 현재 단계의 그래디언트 디센트 방법의 탐색 방향을 더한 값을 사용합니다. 따라서 [그림 7-6]의 왼쪽 국소 최솟값에서도 탐색 방향이 0이 아니게 됩니다.

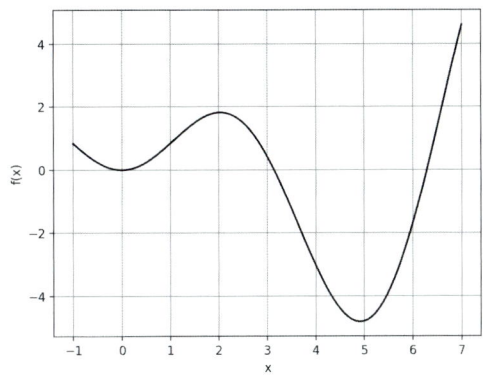

[그림 7-6] 모멘텀/네스테로프 방법이 효과적일 수 있는 손실함수의 예

하지만 계속 더하기만 할 경우에는 한참 전 단계의 탐색 방향의 크기가 알고리즘 전체에 영향을 미칩니다. 그래서 전 단계까지의 탐색 방향의 누적합에 일정한 상수 α 를 곱한 후 현재의 그래디언트를 더해줍니다. 모멘텀의 수식으로 살펴보면 다음과 같습니다.

$$v^{(k+1)} = \alpha v^{(k)} - \epsilon \nabla E(w^{(k)})$$
$$w^{(k+1)} = w^{(k)} + v^{(k+1)}$$

여기서 0과 1 사이에 있는 상수 α 는 오래전 단계의 탐색 방향을 작게 해주는 역할을 합니다. 네스테로프 방법은 $w^{(k)}$에서 구한 그래디언트보다 정확한 값을 얻기 위해 $w^{(k)} + \alpha v^{(k)}$에서 그래디언트를 계산하는 것 외에는 모두 동일합니다. 따라서 다음과 같이 정리할 수 있습니다.

1. 초깃값 $w^{(0)}$을 설정하고 단기 누적속도 합을 $v^{(0)} = 0$으로 초기화합니다.
2. 전체 데이터를 임의로 섞어줍니다.
3. 전체 데이터에서 개수가 m개인 부분집합(배치, Batch)들을 만듭니다.
4. 각 부분집합마다 다음을 반복합니다.
    a. 부분집합으로 그래디언트를 현재 위치($w^{(k)}$)에서 계산합니다.
    b. 주어진 학습률 ϵ을 그대로 사용합니다.
    c. 탐색 방향을 $v^{(k+1)} = \alpha v^{(k)} - \epsilon \nabla E(w^{(k)})$로 설정합니다.

d. 파라미터 추정치를 업데이트합니다($w^{(k+1)} = w^{(k)} + v^{(k+1)}$).

5. 만들어진 부분집합을 모두 사용한 후 다시 4.를 Epoch번 반복합니다.

모멘텀 방법의 알고리즘에 대한 파이썬 코드 구현은 다음과 같습니다. 전체 데이터를 섞어주는 코드는 항상 같으므로 생략했습니다.

```python
# Momentum
batch_size = 5 # 배치 크기
epsilon = 0.03 # 학습률
MaxEpochs = 10 # 반복 횟수

w0 = np.array([4.0, -1.0]) # 1) 초깃값

alpha = 0.9
velocity = np.zeros_like(w0)
paths = []
batch_loss = []

# 2) 데이터 셔플링 전과 동일

# 알고리즘
for epoch in range(MaxEpochs+1): # 5) MaxEpochs번 반복
    for x_batch, y_batch in generate_batches(batch_size,
        shuffled_x_train, shuffled_y_train): # 3) 미니 배치 생성
        paths.append(w0)
        batch_loss.append(loss(w0, x_batch, y_batch))
        grad = loss_grad(w0, x_batch, y_batch) # 4-a) 미니 배치에서 그래디언트 계산
        epsilon = epsilon # 4-b) 학습률 설정
        velocity = alpha * velocity - epsilon * grad # 4-c) 탐색 방향 설정
        dw = velocity # 4-d) 파라미터 업데이트
        w0 = w0 + dw
    print('{:02d}\t{}\t{:5.4f}'.format(epoch, w0,
        loss(w0, x_train, y_train)))
```

출력된 결과를 확인해보면 3번째 Epoch에서 손실함수가 2번째 Epoch에서의 손실함수보다 커지는 것을 확인할 수 있습니다. 이것은 스토캐스틱 방법을 사용하는 경우 자주 발생하는 일입니다. 하지만 그 후로는 손실함수 값들이 작아지고 있으므로 정상적으로 수렴했다고 판단할 수 있습니다.

```
#출력
00  [2.54087178 1.07028554] 0.7685
01  [0.72063777 1.93419136] 0.2945
02  [-0.05965121  1.115134  ]  0.0552
03  [-0.01191224  0.95949615]  0.0711
04  [0.29092257 1.26808092] 0.0140
05  [0.50165107 1.26688907] 0.0096
06  [0.54759617 1.15503489] 0.0085
07  [0.50399125 1.17225725] 0.0070
08  [0.45714916 1.20952484] 0.0066
09  [0.43965236 1.19863576] 0.0065
10  [0.4430227  1.18772071] 0.0064
```

전에 사용했던 코드를 사용하여 컨투어와 수렴 경로들을 그리면 특이한 점을 발견할 수 있습니다.

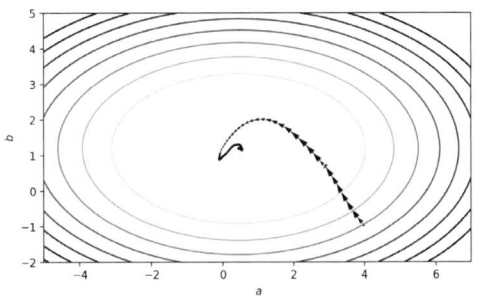

[그림 7-7] 모멘텀 방법을 사용한 경우 파라미터 추정치의 경로

스토캐스틱 그래디언트 디센트 방법과는 다르게 [그림 7-7]에서는 최솟값을 갖는 위치 주변을 한 바퀴 도는 현상이 발생합니다.

모멘텀 방법에서 그래디언트 계산 부분만 다음과 같이 변경하면 네스테로프 방법을 구현할 수 있습니다.

$$v^{(k+1)} = \alpha v^{(k)} - \epsilon \nabla E \left(w^{(k)} + \alpha v^{(k)} \right)$$
$$w^{(k+1)} = w^{(k)} + v^{(k+1)}$$

다음은 네스테로프 방법을 사용한 결과의 경로입니다.

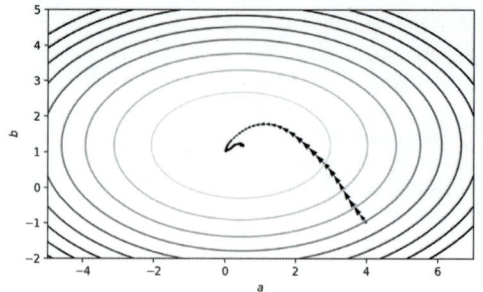

[그림 7-8] 네스테로프를 사용한 경우 파라미터의 추정치 경로

모멘텀 방법의 결과인 [그림 7-7]과 네스테로프 방법의 결과인 [그림 7-8]은 전반적으로 매우 비슷합니다. 하지만 그래디언트의 계산을 좀 더 정확하게 해주는 네스테로프 방법이 수렴 경로의 길이가 더 짧은 것을 알 수 있습니다. 즉, 수렴 속도가 약간 더 빠르다는 것을 확인할 수 있습니다. [그림 7-9]를 보면 2가지 경우 모두 충분히 좋은 선형 회귀 모델을 찾아주는 것을 확인할 수 있습니다.

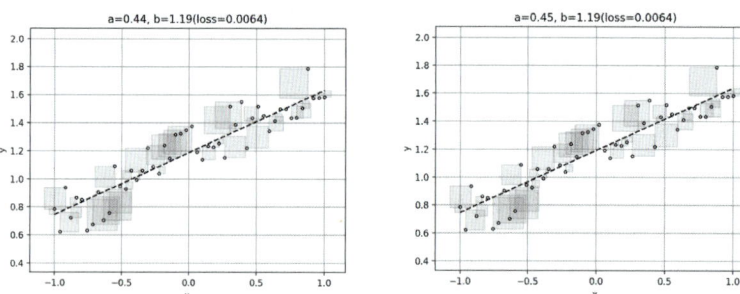

[그림 7-9] 모멘텀(왼쪽)/네스테로프(오른쪽) 방법으로 얻은 선형 회귀 모델

7.4 학습률 기반 알고리즘

이번 절에서는 탐색 방향이 아닌 세부적인 학습률을 설정하는 알고리즘을 소개합니다. 학습률을 고정하지 않고 매번 적절한 학습률을 계산하는 알고리즘을 적응형(Adaptive) 알고리즘이라고 합니다. 많은 방법이 있지만, 이 책에서는 가장 많이 사용되는 Adagrad, Rmsprop, 그리고 Adam 알고리즘의 원리를 설명합니다.

7.4.1 적응형 학습률 방법의 필요성

학습률 값을 고정된 하나의 값만을 사용해서 나타나는 단점들이 있습니다. 여기서 주목할 부분은 2가지입니다. 고정(Fixed)된 학습률과 하나의 값(Scalar)입니다. 이 두 가지 문제에 대해서 자세히 다룹니다.

학습률 고정에 의한 한계

학습률을 상수(Constant)로 사용하는 결정론적 그래디언트 디센트 방법은 학습률에 대해 매우 민감했습니다. 너무 작은 학습률을 사용하면 수렴 속도가 너무 느리고, 너무 큰 학습률을 사용하면 폭발 현상이 일어났습니다. 이런 현상은 앞서 살펴본 스토캐스틱 방법인 스토캐스틱 그래디언트 디센트와 모멘텀/네스테로프 방법들로도 극복할 수 없습니다.

이러한 문제를 해결하는 방법은 의외로 간단합니다. 처음에는 큰 학습률로 시작합니다. 최적화 알고리즘을 통해 새로운 파라미터 추정치를 계산하고 이 추정치를 이용하여 손실함숫값을 계산합니다. 만일 새로운 추정치에 대한 손실함숫값이 기존의 손실함숫값보다 작다면 파라미터 추정치를 업데이트합니다. 그러나 새로운 추정치에 대한 손실함숫값이 기존의 손실함숫값보다 크면 업데이트를 하지 않고, 학습률의 크기를 절반으로 줄인 후 기존 파라미터값을 이용하여 다시 계산을 수행합니다.

앞에서 설명한 방법으로 새로운 손실함숫값과 기존의 손실함숫값을 비교하여 새로운 값이 더 작아질 때까지 반복하여 계산합니다. 이런 아이디어로 알고리즘을 만들면 초반에는 빠른 수렴 속도로 최적 파라미터의 추정치 근처로 수렴하다가 점점 학습률이 낮아져 안정적인 최적 파라미터로 정확하게 수렴하게 할 수 있습니다. 이러한 접근법을 적응형(Adaptive) 알고리즘이라고 합니다. 다음은 스토캐스틱 그래디언트 디센트 방법에 간단한 적응형 알고리즘(25번째 줄에서 30번째 줄)을 적용한 코드입니다.

```
# 적응형 알고리즘
batch_size = 5 # 배치 크기
lr = 2.0 # 학습률
MaxEpochs = 10 # 반복 횟수

w0 = np.array([4.0, -1.0]) # 1) 초깃값
search_direction = np.zeros_like(w0)

paths = []
```

```
batch_loss = []

# 2) 데이터 셔플링은 생략합니다.

# 알고리즘
for epoch in range(MaxEpochs+1): # 5) MaxEpochs번 반복
    for x_batch, y_batch in generate_batches(batch_size,
        shuffled_x_train, shuffled_y_train): # 3) 미니 배치 생성
        paths.append(w0)
        batch_loss.append(loss(w0, x_batch, y_batch))
        grad = loss_grad(w0, x_batch, y_batch)
        # 4-a) 미니 배치에서 그래디언트 계산
        search_direction = -grad # 4-b) 탐색 방향 설정
        lr = lr # 4-c) 학습률 설정
        # 4-d) 파라미터 업데이트
        dw = lr * search_direction
        w1 = w0 + dw
        # 적응형 알고리즘 예
        loss0, loss1 = loss(w0, x_train, y_train),
           loss(w1, x_train, y_train)
        if loss0 > loss1:
            w0 = w1
        else:
            lr = lr / 2
    print('{:02d}\t{}\t{:5.4f}'.format(epoch, w0,
        loss(w0, x_train, y_train)))
```

[그림 7-10]을 보면 처음에는 파라미터 추정치가 크게 변하지만, 이후에는 조금씩 변하는 것을 알 수 있습니다. 앞에서 설명한 것처럼 손실함수가 작아지지 않으면 학습률이 점점 작아지고 이에 따라 파라미터 추정치의 변화 역시 점점 작아집니다. 적응형 알고리즘을 적용하지 않았을 때의 결과인 [그림 7-3]과 비교해보면 차이를 쉽게 알 수 있습니다.

적응형 알고리즘을 적용하지 않았을 때는 폭발 현상을 방지하기 위해 작은 학습률(0.1)로 고정하여 파라미터 추정치가 조금씩 업데이트되는 것을 볼 수 있습니다. 그러나 적응형 알고리즘을 적용했을 때는 손실함숫값이 증가하면 업데이트하지 않으므로 큰 학습률(2.0)로 시작하여도 폭발 현상이 일어나지 않습니다. 하지만 너무 큰 학습률로 시작하면 손실함숫값이 감소하게 되는 적절한 학습률에 도달할 때까지 무의미한 계산을 반복하게 되므로, 초기 학습률을 적절하게 선택해야 합니다.

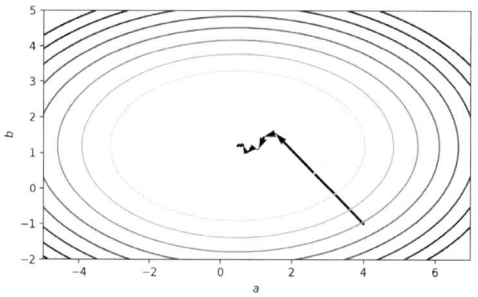

[그림 7-10] 적응형 알고리즘을 적용한 스토캐스틱 그래디언트 디센트 방법의 파라미터 추정치 업데이트 과정

손실함수에 대한 그래프를 비교해보면 그 차이가 더욱 분명하게 드러납니다. 적응형 알고리즘을 적용하지 않았을 때의 결과인 [그림 7-4]에서는 손실함숫값들이 증가와 감소를 반복하면서 전체적인 경향은 감소하는 형태를 나타냈습니다. 그러나 다음 [그림 7-11]을 보면 적응형 알고리즘을 적용했을 때는 증가와 감소를 반복하지 않고 손실함숫값이 감소하는 것을 볼 수 있습니다.

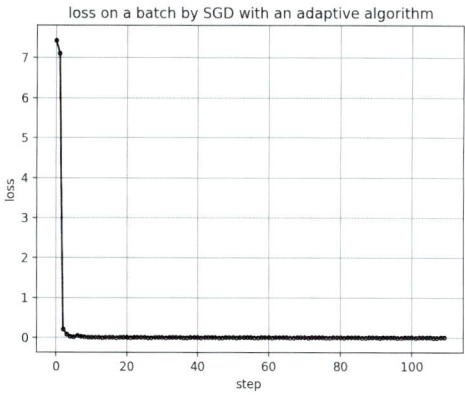

[그림 7-11] 각 배치에서 계산한 손실함수

일반적으로 딥러닝 모델에서 적정한 학습률을 정하는 것은 가장 어려운 일 중의 하나입니다. 이러한 한계점을 극복하기 위해 사람들은 좀 더 안정적(Robust)인 적응형 알고리즘을 개발하기 시작했습니다. 안정적이라는 의미는 사용자가 학습률을 정할 때 신경을 조금 덜

써도 된다는 의미로 해석해도 좋습니다. 매 단계마다 학습률을 다르게 설정하는 알고리즘을 적응형 학습률 알고리즘이라고 합니다.

스칼라 학습률에 의한 한계

지금까지 배웠던 학습률의 방법들은 단순히 미리 정한 상수를 곱했습니다. 이런 경우에는 탐색 방향에서 각 방향에 대한 크기의 불균형이 있을 때 한쪽 방향으로 치우칠 수밖에 없습니다. 따라서 추정된 최종 파라미터를 살펴보면 한쪽 방향은 초깃값에 비해 변화량이 큰 반면에, 다른 방향은 변화량이 적습니다. 이런 불균형을 해결하기 위해 각 방향별로 학습률을 차등해서 설정할 필요가 있습니다. 지금부터 소개하는 알고리즘들은 학습률을 각 방향별로 설정하여 이런 문제를 해결하려는 목적을 갖고 있습니다.

학습률 기반 알고리즘의 핵심 아이디어는 다음과 같습니다.

> "변화량이 큰 파라미터는 이미 많이 변화했으니,
> 변화량이 적은 파라미터를 많이 변화시켜보자."

각 방향별로 충분히 탐색하는 알고리즘을 고안해야 최대한 전역 최솟값과 비슷한 국소 최솟값을 구할 수 있습니다. 이를 위해 이번 절에서는 선형 회귀 모델을 학습시키는 코드를 통해서 각 알고리즘의 특성을 파악해 봅니다.

7.4.2 Adagrad

Adagrad 방법의 탐색 방향은 스토캐스틱 그래디언트 디센트 방법과 같습니다. 즉, 탐색 방향은 $-\nabla E(w^{(k)})$입니다. 학습률을 적응적(Adaptive)으로 각 방향별로 계산한다는 점이 다릅니다. Adagrad 방법에서는 다음 식과 같이 각 방향의 그래디언트의 제곱을 누적하여 더한 값을 사용합니다.

$$r^{(k+1)} = r^{(k)} + \nabla E(w^{(k)}) \odot \nabla E(w^{(k)}) = r^{(k)} + \begin{bmatrix} \left|\frac{\partial E}{\partial w_1}(w^{(k)})\right|^2 \\ \vdots \\ \left|\frac{\partial E}{\partial w_n}(w^{(k)})\right|^2 \end{bmatrix}$$

그래디언트 제곱의 누적합을 나타내는 수식을 위해 새로운 기호($\odot$)가 필요합니다. 이 기호는 벡터와 벡터의 연산을 나타내고 벡터의 각 성분끼리 곱하는 연산입니다. 예를 들어 2차원 벡터의 계산은 다음과 같습니다.

$$\begin{bmatrix} a \\ b \end{bmatrix} \odot \begin{bmatrix} c \\ d \end{bmatrix} = \begin{bmatrix} a \times c \\ b \times d \end{bmatrix}$$

이 기호는 뒤의 RMSProp과 Adam 방법에도 등장하므로 반드시 알고 있어야 합니다. $r^{(k)}$은 초기 단계부터 모든 그래디언트의 제곱을 누적하여 더하고 있기 때문에 장기 누적 그래디언트 크기라고 부르기도 합니다. Adagrad는 누적된 합의 제곱근과 반비례하도록 학습률을 결정합니다. 이것을 수식으로 나타내면 다음과 같습니다.

$$w^{(k+1)} = w^{(k)} - \frac{\epsilon}{\delta + \sqrt{r^{(k+1)}}} \odot \nabla E(w^{(k)}).$$

여기서 δ는 0으로 나누는 상황을 방지하는 역할입니다. 보통 10^{-7}으로 설정합니다. 수식부터 접근하면 어려워 보이지만 기본적인 아이디어는 어렵지 않습니다. 탐색 방향을 그래디언트의 반대 방향으로 설정하기 때문에 상수인 학습률을 선택하는 경우 그래디언트의 각 방향 크기의 불균형을 해결할 수 없습니다. 따라서 각 방향별로 학습률을 그 방향의 그래디언트 크기에 반비례하도록 설정하는 것이 Adagrad 방법의 핵심 아이디어입니다.

정리하면 다음과 같은 수식입니다.

$$r^{(k+1)} = r^{(k)} + \nabla E(w^{(k)}) \odot \nabla E(w^{(k)})$$
$$w^{(k+1)} = w^{(k)} - \frac{\epsilon}{\delta + \sqrt{r^{(k+1)}}} \odot \nabla E(w^{(k)}).$$

알고리즘 구현을 위하여 수식을 자세히 설명하면 다음과 같습니다.

1. 초깃값 $w^{(0)}$을 설정하고 장기 누적 그래디언트 크기를 $r^{(0)} = 0$으로 초기화합니다.
2. 전체 데이터를 임의로 섞어줍니다.
3. 전체 데이터에서 개수가 m개인 부분집합(배치, Batch)들을 만듭니다.

4. 각 부분집합마다 다음을 반복합니다.

    a. 부분집합으로 그래디언트를 현재 위치($w^{(k)}$)에서 계산합니다.

    b. 장기 누적 그래디언트 크기를 계산하여 학습률 벡터를 정합니다
$(r^{(k+1)} = r^{(k)} + \nabla E(w^{(k)}) \odot \nabla E(w^{(k)}))$.

    c. 탐색 방향을 $-\nabla E(w^{(k)})$로 설정합니다.

    d. 파라미터 추정치를 업데이트합니다($w^{(k+1)} = w^{(k)} - \dfrac{\epsilon}{\delta + \sqrt{r^{(k+1)}}} \odot \nabla E(w^{(k)})$).

5. 만들어진 부분집합을 모두 사용한 후 다시 4.를 Epoch번 반복합니다.

다음은 Adagrad 방법을 구현한 코드입니다.

```python
# Adagrad
batch_size = 5 # 배치 크기
MaxEpochs = 2 # 반복 횟수

w0 = np.array([2.0, 4.0]) # 1) 초깃값
epsilon = 1.0
delta = 1E-7
r = np.zeros_like(w0)

paths = []
batch_loss = []

print('Iter\tw_k\t\tgrad\t\tdw\t\tloss')
print('{:01d}-{:02d}\t{}'.format(1,0,np.array2string(w0,
    formatter={'float_kind':lambda x: "%.2f" % x})))

# 2) 데이터 셔플링 : 생략

# 알고리즘
for epoch in range(MaxEpochs): # 5) MaxEpochs번 반복
    k = 0
    for x_batch, y_batch in generate_batches(batch_size,
            shuffled_x_train, shuffled_y_train): # 3) 미니 배치 생성
        paths.append(w0)
        batch_loss.append(loss(w0, x_batch, y_batch))
        grad = loss_grad(w0, x_batch, y_batch) # 4-a) 미니 배치에서 그래디언트 계산
        search_direction = -grad # 4-b) 탐색 방향 설정
        # 4-c) 학습률 설정
        r = r  + grad * grad
        lr = epsilon / (delta + np.sqrt(r))
        dw = lr * search_direction # 4-d) 파라미터 업데이트
```

```
        w0 = w0 + dw
        print('{:01d}-{:02d}\t{}\t{}\t{}\t{:5.4f}'.format(epoch+1,k +1,
            np.array2string(w0,
            formatter={'float_kind':lambda x: "%.2f" % x}),
            np.array2string(grad, formatter={'float_kind':lambda x:
            "%.2f" % x}),
            np.array2string(dw, formatter={'float_kind':lambda x:
            "%.2f" % x}),
            loss(w0, x_train, y_train)))
        k += 1
```

코드를 실행한 후 출력 화면의 일부를 보면 다음과 같습니다.

```
#출력
Iter    w_k        grad          dw           loss
1-00    [2.00 4.00]
1-01    [3.00 3.00] [-0.30 2.36] [1.00 -1.00]    2.7654
1-02    [2.02 2.45] [1.39 1.56]  [-0.98 -0.55]   1.2226
1-03    [1.81 2.15] [0.30 0.90]  [-0.21 -0.30]   0.7821
1-04    [1.55 1.78] [0.40 1.17]  [-0.26 -0.37]   0.3872
1-05    [1.35 1.54] [0.32 0.78]  [-0.21 -0.24]   0.2051
1-06    [1.28 1.43] [0.10 0.37]  [-0.06 -0.11]   0.1530
---중략---
2-06    [0.51 1.22] [0.00 0.02]  [-0.00 -0.01]   0.0073
2-07    [0.48 1.20] [0.06 0.06]  [-0.04 -0.02]   0.0065
2-08    [0.50 1.19] [-0.04 0.04] [0.03 -0.01]    0.0068
2-09    [0.46 1.17] [0.08 0.06]  [-0.05 -0.02]   0.0066
2-10    [0.44 1.17] [0.02 -0.01] [-0.01 0.00]    0.0066
```

첫 번째 Epoch의 첫 번째 Batch로 업데이트한 부분(Iter = 1-01)의 그래디언트(grad)를 보면, (-0.3, 2.36)으로 두 번째 방향의 크기(2.36)가 첫 번째 방향의 크기(0.3)보다 약 8배 큰 것을 확인할 수 있습니다. 하지만, Adagrad 방법대로 계산한 학습률을 반영한 값(dw)을 보면 크기가 같다는 것을 알 수 있습니다. 각 방향에 대해 8배의 불균형이 있는 현상을 적응형 학습률로 해결했습니다. 추정치들의 경로를 손실함수 위에 나타내면 [그림 7-12]와 같습니다.

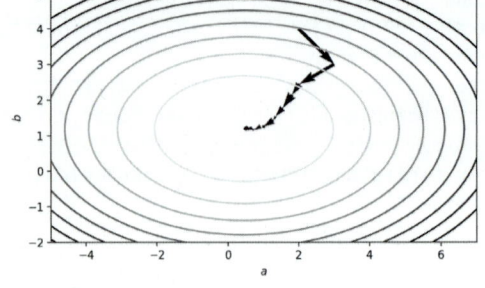

[그림 7-12] Adagrad 방법을 통해 업데이트된 파라미터 추정치의 경로

Adagrad 방법을 통해 얻은 추정치가 선형 회귀 모델을 잘 학습시켰는지는 [그림 7-13]을 통해서도 확인할 수 있습니다.

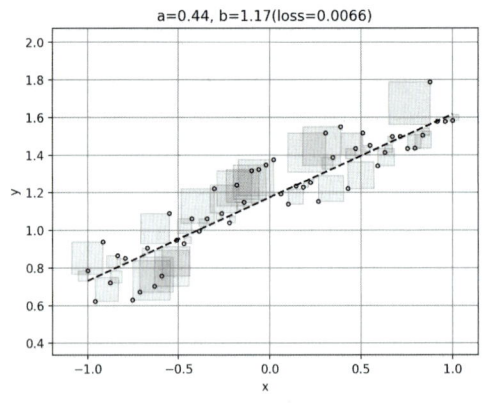

[그림 7-13] Adagrad를 통해 얻은 선형 회귀 모델

Adagrad 방법은 적응형 학습률을 적용하여 편리하고 컨벡스 성질을 갖는 손실함수에서는 잘 수렴하는 장점이 있습니다. 하지만 손실함수가 컨벡스 성질을 잃어버리는 신경망(Neural Network) 모델에서는 잘 동작하지 않는다는 단점이 있습니다. 특히, 그래디언트 제곱의 누적합($r^{(k)}$)은 초깃값부터 일정하게 더해지는 특성 때문에 초기 단계의 그래디언트 값들이 큰 상황에서는 수렴 속도가 급격히 느려집니다. 그래디언트 제곱의 누적합은 계속 값이 증가하므로 반복 횟수가 큰 경우 뒷부분 단계에서는 국소 최솟값에 도착 여부와 상관없이 움직임이 거의 없습니다. 이러한 단점은 RMSProp에서 극복할 수 있습니다.

7.4.3 RMSProp (Root Mean Square Propagation)

RMSProp 방법은 단기 누적 그래디언트 크기를 이용하여 학습률을 계산합니다. Adagrad 방법은 장기 누적 그래디언트 크기를 학습률에 반영하므로 초기 그래디언트 크기에 민감하다는 단점과 학습률이 너무 빨리 작아지는 단점이 있었습니다. 그래서 RMSProp 방법에서는 너무 오래된 그래디언트 크기들을 없애기 위해서 0과 1 사이의 ρ라는 파라미터를 사용하여 다음과 같이 이동평균(Moving Average)을 계산합니다.

$$r^{(k+1)} = \rho r^{(k)} + (1-\rho)\nabla E(w^{(k)}) \odot \nabla E(w^{(k)})$$

ρ의 값은 일반적으로 0.9로 설정합니다. 텐서플로에 포함된 RMSProp 클래스도 0.9를 선택하고 있습니다. 앞서 배운 Adagrad 방법을 직접 구현했다면, RMSProp도 쉽게 구현할 수 있습니다.

$$r^{(k+1)} = \rho r^{(k)} + (1-\rho)\nabla E(w^{(k)}) \odot \nabla E(w^{(k)})$$
$$w^{(k+1)} = w^{(k)} - \frac{\epsilon}{\sqrt{\delta + r^{(k+1)}}} \odot \nabla E(w^{(k)}).$$

알고리즘을 자세히 설명하면 다음과 같습니다.

1. 초깃값 $w^{(0)}$을 설정하고 단기 누적 그래디언트 크기를 $r^{(0)} = 0$으로 초기화합니다.
2. 전체 데이터를 임의로 섞어줍니다.
3. 전체 데이터에서 개수가 m개인 부분집합(배치, Batch)들을 만듭니다.
4. 각 부분집합마다 다음을 반복합니다.
    a. 부분집합으로 그래디언트를 현재 위치($w^{(k)}$)에서 계산합니다.
    b. 단기 누적 그래디언트 크기를 계산하여 학습률 벡터를 정합니다
       ($r^{(k+1)} = \rho r^{(k)} + (1-\rho)\nabla E(w^{(k)}) \odot \nabla E(w^{(k)})$).
    c. 탐색 방향을 $-\nabla E(w^{(k)})$로 설정합니다.
    d. 파라미터 추정치를 업데이트합니다($w^{(k+1)} = w^{(k)} - \frac{\epsilon}{\sqrt{\delta + r^{(k+1)}}} \odot \nabla E(w^{(k)})$).
5. 만들어진 부분집합을 모두 사용한 후 다시 4.를 Epoch번 반복합니다.

이를 참고하여 알고리즘을 구현하는 파이썬 코드는 다음과 같습니다.

```python
# RMSProp
batch_size = 5 # 배치 크기
MaxEpochs = 2 # 반복 횟수

w0 = np.array([2.0, 4.0]) # 1) 초깃값
epsilon = 0.25
delta = 1E-10
rho = 0.9
r = np.zeros_like(w0)

paths = []
batch_loss = []

print('Iter\tw_k\t\tgrad\t\tdw\t\tloss')
print('{:01d}-{:02d}\t{}'.format(1,0,np.array2string(w0,
    formatter={'float_kind':lambda x: "%.2f" % x})))

# 2) 데이터 셔플링 : 생략

# 알고리즘
for epoch in range(MaxEpochs): # 5) MaxEpochs번 반복
    k = 0
    for x_batch, y_batch in generate_batches(batch_size,
        shuffled_x_train, shuffled_y_train): # 3) 미니 배치 생성
        paths.append(w0)
        batch_loss.append(loss(w0, x_batch, y_batch))
        grad = loss_grad(w0, x_batch, y_batch) # 4-a) 미니 배치에서 그래디언트 계산
        search_direction = -grad # 4-b) 탐색 방향 설정
        # 4-c) 학습률 설정
        r = rho * r  + (1. - rho) * grad * grad
        lr = epsilon / np.sqrt(delta + r)
        dw = lr * search_direction # 4-d) 파라미터 업데이트
        w0 = w0 + dw
        print('{:01d}-{:02d}\t{}\t{}\t{}\t{:5.4f}'.format(epoch+1,k +1,
        np.array2string(w0,
            formatter={'float_kind':lambda x: "%.2f" % x}),
            np.array2string(grad, formatter={'float_kind':lambda x:
            "%.2f" % x}),
            np.array2string(dw, formatter={'float_kind':lambda x:
            "%.2f" % x}),
            loss(w0, x_train, y_train)))
        k += 1
```

현재 사용하고 있는 선형 회귀 모델 학습에서의 손실함수는 컨벡스 함수이므로 Adagrad 와 비슷한 경향을 다음 그림에서 볼 수 있습니다.

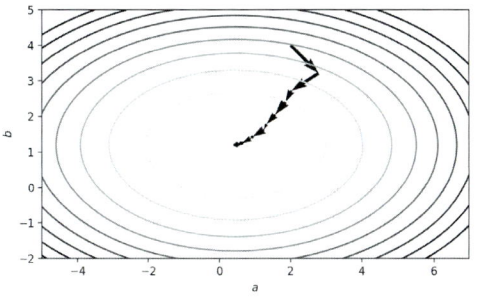

[그림 7-14] RMSProp 방법에 따라 업데이트된 파라미터 추정치의 경로

학습이 완료된 선형 회귀 모델을 그려보면 다음과 같습니다.

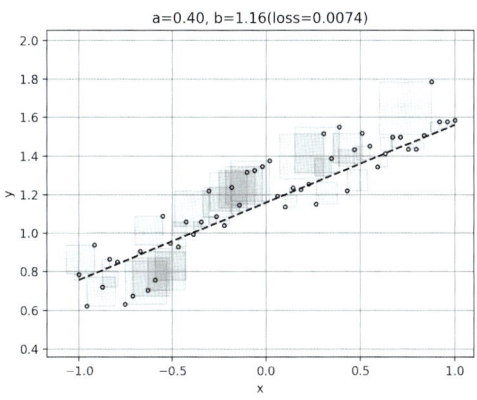

[그림 7-15] RMSProp 방법으로 학습시킨 선형 회귀 모델

7.4.4 Adam

Adam 방법에서 Adam은 Adaptive moments를 줄인 말입니다. 앞서 소개한 알고리즘 중 모멘텀 방법과 RMSProp 방법의 조합입니다. 탐색 방향과 학습률 모두 적응형(Adaptive) 접근법으로 찾습니다. 현재까지 딥러닝을 위한 수치최적화 알고리즘 중 하이퍼파라미터에 대해 가장 안정적(Robust)이라고 알려져 있습니다. 하지만 문제에 따라 학습률을 약간 조정할 필요는 있습니다.

다음은 Adam 방법을 수식으로 표현한 것입니다.

```
                np.array2string(dw, formatter={'float_kind':lambda x:
                "%.2f" % x}),
                loss(w0, x_train, y_train)))
        k += 1
```

[그림 7-16]의 경로를 보면 모멘텀 방법과 RMSProp의 조합인 것을 확실히 느낄 수 있습니다. 다만 국소 최솟값 근처에서 나선형으로 움직이는 현상이 있는데, 이러한 점은 Adam 방법이 컨벡스 성질이 없는 손실함수에 대해서 특화되어 있기 때문입니다. 현재는 시각화를 위해 신경망 모델 대신 선형 회귀 모델을 사용하고 있으므로 특화된 점을 직접적으로 확인하기는 어렵습니다. 신경망 모델은 안타깝게도 차원이 4차원을 훌쩍 넘어가므로 손실함수와 그 경로를 시각화하는 것이 불가능합니다. 이러한 나선형 수렴 경로는 더 좋은 국소 최솟값으로 갈 확률을 높여서 컨벡스 성질이 없는 손실함수에서 좋은 성능을 발휘합니다.

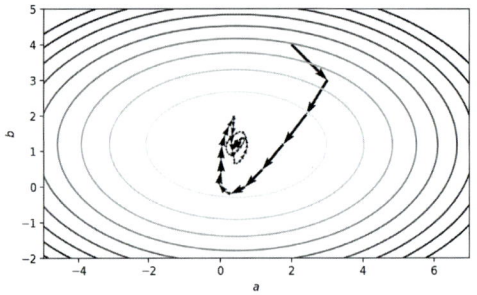

[그림 7-16] Adam 방법에 의해 업데이트된 파라미터 경로

다음은 Adam 방법에 의해 학습된 선형 회귀 모델입니다.

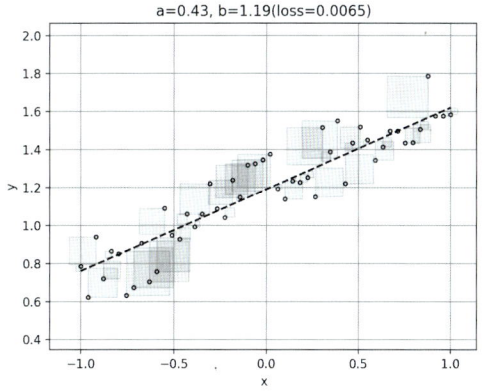

[그림 7-17] Adam 방법에 의해 구해진 선형 회귀 모델

Adam 방법은 텐서플로에 적용된 수치 알고리즘 중에 가장 최신 방법이어서, 딥러닝 모델을 학습시킬 때 첫 번째로 시도하는 경우가 많습니다. 소개된 수치최적화 알고리즘 중에 어떤 알고리즘이 제일 좋은지에 대한 질문이 많습니다. 이에 대한 답변으로 Joshua Bengio의 2016년도 저서에 있는 부분을 발췌하려 합니다.

> "The choice of which algorithm to use, at this point,
> seems to depend largely on the user's familiarity
> with the algorithm." – Joshua Bengio, 2016

특정 알고리즘이 모든 손실함수와 딥러닝 모델의 학습을 해결하지 못합니다. 따라서 사용자마다 선호도가 생기고 그러한 선호도를 바탕으로 여러 실험을 통한 경험이 추가되면 노하우가 됩니다. 개인의 딥러닝 모델 구성 능력은 이론과 많은 실험의 결합으로 향상시켜야 합니다.

PART 01

PART 02

PART 03

PART 04

PART 05

PART 06

PART 07

PART 3

텐서플로를 사용한
딥러닝의 기본 모델 학습

PART 3에서는 PART 2에서 다룬 최적화 문제와 수치최적화 알고리즘에 대한 이해를 기반으로 텐서플로를 사용해서 딥러닝 실습을 합니다. 가장 간단한 선형 모델로 시작하여 신경망(Neural Network) 모델의 최적화 문제 관점까지 소개합니다.

텐서플로를 통해서 수치최적화 알고리즘을 작성하는 방법을 코드와 함께 설명합니다. 각 모델마다 값을 예측하는 회귀 문제와 값을 판단하는 분류 문제를 소개합니다. 이 두 가지 문제는 서로 비슷해 보이지만 마지막 부분의 활성화 함수 부분과 손실함수가 다르기 때문에 주의해서 잘 정리해야 합니다.

Chapter 08 선형 회귀 모델

최근에 딥러닝이나 인공지능과 관련한 강의는 신경망 모델부터 설명하는 경우가 많습니다. 신경망 모델을 시작으로 CNN(Convolutional Neural Network), RNN(Recurrent Neural Network) 등의 모델들이 등장합니다. 이런 모델들을 이해하기 위해서는 모두 신경망 모델이 기초 지식이 됩니다. 따라서 신경망 모델은 딥러닝을 배우는데 좋은 출발 지점입니다.

이런 신경망 모델의 가장 널리 알려진 장점은 데이터의 특성값(Feature)을 자동으로 추출한다는 것입니다. 특성값을 자동으로 추출하는 역할은 신경망 모델뿐만 아니라 딥러닝의 가장 큰 장점입니다. 하지만, 많은 사람이 특성값을 자동으로 추출하는 원리를 이해하지 못하고 일종의 신기한 기술같이 받아들이는 경향이 있습니다.

그래서 이 책에서는 가장 기초적인 선형 회귀 모델부터 시작합니다. 선형 회귀 모델과 신경망 모델을 모두 관통하는 최적화 원리를 텐서플로 코드와 함께 살펴봅니다. 8장부터 11장까지 모두 읽고 실습하면, 신경망 모델의 자동 특성값 추출 기능의 핵심을 잘 이해할 수 있습니다. 선형 회귀 모델을 6장과 7장에서 다루었지만, 이번 장에서는 최적화 문제를 텐서플로를 이용하여 선언하고 추정치를 찾는 방법을 다룹니다. 6장과 7장을 건너뛰지 않았다면 선형 회귀 모델에 대한 이해는 충분하므로 이번 장에서는 선형 회귀 모델을 위해서 텐서플로를 어떻게 사용해야 하는지에 주목하면 됩니다.

8.1 예측 모델과 손실함수

이번 절에서는 선형 회귀 모델을 학습시키는 최적화 문제를 설정하고 최적화 문제에 포함된 예측 모델과 손실함수를 설명합니다. 다음은 선형 회귀 모델 학습에 사용될 데이터를 만들어내는 코드입니다. 일반적으로는 주어진 데이터로 해야 하지만, 실습의 단순화를 위해 직접 데이터를 만들었습니다. 먼저 필요한 패키지들을 불러오는 코드와 그래프를 고해상도로 보기 위한 설정을 코드로 실행합니다. 여기에서 그래프를 고해상도로 보기 위한 설정(4~5번째 줄)은 주피터 노트북에서만 사용하는 코드입니다.

```
import numpy as np
import matplotlib.pylab as plt
import tensorflow as tf
%matplotlib inline
%config InlineBackend.figure_format = 'retina'
```

기울기가 0.5이고 y 절편이 1.0인 직선을 기준으로 값을 계산하고 노이즈를 더해서 데이터를 생성합니다.

```
np.random.seed(320)
x_train = np.linspace(-1, 1, 51)
y_train = 0.5 * x_train + 1.0 + 0.4 * np.random.rand(len(x_train))
x_train = x_train.reshape(-1,1)
y_train = y_train.reshape(-1,1)
```

다음은 데이터의 분포를 시각화하는 코드입니다

```
plt.plot(x_train, y_train, '.k')
plt.grid()
plt.xlabel('x')
plt.ylabel('y')
plt.show()
```

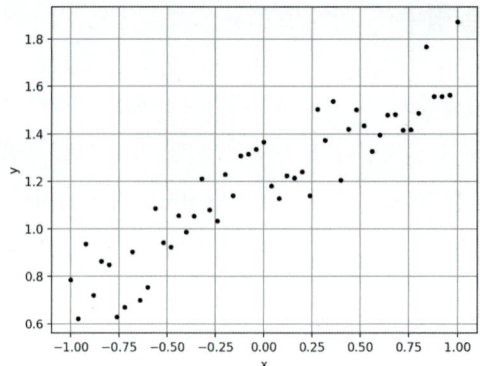

[그림 8-1] 선형 회귀 모델 학습에 사용될 데이터

선형 회귀 모델은 [그림 8-1]의 데이터가 위치한 좌표의 경향성을 가장 잘 나타내는 직선의 방정식입니다. 직선이 데이터의 경향성을 가장 잘 나타낸다는 것을 의미하는 수학적 표현이 필요합니다. 그 수학적 표현이 바로 다음과 같은 최적화 문제입니다.

$$\min_{w,b} E(\hat{y}, y)$$

일반적으로 예측 모델은 $\hat{y}$으로 나타내고, 회귀 분석을 하고 싶은 타깃 변수는 y로 나타냅니다. 여기서 $\hat{y}$을 더 정확하게 표현하면 $\hat{y}(w,b;x)$입니다. w와 b는 기울기와 y 절편을 나타내고, x는 주어진 데이터를 나타냅니다. 수식으로 나타내면 다음과 같습니다.

$$\hat{y}(w,b;x) = wx + b$$

이런 예측 모델을 텐서플로로 표현하면 다음과 같습니다.

```
class MyModel(tf.keras.Model):
    def __init__(self, **kwargs):
        super().__init__(**kwargs)
        self.w = tf.Variable(tf.ones([1,1])) # 기울기
        self.b = tf.Variable(tf.ones([1])) # y 절편

    def call(self, x): # x: 데이터 x 좌표
        return tf.matmul(x, self.w) + self.b
```

또한, 손실함수 E는 예측값($\hat{y}$)과 실제값(y)이 가까운 정도를 나타냅니다. 가장 보편적으로 사용되는 손실함수는 다음과 같이 오차의 제곱의 평균입니다. 이렇게 손실함수를 정의하는 방법을 최소제곱법(Least squares method)이라고 부릅니다.

$$E(\hat{y}, y) = \frac{1}{N} \sum_{i=1}^{N} (\hat{y}_i - y_i)^2 = \frac{1}{N} \sum_{i=1}^{N} (wx_i + b - y_i)^2$$

손실함수를 텐서플로가 제공하는 함수를 이용하여 구현한 코드입니다. 예측 모델을 통해 얻은 예측값 벡터($\hat{y}$)와 실제값 벡터(y)의 차이를 tf.square( )를 이용하여 제곱을 하고, tf.reduce_mean( )을 이용하여 평균을 계산하는 코드입니다.

```
loss = lambda y, yhat: tf.reduce_mean(tf.square(y - yhat))
```

지금까지 작성한 텐서플로 코드는 최적화 문제 설정에 해당하는 예측 모델과 손실함수를 정의한 것입니다. 아직 어떤 계산도 하지 않았다는 것에 주목해야 합니다. [그림 8-2]는 앞서 소개한 예측 모델과 손실함수를 선언하는 코드를 정리해주는 다이어그램입니다.

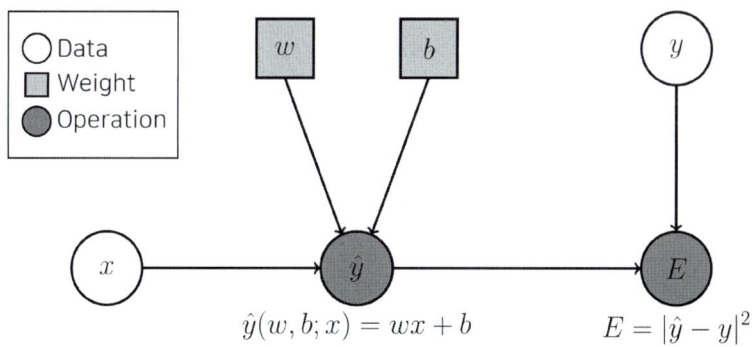

[그림 8-2] 예측 모델과 손실함수를 나타내는 다이어그램

이제 최적화 문제를 설정했으니 수치최적화 알고리즘을 사용하여 최적화 문제를 풀어야 합니다. 지난 6장과 7장에서는 직접 그래디언트를 구하여 기본적인 그래디언트 디센트 방법을 적용하거나, Adagrad나 Adam 등 응용 수치 알고리즘을 직접 구현해서 했습니

다. 하지만 텐서플로는 이러한 알고리즘들을 직접 구현할 필요도 없고 그래디언트를 구하지 않아도 됩니다. 텐서플로가 제공하는 다양한 수치최적화 알고리즘 중에 하나를 선택하여 다음과 같이 코드를 작성하면 됩니다.

```
# 예측 모델 설정
model = MyModel()

# 수치최적화 알고리즘 설정
MaxEpoch = 25
lr = 0.25
optimizer = optimizers.SGD(lr)
```

Adam 방법을 사용하고 싶다면, 7번째 줄에서 optimizers.Adam( )을 사용하면 됩니다. 그 외에도 다양한 수치최적화 알고리즘을 제공하므로 텐서플로 공식 문서를 확인하고 원하는 수치최적화 알고리즘을 선택하면 됩니다. 지금까지는 어떠한 계산도 하지 않았습니다. 단순히 최적화 문제를 텐서플로로 표현하고 사용할 수치최적화 알고리즘을 선택해서 학습률을 설정한 것이 전부입니다.

8.2 결정론적 방법과 스토캐스틱 방법

이번 절에서는 텐서플로로 선언된 최적화 문제를 6장에서 배운 결정론적 방법과 7장에서 배운 스토캐스틱 방법으로 모두 풀어봅니다. 먼저 결정론적 방법과 스토캐스틱 방법의 차이점을 짧게 복습해 보겠습니다. 결정론적 방법은 데이터를 모두 사용하여 파라미터 추정치를 업데이트하는 방법이고, 스토캐스틱 방법은 작은 배치들로 나눈 후 각각의 배치를 사용하여 파라미터 추정치를 업데이트하는 방법입니다.

8.2.1 결정론적 방법

텐서플로는 정의된 손실함수를 이용하여 손실함숫값을 계산할 때 사용한 데이터에 대한 그래디언트를 자동으로 계산합니다. 따라서 결정론적 방법을 사용하기 위해서는 모든 데이터를 입력 변수로 사용하여 손실함수를 계산해야 합니다.

```
for epoch in range(MaxEpoch):
    with tf.GradientTape() as tape:
        curr_loss = loss(y_train, model(x_train))
        gradients = tape.gradient(curr_loss, model.trainable_variables)
        if epoch % 5 == 0:
            print(model.w.numpy(), model.b.numpy(), curr_loss.numpy())
        optimizer.apply_gradients(zip(gradients,
            model.trainable_variables))
```

3번째 줄을 보면 현재 손실함숫값(curr_loss)을 계산하기 위해 예측값($\hat{y}$)에 해당하는 값으로 model(x_train)을 사용했습니다. 배치를 사용하지 않고 전체 데이터 x_train을 이용하여 손실함수(3번째 줄)와 그래디언트(4번째 줄)를 계산합니다. 그리고 7번째 줄에서 6장에서 배운 그래디언트 디센트 방법을 한 단계 적용하여 w와 b를 업데이트합니다. 위 코드를 실행하면 매 5번째 Epoch마다 업데이트된 w와 b 그리고 그때의 손실함숫값이 출력되는 것을 볼 수 있습니다. 또한, 다음과 같이 업데이트가 반복될수록 손실함숫값이 작아지는 것을 확인할 수 있습니다.

```
#출력
[[1.]] [1.] 0.14998727
[[0.6727577]] [1.1888978] 0.028191052
[[0.54642326]] [1.1948009] 0.015662618
[[0.49765092]] [1.1949854] 0.013800872
[[0.478822]] [1.1949911] 0.013523399
```

6장에서 직접 구현한 알고리즘과 초깃값 및 학습률을 맞추어 비교해보면 동일한 값이 나오는 것을 쉽게 확인할 수 있습니다. 위 코드로 얻은 선형 회귀 모델은 [그림 8-3]과 같이 데이터의 전체적인 경향성을 잘 나타내 줍니다.

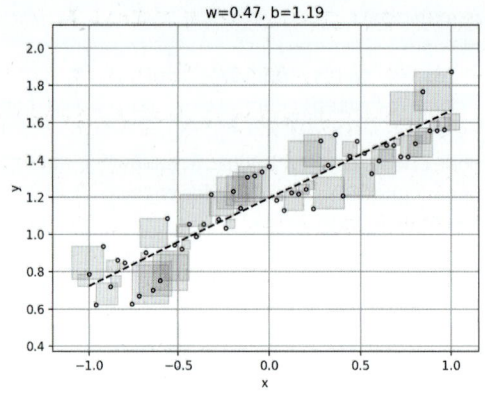

[그림 8-3] 결정론적 방법으로 학습시킨 선형 회귀 모델

이렇듯 텐서플로를 사용하면 손실함수의 그래디언트를 따로 정의하지 않아도 됩니다. 그리고 수치최적화 알고리즘을 정확히 모르더라도 적용할 수 있습니다. 또한, 모델을 구현하는 과정에서 실수를 줄일 수 있습니다. 최적화 문제의 차원이 높아지면 6장과 같이 계산할 때 많은 어려움이 있습니다. 특히 그래디언트를 구하는 작업이 오래 걸리고 많은 계산을 수행해야 하므로 이 과정에서 실수할 확률이 높습니다. 따라서 딥러닝 모델을 학습시킬 때는 많은 이용자가 검증한 오픈소스인 텐서플로를 사용하는 것이 간편할 뿐만 아니라 정확합니다.

8.2.2 스토캐스틱 방법

스토캐스틱 방법을 적용하기 위해서 7장의 내용을 간단히 복습하면 다음과 같습니다

1. 데이터를 골고루 섞어줍니다.
2. 미니 배치들을 생성합니다.
3. 각 미니 배치를 돌아가면서 수치최적화 알고리즘을 적용합니다.

데이터를 섞어주는 코드는 다음과 같습니다. 이때 학습용 데이터와 데이터의 레이블을 각각 섞으면 안 됩니다. 학습용 데이터와 데이터의 레이블의 짝이 바뀌면 엉뚱한 결과가 나오므로 짝이 바뀌지 않도록 주의해야 합니다.

```python
# 데이터 섞기
np.random.seed(320)
shuffled_id = np.arange(0, len(x_train))
np.random.shuffle(shuffled_id)
shuffled_x_train = x_train[shuffled_id]
shuffled_y_train = y_train[shuffled_id]
```

그 후에는 generate_batches 함수(2~9번째 줄)를 이용하여 미니 배치를 생성합니다. 스토캐스틱 방법을 처음 접하는 분들이 가장 많이 하는 실수는 미니 배치를 사용하지 않고 전체 데이터를 이용하는 것입니다. 스토캐스틱 방법은 손실함수와 그래디언트를 계산하고 이를 이용하여 파라미터를 업데이트 할 때 전체 데이터가 아닌 미니 배치의 데이터를 사용해야 합니다. (18~22번째 줄)

```python
# 스토캐스틱 방법
def generate_batches(batch_size, features, labels):
    outout_batches = []
    sample_size = len(features)
    for start_i in range(0, sample_size, batch_size):
        end_i = start_i + batch_size
        batch = [features[start_i:end_i], labels[start_i:end_i]]
        outout_batches.append(batch)
    return outout_batches

batch_size = 5
for epoch in range(MaxEpoch):

    if epoch % 5 == 0:
        curr_loss = loss(y_train, model(x_train))
        print(model.w.numpy(), model.b.numpy(), curr_loss.numpy())

    for x_batch, y_batch in generate_batches(batch_size,
        shuffled_x_train, shuffled_y_train):
        with tf.GradientTape() as tape:
            curr_loss = loss(y_batch, model(x_batch))
            gradients = tape.gradient(curr_loss,
                model.trainable_variables)
            optimizer.apply_gradients(zip(gradients,
                model.trainable_variables))
```

결정론적 방법과 비교해보면, Epoch마다 손실함숫값이 수렴하는 속도가 스토캐스틱 방법이 더 빠른 것을 확인할 수 있습니다.

```
#출력
[[1.]] [1.] 0.14998727
[[0.4888436]] [1.1834033] 0.0137747675
[[0.48882985]] [1.1833994] 0.013774646
[[0.48882985]] [1.1833994] 0.013774646
[[0.48882985]] [1.1833994] 0.013774646
```

스토캐스틱 방법으로 구한 선형 회귀 모델을 보면 다음과 같습니다.

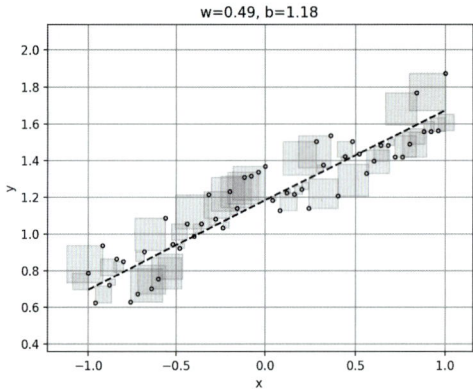

[그림 8-4] 스토캐스틱 방법으로 학습시킨 선형 회귀 모델

선형 회귀 모델을 텐서플로로 학습시키는 것은 많이 어렵지 않습니다. 사용 패턴의 어색함이 텐서플로가 편하게 느껴지지 않는 가장 큰 이유입니다. 다시 정리하면, 가장 먼저 예측 모델과 손실함수를 정하고 그에 따른 최적화 문제를 텐서플로로 설정하는 코드를 작성합니다. 그 후에 사용할 수치최적화 알고리즘과 학습률 및 최대 Epoch 수 등을 텐서플로로 미리 설정해 놓습니다. 여기까지는 실제 데이터가 들어가는 부분이 없습니다.

최적화 문제와 수치최적화 알고리즘의 설정이 끝났다면, tf.GradientTape( )을 이용하여 데이터와 함께 결정론적 방법 혹은 스토캐스틱 방법을 적용하면 됩니다. 이때 사용하는 방법에 따라 손실함수와 그래디언트를 계산하기 위한 데이터가 전체 데이터인지 미니 배치의 데이터인지가 결정됩니다.

8.3 비선형 회귀 모델

선형 회귀 모델은 간단하고 최적 파라미터를 찾는 속도도 빠른 좋은 방법입니다. 하지만, 선형적인 표현(직선의 형태)만 된다는 단점이 있습니다. 이러한 단점을 극복하기 위해 여러 비선형 모델들이 연구되어 있습니다. 이번 절에서는 간단하게 특성값(Feature)과 선형 회귀 모델을 사용하여 비선형 회귀 모델을 분석하는 방법을 소개합니다. 총 3가지의 비선형 분포를 갖고 있는 예제에 대해 특성값과 선형 회귀 모델을 사용하여 비선형 회귀 분석을 하려고 합니다.

8.3.1 이차 곡선 데이터

이번에 살펴볼 코드는 데이터를 생성하는 코드와 분포를 확인하는 코드입니다.

```
# 데이터 생성
np.random.seed(327)
x_train = np.linspace(-1,1,50)
y_train = x_train**2 + 0.25 * x_train + 1.0
          + 0.5 * np.random.rand(len(x_train))
```

이번 예제에서는 $y = x^2 + 0.25x + 1$인 이차 곡선 모양의 데이터를 기준으로 노이즈를 더해서 데이터를 생성했습니다. 다음은 이 데이터의 분포도를 확인하는 코드입니다.

```
# 분포도
plt.plot(x_train, y_train, '.k')
plt.grid()
plt.xlabel('x')
plt.ylabel('y')
plt.show()
```

[그림 8-5]에서 확인할 수 있듯이 이 데이터를 직선의 형태로 나타내는 것은 적절하지 않습니다.

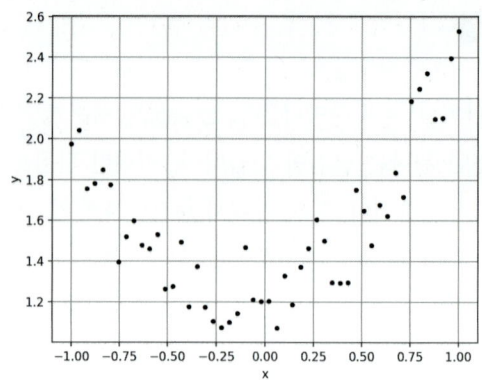

[그림 8-5] 이차 곡선의 모양을 갖고 있는 데이터

이런 경우에는 특성값을 도입해야 합니다. 이 특성값의 선택에 따라서 비선형 회귀 분석의 성공 여부가 결정됩니다. 이번 예제에서는 이미 곡선 $y = x^2 + 0.25x + 1$이 기준이 되는 데이터라는 것을 알고 있으므로, 다음과 같은 예측 모델을 쉽게 생각할 수 있습니다.

$$\hat{y} = w_1 x^2 + w_2 x + b$$

기준이 되는 곡선을 모르더라도 [그림 8-5]를 보면 포물선 형태의 이차함수를 생각할 수 있습니다. 선형 회귀 모델에서는 데이터를 가장 잘 나타내는 직선의 방정식을 찾았습니다. 반면에 위의 예측 모델을 사용하면 데이터를 가장 잘 표현하는 이차 곡선의 방정식을 찾습니다. 이것을 최적화 문제로 나타내면 다음과 같습니다.

$$\min_{w_1, w_2, b} E(\hat{y}, y) = \frac{1}{N} \sum_{i=1}^{N} (\hat{y}_i - y_i)^2$$

$$= \frac{1}{N} \sum_{i=1}^{N} (w_1 x_i^2 + w_2 x_i + b - y_i)^2$$

$$= \frac{1}{N} \sum_{i=1}^{N} \left(\begin{bmatrix} x_i^2 & x_i \end{bmatrix} \begin{bmatrix} w_1 \\ w_2 \end{bmatrix} + b - y_i \right)^2$$

위 최적화 문제의 차원은 3차원입니다. 즉, 수치최적화 알고리즘으로 추정치를 찾아야 할 파라미터가 3개입니다. 마지막 식에서 알 수 있듯이 행렬과 벡터의 곱을 이용하여 표현할 수 있습니다. 여기서 $[x_i^2 \quad x_i]$를 특성값이라고 부릅니다. 이 특성값 벡터를 적절하게 고안해내는 것이 비선형 회귀 분석의 핵심입니다.

특성값 벡터의 성분은 비선형이지만 우리가 찾고자 하는 파라미터에 대해서는 선형(1차)인 것을 알 수 있습니다. 따라서 비선형 회귀 분석은 특성값 벡터를 활용한 고차원 선형 회귀 모델로 볼 수 있습니다. 이제 위의 내용을 텐서플로로 구현한 코드를 살펴보겠습니다.

```
# 특성값 정의
features = np.array([[xval**2, xval] for xval in x_train])
labels = y_train.reshape(-1, 1)
```

주어진 데이터로부터 특성값을 추출한 후에 2차원 선형 회귀 모델을 구성합니다. 이 경우에는 직선이 아니라, 평면의 방정식이 됩니다. 행렬과 벡터의 곱을 위해 tf.matmul( )을 사용하면 2차원 이상인 경우까지 쉽게 확장할 수 있습니다.

```
class MyModel(tf.keras.Model):
    def __init__(self, **kwargs):
        super().__init__(**kwargs)
        self.w = tf.Variable(tf.ones([2,1]))
        self.b = tf.Variable(tf.ones([1]))

    def call(self, x): # x: 특성값 벡터
        return tf.matmul(x, self.w) + self.b
```

이제 예측 모델을 설정하고 사용할 수치최적화 알고리즘과 손실함수도 결정합니다.

```
# 예측 모델 설정
model = MyModel()

# 수치최적화 알고리즘 설정
MaxEpoch = 25
lr = 0.25
batch_size = 10
optimizer = optimizers.SGD(lr)
loss = lambda y, yhat: tf.reduce_mean(tf.square(y - yhat))
```

다음은 스토캐스틱 방법을 사용하여 3차원 선형 회귀 문제를 푸는 코드입니다.

```
# 스토캐스틱 방법
np.random.seed(320)
shuffled_id = np.arange(0, len(x_train))
np.random.shuffle(shuffled_id)
shuffled_x_train = features[shuffled_id]
shuffled_y_train = labels[shuffled_id]

for epoch in range(MaxEpoch):
    if epoch % 5 == 0:
        curr_loss = loss(labels, model(features))
        print(model.w.numpy().T, model.b.numpy(), curr_loss.numpy())

    for x_batch, y_batch in generate_batches(batch_size,
        shuffled_x_train, shuffled_y_train):
        with tf.GradientTape() as tape:
            curr_loss = loss(y_batch, model(x_batch))
        gradients = tape.gradient(curr_loss,
            model.trainable_variables)
        optimizer.apply_gradients(zip(gradients,
            model.trainable_variables))
```

10번째 줄에서 손실함수를 계산할 때 모델의 예측값을 계산하기 위해 x_train이 아닌 특성값 벡터인 features를 사용했습니다. 이 점이 선형 회귀 모델과의 차이점입니다.

```
#출력
[[1. 1.]] [1.] 0.27033687
[[1.076062    0.23619145]] [1.1704177] 0.01800622
[[1.0612648   0.23138306]] [1.1769375] 0.017824525
[[1.0563606   0.23150261]] [1.1790168] 0.01777821
[[1.0547771   0.23155314]] [1.1796877] 0.017764315
```

출력값을 보면 손실함수가 충분히 작아진 것을 확인할 수 있습니다. 그리고 [그림 8-6]을 보면 주어진 데이터의 경향을 잘 나타내는 이차 곡선을 찾은 것을 알 수 있습니다.

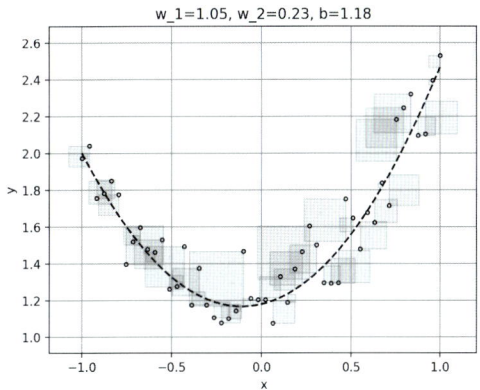

[그림 8-6] 이차 곡선을 이용한 비선형 회귀 분석

8.3.2 삼차 곡선 데이터

이번에는 삼차 곡선으로 데이터를 생성한 예제입니다. 앞의 이차 곡선 예제와 같은 방법으로 데이터를 생성합니다.

```
# 데이터 생성
np.random.seed(327)
x_train = np.linspace(-1,1,50)
y_train = x_train**3 + 0.1 * x_train**2  -0.15 * x_train + 1.0
          + 0.5 * np.random.rand(len(x_train))
```

삼차 곡선 $y = x^3 + 0.1x^2 - 0.15x + 1$에 노이즈를 더하여 삼차 곡선 모양을 갖고 있는 데이터를 생성했습니다. 지금은 데이터를 직접 만들어서 사용하고 있기 때문에 쉽게 삼차 곡선인 것을 알 수 있습니다. 일반적인 경우에는 [그림 8-7]과 같은 데이터 분포를 보고 데이터가 삼차 곡선의 형태를 가지고 있다고 판단해야 합니다.

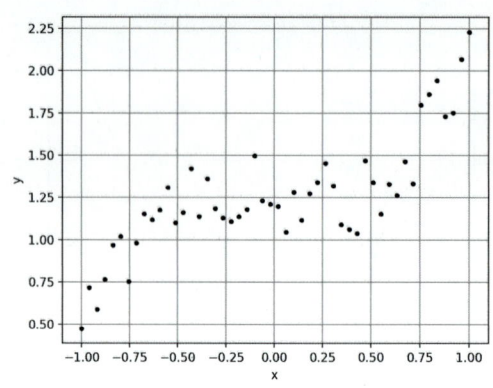

[그림 8-7] 삼차 곡선 모양을 갖고 있는 데이터

삼차 다항 함수를 예측 모델로 정하고 식을 표현해 보면 다음과 같습니다.

$$\hat{y} = w_1 x^3 + w_2 x^2 + w_3 x + b$$

위 예측 모델을 이용하여 다음과 같이 최적화문제를 정의할 수 있습니다.

$$\min_{w_1, w_2, w_3, b} E(\hat{y}, y) = \frac{1}{N} \sum_{i=1}^{N} (\hat{y}_i - y_i)^2$$

$$= \frac{1}{N} \sum_{i=1}^{N} (w_1 x_i^3 + w_2 x_i^2 + w_3 x_i + b - y_i)^2$$

$$= \frac{1}{N} \sum_{i=1}^{N} \left(\begin{bmatrix} x_i^3 & x_i^2 & x_i \end{bmatrix} \begin{bmatrix} w_1 \\ w_2 \\ w_3 \end{bmatrix} + b - y_i \right)^2$$

이 경우에는 특성값 벡터를 $[x_i^3 \quad x_i^2 \quad x_i]$로 정의합니다. 결정해야 할 파라미터가 4개(특성값 벡터의 3개의 성분과 b)이므로 4차원 선형 회귀 모델을 설정할 수 있습니다. 이 모델을 학습시키는 것으로 비선형 회귀 분석을 할 수 있습니다. 다음은 특성값을 정의하는 코드입니다.

```python
# 특성값 정의
features = np.array([[xval**3, xval**2, xval] for xval in x_train])
labels = y_train.reshape(-1, 1)
```

예측 모델을 정의할 때 w의 모양을 제외하고 앞의 예제와 정확히 같습니다. 추정되는 파라미터 w의 크기는 특성값 벡터의 크기와 같아야 합니다. 크기가 서로 다르다면 행렬과 벡터의 곱이 성립하지 않으므로 코드에서 오류가 발생합니다.

```python
class MyModel(tf.keras.Model):
    def __init__(self, **kwargs):
        super().__init__(**kwargs)
        self.w = tf.Variable(tf.ones([3,1]))
        self.b = tf.Variable(tf.ones([1]))

    def call(self, x):
        return tf.matmul(x, self.w) + self.b
```

이제 모델을 설정하고 손실함수와 수치최적화 알고리즘을 결정합니다. 수치최적화 알고리즘은 다른 방법으로 변경해도 무방하지만, 일관성을 위해 그래디언트 디센트 방법을 사용했습니다.

```python
model = MyModel()

MaxEpoch = 25
lr = 0.25
batch_size = 10
optimizer = optimizers.SGD(lr)
loss = lambda y, yhat: tf.reduce_mean(tf.square(y - yhat))
```

결정론적 방법을 사용할 수 있지만 딥러닝에서는 일반적으로 스토캐스틱 방법을 사용하므로 앞으로는 계속 스토캐스틱 방법을 사용할 예정입니다.

```python
# 데이터 섞기
np.random.seed(320)
shuffled_id = np.arange(0, len(x_train))
np.random.shuffle(shuffled_id)
shuffled_x_train = features[shuffled_id]
```

```
shuffled_y_train = labels[shuffled_id]

# 스토캐스틱 방법
for epoch in range(MaxEpoch):
    if epoch % 5 == 0:
        curr_loss = loss(labels, model(features))
        print(model.w.numpy().T, model.b.numpy(), curr_loss.numpy())

    for x_batch, y_batch in generate_batches(batch_size,
        shuffled_x_train, shuffled_y_train):
        with tf.GradientTape() as tape:
            curr_loss = loss(y_batch, model(x_batch))
            gradients = tape.gradient(curr_loss,
                model.trainable_variables)
            optimizer.apply_gradients(zip(gradients,
                model.trainable_variables))
```

출력값을 보면 손실함수 값이 충분히 작아진 것을 확인할 수 있습니다.

```
#출력
[[1. 1. 1.]] [1.] 0.57014674
[[0.5752581   0.42941982 0.10803683]] [1.0714246] 0.031893898
[[0.6731134   0.24562356 0.04974759]] [1.1476407] 0.021883728
[[0.7469721   0.18626072 0.00303176]] [1.1714399] 0.019629695
[[ 0.80405676  0.16686103 -0.03414323]] [1.1785893] 0.018755484
```

[그림 8-8]은 학습시킨 삼차 곡선과 데이터를 동시에 나타내고 있습니다. 이 그림을 보면 삼차 곡선이 데이터의 경향성을 잘 표현하고 있는 것을 볼 수 있습니다.

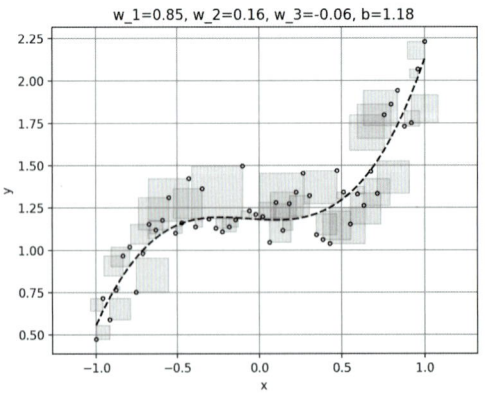

[그림 8-8] 삼차 곡선을 이용한 비선형 회귀 분석

8.3.3 삼각함수 곡선 데이터

앞의 2가지 예제는 모두 다항 함수를 통해 곡선을 표현했습니다. 이번에는 삼각함수를 사용하는 예제를 준비했습니다. 코사인과 사인 함수를 이용하여 비선형 회귀 분석을 해보는 예제입니다. 앞선 예제들과 마찬가지로 데이터를 생성하는 코드를 추가합니다.

```
# 데이터 생성
np.random.seed(327)
x_train = np.linspace(-1,1,50)
y_train = 0.25 * np.cos(np.pi*x_train) + 0.3 * np.sin(np.pi*x_train)
          + 0.2 * (2*np.random.rand(len(x_train))-1)
```

[그림 8-9]를 보면 데이터가 삼각함수 모양으로 분포한다고 봐도 무방하지만, 4차 다항 함수 모양과도 비슷합니다.

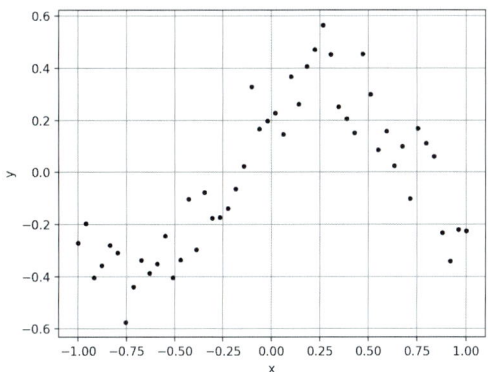

[그림 8-9] 삼각함수 곡선의 모양을 갖고 있는 데이터

위 코드에서 데이터를 생성할 때 삼각함수를 사용했으므로 먼저 삼각함수를 특성값으로 정의하는 방법을 소개합니다. 예측 모델은 다음과 같이 정의할 수 있습니다.

$$\hat{y} = w_1 \cos(\pi x) + w_2 \sin(\pi x) + b$$

이 경우는 생성한 데이터에 맞추어 코사인과 사인 함수의 주기를 2로 설정했습니다. 따라서 특성값 벡터는 $[\cos(\pi x_i) \quad \sin(\pi x_i)]$가 됩니다.

```
features = np.array([[np.cos(np.pi * xval), np.sin(np.pi * xval)]
                     for xval in x_train])
labels = y_train.reshape(-1, 1)
```

주어진 특성값을 사용한 최적화 모델을 수식으로 나타내면 다음과 같습니다. 이 문제는 결정해야 할 파라미터가 3개이므로 3차원 문제입니다.

$$\min_{w_1, w_2, b} E(\hat{y}, y) = \frac{1}{N} \sum_{i=1}^{N} (\hat{y}_i - y_i)^2$$

$$= \frac{1}{N} \sum_{i=1}^{N} (w_1 \cos(\pi x_i) + w_2 \sin(\pi x_i) + b - y_i)^2$$

$$= \frac{1}{N} \sum_{i=1}^{N} \left(\begin{bmatrix} \cos(\pi x_i) & \sin(\pi x_i) \end{bmatrix} \begin{bmatrix} w_1 \\ w_2 \end{bmatrix} + b - y_i \right)^2$$

수식으로 표현된 최적화 문제를 텐서플로로 설정하는 코드입니다. 손실함수는 평균 제곱 오차를 사용하고, 예측 모델은 3차원 선형 모델입니다. 따라서 모델을 정의하는 코드는 이차 곡선 데이터를 사용했던 8.3.1절의 모델과 동일합니다. 수치최적화 알고리즘은 그래디언트 디센트를 사용하고 학습률은 0.25로 설정했습니다. 스토캐스틱 방법에 사용되는 미니 배치의 크기는 10개입니다.

```
class MyModel(tf.keras.Model):
    def __init__(self, **kwargs):
        super().__init__(**kwargs)
        self.w = tf.Variable(tf.ones([2,1]))
        self.b = tf.Variable(tf.ones([1]))

    def call(self, x):
        return tf.matmul(x, self.w) + self.b

model = MyModel()

MaxEpoch = 25
lr = 0.25
batch_size = 10
optimizer = optimizers.SGD(lr)
loss = lambda y, yhat: tf.reduce_mean(tf.square(y - yhat))
```

다음은 스토캐스틱 방법을 사용하기 위해 데이터를 섞어주고, 미니 배치를 생성하여 파라미터 추정치를 업데이트하는 코드입니다. 여러 번 반복한 코드이므로 이제 익숙한 코드일 겁니다.

```python
# 데이터 섞기
np.random.seed(320)
shuffled_id = np.arange(0, len(x_train))
np.random.shuffle(shuffled_id)
shuffled_x_train = features[shuffled_id]
shuffled_y_train = labels[shuffled_id]

# 스토캐스틱 방법
for epoch in range(MaxEpoch):
    if epoch % 5 == 0:
        curr_loss = loss(labels, model(features))
        print(model.w.numpy().T, model.b.numpy(), curr_loss.numpy())

    for x_batch, y_batch in generate_batches(batch_size,
        shuffled_x_train, shuffled_y_train):
        with tf.GradientTape() as tape:
            curr_loss = loss(y_batch, model(x_batch))
            gradients = tape.gradient(curr_loss,
                model.trainable_variables)
            optimizer.apply_gradients(zip(gradients,
                model.trainable_variables))
```

출력값을 보면 손실함숫값이 충분히 작아진 것을 확인할 수 있습니다.

```
#출력
[[1. 1.]] [1.] 1.5639328
[[0.23110393 0.2858727 ]] [-0.03948181] 0.011384334
[[0.23096296 0.28525737]] [-0.0394916] 0.01139001
[[0.23096305 0.28525692]] [-0.03949159] 0.011390012
[[0.23096305 0.28525692]] [-0.03949159] 0.011390012
```

[그림 8-10]을 보면 학습시킨 곡선이 데이터의 경향성을 잘 표현하고 있는 것을 알 수 있습니다.

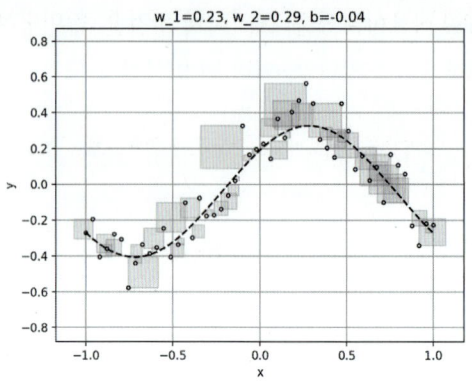

[그림 8-10] 삼각함수 곡선을 이용한 비선형 회귀 분석

실제로는 데이터를 가장 잘 표현하는 특성값을 찾는 것은 매우 어렵고 답이 정해져 있지 않습니다. 이번에는 같은 데이터를 4차 다항 함수로 비선형 회귀 분석을 해본 후 결과를 비교해 보겠습니다. 예측 모델은 다음과 같이 정의할 수 있습니다.

$$\hat{y} = w_1 x^4 + w_2 x^3 + w_3 x^2 + w_4 x + b$$

이 경우에는 특성값이 $[x_i^4 \quad x_i^3 \quad x_i^2 \quad x_i]$이고 결정해야 할 파라미터가 5개이므로 5차원 문제입니다. 다음과 같이 특성값과 모델을 설정합니다.

```
features = np.array([[xval**4, xval**3, xval**2, xval]
                     for xval in x_train])
labels = y_train.reshape(-1, 1)

class MyModel(tf.keras.Model):
    def __init__(self, **kwargs):
        super().__init__(**kwargs)
        self.w = tf.Variable(tf.ones([4,1]))
        self.b = tf.Variable(tf.ones([1]))

    def call(self, x):
        return tf.matmul(x, self.w) + self.b
```

나머지 부분들은 모두 전과 같이 코드를 작성하고 Epoch 수만 100으로 설정하여 코드를 실행하면 다음과 같은 결과를 얻습니다. [그림 8-10]과 [그림 8-11]을 비교해보면 2가지 결과 모두 만족스러운 것을 확인할 수 있습니다. 이처럼 같은 데이터 분포를 서로 다른 비선형 특성들을 사용하여 분석할 수 있습니다.

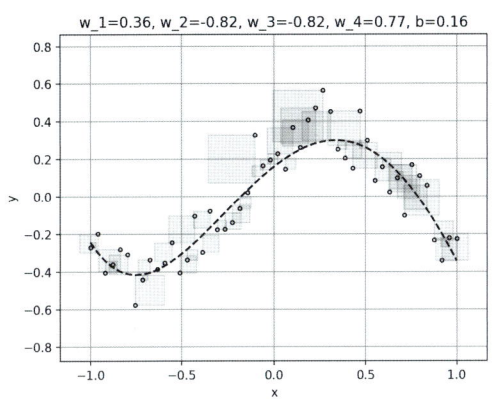

[그림 8-11] 같은 데이터를 4차 다항 함수로 비선형 회귀 분석한 결과

8.4 비선형 특성값 추정 방법과 신경망 모델

일반적으로 행렬과 벡터의 곱으로 나타낼 수 있는 모델들을 선형 모델이라고 부릅니다. 지금까지 여러 예제를 통해 확인한 것 같이 비선형 회귀 분석은 비선형 특성값과 고차원 선형 모델을 사용하여 예측값을 결정했습니다. 따라서 비선형 회귀는 사실상 선형 회귀라 할 수 있습니다.

일반적으로는 회귀 모델을 결정하기 위해 데이터가 주어져 있는 상태에서 분석을 시작합니다. 이때 데이터의 모양을 결정하는 특성값을 정하는 것이 매우 중요합니다. 안타깝게도 데이터를 보지 않고 적절한 특성값을 찾는 것은 불가능합니다. 데이터 분포도를 그려보고 분포가 어떠한 모양을 갖고 있는지를 파악하여 특성값을 정해야 합니다.

이렇게 특성값을 정하는 것은 컴퓨터가 아닌 사람의 일입니다. 사람이 직접 데이터를 보고 특성을 발견한 후에 분석을 시작할 수 있습니다. 그렇기 때문에 비효율적인 경우가 많습니다. 또한, 현재는 학습데이터(x값)가 1차원이라 평면상에 데이터의 분포도를 나타낼 수 있었지만, 학습데이터의 차원이 증가하게 되면 분포도를 나타내기 어렵습니다. 학습데이터가 2차원인 경우에는 3차원 공간상에 표현할 수 있지만 적절한 특성값을 찾기 어렵습니다. 학습데이터가 3차원 이상이 되면 분포도를 통해 특성값을 찾는 것은 거의 불가능합니다. 이러한 문제를 놀랍게 개선해준 아이디어가 바로 신경망 모델입니다. 간단히 설명하자면 신경망 모델은 데이터 세트마다 매번 모델을 바꾸지 않아도 특성값을 자동으로 추출해줍니다. 더 자세한 내용은 10장에서 예제와 함께 다루겠습니다.

Chapter 09 선형 분류 모델

스마트폰의 잠금 상태를 해제할 때 사용되는 얼굴 인식이나 사진을 보여주면 사람, 자동차, 동물 등을 맞추는 기능은 이미 모두에게 익숙한 딥러닝 기술입니다. 이런 기술은 어떠한 데이터(사진, 텍스트 등)가 들어오면 학습한 내용을 기반으로 이 데이터가 무엇인지 분류하여 판단합니다. 이러한 모델을 분류 모델(Classification model)이라고 합니다.

이번 장에서는 가장 기본적인 분류 모델인 선형 분류 모델(Linear classification model)을 소개하면서 분류 모델에 많이 등장하는 확률 예측 모델과 크로스 엔트로피(Cross-entropy)에 대해 다룹니다. 분류 모델은 목적에 따라서 2가지로 나뉩니다. 먼저 스마트폰의 얼굴 인식처럼 사용자의 얼굴인지 아닌지를 판단하는 이항 분류 모델(Binary classification model)이 있습니다. 이 모델은 예측값이 맞다/틀리다와 같이 두 가지 경우밖에 없어서 이항 분류라고 불립니다. 가장 기초적인 문제이지만 생각보다 많은 문제가 이항 분류 문제에 속합니다.

또한, 물체의 사진을 보고 사람인지, 음식인지, 자동차인지를 구별해서 판단하는 모델은 다중 분류 모델(Multi-label classification model)이라 부릅니다. 분류를 한다는 점에서는 이항 분류 모델과 같지만, 여러 가지 기술적인 다른 점이 있어 따로 구분하여 다룰 예정입니다.

9.1 이항 분류 모델

이번 절에서는 2차원 평면에 주어진 2가지 종류의 좌표 데이터를 학습하는 가장 기본적인 이항 분류 문제를 다룹니다. 세모와 네모 좌표들이 [그림 9-1]과 같이 있는 상황에서 2가지를 구분해주는 경계선을 찾는 것이 이번 절의 목표입니다. 어떤 경계선을 기준으로 위쪽이 세모, 아래쪽이 네모라고 판단합니다. 주목할 점은 판단의 종류가 2가지 밖에 없다는 점입니다. 즉, 모델에서는 "세모가 맞다." 또는 "세모가 아니다(네모다)."라고 판단합니다.

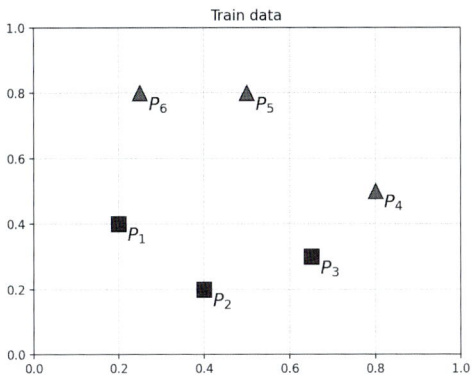

[그림 9-1] 예제에 사용될 학습 데이터

다음은 주어진 좌표 데이터와 레이블을 나타내기 위한 표기법입니다. 벡터 x_i는 i번째 데이터의 좌표를 나타내고, 스칼라 p_i는 i번째 데이터가 네모라면 0으로, 세모라면 1로 나타냅니다.

$$P_1: \quad x_1 = (0.2, 0.4), \quad p_1 = 0$$
$$P_2: \quad x_2 = (0.4, 0.2), \quad p_2 = 0$$
$$P_3: \quad x_3 = (0.65, 0.3), \quad p_3 = 0$$
$$P_4: \quad x_4 = (0.8, 0.5), \quad p_4 = 1$$
$$P_5: \quad x_5 = (0.5, 0.8), \quad p_5 = 1$$
$$P_6: \quad x_6 = (0.25, 0.8), \quad p_6 = 1$$

판단의 기준이 되는 경계선을 결정경계선(Decision Boundary)이라고 합니다. 최적의 결정경계선을 찾는 것이 이항 분류 모델의 목표입니다. 일반적으로 결정경계선은 복잡한 형태이지만, 개념 설명을 위해 직선으로 한정하여 진행합니다. 그 후에 이번 절의 뒷부분에서 비선형 특성값을 사용하여 곡선 형태의 결정경계선을 찾는 예제를 소개합니다. 선형 분류 모델 A가 추정한 결정경계선은 기울기가 0.6이고 y절편이 0.1인 직선이라고 가정하겠습니다. 이 결과를 그림으로 나타내면 [그림 9-2]와 같습니다.

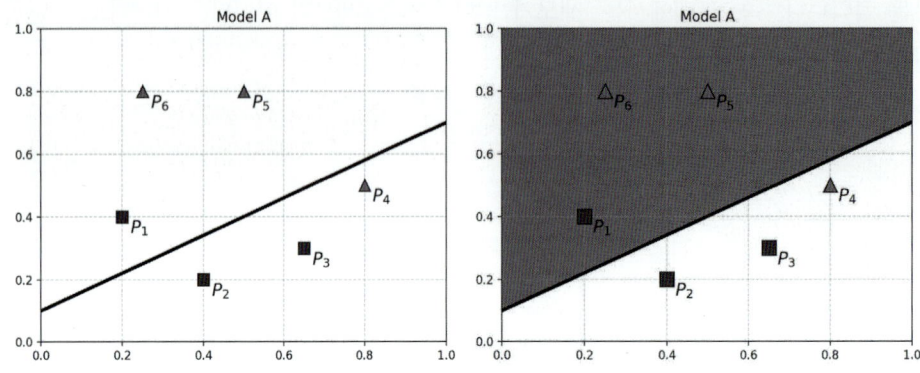

[그림 9-2] 모델 A가 추정한 결정경계선

모델 A는 결정경계선을 기준으로 위쪽은 세모, 아래쪽은 세모가 아닌 것(네모)이라고 판정하는 모델입니다. 즉, 이 모델은 [그림 9-2]의 오른쪽 그림에서 데이터가 회색 영역에 있으면 세모라고 판정하고 흰색 영역에 있으면 세모가 아니라고 판정합니다. 정답은 p_i로 표시하고 모델의 예측값은 $\hat{p}_i$로 표시하면 다음과 같이 나타낼 수 있습니다.

[표 9-1] 모델 A의 예측 결과

P_i	P_1	P_2	P_3	P_4	P_5	P_6
p_i	0	0	0	1	1	1
$\hat{p}_i$	1	0	0	0	1	1

이 모델이 정확하지 않다는 것은 쉽게 알 수 있습니다. 왜냐하면, P_1과 P_4에 대한 판정이 틀렸기 때문입니다. 모델 A는 실제로는 네모인 데이터 P_1을 세모라고 판정했고, 세모인 데이터 P_4를 네모라고 판정했습니다.

9.1.1 연속 확률 모델

모델 A와 모델 B가 추정한 결정경계선이 [그림 9-3]에 있습니다.

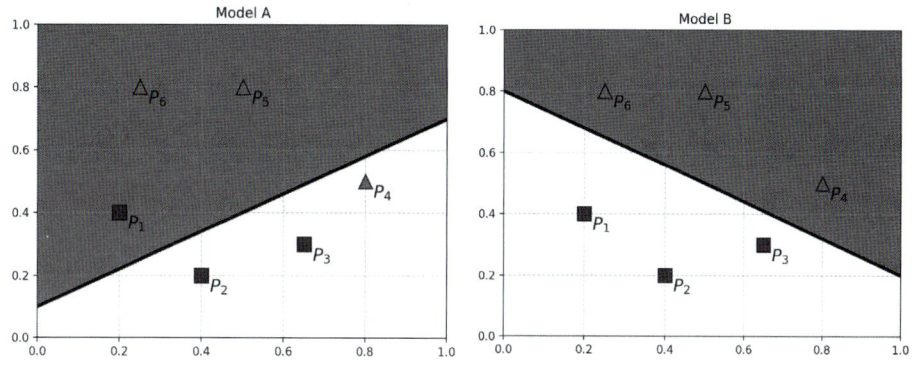

[그림 9-3] 모델 A와 B가 추정한 결정경계선

어떤 모델이 더 좋은 모델일까요? 누구나 어렵지 않게 모델 B라고 대답할 겁니다. 왜냐하면, 모델 A는 6개 중의 2개가 오답이고, 모델 B는 오답이 없기 때문입니다. 따라서 문제에서 가장 좋은 모델은 오답의 개수가 가장 적은 모델입니다. 이것을 수학적으로 나타내면 다음과 같습니다.

$$\min_{\text{결정경계선}} \text{오답의 개수}$$

위의 최적화 문제는 오답의 개수를 가장 적게 하는 결정경계선을 찾는 문제입니다. 이 문제를 다음과 같은 최적화 문제로 바꿀 수 있습니다.

$$\min_{a,b} E(a,b)$$

여기서 a와 b는 결정경계선을 나타내는 방정식의 기울기와 y절편입니다. 그리고 $E(a,b)$는 모델이 결정경계선을 통해 정답(또는 오답)을 판단한 확률을 이용하여 정의한 손실함수입니다. 오답의 개수가 아니라 정답(또는 오답)을 판단한 확률을 이용했다는 점이 중요합니다. 이 손실함수에 대해서는 뒤에서 자세히 다루도록 하겠습니다.

앞에서 배운 최적화 내용을 기억하는 분들은 손실함수를 오답의 개수로 설정하면 되는 게 아니냐는 질문을 할 수 있습니다. 하지만 이렇게 접근하면 오답의 개수가 같은 모델이 있을 때 더 좋은 모델을 구분할 수 없는 문제점이 있습니다. [그림 9-4]는 모델 B와 모델 C가 추정한 결정경계선을 나타내고 있습니다. 두 모델 모두 오답이 없으므로 오답의 개수를 손실함수로 사용하게 되면 어떤 모델이 좋은 모델인지 구분할 수 없습니다.

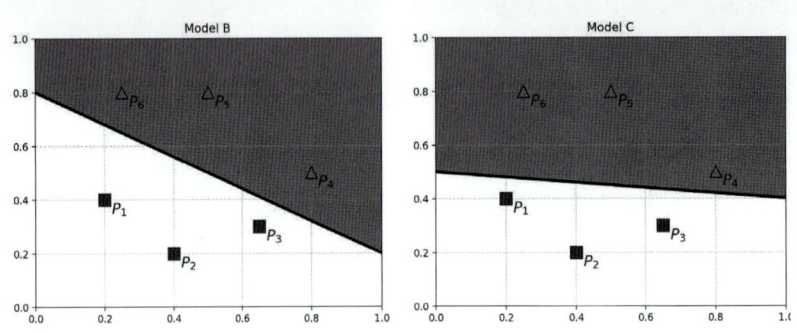

[그림 9-4] 오답 개수가 같지만 서로 다른 성능의 모델들

따라서 오답의 개수가 아닌 다른 방법으로 모델의 성능을 측정해야 더 좋은 모델을 선택할 수 있습니다. 예를 들어 "데이터 P_i는 세모이다/아니다"의 이분법적으로 예측하는 방법 대신 "데이터 P_i가 세모일 확률이 70%이다"라고 예측해주는 확률 모델을 적용하면 [그림 9-4]에 있는 두 모델을 올바르게 평가할 수 있습니다. 이러한 확률 모델을 사용하려면 다음과 같은 시그모이드(Sigmoid) 함수를 도입해야 합니다.

$$\sigma(z) = \frac{1}{1 + e^{-z}}$$

시그모이드 함수는 다음과 같은 형태를 가지고 있습니다.

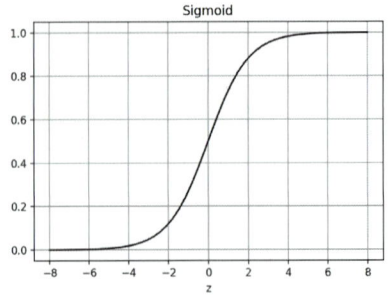

[그림 9-5] 시그모이드 함수

시그모이드 함수는 0과 1 사이의 함숫값을 갖습니다. 따라서 확률을 나타내기에 적합한 함수입니다. 그리고 0 주변에서는 함숫값이 급격하게 0에서 1로 증가하는 경향을 보이고 있습니다. 텐서플로를 이용하여 코드를 작성하는 예제로 확률 모델을 소개합니다. 가장 먼저 학습용 데이터와 레이블을 선언합니다.

```
import numpy as np

xy = np.array([[.2, .4],[.4, .2],[.65,.3],[.8, .5],[.5, .8],[.25, .8]])
labels = np.array([[0],[0],[0],[1],[1],[1]], dtype=np.int32)
print(xy)
print(labels)
```

위 코드를 실행하면 다음과 같은 출력값을 얻습니다.

```
출력:
[[0.2  0.4 ]
 [0.4  0.2 ]
 [0.65 0.3 ]
 [0.8  0.5 ]
 [0.5  0.8 ]
 [0.25 0.8 ]]
[[0]
 [0]
 [0]
 [1]
 [1]
 [1]]
```

위에서 선언한 데이터는 6개의 좌표 데이터와 레이블입니다. 레이블 값이 0이면 세모가 아닌(네모) 상태를 나타내고, 1이면 세모인 상태를 나타냅니다. 따라서, 처음 3개의 좌표는 네모이고 나머지 3개의 좌표는 세모인 학습용 데이터와 레이블입니다.

모델 B를 확률 모델로 적정하게 바꿔보면 다음과 같습니다. 모델 B의 결정경계선은 기울기가 −0.6이고 y절편은 0.8인 직선입니다. 이 결정경계선 수식의 양 변에 10을 곱하고 정리하면 다음과 표현할 수 있습니다.

$$y = -0.6x + 0.8 \quad \Rightarrow \quad 6x + 10y - 8 = 0$$

위 식의 오른쪽 부분은 다음과 같이 행렬과 벡터의 연산으로 나타낼 수 있습니다.

$$6x + 10y - 8 = \underbrace{\begin{bmatrix} 6 & 10 \end{bmatrix}}_{W} \underbrace{\begin{bmatrix} x \\ y \end{bmatrix}}_{x} + \underbrace{(-8)}_{b} = W\boldsymbol{x} + b$$

결정경계선을 이용하여 확률을 계산하기 위해 시그모이드 함수를 이용하면 모델 B의 예측값은 다음과 같습니다.

$$\hat{p} = \sigma(W\boldsymbol{x} + b)$$

```python
# 모델 B
class MyModel(tf.keras.Model):
    def __init__(self, **kwargs):
        super().__init__(**kwargs)
        self.w = tf.Variable([[6.],[10.]]) # 결정경계선의 일반형 식의 계수(W)
        self.b = tf.Variable([-8.]) # 결정경계선의 일반형 식의 상수항(b)

    def call(self, x): # x: 데이터 좌표 (x,y)
        return tf.nn.sigmoid(tf.matmul(x, self.w) + self.b)
```

앞서 시그모이드에 대해 언급했듯이 $\hat{p}$ 는 항상 0에서 1 사이의 값을 갖습니다. 그리고 W 와 b 의 값에 따라서 결정경계선이 달라집니다. 모델 B를 그림으로 그려보면 다음과 같습니다.

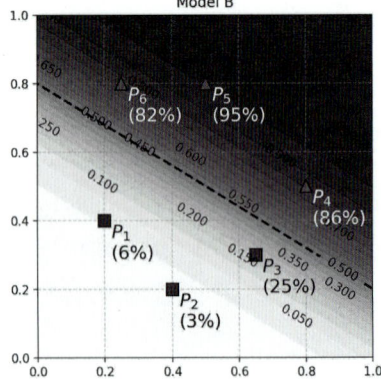

[그림 9-6] 모델 B에 대한 확률 모델

[그림 9-6]을 보면 좌표 밑에 확률이 적혀 있습니다. 이 부분을 많은 사람이 자주 헷갈려합니다. 이 모델은 항상 세모일 확률만 예측합니다. 네모일 확률값은 따로 값을 나타내지 않습니다. 세모일 확률이 낮다는 것은 네모일 확률이 높다는 것과 같은 의미이기 때문입니다. 예를 들어, P_1은 세모일 확률이 6%이므로 네모일 확률은 94%가 됩니다. 여기서 등고선에 적혀있는 숫자들은 모두 세모일 확률을 나타낸 것입니다.

이렇게 확률로 나타내는 경우 결정경계선은 값이 0.5인 등고선이 됩니다. 확률이 50%라는 것은 세모인지 아닌지 구분하기 힘든 상황이므로 그곳이 바로 결정경계선이 됩니다. 다음 절에서는 모델 B와 모델 C의 결과를 확률 모델로 비교합니다.

9.1.2 최대우도법과 크로스 엔트로피

앞의 절에서 [그림 9-4]를 보면 모델 B와 C가 추정한 오답의 개수는 0으로 같습니다. 그래서 오답의 개수로 모델을 평가한다면 두 모델 중 어떤 모델이 더 좋은지 평가할 수 없습니다. 하지만 [그림 9-7]과 같이 모델 B와 C의 확률 모델을 보면 각 모델이 세모일 확률을 나타내는 값에 차이가 있습니다. 이런 경우 어떻게 확률을 평가해야 할까요? 이에 대한 답은 최대우도법(Maximum Likelihood Estimation)입니다.

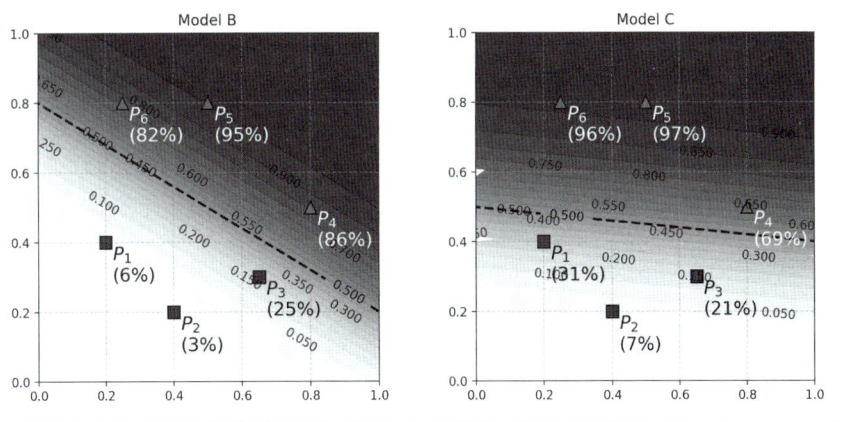

[그림 9-7] 모델 B와 C에 대한 확률 모델

최대우도법은 이름이 어려워 보이지만 아주 간단한 생각에서 출발합니다. 학습용 데이터에 대해 정확히 예측할 확률을 최대화하는 방법입니다. 이 말을 예제에 맞게 재구성한다면 다음과 같습니다.

> "레이블이 세모인 좌표를 세모라고 예측할 확률과
> 레이블이 네모인 좌표를 네모라고 예측할 확률이 큰 모델이 좋은 모델이다."

모델 B를 기준으로 설명하면 위의 문장은 2가지 내용으로 나누어 생각할 수 있습니다. 첫 번째는 '레이블이 세모인 좌표를 세모라고 예측할 확률'입니다. 먼저 레이블이 세모인 좌표는 P_4, P_5, P_6입니다. 그리고 각 좌표에서 세모라고 예측할 확률은 0.86, 0.95, 0.82입니다. 따라서 레이블이 세모인 좌표를 모두 세모라고 예측할 확률은 $0.86 \times 0.95 \times 0.82$입니다.

다음은 "레이블이 네모인 좌표를 네모라고 예측할 확률"입니다. 레이블이 네모인 좌표는 P_1, P_2, P_3입니다. 네모라고 예측할 확률은 주의해서 구해야 합니다. 각각 0.06, 0.03, 0.25라고 생각하기 쉽지만, 1에서 이 확률값을 빼줘야 네모일 확률입니다. [그림 9-7]에 적힌 확률들은 모두 세모일 확률이기 때문입니다. 그러므로 레이블이 네모인 좌표를 모두 네모라고 예측할 확률은 $0.94 \times 0.97 \times 0.75$입니다.

모델 B에서 모든 좌표를 올바르게 예측할 확률은 다음과 같이 앞에서 설명한 모든 확률값을 곱한 값입니다.

$$0.94 \times 0.97 \times 0.75 \times 0.86 \times 0.95 \times 0.82 \approx 0.46$$

같은 방법으로 모델 C에서 모든 좌표를 올바르게 예측할 확률을 계산할 수 있습니다.

$$0.69 \times 0.93 \times 0.79 \times 0.69 \times 0.97 \times 0.96 \approx 0.33$$

따라서 모든 좌표를 대응되는 레이블로 정확하게 예측할 확률이 높은 모델은 B입니다. 고등학교에서 배우는 확률에 대한 이해가 있다면 최대우도법을 쉽게 이해할 수 있습니다. 다음은 텐서플로를 사용하여 앞서 구한 두 모델의 최대우도값을 구하는 코드를 소개합니다. 먼저 모델 B에 대한 최대우도값을 구하는 코드입니다.

```
# 모델 B
class MyModel(tf.keras.Model):
    def __init__(self, **kwargs):
        super().__init__(**kwargs)
        self.w = tf.Variable([[6.],[10.]]) # 결정경계선의 일반형 식의 계수(W)
        self.b = tf.Variable([-8.]) # 결정경계선의 일반형 식의 상수항(b)

    def call(self, x): # x: 데이터 좌표 (x,y)
        return tf.nn.sigmoid(tf.matmul(x, self.w) + self.b)

model = MyModel()

pred = model(xy).numpy()
print(pred)
pred[0:3] = 1.0 - pred[0:3]
print(pred)
prob = np.prod(pred)
print(prob)
```

네모일 확률은 1에서 예측 확률을 빼는 것이 중요한데, 위 코드의 15번째 줄인 pred[0:3] = 1.0 − pred[0:3]이 해당되는 부분입니다. 위 코드를 실행한 결과는 다음과 같습니다.

```
출력:
[[0.05732417]
 [0.02659699]
 [0.24973983]
 [0.85814893]
 [0.95257413]
 [0.81757444]]

[[0.9426758 ]
 [0.973403  ]
 [0.7502602 ]
 [0.85814893]
 [0.95257413]
 [0.81757444]]

0.4601037
```

첫 번째 출력은 좌표가 세모일 확률이고 두 번째 출력은 모든 좌표를 대응되는 레이블로 정확하게 예측할 확률입니다. 마지막 출력은 앞서 구한 최대우도값입니다. 마찬가지로 모델 C의 최대우도값을 구하는 코드는 다음과 같습니다.

```python
# 모델 C
class MyModel(tf.keras.Model):
    def __init__(self, **kwargs):
        super().__init__(**kwargs)
        self.w = tf.Variable([[1.],[10.]]) # 결정경계선의 일반형 식의 계수(W)
        self.b = tf.Variable([-5.]) # 결정경계선의 일반형 식의 상수항(b)

    def call(self, x): # x: 데이터 좌표 (x,y)
        return tf.nn.sigmoid(tf.matmul(x, self.w) + self.b)

model = MyModel()

pred = model(xy).numpy()
print(pred)
pred[0:3] = 1.0 - pred[0:3]
print(pred)
prob = np.prod(pred)
print(prob)
```

위 코드를 실행한 결과는 다음과 같습니다.

```
출력:
[[0.3100255 ]
 [0.06913835]
 [0.20587042]
 [0.6899745 ]
 [0.9706878 ]
 [0.9626731 ]]

[[0.6899745 ]
 [0.93086165]
 [0.7941296 ]
 [0.6899745 ]
 [0.9706878 ]
 [0.9626731 ]]

0.32885242
```

어느 정도 경험이 있다면 최대우도법이 없이도 모델 B가 더 좋은 모델인 것을 알 수 있습니다. 하지만, 이렇게 최대우도법을 사용하면 객관적이고 정량적으로 모델의 성능을 나타낼 수 있는 장점이 있습니다. 이렇게 구한 최대우도값은 크로스 엔트로피(Cross Entropy, 또는 교차 엔트로피)와 밀접한 관련이 있습니다.

N을 데이터의 개수라 하고 p_i를 i번째 좌표의 레이블이라 하면 크로스 엔트로피의 수식은 다음과 같습니다.

$$E(p, \hat{p}) = -\sum_{i=1}^{N} \Big(p_i \log(\hat{p}_i) + (1 - p_i) \log(1 - \hat{p}_i) \Big)$$

확률 관련 도서나 위키백과 같은 자료에서 크로스 엔트로피를 찾아보면 어려운 용어들이 등장합니다. 수식도 해석하기 힘든데 해석된 말들도 이해하기 쉽지 않습니다. 하지만 크로스 엔트로피는 아주 간단하게 이해할 수 있습니다. 먼저 모델 B에 대한 크로스 엔트로피를 위 수식에 따라서 계산해 보겠습니다.

$$\begin{aligned}
E(p, \hat{p}) &= -\sum_{i=1}^{N} \Big(p_i \log(\hat{p}_i) + (1 - p_i) \log(1 - \hat{p}_i) \Big) \\
&= -\Big(0 \cdot \log(0.06) + (1 - 0) \log(1 - 0.06)\Big) - \Big(0 \cdot \log(0.03) + (1 - 0) \log(1 - 0.03)\Big) \\
&\quad - \Big(0 \cdot \log(0.25) + (1 - 0) \log(1 - 0.25)\Big) - \Big(1 \cdot \log(0.86) + (1 - 1) \log(1 - 0.86)\Big) \\
&\quad - \Big(1 \cdot \log(0.95) + (1 - 1) \log(1 - 0.95)\Big) - \Big(1 \cdot \log(0.82) + (1 - 1) \log(1 - 0.82)\Big) \\
&= -\log(1 - 0.06) - \log(1 - 0.03) - \log(1 - 0.25) - \log(0.86) - \log(0.95) - \log(0.82) \\
&= -\log(0.94 \times 0.97 \times 0.75 \times 0.86 \times 0.95 \times 0.82) \\
&\approx -\log(0.46)
\end{aligned}$$

수식에 값들을 단순히 대입하여 정리하면 놀라운 발견을 할 수 있습니다. 앞서 최대우도값을 계산한 수식인 $0.94 \times 0.97 \times 0.75 \times 0.86 \times 0.95 \times 0.82 \approx 0.46$이 마지막 두 줄에서 나옵니다. 사실, 크로스 엔트로피는 최대우도값에 $-\log$를 취한 값일 뿐입니다. 최대우도값은 0에서 1 사이의 값인 확률을 계속해서 곱하므로 데이터가 많아지면 값이 매우 작아지는 경우가 많습니다. 따라서 $-\log$를 취해서 이런 현상을 막아줍니다.

크로스 엔트로피의 공식을 처음 봤을 때는 의미를 파악하기 어려웠지만, 간단한 문제에서 직접 계산해 보았으니 이제는 이해할 수 있습니다. $p_i = 1$(세모)인 데이터에 대해서 $1 - p_i = 0$이므로 Σ 안의 계산은 다음과 같습니다.

$$p_i \log(\hat{p}_i) + (1 - p_i) \log(1 - \hat{p}_i) = 1 \cdot \log(\hat{p}_i) + (1 - 1) \log(1 - \hat{p}_i) = \log(\hat{p}_i)$$

따라서 $p_i=1$인 경우에는 모델에서 예측한 확률값에 log를 취한 값이 계산됩니다. 마찬가지로 $p_i=0$(네모)인 데이터에 대해서는 $1-p_i=1$이므로

$$p_i \log(\hat{p}_i) + (1-p_i)\log(1-\hat{p}_i) = 0 \cdot \log(\hat{p}_i) + (1-0)\log(1-\hat{p}_i) = \log(1-\hat{p}_i)$$

이 됩니다. 따라서 $p_i=0$인 경우에는 모델에서 예측한 확률값($p_i=1$일 확률)을 1에서 뺀 후 log를 취한 값이 계산됩니다. $p_i=1$(세모)이라고 예측할 확률값을 1에서 뺀 값은 $p_i=0$ (네모)라고 예측할 확률값이므로, 이 경우에는 $p_i=0$이라고 예측한 확률값에 log를 취한 값이 계산됩니다. 그리고 log의 성질인 $\log a + \log b = \log(a \times b)$를 사용하면, 크로스 엔트로피는 최대우도값에 $-\log$를 취한 값이라는 것을 알 수 있습니다. 다음은 크로스 엔트로피를 구하는 텐서플로 코드입니다.

```
loss = lambda p, phat: tf.reduce_sum(- p * tf.math.log(phat)
                                    - (1 - p) * tf.math.log(1 - phat))
loss_val = loss(labels, model(xy)).numpy()
print(loss_val)
pred = model(xy).numpy()
pred[0:3] = 1.0 - pred[0:3]
prob = np.prod(pred)
print(-np.log(prob))
```

위 코드에서는 크로스 엔트로피를 tf.reduce_sum을 이용하여 손실함수(loss)로 정의했습니다. 이후에 스토캐스틱 그래디언트 디센트를 이용하여 학습시킬 때에는 평균값을 사용하므로 tf.reduce_mean을 사용합니다. 코드를 실행하면 다음과 같은 출력이 나옵니다.

```
출력:
0.77630347
0.7763034
```

코드를 보면 손실함수의 값이 첫 번째 출력값이고, 최대우도값에 $-\log$를 취한 값이 두 번째 출력값인 것을 알 수 있습니다. 이 결과를 통해 최대우도값에 $-\log$를 취한 것과 크로스 엔트로피가 같다는 것을 한번 더 확인할 수 있습니다.

9.1.3 미니 배치 방법을 통한 모델 학습

선형 분류 모델과 학습용 좌표 데이터 및 레이블이 주어지고, 손실함수를 정의했으니 학습을 위한 이론적인 설정은 모두 끝났습니다. 이제 남은 것은 텐서플로로 수치최적화 알고리즘을 구현하여 실행하는 것입니다. 초깃값은 $W = [1, 1]$, $b = -1$ 로 설정했습니다. 스토캐스틱 방법을 사용하기 위해 손실함수는 tf.reduce_mean을 이용하여 평균값을 계산합니다.

```python
xy = np.array([[.2, .4],[.4, .2],[.65,.3],[.8, .5],[.5, .8],[.25, .8]])
labels = np.array([[0],[0],[0],[1],[1],[1]], dtype=np.int32)

class MyModel(tf.keras.Model):
    def __init__(self, **kwargs):
        super().__init__(**kwargs)
        self.w = tf.Variable([[1.],[1.]])
        self.b = tf.Variable([-1.])

    def call(self, x):
        return tf.nn.sigmoid(tf.matmul(x, self.w) + self.b)

loss = lambda p, phat: tf.reduce_mean(- p * tf.math.log(phat)
                                      - (1 - p) * tf.math.log(1 - phat))

model = MyModel()
```

여기까지 수학적으로 필요한 모든 것이 정의되었습니다. 이제 미니 배치들을 만들고 최적화 방법으로 Adam을 사용하여 모델을 학습합니다. 이번 예제에서 사용하는 데이터의 개수는 6개이고 미니 배치의 크기는 10이므로 전체 데이터를 이용하여 학습하는 결정론적 방법으로 학습합니다. 하지만 일반적인 경우에는 데이터의 수가 많으므로 스토캐스틱 방법을 사용하는 코드를 그대로 사용했습니다.

```python
MaxEpochs = 50
lr = 1.0
optimizer = tf.keras.optimizers.Adam(lr)

# 데이터 섞기
np.random.seed(320)
shuffled_id = np.arange(0, len(features))
np.random.shuffle(shuffled_id)
```

```
shuffled_x_train = features[shuffled_id]
shuffled_y_train = labels[shuffled_id]

# 스토캐스틱 방법
batch_size = 10
for epoch in range(MaxEpochs):
    if epoch % 5 == 0:
        curr_loss = loss(labels, model(features))
        print(model.w.numpy().T, model.b.numpy(), curr_loss.numpy())

    for x_batch, y_batch in generate_batches(batch_size,
        shuffled_x_train, shuffled_y_train):
        with tf.GradientTape() as tape:
            curr_loss = loss(y_batch, model(x_batch))
            gradients = tape.gradient(curr_loss,
                model.trainable_variables)
            optimizer.apply_gradients(zip(gradients,
                model.trainable_variables))
```

학습 결과를 그래프로 그려보면 다음과 같습니다.

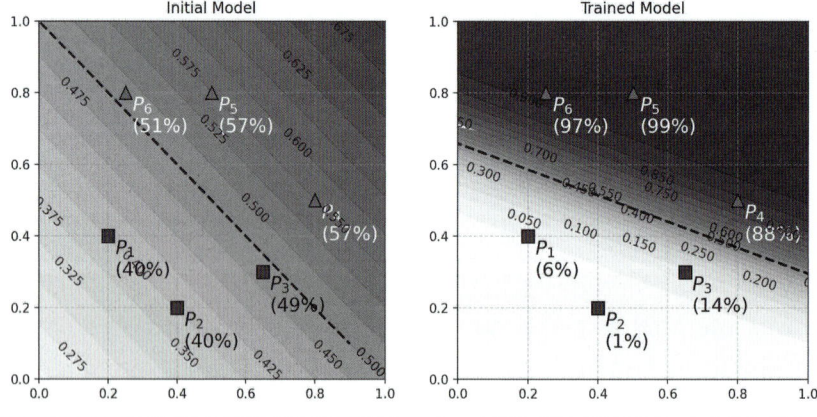

[그림 9-8] 학습 전과 후의 선형 분류 모델

이번 예제에서는 운이 좋게도 학습 전의 모델의 예측값에서 오답이 없습니다. 그러나 각각의 예측에 대한 확률을 보면 50~60% 정도(네모는 100%에서 확률을 뺀 값)로 높지 않습니다. 반면에 학습 후의 모델의 예측값은 85% 이상으로 높은 확률로 예측했습니다. 따라서 학습이 잘 되었다고 판단할 수 있습니다.

9.1.4 특성값을 이용한 비선형 분류 모델

앞서 배운 선형 분류 모델은 결정경계선이 직선입니다. 따라서 선형 분류 모델은 한계가 있습니다.

```
from sklearn.datasets import make_circles
xy, labels = make_circles(n_samples=400, noise=0.1)
```

위 코드를 실행하면 [그림 9-9]처럼 원 모양으로 분포된 데이터를 생성합니다.

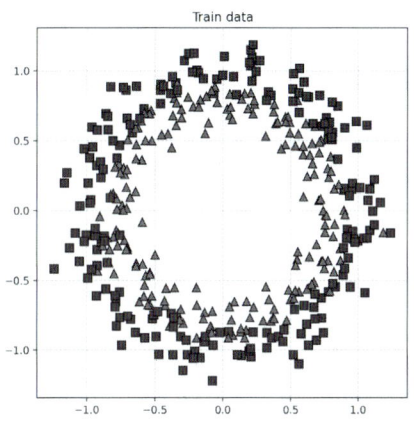

[그림 9-9] 원 모양으로 분포된 데이터

[그림 9–9]처럼 데이터가 분포해 있으면 직선으로 세모 모양과 네모 모양을 구분할 수 없습니다. 따라서 사용자가 데이터 분포의 특징을 찾아서 지정해야 합니다. 8장에서 비선형 회귀 분석을 비선형 특성값과 선형 모델을 사용하여 해결하는 방법을 배웠습니다. 분류 모델에서도 비선형 특성값과 선형 분류모델을 통해서 이를 해결할 수 있습니다.

먼저 결정경계선의 방정식을 결정해야 합니다. [그림 9–9]와 같은 분포를 가진 데이터에 대해서는 타원의 방정식이 적당합니다. 중심이 원점인 타원의 방정식은 $w_1 x^2 + w_2 y^2 + b = 0$의 형태를 가지고 있습니다. 그래서 다음과 같이 x^2과 y^2을 특성값으로 정의합니다.

```
features = np.array([[xval**2, yval**2] for xval, yval in xy])
```

그리고 모델과 손실함수는 선형 분류 모델과 같이 설정해줍니다.

```
class MyModel(tf.keras.Model):
    def __init__(self, **kwargs):
        super().__init__(**kwargs)
        self.w = tf.Variable([[1.],[1.]])
        self.b = tf.Variable([-0.25])

    def call(self, x):
        return tf.nn.sigmoid(tf.matmul(x, self.w) + self.b)

loss = lambda p, phat: tf.reduce_mean(- p * tf.math.log(phat)
                                     - (1 - p) * tf.math.log(1 - phat))
```

비선형 특성값을 이용하여 스토캐스틱 방법으로 학습하는 코드는 다음과 같습니다.

```
model = MyModel()

# 수치최적화 알고리즘
MaxEpochs = 100
lr = 0.01
optimizer = tf.keras.optimizers.Adam(lr)

# 데이터 섞기
np.random.seed(320)
shuffled_id = np.arange(0, len(features))
np.random.shuffle(shuffled_id)
shuffled_x_train = features[shuffled_id]
shuffled_y_train = labels[shuffled_id]

# 스토캐스틱 방법
batch_size = 10
for epoch in range(MaxEpochs):
    for x_batch, y_batch in generate_batches(batch_size,
        shuffled_x_train, shuffled_y_train):
        with tf.GradientTape() as tape:
            curr_loss = loss(y_batch, model(x_batch))
            gradients = tape.gradient(curr_loss,
                model.trainable_variables)
            optimizer.apply_gradients(zip(gradients,
                model.trainable_variables))
```

학습 결과를 그래프로 그려보면 다음과 같습니다.

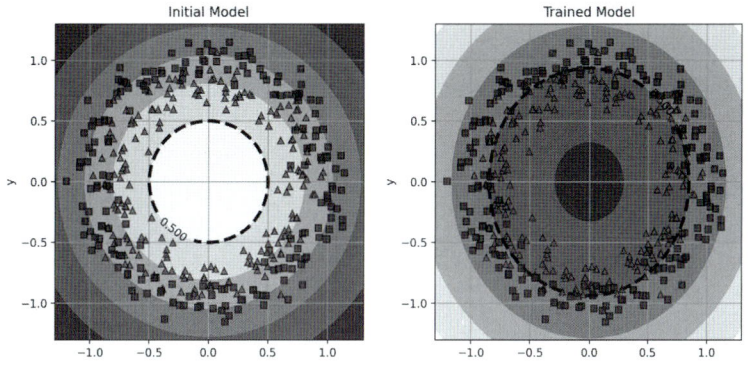

[그림 9-10] 원형 분포 데이터의 학습 전과 후의 모델

[그림 9-10]은 확률이 낮아질수록 하얗게 표시되고 확률이 높아질수록 검게 표현되었습니다. 따라서 주어진 모델은 결정경계선(점선)을 기준으로 색이 진해지는 부분의 데이터는 세모로 예측하고, 반대로 색이 옅어지는 부분의 데이터는 네모로 예측합니다. [그림 9-10]의 왼쪽 그림은 학습 전 모델의 그래프입니다. 학습 전 모델은 모든 데이터를 세모라고 예측하고 있으므로 성능이 아주 낮은 것을 알 수 있습니다.

반면에 오른쪽 그림을 보면 결정경계선을 기준으로 내부가 더 진하게 표현되어 있으므로 결정경계선 내부에 있는 데이터는 세모로 예측하고 외부에 있는 데이터는 네모로 예측합니다. 따라서 학습 후의 모델은 꽤 정확하게 데이터를 분류하는 것을 알 수 있습니다. 이런 방식으로 사용자가 데이터에 맞는 결정경계선의 특성값을 잘 선택할 수 있다면, 더 복잡한 분포를 가진 데이터에 대해서도 좋은 성능의 분류 모델을 만들 수 있습니다.

9.2 다중 분류 모델

이항 분류 모델은 "맞다/아니다"와 같이 두 종류의 결정만 합니다. 따라서 꽃의 종류를 분류해야 할 때는 이항 분류 모델은 적절하지 않습니다. 왜냐하면 꽃은 장미, 튤립, 민들레, 국화 등 여러 종류가 있기 때문입니다. 이와 같이 여러 종류를 분류하는 문제를 다룰 때는 다중 분류 모델(Multiclass classification model)을 사용합니다.

먼저 앞 절의 이항 분류 모델에서 다룬 예제와 같은 문제를 사용하여 다중 분류 모델을 학습합니다. 바로 3가지 이상의 종류가 있는 분류 문제로 가기보다는 이항 분류 모델에서 다룬 문제를 다루는 것이 효과적입니다. 그 후에 10가지 손글씨 숫자 종류를 구분하는 모델을 학습할 예정입니다.

9.2.1 소프트맥스(Softmax)

이항 분류 모델과 다중 분류 모델의 가장 큰 차이는 예측값의 차원입니다. 이항 분류 모델의 예측값은 항상 스칼라였지만, 다중 분류 모델은 벡터입니다. 예를 들면, 세모와 네모를 구분하는 문제에서 이항 분류 모델은 "세모일 확률"을 예측값으로 갖지만, 다중 분류 모델의 예측값은 "세모일 확률"과 "네모일 확률"을 원소로 갖는 벡터입니다.

만약 $\hat{p} = [0.3, 0.7]$ 이라면 세모일 확률은 30%이고, 네모일 확률은 70%를 나타냅니다. 이런 방식은 분류 종류의 개수가 많아져도 쉽게 일반화할 수 있습니다. 분류할 종류가 5개면 5차원의 벡터를 갖습니다. 이런 특성을 갖는 모델을 만들기 위해 소프트맥스(Softmax) 함수가 필요합니다. C차원 벡터 $\mathbf{z}$ 에 대하여 소프트맥스 함수의 수식은 다음과 같습니다. 여기서 C는 분류할 종류의 개수와 같습니다.

$$\text{softmax}(\mathbf{z})_k = \frac{e^{z_k}}{\sum_{i=1}^{C} e^{z_i}}$$

시그모이드 함수는 $C = 2$일 때 소프트맥스의 한 원소의 값과 같습니다($\sigma(z) = \text{softmax}(\mathbf{z})_1$). 소프트맥스를 사용한 모델을 텐서플로로 구현한 코드를 미리 보면 다음과 같습니다.

```python
class MyModel(tf.keras.Model):
    def __init__(self, **kwargs):
        super().__init__(**kwargs)
        self.W = tf.Variable(tf.ones([2,2]), dtype=tf.float32)
        self.b = tf.Variable(tf.ones([2]), dtype=tf.float32)

    def call(self, x):
        return tf.nn.softmax(tf.matmul(x, self.W) + self.b)
```

비슷해 보이지만 변수들의 차원이 다른 점을 주의해야 합니다. 자세한 설명은 뒷부분에서 다루겠습니다.

9.2.2 원-핫(One-hot) 인코딩

모델의 예측값이 바뀌면 학습 데이터의 레이블 또한 변화가 필요합니다. 레이블은 항상 예측값과 대응되는 관계입니다. 이항 분류 모델에서는 예측값이 세모일 확률을 나타내는 스칼라이므로 레이블이 세모일 때 1, 네모일 때 0으로 나타냈습니다. 그렇다면 소프트맥스가 사용된 다중 분류 모델에서는 어떻게 레이블을 나타내야 할까요?

레이블에서 세모는 $p=[1,0]$으로, 네모는 $p=[0,1]$로 나타냅니다. 앞에서 세모일 확률이 30%, 네모일 확률이 70%라고 예측한 값을 $\hat{p} = [0.3, 0.7]$이라고 표현했습니다. 레이블은 이미 알고 있는 상태이므로 각각 세모일 확률이 100%, 네모일 확률이 100%라고 생각할 수 있습니다.

이런 방식으로 표현하면 모든 레이블에 1은 한 개만 존재하고 나머지는 모두 0이 됩니다. 이런 특성 때문에 원-핫(One-hot) 인코딩이라고 부릅니다. 이를 이용하여 실험을 위한 학습용 데이터와 레이블에 대해 다음과 같이 코드를 작성합니다.

```
np.random.seed(402)
xy = np.array([[.2, .4], [.4, .2], [.65,.3], [.8, .5], [.5, .8], [.25, .8]])

# 특성값 정의
features = np.array([[xval, yval] for xval, yval in xy])
print('좌표 데이터:\n', features, '\n')

# 원-핫 인코딩
labels = np.array([[0, 1],[0, 1],[0, 1],[1, 0],[1, 0],[1, 0]])
print('레이블:\n', labels)
```

위 코드의 좌표 데이터와 이에 대응되는 레이블을 출력해보면 다음과 같습니다.

```
출력:
좌표 데이터:
 [[0.2  0.4 ]
  [0.4  0.2 ]
  [0.65 0.3 ]
```

```
 [0.8  0.5 ]
 [0.5  0.8 ]
 [0.25 0.8 ]]

레이블:
[[0 1]
 [0 1]
 [0 1]
 [1 0]
 [1 0]
 [1 0]]
```

레이블을 보면 처음 3개의 데이터는 네모이므로 모두 [0,1]로 표현되었고, 나머지는 세모이므로 [1,0]으로 표현된 것을 확인할 수 있습니다. [그림 9-11]은 다중 분류 모델의 한 가지 예제입니다. 결괏값이 세모일 확률에 대한 하나의 값으로 나타낸 것이 아니라 세모일 확률과 네모일 확률을 모두 나타내고 있습니다.

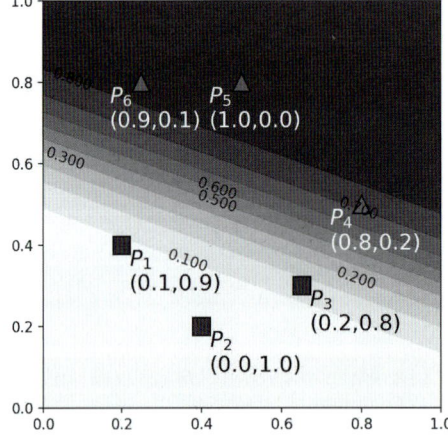

[그림 9-11] 다중 분류 모델의 예측값을 보여주는 예제

9.2.3 다중 분류 모델의 크로스 엔트로피

다중 분류 모델에서 사용되는 크로스 엔트로피의 수식을 보면 이항 분류 모델의 수식과 다른 것처럼 보입니다. 하지만 수식을 전개해보면 이항 분류 모델과 마찬가지로 최대우도값과 밀접한 관련이 있습니다. 분류해야 할 종류가 C개이면서 총 N개의 데이터가 있을 때 크로스 엔트로피는 다음과 같습니다.

$$E(p, \hat{p}) = -\frac{1}{N} \sum_{i=1}^{N} \sum_{k=1}^{C} p_i^{(k)} \log(\hat{p}_i^{(k)})$$

다중 분류 모델의 크로스 엔트로피는 $i(=1,\cdots,N)$번째 데이터의 레이블($p_i^{(k)}$)을 올바르게 예측할 확률($\hat{p}_i^{(k)}$)을 계산하여 모두 곱한 후 $-\log$를 취한 것과 같습니다. 이 예제에서는 분류해야 할 종류는 2개이고 총 6개의 데이터가 있으므로 크로스 엔트로피를 다음과 같이 표현할 수 있습니다.

$$E(p, \hat{p}) = -\frac{1}{6} \sum_{i=1}^{6} \sum_{k=1}^{2} p_i^{(k)} \log(\hat{p}_i^{(k)})$$

지금까지 다룬 내용을 종합하여 텐서플로로 구현하면 다음과 같습니다.

```
class MyModel(tf.keras.Model):
    def __init__(self, **kwargs):
        super().__init__(**kwargs)
        self.W = tf.Variable(tf.ones([2,2]), dtype=tf.float32)
        self.b = tf.Variable(tf.ones([2]), dtype=tf.float32)

    def call(self, x):
        return tf.nn.softmax(tf.matmul(x, self.W) + self.b)

model = MyModel()
plot_scatter_softmax(model.W.numpy(), model.b.numpy(), xy, labels)
loss = lambda p, phat: tf.reduce_mean(tf.reduce_sum(- p * tf.math.
                                                    log(phat),1))
```

위 코드의 12번째 줄에서 손실함수(loss)를 정의할 때 tf.reduce_sum(, 1)에 주의해야 합니다. 두 번째 인자에 1을 넣지 않으면 손실함수의 값이 달라집니다. 예를 들어 앞에서 살펴본 데이터 좌표에 대한 모델의 예측값이 다음과 같다고 가정해 보겠습니다. 참고로 레이블도 같이 나타내겠습니다.

$$\hat{p} = \begin{bmatrix} 0.3 & 0.7 \\ 0.9 & 0.1 \\ 0.2 & 0.8 \\ 0.8 & 0.2 \\ 0.7 & 0.3 \\ 0.1 & 0.9 \end{bmatrix}, \quad p = \begin{bmatrix} 0 & 1 \\ 0 & 1 \\ 0 & 1 \\ 1 & 0 \\ 1 & 0 \\ 1 & 0 \end{bmatrix}$$

크로스 엔트로피 식에서 $p_i^{(k)}$와 $\hat{p}_i^{(k)}$는 각각 위의 수식에서 p와 $\hat{p}$의 i번째 행 k번째 열의 값을 의미합니다. 따라서 $p_i^{(k)} \log(\hat{p}_i^{(k)})$는 위의 수식의 n의 각 성분에 log를 취하고 대응되는 p의 성분과 각각 곱해주는 것으로 계산할 수 있습니다. 위의 코드에서 p * tf.math.log(phat)에 해당하는 부분입니다. 따라서 다음과 같이 나타낼 수 있습니다.

$$-p * \text{tf.math.log(phat)} = - \begin{bmatrix} 0 & 1 \\ 0 & 1 \\ 0 & 1 \\ 1 & 0 \\ 1 & 0 \\ 1 & 0 \end{bmatrix} * \begin{bmatrix} \log(0.3) & \log(0.7) \\ \log(0.9) & \log(0.1) \\ \log(0.2) & \log(0.8) \\ \log(0.8) & \log(0.2) \\ \log(0.7) & \log(0.3) \\ \log(0.1) & \log(0.9) \end{bmatrix} = \begin{bmatrix} 0 & -\log(0.7) \\ 0 & -\log(0.1) \\ 0 & -\log(0.8) \\ -\log(0.8) & 0 \\ -\log(0.7) & 0 \\ -\log(0.1) & 0 \end{bmatrix}$$

파이썬에서 벡터의 * 연산은 각각 대응되는 성분끼리 곱하는 것에 주의해야 합니다. 여기에서 tf.reduced_sum(,1)로 계산을 하면 각 행에 있는 모든 성분을 더하여 나타냅니다. 따라서 행의 개수는 유지되고 열은 1개로 바뀌게 됩니다.

$$\text{tf.reduced\_sum}(-p * \text{tf.math.log(phat)}, 1) = \begin{bmatrix} 0 + (-\log(0.7)) \\ 0 + (-\log(0.1)) \\ 0 + (-\log(0.8)) \\ (-\log(0.8)) + 0 \\ (-\log(0.7)) + 0 \\ (-\log(0.1)) + 0 \end{bmatrix} = \begin{bmatrix} -\log(0.7) \\ -\log(0.1) \\ -\log(0.8) \\ -\log(0.8) \\ -\log(0.7) \\ -\log(0.1) \end{bmatrix}$$

위 계산이 크로스 엔트로피에서 $\sum_{k=1}^{2} p_i^{(k)} \log(\hat{p}_i^{(k)})$에 해당하는 부분입니다. 이제 6개의 값

에 대한 평균만 계산하면 되므로 tf.reduced_mean( )을 이용하여 계산합니다.

$$\text{tf.reduced\_mean(tf.reduced\_sum(- p * tf.math.log(phat),1))}$$
$$= \frac{1}{6}\Big((-\log(0.7)) + (-\log(0.1)) + (-\log(0.8)) + (-\log(0.8)) + (-\log(0.7)) + (-\log(0.1))\Big)$$

만약 tf.reduced_sum(,0)으로 계산을 하면 각 열에 있는 모든 성분을 더하여 나타냅니다. 따라서 다음과 같이 열의 개수는 유지되고 행은 1개로 바뀌게 됩니다.

$$\text{tf.reduced\_sum(- p * tf.math.log(phat),0)}$$
$$= \Big[\; (-\log(0.8)) + (-\log(0.7)) + (-\log(0.1)) \quad\quad (-\log(0.7)) + (-\log(0.1)) + (-\log(0.8)) \;\Big]$$

위 결과는 2차원 벡터이므로 tf.reduced_mean( )을 이용하여 평균을 계산하면 다음과 같은 결과를 얻게 됩니다.

$$\text{tf.reduced\_mean(tf.reduced\_sum(- p * tf.math.log(phat),0))}$$
$$= \frac{1}{2}\Big((-\log(0.8)) + (-\log(0.8)) + (-\log(0.7)) + (-\log(0.1)) + (-\log(0.7)) + (-\log(0.1))\Big)$$

마지막으로 tf.reduced_sum( )으로 계산하면 행렬(또는 벡터)의 모든 성분을 더하여 스칼라 값을 반환합니다.

$$\text{tf.reduced\_sum(- p * tf.math.log(phat))}$$
$$= (-\log(0.8)) + (-\log(0.7)) + (-\log(0.1)) + (-\log(0.7)) + (-\log(0.1)) + (-\log(0.8))$$

이 경우에는 하나의 실수이므로 tf.reduced_mean( )를 적용하더라도 위 값과 동일합니다.

9.2.4 미니 배치 방법을 통한 모델 학습

학습 데이터의 차원이 2차원이므로 W의 행은 2개입니다. 분류하는 종류가 세모와 네모 2가지이므로 W의 열은 2개이고 b는 2차원 벡터입니다. 이제 학습 데이터와 레이블, 그리고 다중 분류 모델이 준비되었고 손실함수까지 정의했으니 이론적인 틀은 완성되었습니다. 텐서플로로 수치최적화 알고리즘을 구현하는 코드는 다음과 같습니다.

```
MaxEpochs = 25
lr = 0.5
optimizer = tf.keras.optimizers.Adam(lr)
```

Adam 외에도 선호하는 최적화 알고리즘을 적용하여 학습해도 좋습니다. 다만 최적화 알고리즘이 바뀌면 그에 맞게 적절한 MaxEpochs과 학습률을 설정해야 좋은 결과를 얻을 수 있습니다.

```
np.random.seed(320)
shuffled_id = np.arange(0, len(features))
np.random.shuffle(shuffled_id)
shuffled_x_train = features[shuffled_id]
shuffled_y_train = labels[shuffled_id]
```

미니 배치 방식에서는 항상 데이터를 섞어주는 것을 잊지 말아야 합니다. 이제 아래 코드를 실행하면 다중 분류 모델을 학습하게 됩니다.

```
from helper import generate_batches

batch_size = 3
for epoch in range(MaxEpochs):
    for x_batch, y_batch in generate_batches(batch_size,
        shuffled_x_train, shuffled_y_train):
        with tf.GradientTape() as tape:
            curr_loss = loss(y_batch, model(x_batch))
            gradients = tape.gradient(curr_loss,
                model.trainable_variables)
            optimizer.apply_gradients(zip(gradients,
                model.trainable_variables))

    if epoch % 5 == 0:
        print(epoch, model.W.numpy(), model.b.numpy(), curr_loss.numpy())
```

아래 출력을 보면 최적화 차원이 3차원이었던 이항 분류 모델과는 다르게 최적화 차원이 6차원인 것을 알 수 있습니다. (w는 2×2 모양의 행렬이므로 4개의 값을 결정해야 하고, B는 크기가 2인 벡터이므로 2개의 값을 결정해야 합니다.) 차원이 높아서 비효율적인 것처럼 보이지만 분류 종류가 많아지는 경우에도 쉽게 일반화할 수 있다는 장점이 있습니다. 일반적으로 분류 종류가 2가지인 경우에는 이항 분류 모델을 사용합니다.

```
출력:
0 [[1.945563    0.05443704]
 [0.8577205  1.1422795 ]] [0.72328013 1.2767199 ] 1.2344422
5 [[ 1.6084906    0.39150962]
 [ 2.971559   -0.9715587 ]] [-0.19685197  2.1968522 ] 0.3975285
10 [[ 1.616149     0.38385153]
 [ 4.739495   -2.7394943 ]] [-1.219996    3.2199957] 0.1698374
15 [[ 2.324847    -0.32484618]
 [ 6.0415444  -4.041544  ]] [-2.0235872  4.0235868] 0.123032205
20 [[ 2.9550228 -0.9550221]
 [ 6.91511    -4.9151096]] [-2.749179   4.749178] 0.09799708
0.087647684
```

[그림 9-12]는 모델의 학습 전과 후를 보여주는 그래프입니다. 학습 전에는 모든 좌표 데이터에 대해서 세모일 확률과 네모일 확률 모두 50%로 아무 정보를 주지 않는 모델이었습니다. 학습 후에는 어느 정도 정확해진 모델을 볼 수 있습니다.

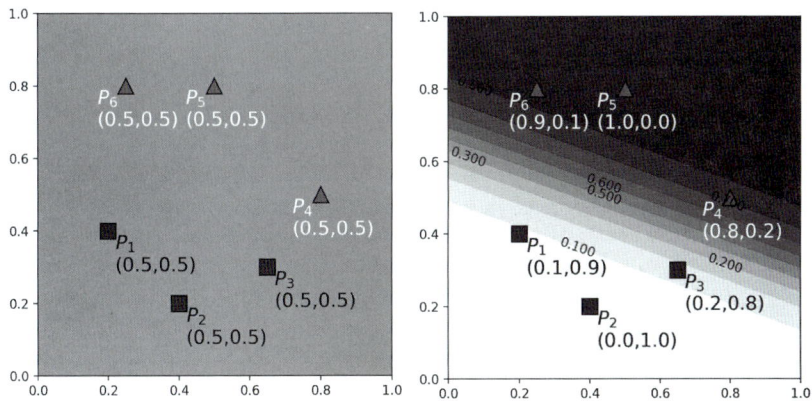

[그림 9-12] 학습 전(왼쪽)과 후(오른쪽) 모델

9.2.5 MNIST

MNIST는 손글씨 숫자 데이터입니다. 0부터 9까지 총 10가지를 분류해야 합니다. 가로와 세로가 모두 28픽셀인 작은 사이즈의 이미지 데이터입니다. 보통 MNIST 데이터는 CNN(Convolutional Neural Network)의 예제로 많이 사용되지만, 선형 다중 분류 모델로도 꽤 높은 정확도를 얻을 수 있습니다. 데이터를 불러오는 코드는 다음과 같습니다.

```
import tensorflow as tf
mnist = tf.keras.datasets.mnist

(x_train, y_train), (x_test, y_test) = mnist.load_data()
x_train, x_test = x_train / 255.0, x_test / 255.0
```

위 코드를 실행하면 6만개의 학습 데이터(training data)와 1만개의 검증 데이터(test data)를 불러옵니다. 학습 데이터에서 x_train은 각 성분이 0~255의 값으로 이루어진 28×28인 행렬이 6만개가 있는 3차원 행렬입니다. 그리고 y_train은 각 이미지에 대응되는 레이블(0~9)로 크기가 6만인 벡터입니다.

검증 데이터인 x_test와 y_test도 학습 데이터와 같은 형태로 각각 1만개의 크기를 가지고 있습니다. 위의 코드의 5번째 줄은 데이터의 각 성분이 0~1의 값을 갖도록 합니다. 레이블을 원-핫 인코딩 형태로 나타내려면 다음의 코드를 실행하면 됩니다.

```
label_train = tf.one_hot(y_train,10)
```

위의 코드에서 첫 번째 입력값은 학습 데이터에 대한 레이블이고 두 번째 입력값은 분류해야 할 종류의 개수입니다. 여기에서는 0~9의 숫자를 분류하므로 10을 입력했습니다. 다음은 각 레이블의 데이터 분포를 확인하는 코드입니다.

```
from collections import Counter
freq = Counter([label for label in y_train])
for k in range(0,10):
    print("label {0} : {1}개".format(k, freq[k]))
```

0부터 9까지 비교적 고르게 5,000~6,000개씩 있습니다. 만약 데이터가 고르게 분포하지 않고 한쪽에 몰려 있다면 모델 학습 역시 편향되므로 각 레이블마다 비슷한 수의 데이터를 확보하는 것이 중요합니다.

```
출력:
label 0 : 5923개
label 1 : 6742개
```

```
label 2 : 5958개
label 3 : 6131개
label 4 : 5842개
label 5 : 5421개
label 6 : 5918개
label 7 : 6265개
label 8 : 5851개
label 9 : 5949개
```

다음은 첫 32개의 학습 데이터 이미지들을 보는 코드입니다. 앞에서 설명한 대로 각 이미지는 0부터 9까지의 값으로 구성되어 있고, 총 6만 개의 학습 데이터가 있습니다.

```
plt.figure(figsize=(16,8))
for k in range(32):
    img = x_train[k].reshape(28,28)
    label = y_train[k]
    plt.subplot(4,8,1+k)
    plt.imshow(img, cmap='gray')
    plt.axis('off')
    plt.title(label)
plt.show()
```

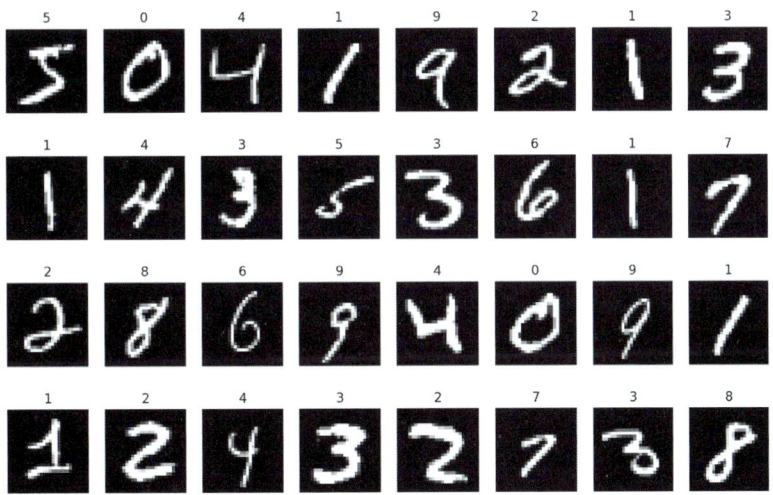

[그림 9-13] MNIST 샘플 데이터 시각화

다음은 데이터의 특성값을 구하는 코드입니다. 여기에서는 각 픽셀의 값을 특성값으로 사용합니다. 따라서 특성값은 28×28 = 784 크기의 벡터로 나타냅니다.

```
feature_train = x_train.reshape(-1,784)
feature_test = x_test.reshape(-1,784)
```

MNIST 데이터에는 학습용 데이터와 검증용 데이터가 존재하므로 따로 분리할 필요가 없으며, 두 데이터 모두 특성값으로 변환해야 합니다. 다음은 분류 모델을 선언하는 코드입니다.

```
class MyModel(tf.keras.Model):
    def __init__(self, **kwargs):
        super().__init__(**kwargs)
        self.W = tf.Variable(tf.zeros([784,10]), dtype=tf.float32)
        self.b = tf.Variable(tf.zeros([10]), dtype=tf.float32)

    def call(self, x):
        return tf.nn.softmax(tf.matmul(x, self.W) + self.b)

model = MyModel()
loss = lambda p, phat: tf.reduce_mean(tf.reduce_sum
                                      (- p * tf.math.log(phat),1))
```

특성값의 개수가 784이므로 모델의 입력값 또한 784 크기의 벡터가 되어야 합니다. 10가지 종류를 분류해야 하므로 W의 열의 개수가 10개(W는 784×10인 행렬)이고 b는 10차원 벡터입니다. 다중 분류 모델이므로 이항 분류 모델에서 사용한 시그모이드가 아닌 소프트맥스가 사용되었습니다. 3개 이상의 분류 문제에서는 항상 소프트맥스가 사용된다고 생각해도 좋습니다. 마지막으로 손실함수는 크로스 엔트로피로 정의했습니다.

분류 모델과 손실함수가 정의되었으니 적절한 반복 횟수(MaxEpochs)와 학습률(lr), 그리고 수치 최적화 방법(optimizer)를 결정해야 합니다.

```
MaxEpochs = 1
lr = 0.01
optimizer = tf.keras.optimizers.Adam(lr)
```

일정 횟수가 지날 때마다 학습된 모델의 정확도를 체크하기 위해 accuracy를 정의합니다. 이 함수는 0과 1 사이의 값으로 정확도를 나타냅니다.

```python
def accuracy(x,y):
    yhat = model(x)
    correct_prediction = tf.equal(tf.argmax(y,1), tf.argmax(yhat,1))
    return tf.reduce_mean(tf.cast(correct_prediction, tf.float32))
```

그리고 스토캐스틱 방법을 적용하기 위해 데이터를 섞어주어야 합니다.

```python
np.random.seed(320)
shuffled_id = np.arange(0, len(feature_train))
np.random.shuffle(shuffled_id)
shuffled_x_train = feature_train[shuffled_id]
shuffled_y_train = label_train[shuffled_id]
```

미니 배치의 개수는 256으로 설정하였습니다. 학습 데이터가 6만개로 매우 많으므로 앞에서 설정한 1회의 반복 횟수(MaxEpochs)로도 충분히 학습이 가능합니다.

```python
batch_size = 256
for epoch in range(MaxEpochs):
    step = 0
    for x_batch, y_batch in generate_batches(batch_size,
        shuffled_x_train, shuffled_y_train):
        step += 1
        with tf.GradientTape() as tape:
            curr_loss = loss(y_batch, model(x_batch))
            gradients = tape.gradient(curr_loss, model.trainable_variables)
            optimizer.apply_gradients(zip(gradients,
                model.trainable_variables))

            if step % 20 == 0:
                curr_W, curr_b, curr_loss = model.W.numpy(), model.b.numpy(),
    loss(label_train,model(feature_train))
                curr_acc = accuracy(feature_test, label_test)
                print(epoch, step, curr_loss.numpy(), curr_acc.numpy())
```

출력을 보면 학습이 진행될 때마다 손실함숫값과 정확도를 확인할 수 있습니다.

```
출력:
0 20 0.47939718 0.8707
0 40 0.38976413 0.898
0 60 0.34956884 0.9083
0 80 0.33822846 0.9114
0 100 0.33309454 0.9094
0 120 0.31662512 0.9121
0 140 0.30841598 0.9124
0 160 0.3041841 0.9165
0 180 0.29656968 0.9179
0 200 0.2948209 0.918
0 220 0.294975 0.9159
```

위 출력 결과를 보면 학습이 진행될수록 손실함숫값은 줄어들고 정확도는 증가하는 것을 확인할 수 있습니다. 따라서 학습이 잘 되었다고 판단할 수 있습니다. 선형 분류 모델만으로도 91% 정도의 정확도가 나왔습니다. 하지만 실전에서는 이런 경우가 많지 않습니다. MNIST 데이터는 많은 사람의 노력으로 수집되고 전처리가 잘 되어 간단한 선형 분류 모델만으로도 높은 정확도가 나온 것입니다. 따라서 많은 튜토리얼이나 강의 자료가 MNIST를 활용하고 있습니다.

다음 코드는 임의로 선택된 검증 데이터의 9,229번째 이미지를 학습된 모델에 입력하여 정확한 예측을 하는지 확인해보는 코드입니다.

```
test_id = 9229
test_image = feature_test[test_id].reshape(1,-1)
test_label = label_test[test_id]

out = model(test_image)
print("Predicted Label : {0} (Real Label : {1})".format(np.argmax(out),
      np.argmax(test_label)))
```

결과를 보면 예측값과 정답값이 모두 3으로 일치하는 것을 알 수 있습니다.

```
출력:
Predicted Label : 3 (Real Label : 3)
```

Chapter 10 | 신경망 회귀 모델

이번 장에서는 최근 딥러닝/인공지능 분야의 가장 기초적인 모델인 신경망 모델(Neural Network Model)을 소개합니다. 신경망 모델은 최근에 만들어진 모델이 아닙니다. 신경망 모델의 역사를 살펴보면 1960년대까지 거슬러 올라갑니다. 그 당시에는 머신러닝에 신경망 모델을 사용하기엔 컴퓨터의 계산 능력이 턱없이 부족하여 연구가 활발하지 못했습니다. 하지만 최근에는 컴퓨터 성능이 충분히 향상되어 신경망 모델 관련 연구가 활발하게 이루어졌습니다.

이번 장의 예제를 통하여 신경망 모델이 다른 기본적인 모델에 비해 계산량이 현격히 많은 이유를 최적화 이론 관점에서 살펴보겠습니다. 많은 사람이 신경망 모델은 인간의 뇌를 구성하는 신경세포인 뉴런의 구조를 모사했다는 사실을 알고 있습니다. 하지만 이러한 설명은 실제 연구와 프로젝트에 큰 도움이 되지 않는다고 생각합니다. 데이터 분석 모델에서 신경망 모델 도입이 실용적인 이유를 설명해주는 예제와 함께 신경망 모델을 소개합니다.

10.1 신경망 모델의 필요성

지난 8장에서는 회귀 분석을 위한 가장 기초적인 모델인 선형 모델을 소개했습니다. 가장 먼저 주어진 데이터를 잘 표현하는 직선의 방정식을 추정하는 선형 회귀 모델을 학습시켰습니다. 하지만 데이터가 직선 형태의 분포를 하고 있지 않다면 직선의 방정식을 사용하는 선형회귀 모델은 적절하지 않았습니다. 이때 특성값(Feature)을 도입하면 가장 기초적인 선형 모델을 사용해서 비선형 회귀 분석 모델을 학습시킬 수 있었습니다. 하지만 데이터마다 매번 특성값을 파악해야 하며 올바르지 않은 특성값을 선택한 경우에는 모델의 정확도가 매우 낮아집니다.

또한, 데이터의 차원이 높아지면 시각화를 하는 것이 제한되어 특성값을 찾는 것이 어렵습니다. 이번 절에서는 특성값의 선택에 따라 성능의 차이가 발생하는 현상을 코드를 직접 작성하며 알아보도록 하겠습니다. 먼저 다음 코드를 실행하여 관련 패키지들을 로드하고 실험용 데이터를 생성합니다.

```python
import numpy as np
import matplotlib.pylab as plt
import tensorflow as tf

# 데이터 생성
np.random.seed(327)
x_train = np.linspace(-1,1,50)
y_train = x_train**3 + 0.1 * x_train**2 -0.15 * x_train + 1.0
          + 0.5 * np.random.rand(len(x_train))

plt.plot(x_train, y_train, '.k')
plt.grid()
plt.xlabel('x')
plt.ylabel('y')
plt.show()
```

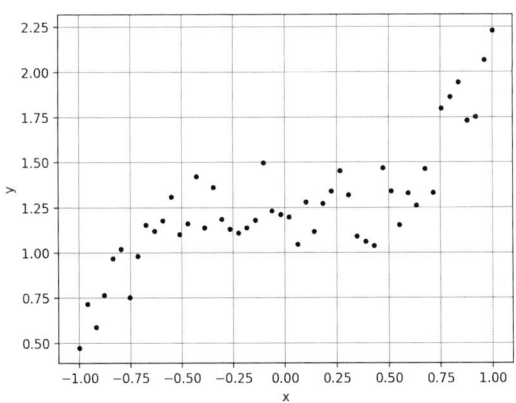

[그림 10-1] 다양한 특성값을 통해 분석해볼 샘플 데이터

[그림 10-1]에 분포된 데이터를 보고 다음 4가지 특성값으로 비선형회귀 분석을 하여 비교할 예정입니다.

1. 1차 다항함수(직선): $\hat{y} = w_1 x + b$

2. 2차 다항함수: $\hat{y} = w_1 x^2 + w_2 x + b$

3. 3차 다항함수: $\hat{y} = w_1 x^3 + w_2 x^2 + w_3 x + b$

4. 삼각함수: $\hat{y} = w_1 \cos(\pi x) + w_2 \sin(\pi x) + b$

위에 소개된 특성값들을 선언하는 코드는 다음과 같습니다.

```python
features1 = np.array([[xval] for xval in x_train])
features2 = np.array([[xval**2, xval] for xval in x_train])
features3 = np.array([[xval**3, xval**2, xval] for xval in x_train])
features4 = np.array([[np.cos(np.pi * xval), np.sin(np.pi * xval)]
                     for xval in x_train])
labels = y_train.reshape(-1, 1)
```

특성값들을 정의했으니 각 특성값에 대한 선형 모델을 사용하여 학습하는 코드를 작성해 보겠습니다. 먼저 선형 모델과 손실함수를 선언하는 부분입니다.

```python
class MyModel(tf.keras.Model):
    def __init__(self, dim=1, **kwargs):
        super().__init__(**kwargs)
        self.W = tf.Variable(tf.ones([dim,1]), dtype=tf.float32)
        self.b = tf.Variable(tf.ones([1]), dtype=tf.float32)

    def call(self, x):
        return tf.matmul(x, self.W) + self.b

loss = lambda y, yhat: tf.reduce_mean(tf.square( yhat - y ))
```

각 특성값에 대해 모델을 선언하는 코드를 작성한 것이 아니라 dim이라는 입력 변수를 활용하여 코드를 재활용하게 했습니다. dim=1로 초깃값이 1로 설정되었으므로 이전과 같이 model = MyModel( )이라고 선언하게 되면 W가 1x1 형태의 행렬로 정의됩니다. 그러나 model = MyModel(dim = 2) 또는 model = MyModel(2)와 같이 선언하게 되면 W가 2x1 형태의 행렬로 정의됩니다. 따라서 특성값의 개수에 따라 숫자를 지정해주면 위 코드 하나로 여러 가지 모델을 정의할 수 있습니다. 손실함수는 평균제곱오차(MSE)를 사용하여 (코드의 마지막 줄) 각 특성값에 대한 모델의 학습 결과를 비교하고 평가할 수 있습니다.

이제 위에서 선언한 특성값과 평균제곱오차 손실함수를 통해 선형 예측 모델을 학습시키는 과정이 남았습니다. 결정론적 방법과 스토캐스틱 방법 중에 최근 딥러닝에서 보편적으로 사용되는 스토캐스틱 방법을 사용하여 학습하도록 하겠습니다.

```python
for i, features in enumerate([features1, features2, features3,
                              features4], 1):
    # 데이터 섞기
    np.random.seed(320)
    shuffled_id = np.arange(0, len(x_train))
    np.random.shuffle(shuffled_id)
    shuffled_x_train = features[shuffled_id]
    shuffled_y_train = labels[shuffled_id]

    # 예측모델과 손실함수
    num_features = features.shape[1]
    model = MyModel(num_features)

    # 파라미터 설정 및 수치최적화 알고리즘
    MaxEpochs = 15
    batch_size = 10
    lr = 0.1
    optimizer = tf.keras.optimizers.Adam(lr)

    # 스토캐스틱 방법
    for epoch in range(MaxEpochs):
        if epoch % 5 == 0:
            curr_loss = loss(labels, model(features))
            print(model.W.numpy(), model.b.numpy(), curr_loss.numpy())
        for x_batch, y_batch in generate_batches(batch_size,
            shuffled_x_train, shuffled_y_train):
            with tf.GradientTape() as tape:
                curr_loss = loss(y_batch, model(x_batch))
                gradients = tape.gradient(curr_loss,
                    model.trainable_variables)
                optimizer.apply_gradients(zip(gradients,
                    model.trainable_variables))
```

위 코드는 9장까지의 코드와 마찬가지로 반복문을 사용하여 작성했습니다. 그러나 텐서플로의 내장함수를 이용하면 코드를 더 간단히 나타낼 수 있습니다.

```python
for i, features in enumerate([features1, features2, features3,
                              features4], 1):
    # 데이터 섞기
    np.random.seed(320)
    shuffled_id = np.arange(0, len(x_train))
    np.random.shuffle(shuffled_id)
    shuffled_x_train = features[shuffled_id]
    shuffled_y_train = labels[shuffled_id]

    # 예측모델과 손실함수
    num_features = features.shape[1]
    model = MyModel(num_features)

    # 파라미터 설정
    MaxEpochs = 15
    batch_size = 10
    lr = 0.1

    # 모델 컴파일
    model.compile(optimizer = tf.keras.optimizers.Adam(lr),
                  loss = tf.keras.losses.MeanSquaredError())
    # 모델 학습
    model.fit(shuffled_x_train, shuffled_y_train, epochs = MaxEpochs,
              batch_size=batch_size, shuffle=False)
```

먼저 작성했던 코드와 비교해보면 '# 스토캐스틱 방법' 이후에 작성한 부분이 '# 모델 컴파일'과 '# 모델 학습'으로 바뀌었습니다. 모델을 컴파일(model.compile( ))할 때는 최적화 방법(optimizer), 손실함수(loss), 거리 측정 기준(metrics) 등 여러 가지 입력 변수를 통해 다양한 방법으로 컴파일할 수 있습니다. 모델을 학습(model.fit( ))할 때도 입력 데이터(x), 타깃 데이터(y, 레이블), 배치 크기(batch_size), 반복 횟수(epochs), 데이터 섞기(shuffle) 등 여러 입력 변수를 통해 다양한 방법으로 학습할 수 있습니다.

위 코드에서 최적화 방법은 Adam을 사용하고 손실함수는 MeanSquaredError로 사용했습니다. 손실함수 역시 텐서플로에서 제공하는 함수를 사용했으므로 앞부분에서 손실함수를 따로 정의하지 않아도 됩니다. 학습할 때는 입력 데이터를 shuffled_x_train으로 사용하고 타깃 데이터는 레이블인 shuffled_y_train을 사용했습니다. 반복 횟수와 배치 크기는 앞에서 정의한 MaxEpochs와 batch_size를 사용했습니다. model.fit( )에서 데이터 섞기는 shuffle = True로 설정되어 있어서, 따로 입력하지 않으면 자동으로 데이터를 섞어서 학습합니다.

따라서 shuffle = True로 설정하거나 따로 입력하지 않으면 '# 데이터 섞기' 부분을 지우더라도 자동으로 데이터를 섞어서 학습합니다. 그러나 코드를 실행할 때마다 데이터를 섞는 방법이 달라집니다. 학습할 때마다 결과가 조금은 달라질 수 있지만 거의 비슷한 결과를 얻을 수 있습니다. model.compile( )과 model.fit( )의 입력 변수에 대한 자세한 내용은 텐서플로의 문서를 확인하시기 바랍니다. 4가지 특성값에 대한 모델의 학습 결과를 그려보면 [그림 10-2]와 같습니다.

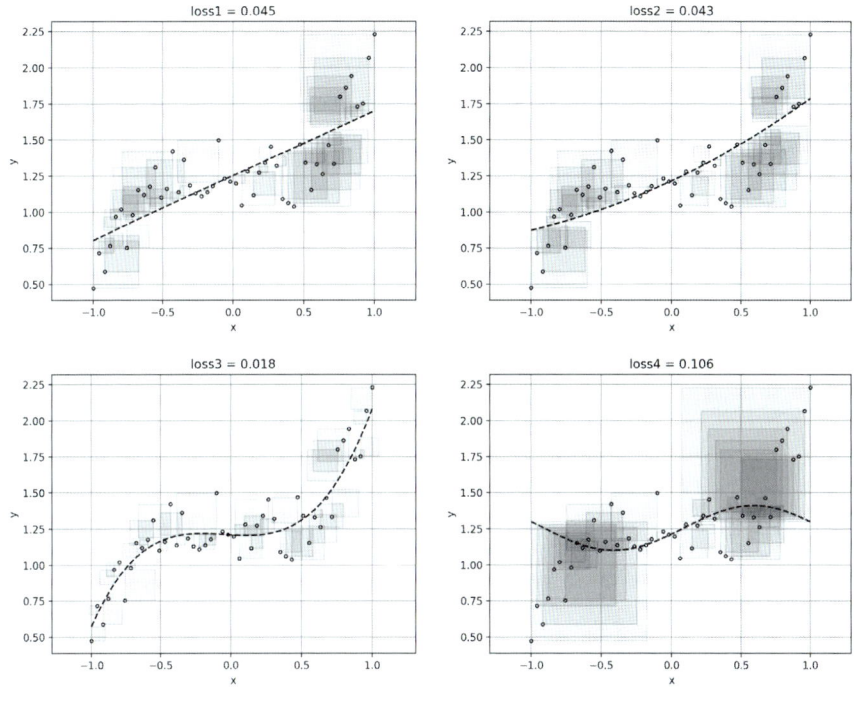

[그림 10-2] 특성값 4개를 사용한 비선형회귀 모델 시각화

4가지 모델을 학습할 때 모두 같은 손실함수를 사용했기 때문에 손실함숫값을 이용하여 모델의 성능을 비교할 수 있습니다. 손실함숫값이 가장 낮은 모델은 3차 다항함수로 특성값을 정의한 세 번째 모델입니다.

먼저 첫 번째 모델(1차 다항함수)을 살펴보면, 직선 모양의 모델을 통해 곡선 모양의 분포를 갖는 데이터를 표현하는 것에 대한 한계를 보여주고 있습니다. 따라서 손실함숫값도

0.045로 세 번째 모델에 비해서 약 2.5배 정도 더 높습니다. 이를 통해 1차 다항함수의 특성값을 이용한 모델의 한계를 확인할 수 있습니다.

두 번째 모델은 2차 다항함수의 특성값을 이용하여 첫 번째 모델에 x^2 이 특성값에 추가되었습니다. 그러므로 이 모델은 2차 곡선의 모양도 나타낼 수 있습니다. 첫 번째 모델보다는 손실함숫값이 약간 작아졌지만, 여전히 데이터 분포를 잘 표현하지 못합니다. 단순한 포물선(2차 곡선)이 아닌 다른 특성값이 필요하다는 것을 알 수 있습니다.

세 번째 모델은 손실함숫값이 가장 작습니다. 두 번째 모델에 x^3 이 특성값에 추가되자 모델의 성능이 크게 향상됐습니다. 이는 데이터 분포와 3차 다항함수의 특성값이 많이 비슷하기 때문입니다. 사실 이번 예제에서 사용한 데이터가 3차 다항함수를 기준으로 노이즈를 추가한 것이므로 당연한 결과입니다. 하지만 실제 연구와 프로젝트에서는 데이터를 임의로 생성하는 것이 아니라 주어진 데이터에 대해 분석을 해야 하므로 어떤 특성값을 사용해야 할지 미리 알 수 없습니다.

마지막 모델은 주기가 2인 코사인과 사인함수를 특성값으로 추가한 모델입니다. [그림 10-2]에서 확인할 수 있듯이 모델의 예측값이 정확하지 않고 손실함숫값도 가장 큽니다. 이 모델에서 예측한 곡선이 데이터의 분포를 잘 나타내지 못하기 때문입니다.

지금까지 살펴본 예제의 결과로부터 데이터 분포를 잘 나타내는 특성값을 잘 찾아야 한다는 결론을 낼 수 있습니다. 하지만 안타깝게도 이러한 특성값을 파악하는 데에는 많은 노력이 듭니다. 3차원 이상에서는 2차원 평면과 달리 특성값을 한 번에 알아보기가 어렵습니다. 그래서 회귀 분석을 하는 목표 변수와 다른 기타 변수(특성값)들을 쌍쌍이 그리는 페어-플랏(Pair-plot)을 직접 그려가며 파악하는 것이 가장 기본적인 접근입니다. 이렇게 두 변수로 제한하게 되면 2차원 평면에 데이터를 시각화(페어-플랏) 할 수 있어서 두 변수 사이의 관계를 파악할 수 있습니다.

하지만 일일이 연구자가 직접 특성값을 고안해야 한다는 단점이 있습니다. 데이터양이 방대하거나 변수들이 많아지면 특성값을 고안하는 일은 매우 어렵고 시간이 많이 소요되는 작업입니다. 이러한 단점을 극복해주는 모델이 바로 신경망 모델입니다.

10.2 신경망 모델 용어 소개

본격적으로 신경망 모델을 텐서플로로 구현하기 전에 용어들을 간단히 소개합니다. 신경망 모델은 동일한 구조의 반복이므로 용어가 많지 않습니다. [그림 10-3]은 설명에 이용될 기준 신경망 모델입니다.

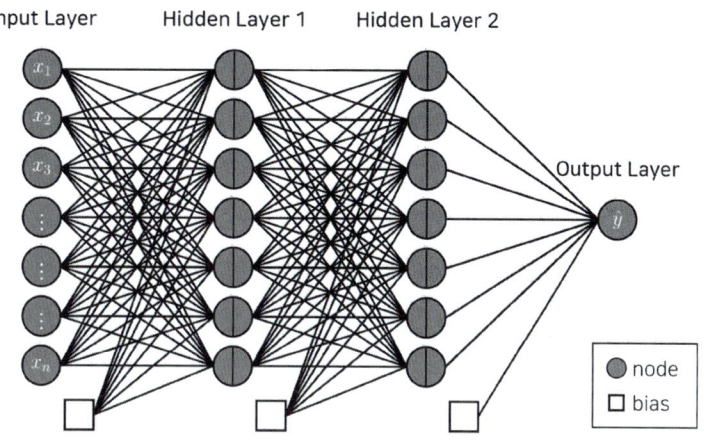

[그림 10-3] 신경망 모델 다이어그램

신경망 모델을 정의하는데 필요한 용어들은 총 5가지가 있습니다.

1. 입력층(Input Layer): 입력 데이터가 들어오는 층입니다.
2. 은닉층(Hidden Layer): 입력층과 출력층 사이에 있는 모든 층들을 은닉층이라고 합니다.
3. 출력층(Output Layer): 최종 은닉층의 결괏값을 입력으로 받아 모델의 결괏값이 출력되는 층입니다.
4. 유닛 개수: 각 층에 있는 노드(node)의 개수입니다.
5. 활성함수(Activation Function): 각 층에서의 결괏값을 다음 층의 입력값으로 이용하기 전에 사용하는 함수입니다.

먼저 입력층은 모델의 입력 데이터가 들어오는 부분을 말합니다. 이 층은 입력 데이터의 크기대로 정해져서 크게 설정할 부분이 없는 간단한 층입니다. 만약 입력 데이터의 크기가 n인 벡터라면 벡터의 각 성분이 입력층의 노드 값이 되므로 입력층의 노드 개수는 n이 됩니다.

은닉층은 신경망 모델에서 가장 중요한 부분입니다. 신경망 모델은 다수의 은닉층으로 구성되어 있습니다. 각 은닉층은 각자의 노드를 갖습니다. 노드 개수가 많을수록 신경망 모델의 잠재성능(Capacity)이 높아집니다. 또한, 은닉층이 많을수록 모델의 잠재성능이 높아집니다. [그림 10-3]에 나타난 은닉층의 계산 수식은 다음과 같습니다.

$$\ell^1 = x \cdot W^1 + b^1$$
$$h^1 = \sigma(\ell^1)$$
$$\ell^2 = h^1 \cdot W^2 + b^2$$
$$h^2 = \sigma(\ell^2)$$

여기서 ℓ^i 는 로짓(Logit)이라고 부릅니다. 로짓은 행렬/벡터 곱을 한 후에 벡터를 더해주는 형태로 계산됩니다. 은닉층 계산은 로짓의 값을 이용하여 활성함수(σ)를 계산합니다. 따라서 은닉층 계산은 단순히 행렬/벡터의 연산과 활성함수의 조합입니다. 대표적인 활성함수에는 시그모이드(sigmoid)와 ReLU가 있으며 그 외에도 다양한 활성함수가 있습니다.

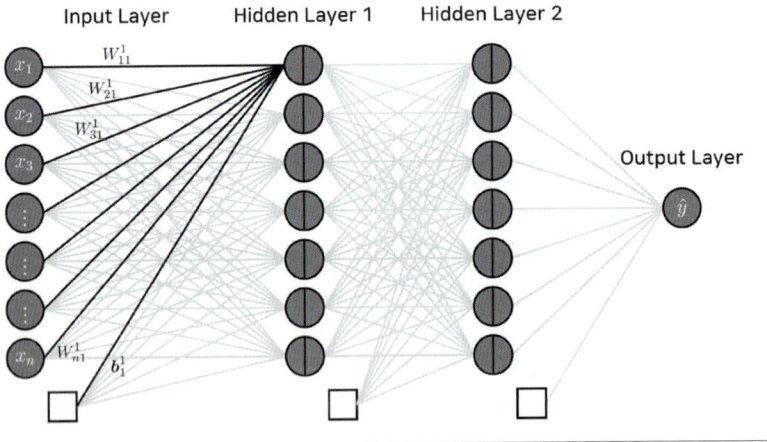

[그림 10-4] 신경망 모델의 은닉층 계산

[그림 10-3]과 [그림 10-4]를 보면 은닉층의 노드 중간에 세로선이 표시되어 있습니다. 이 검은선은 로짓 계산 후 활성함수를 적용하여 계산했다는 것을 나타냅니다. 출력층에서는 노드에 검은선이 없으므로 활성함수를 적용하지 않는다는 것을 알 수 있습니다.

로짓 계산을 자세히 알아보겠습니다. 입력층의 각 노드 값은 입력 데이터 벡터의 각 성분에 해당합니다. 만약 입력층의 i 번째 노드에서 은닉층의 j 번째 노드로 이동한다면 입력층의 i번째 성분에 가중치(weight) W_{ij}^1를 곱해주게 됩니다(W_{ij}^k 에서 윗첨자 k 는 입력층 이후 k 번째 층으로 향하는 것을 의미하며 아래첨자 ij 는 i 번째 노드에서 j 번째 노드로 이동하는 것을 의미합니다.). 이후 입력층 값에 가중치를 곱한 결과와 바이어스(bias)의 값을 모두 더하여 로짓의 값을 결정합니다 (마찬가지로 $\boldsymbol{b}_i^k$ 에서 윗첨자 k 는 입력층 이후 k 번째 층으로 향하는 것을 의미하며 아래첨자 i 는 i 번째 노드에 해당하는 값을 의미합니다.). 예를 들어 [그림 10-4]와 같이 입력층에서 은닉층의 첫 번째 노드로 이동할 때 다음과 같은 결과가 나옵니다.

$$\ell_1 = x_1 W_{11}^1 + x_2 W_{21}^1 + x_3 W_{31}^1 + \cdots + x_n W_{n1}^1 + b_1^1$$

$$= \begin{bmatrix} x_1 & x_2 & x_3 & \cdots & x_n \end{bmatrix} \begin{bmatrix} W_{11}^1 \\ W_{21}^1 \\ W_{31}^1 \\ \vdots \\ W_{n1}^1 \end{bmatrix} + \boldsymbol{b}_1^1$$

$$= \boldsymbol{x}^T (W^1)_1 + \boldsymbol{b}_1^1$$

위 식에서 $(W^1)_1$ 은 행렬 W^1 의 첫 번째 열을 의미하고 $\boldsymbol{b}_1^1$ 은 벡터 $\boldsymbol{b}^1$ 의 첫 번째 성분을 의미합니다. 같은 방식으로 $\ell_2 = \boldsymbol{x}^T(W^1)_2 + \boldsymbol{b}_2^1$, $\ell_3 = \boldsymbol{x}^T(W^1)_3 + \boldsymbol{b}_3^1$, $\cdots$, $\ell_n = \boldsymbol{x}^T(W^1)_n + \boldsymbol{b}_n^1$으로 나타낼 수 있습니다. 이것을 종합하면 다음과 같습니다.

$$(\boldsymbol{\ell}^1)^T = \begin{bmatrix} \ell_1 & \ell_2 & \ell_3 & \cdots & \ell_n \end{bmatrix}$$
$$= \begin{bmatrix} \boldsymbol{x}^T(W^1)_1 + \boldsymbol{b}_1^1 & \boldsymbol{x}^T(W^1)_2 + \boldsymbol{b}_2^1 & \boldsymbol{x}^T(W^1)_3 + \boldsymbol{b}_3^1 & \cdots & \boldsymbol{x}^T(W^1)_n + \boldsymbol{b}_n^1 \end{bmatrix}$$
$$= \boldsymbol{x}^T \begin{bmatrix} (W^1)_1 & | & (W^1)_2 & | & (W^1)_3 & | & \cdots & | & (W^1)_n \end{bmatrix} + \begin{bmatrix} \boldsymbol{b}_1^1 & \boldsymbol{b}_2^1 & \boldsymbol{b}_3^1 & \cdots & \boldsymbol{b}_n^1 \end{bmatrix}$$
$$= \boldsymbol{x}^T W^1 + (\boldsymbol{b}^1)^T$$

위 수식에서는 행 벡터의 형태로 나타내기 위해 모든 벡터들이 전치(transpose)되어 있습니다. 위의 수식을 열 벡터 형태로 나타내면 다음과 같습니다.

$$\ell^1 = (W^1)^T x + b^1$$

열 벡터 형태로 나타내기 위해서는 행렬 W를 전치해야 합니다. 노드의 개수가 많아질수록 행렬을 전치하는 계산량이 두 벡터를 전치하는 계산량보다 훨씬 많으므로 행 벡터 형태로 나타내는 것이 좋습니다. 또한, tf.matmul(x,W)와 같이 벡터와 행렬의 곱을 계산하면 벡터를 따로 전치하지 않아도 위의 연산을 수행할 수 있습니다. 회귀 모델에서의 출력층(Output Layer)은 활성함수 없이 단순 행렬/벡터의 연산입니다. 단, 11장에서 다룰 분류 모델에서는 활성함수를 사용하게 됩니다. 출력층의 수식은 다음과 같습니다.

$$\hat{y} = (h^2)^T W^3 + b^3$$

신경망 모델의 아이디어는 인간의 뇌를 구성하는 뉴런의 구조를 본뜬 것이지만, 수학적으로 분석해보면 여러 겹의 행렬/벡터 연산과 활성함수의 합성 함수입니다. 과거 전형적인 모델을 구성하는 경우는 합성 함수가 아닌 기저함수(Basis function)의 선형 결합(Linear combination)으로 표현했습니다. 반면에 신경망 모델은 함수의 합성을 사용하여 모델을 구성합니다.

앞서 언급했듯이 함수의 합성을 이용하는 신경망 모델을 이용하면 특성값을 사용자가 직접 고안하지 않아도 됩니다. 이것은 여러 겹의 가중치 W와 바이어스 **b**의 값들과 활성함수의 합성을 통해 모델의 비선형성을 극대화하기 때문입니다. 다음 절에서는 이러한 신경망 모델을 텐서플로로 어떻게 구현하는지 설명합니다.

10.3 신경망 모델 구현

신경망 모델의 텐서플로 구현은 여러 방법이 있습니다. 가장 간단한 방법은 텐서플로가 제공하는 빌트인 함수를 사용하는 것이지만 신경망 모델을 이해하는데 오히려 방해가 되는 경우가 많습니다. 너무 간단하여 내부에서 어떤 계산이 진행되는지 파악할 수 없기 때문입니다.

따라서 이번 절에서는 다소 코드가 길어지더라도 가장 기초적인 연산들로 신경망 모델을 직접 구현합니다. 그 후 빌트인 함수를 사용하여 구현하여 앞서 작성한 코드와 비교하겠습니다. 신경망 모델은 특성값을 자동으로 추출하므로 특별히 특성값을 만들 필요가 없습니다. 따라서 다음과 같이 입력 데이터를 그대로 사용합니다.

```
features = np.array([[xval] for xval in x_train])
```

다음은 모델을 정의하는 코드입니다. 첫 번째 은닉층과 두 번째 은닉층 모두 10개의 노드를 사용합니다. 그리고 이에 맞게 가중치(weight)와 바이어스(bias)를 선언합니다.

```python
class MyModel(tf.keras.Model):
    def __init__(self, **kwargs):
        super().__init__(**kwargs)
        num_hidden1 = 10 # 은닉층1의 노드 개수
        num_hidden2 = 10 # 은닉층2의 노드 개수

        # 은닉층 1 의 Weight 와 Bias
        self.W1 = tf.Variable(tf.random.normal([1, num_hidden1],
                                                seed=624))
        self.b1 = tf.Variable(tf.random.normal(num_hidden1], seed=624))

        # 은닉층 2 의 Weight 와 Bias
        self.W2 = tf.Variable(tf.random.normal([num_hidden1, num_hidden2],
                                                seed=624))
        self.b2 = tf.Variable(tf.random.normal([num_hidden2], seed=624))

        # 출력층의 Weight 와 Bias
        self.W3 = tf.Variable(tf.random.normal([num_hidden2, 1],
                                                seed=624))
        self.b3 = tf.Variable(tf.random.normal([1], seed=624))

    def call(self, x):
        l1 = tf.matmul(x, self.W1) + self.b1 # 은닉층 1 의 로짓 계산
        h1 = tf.nn.sigmoid(l1) # 은닉층 1 의 활성함수 계산

        l2 = tf.matmul(h1, self.W2) + self.b2 # 은닉층 2 의 로짓 계산
        h2 = tf.nn.sigmoid(l2) # 은닉층 2 의 활성함수 계산

        yhat = tf.matmul(h2, self.W3) + self.b3 # 출력층에서 모델의 예측값 계산
        return yhat
```

각 층의 가중치 W와 바이어스 b는 정규분포를 이용하여 초기화합니다. tf.random_normal([1, num_hidden1], seed=624)는 정규분포를 따르는 행렬을 (1, num_hidden1) 크기로 만들어 주는 함수입니다. Seed는 코드 결과를 재현하기 위해 설정한 값입니다. 일반적으로는 사용하지 않습니다. 활성함수는 시그모이드를 사용하였고 tf.matmul( )를 이용하여 각 은닉층들을 구현하였습니다.

첫 번째 은닉층에서 행렬(W^1)의 행의 개수는 입력 데이터의 차원과 같아야 하므로 1개가 됩니다. 열의 개수는 은닉층 1의 노드 개수인 num_hidden1과 같아야 하므로 위의 코드에서는 10개가 됩니다. 또한, 바이어스 벡터(b^1)는 행렬의 열의 개수와 같아야 하므로 10차원입니다.

마찬가지로 두 번째 은닉층 행렬(W^2)의 행의 개수는 첫 번째 은닉층의 차원과 같아야 하므로 10개(num_hidden1 = 10)입니다. 열의 개수도 두 번째 은닉층의 노드 개수인 10개(num_hidden2=10)입니다. 복잡해 보이지만 행렬/벡터 곱의 정의를 생각하면 쉽게 이해할 수 있습니다. 두 번째 은닉층의 노드 개수가 10개이므로 바이어스 벡터(b^2)는 10차원이 됩니다. 회귀 분석에서 최종 레이어인 출력층에는 활성함수가 생략된 것을 확인할 수 있습니다. 또한, 회귀 분석을 할 값이 1개이므로 행렬(W^3)의 크기는 (num_hidden2, 1)이며 바이어스(b^3)는 1차원 벡터입니다.

위 코드의 call 함수를 보면 앞에서 설명한대로 각 층에서 로짓을 계산하고 그 값에 대한 활성함수(시그모이드 함수)의 값을 계산합니다. 예를 들면 은닉층 1에서는 입력 데이터인 x와 가중치 W^1, 그리고 바이어스 b^1을 이용하여 'tf.matmul(x, W1) + b1'으로 로짓을 계산합니다. 그 이후에 'tf.nn.sigmoid(l1)'으로 은닉층 1에서의 출력값 h^1을 계산합니다. l1과 h1의 계산은 합쳐서 'h1 = tf.nn.sigmoid(tf.matmul(x,self.W1) + self.b1)'으로 나타낼 수 있습니다. 이 코드를 통해 신경망 모델을 사용한 예측 모델 $\hat{y}$을 선언했으므로 이제 학습을 위한 파라미터를 결정합니다. 그리고 최적화 알고리즘과 손실함수를 선택합니다.

```
MaxEpochs = 120
batch_size = 10
lr = 0.1
optimizer = tf.keras.optimizers.Adam(lr)
loss = tf.keras.losses.MeanSquaredError()
```

앞에서 특성값을 활용한 예제와 동일하게 최적화 알고리즘은 Adam으로 선택하고 손실함수는 'MeanSquaredError'로 선택했습니다. 결정해야 할 파라미터의 수가 많아져서 최대 반복 횟수는 120회로 설정했고 배치 크기는 10으로 설정했으며 학습률은 0.1로 설정했습니다. 이제 모든 준비가 끝났으니 모델을 컴파일하고 학습을 진행하면 됩니다. 스토캐스틱 방법을 이용하므로 먼저 데이터를 섞어주는 것을 잊지 말아야 합니다.

```
np.random.seed(320)
shuffled_id = np.arange(0, len(x_train))
np.random.shuffle(shuffled_id)
shuffled_x_train = features[shuffled_id]
shuffled_y_train = labels[shuffled_id]

model.compile(optimizer = optimizer, loss = loss)
model.fit(shuffled_x_train, shuffled_y_train, epochs = MaxEpochs,
          batch_size = batch_size, shuffle = False)
```

[그림 10-5]는 지금까지 알아본 신경망 모델에서 입력 데이터부터 은닉층 및 출력층을 통해 예측값이 출력되고, 그 예측값과 레이블을 통해 손실함숫값을 구하는 과정을 보여줍니다. 여기서 사용되는 파라미터(Weight, bias)들은 텐서플로의 Variable로 선언됩니다. 나머지(ℓ, h, $\hat{y}$)는 텐서플로의 수식 연산함수로 선언이 됩니다.

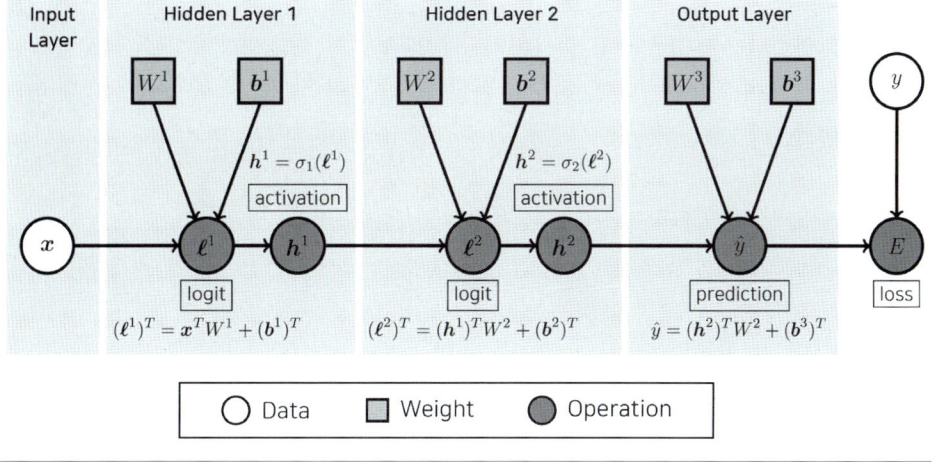

[그림 10-5] 신경망 모델 흐름도

학습된 신경망 모델을 시각화하는 코드는 다음과 같습니다.

```
prediction_values = model.predict(features)
final_loss = model.evaluate(features,labels)
plt.title("loss = {:1.3f}".format(final_loss))
visualize_l2(prediction_values.reshape(-1), x_train, labels.reshape(-1))
plt.show()
```

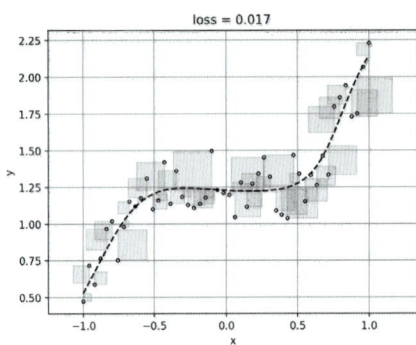

[그림 10-6] 학습된 신경망 모델

앞서 특성값과 선형 모델을 사용한 3차 다항 함수 모델과 학습된 신경망 모델을 비교한 [그림 10-7]을 보면 손실함숫값이 0.018과 0.017로 비슷합니다. 하지만 모양은 약간 다른 것을 알 수 있습니다. −0.5와 0.5 사이의 구간을 보면 신경망 모델이 다소 곡률이 작은 (평평한) 모습을 보여주고 있습니다. 하지만 손실함숫값은 더 작으므로 예측 성능이 더 높다고 할 수 있습니다.

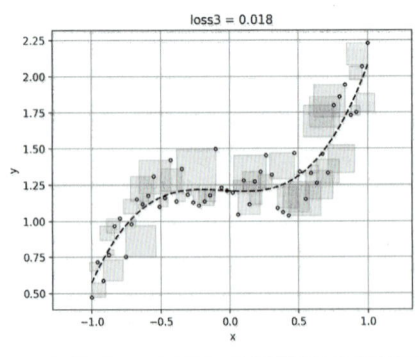 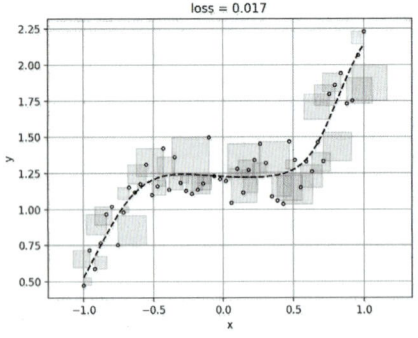

[그림 10-7] 3차 다항 함수 모델(왼쪽)과 신경망 모델(오른쪽)

신경망 모델이 학습되는 과정은 [그림 10-8]에 있습니다. 정규분포를 따르는 난수들로 초기화된 신경망 모델이 1번의 Epoch을 지난 후에는 손실함숫값이 0.296으로 상당히 큽니다. 또한, 그래프를 보면 데이터 분포에 전혀 맞지 않게 예측하는 것을 확인할 수 있습니다. 학습이 점점 진행되어 Epoch이 10인 경우를 보면 직선에 가까운 예측 모델이 학습되었습니다. 그 후 Epoch이 50 이후인 경우에는 데이터 분포에 잘 맞는 곡선 모양의 예측값이 학습된 것을 확인할 수 있습니다.

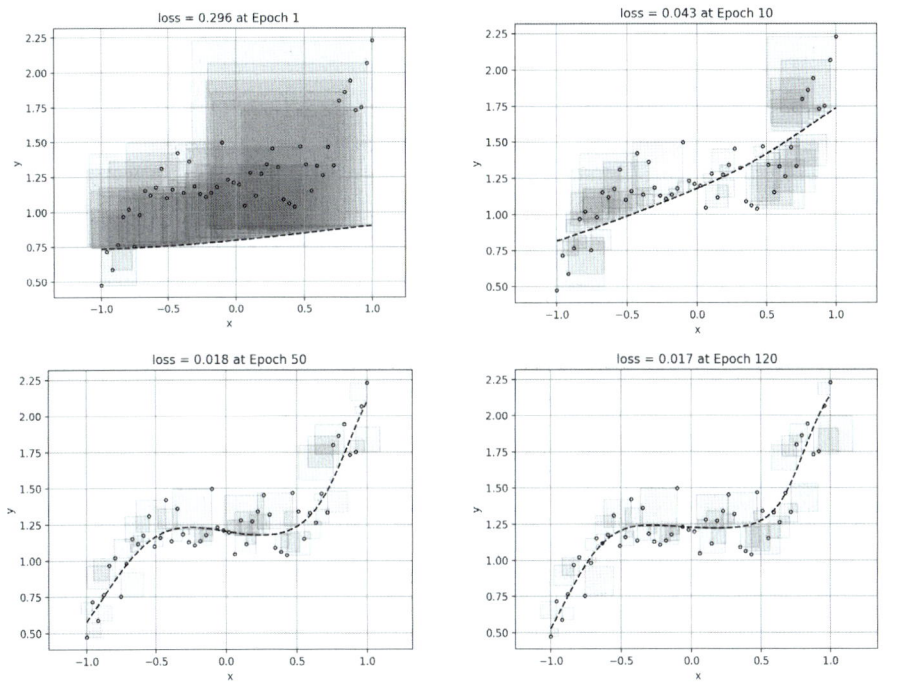

[그림 10-8] 신경망 모델의 학습 과정

10.4 신경망 모델의 다양한 표현

앞 절에서 신경망 모델을 텐서플로를 사용하여 선언하고 학습시키는 코드를 작성했습니다. 하지만 같은 신경망 모델 구조라고 하더라도 여러 가지 표현법이 있습니다. 텐서플로는 많은 사용자가 사용하는 만큼 같은 신경망 모델을 표현하는 방법도 다양합니다. 이번 절에서 소개할 함수는 tf.keras.layers.Dense( )입니다. 이 함수는 신경망 모델의 한 레이어를 간단하게 구현해주는 편리한 함수입니다. 앞서 다룬 예제의 코드에서 첫 번째 은닉층에 대한 부분만 살펴보면 다음과 같습니다.

```python
class MyModel(tf.keras.Model):
    def __init__(self, **kwargs):
        super().__init__(**kwargs)
        ...
        self.W1 = tf.Variable(tf.random.normal([1, 10], seed=624))
        self.b1 = tf.Variable(tf.random.normal([10], seed=624))
        ...

    def call(self, x):
        l1 = tf.matmul(x, self.W1) + self.b1
        h1 = tf.nn.sigmoid(l1)
        ...
```

위 코드를 보면 5~6번째 줄에서 가중치 행렬(W1)과 바이어스(b1)를 tf.Variable로 선언하고 10~11번째 줄에서 로짓과 활성함수의 계산을 정의했습니다. 만약 tf.keras.layers.Dense( )를 사용한다면 다음과 같이 간단하게 구현할 수 있습니다.

```python
class MyModel(tf.keras.Model):
    def __init__(self, **kwargs):
        super().__init__(**kwargs)
        self.hidden1 = tf.keras.layers.Dense(10, activation=tf.nn.sigmoid,
                        kernel_initializer='random_normal',
                        bias_initializer='random_normal')
        ...

    def call(self, x):
        h1 = self.hidden1(x)
        ...
```

tf.keras.layers.Dense( )는 한 가지 필수적인 입력값이 필요합니다. 바로 레이어의 노드 개수(unit)입니다. 레이어의 노드 개수이므로 정수형으로 입력해야 합니다. 위 코드에서 첫 번째 입력값인 10이 이에 해당합니다. 이어지는 입력값인 활성함수(activation), 가중치 행렬의 초깃값(kernel_initializer), 바이어스의 초깃값(bias_initializer)은 옵션입니다. 만약 tf.keras.layers.Dense(10)과 같이 노드 개수 외에 아무 옵션도 지정하지 않았다면, 기본

값으로 activation=None, kernel_initializer='glorot_uniform', bias_initializer= 'zeros'로 지정됩니다. 위 코드에서는 활성함수는 시그모이드로 설정하고 가중치 행렬과 바이어스는 정규분포를 이용하여 초기화합니다. 이 외에도 여러 가지 입력 인수들이 있습니다. 자세한 내용은 텐서플로의 문서를 확인하기 바랍니다.

위 코드를 보면 이전 코드와는 다르게 W1과 b1을 따로 선언하지 않았습니다. tf.keras. layers.Dense( )를 사용하면 가중치 행렬과 바이어스를 자동으로 선언합니다. 가중치 행렬의 크기는 이전 레이어의 노드 개수(혹은 입력값의 크기)와 연관이 있으므로 tf.keras. layers.Dense( )를 사용한 것만으로는 가중치 행렬과 바이어스가 바로 선언되지는 않습니다. 아래 call 함수에서 해당 레이어가 사용되면 이전 레이어의 노드 개수(또는 입력값의 크기)를 이용하여 가중치 행렬과 바이어스를 생성합니다. 예를 들어 위 코드에서는 첫 번째 입력값으로 10을 사용했고 아래 call 함수에서 h1 = self.hidden1(x)로 선언된 레이어를 이용합니다.

입력값으로 x를 사용했으므로 x의 크기인 1과 hidden1의 노드 개수인 10을 이용하여 가중치 행렬은 1×10 행렬로 선언됩니다. 바이어스는 해당 레이어의 노드 개수와 같으므로 10차원 벡터로 선언됩니다. 따라서 tf.keras.layers.Dense( )를 사용하면 각 레이어 별로 가중치 행렬의 크기를 계산할 필요도 없고 가중치 행렬과 바이어스를 선언하지 않아도 됩니다. 또한, 다음과 같이 간단하면서도 높은 가독성을 갖는 코드를 작성할 수 있습니다. 코드를 실행했을 때 동일한 결과를 얻기 위해 첫 번째 줄에서 seed 값을 지정하여 initializer를 선언합니다. 앞의 코드와 같이 'random_normal'을 이용하여 초깃값을 설정하면 코드를 실행할 때마다 다른 결과를 얻습니다.

```python
initializer = tf.keras.initializers.RandomNormal(mean=0., stddev=1.,
                                                  seed=119)

class MyModel(tf.keras.Model):
    def __init__(self, **kwargs):
        super().__init__(**kwargs)
        # 은닉층 1
        self.hidden1 = tf.keras.layers.Dense(10, activation=tf.nn.sigmoid,
            kernel_initializer=initializer, bias_initializer=initializer,
            name='hidden_1')
        # 은닉층 2
        self.hidden2 = tf.keras.layers.Dense(10, activation=tf.nn.sigmoid,
```

```
            kernel_initializer=initializer, bias_initializer=initializer,
            name='hidden_2')
        # 출력
        self.out = tf.keras.layers.Dense(1, activation = None,
            kernel_initializer=initializer, bias_initializer=initializer,
            name='output')

    def call(self, x):
        h1 = self.hidden1(x) # 은닉층 1
        h2 = self.hidden2(h1) # 은닉층 2
        yhat = self.out(h2) # 출력층
        return yhat
```

출력층은 activation에 None이 들어가는 것이 가장 큰 특징입니다. 신경망 모델을 통해 회귀 분석을 할 때는 활성함수를 사용하지 않습니다. 만약 활성함수를 추가한다면 정상적인 회귀 분석 모델을 얻을 수 없습니다. 따라서 출력층에 활성함수를 사용하지 않도록 주의해야 합니다. 앞선 예제와 같은 방식으로 학습을 시켜보면 다음과 같은 결과를 얻습니다.

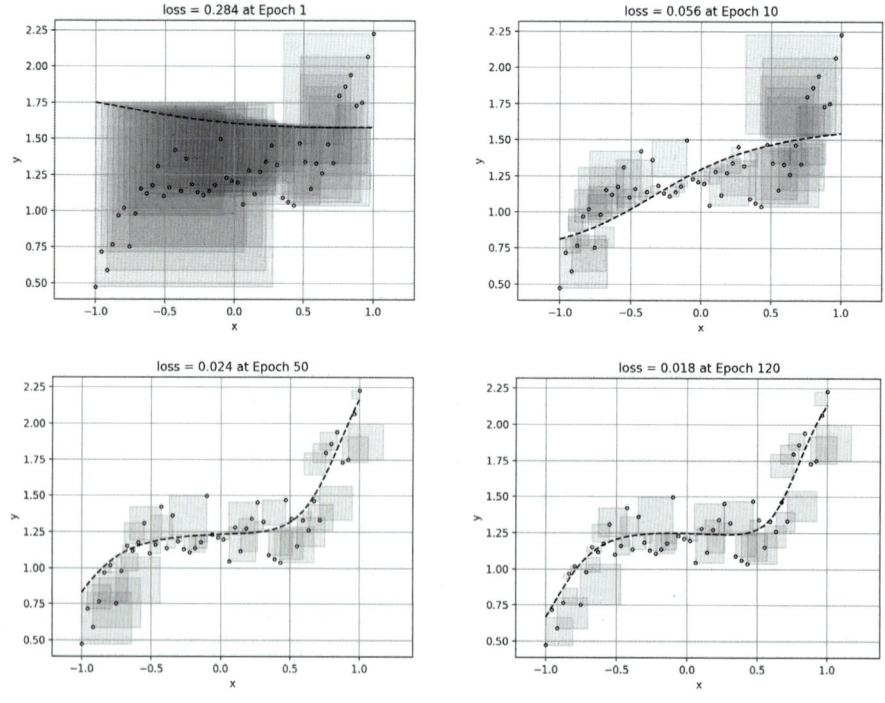

[그림 10-9] tf.keras.layers.Dense( )를 사용한 신경망 모델의 학습 과정

위 결과를 보면 [그림 10-8]과 조금 다릅니다. 왜냐하면 앞에서 사용했던 모델과 tf. keras.layers.Dense( )를 사용한 모델의 W 와 b 의 초깃값이 다르기 때문입니다. 다음과 같이 tf.constant_initializer( )를 사용하면 사용자가 원하는 값으로 W 와 b 의 초깃값을 설정할 수 있습니다.

```
num_hidden1 = 10
num_hidden2 = 10
W1 = tf.constant_initializer(tf.Variable(tf.random.normal(
                                [1, num_hidden1], seed=624)).numpy())
b1 = tf.constant_initializer(tf.Variable(tf.random.normal(
                                [num_hidden1], seed=624)).numpy())

W2 = tf.constant_initializer(tf.Variable(tf.random.normal(
                                [num_hidden1, num_hidden2], seed=624)).numpy())
b2 = tf.constant_initializer(tf.Variable(tf.random.normal(
                                [num_hidden2], seed=624)).numpy())

W3 = tf.constant_initializer(tf.Variable(tf.random.normal(
                                [num_hidden2, 1], seed=624)).numpy())
b3 = tf.constant_initializer(tf.Variable(tf.random.normal(
                                [1], seed=624)).numpy())

class MyModel(tf.keras.Model):
    def __init__(self, **kwargs):
        super().__init__(**kwargs)
        
        self.hidden1 = tf.keras.layers.Dense(10, activation=tf.nn.sigmoid,
            kernel_initializer=W1, bias_initializer=b1, name='hidden_1')
        
        self.hidden2 = tf.keras.layers.Dense(10, activation=tf.nn.sigmoid,
            kernel_initializer=W2, bias_initializer=b2, name='hidden_2')
        
        self.out = tf.keras.layers.Dense(1, activation = None,
            kernel_initializer=W3, bias_initializer=b3, name='output')
    
    def call(self, x):
        h1 = self.hidden1(x)
        h2 = self.hidden2(h1)
        yhat = self.out(h2)
        return yhat
```

위 코드를 이용하여 학습하면 [그림 10-8]과 동일한 결과를 얻을 수 있습니다. 앞에서 살펴본 것처럼 빌트인 함수를 이용하면 편리합니다. 그래서 신경망 모델을 텐서플로로 구현하는 예제를 소개할 때 Dense( )를 많이 사용합니다. 하지만 이 함수를 사용하게 되면 내부에서 어떠한 원리로 계산되는지 파악할 수 없습니다. 텐서플로에서 Variable들은 그래디언트를 이용한 수치 최적화 방법으로 업데이트합니다. 위 코드에서는 업데이트되는 Variable들이 전혀 보이지 않아 내부에서 행렬/벡터 연산으로 진행되는지 파악할 수 없습니다. 그렇다면 Dense( )를 사용하면 Variable을 사용하지 않는 것일까요? 당연히 그렇지 않습니다. Variable이 없으면 모델을 학습시킬 수 없습니다. 다음 코드로 현재 선언된 모든 Variable을 파악할 수 있습니다.

```
for var in model.layers:
    var_name = var.trainable_variables[0].name
    var_shape = var.trainable_variables[0].shape
    print(var_name, var_shape, np.prod(var_shape))

    var_name = var.trainable_variables[1].name
    var_shape = var.trainable_variables[1].shape
    print(var_name, var_shape, np.prod(var_shape))
```

model.layers[k].trainable_variables( )는 인덱스가 k인 레이어의 Variable(kernel과 bias)을 반환해줍니다. 출력된 값을 보면 다음과 같습니다.

```
출력:
my_model/hidden_1/kernel:0 (1, 10) 10
my_model/hidden_1/bias:0 (10,) 10
my_model/hidden_2/kernel:0 (10, 10) 100
my_model/hidden_2/bias:0 (10,) 10
my_model/output/kernel:0 (10, 1) 10
my_model/output/bias:0 (1,) 1
```

출력값에서 레이어의 이름을 보면 'my_model/' 이후에 레이어의 이름이 나오고 이어서 kernel인지 bias인지 구분하고 있습니다. 예를 들어 'my_model/hidden_1/kernel:0'은 첫 번째 은닉층의 W를 의미하고 'my_model/hidden_1/bias:0'은 첫 번째 은닉층의 b를 의미합니다. 10.3절과 같은 형태의 W와 b가 선언된 것을 확인할 수 있습니다. 출력값의 가장 오른쪽 숫자는 각 변수에 대해 결정해야할 파라미터의 수를 의미합니다. 따라서 신경망 모델에 사용된 Variable의 차원을 모두 합해보면, 141(=10+10+100+ 10+10+1)차원입니다. 다음 표에는 지금까지 사용한 모델들의 차원이 정리되어 있습니다.

[표 10-1] 각 모델별 차원 비교

	1차 다항함수	2차 다항함수	3차 다항함수	삼각함수	신경망
입력 벡터의 차원	1	2	3	2	1
최적화 문제의 차원	2	3	4	3	141

특성값과 선형 모델을 이용하여 비선형회귀 분석을 하는 경우의 장점은 최적화 문제의 차원이 아주 작다는 것입니다. 따라서 학습 속도가 빠르고 계산에 큰 무리가 없습니다. 하지만 특성값을 직접 고안해야 한다는 단점이 있습니다. 반면에 신경망 모델은 특성값을 자동으로 추출하여 예측 모델을 만들어주는 장점이 있지만, 최적화 문제의 차원이 매우 큽니다. 따라서 계산 속도가 느리고 학습 난이도가 높습니다. 하지만 특성값을 직접 고안하지 않아도 된다는 장점은 이러한 단점들을 압도합니다.

10.5 특성값 자동 추출의 원리

지금까지 신경망 모델을 사용하면 특성값을 따로 만들어내지 않아도 자동으로 데이터 분포에 맞는 모델이 학습된다는 점을 보았습니다. 사실 신경망 모델을 비롯한 많은 딥러닝 모델은 특성값을 자동으로 추출하는 장점이 있습니다. [그림 10-10]의 좌측 그림과 같이 기존에 직접 고안했던 특성값(Feature)을 신경망 모델(우측)은 은닉층의 조합으로 특성값을 추출해줍니다. 이때 특성값은 출력층의 입력값(최종 은닉층의 출력값)을 가리킵니다.

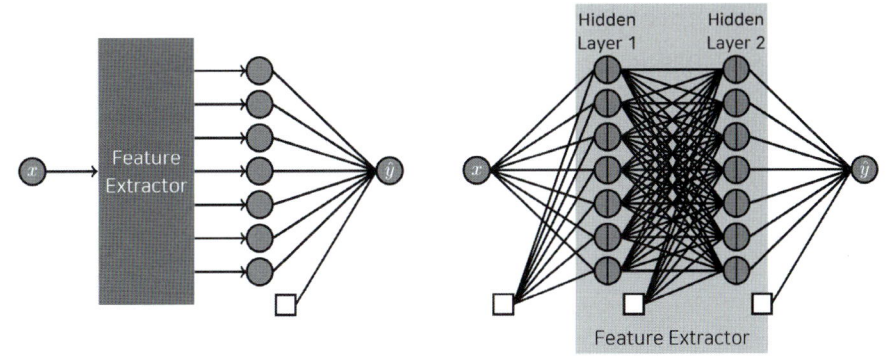

[그림 10-10] 신경망 모델의 특성값 자동 추출

이러한 장점 때문에 많은 연구자와 실무자들은 신경망 모델이 모든 것을 해결해 줄 것이라고 기대하는 경향이 있습니다. 하지만 신경망 모델이나 많은 딥러닝 모델은 마법같이 학습되는 것이 아닙니다. 다음 수식을 보며 자동 추출의 원리에 관해 설명하려고 합니다.

$$\text{loss}(W, b; x, y) = \frac{1}{N} \sum_{i=1}^{N} (\hat{y}(x_i; W, b) - y_i)^2$$

위 수식은 회귀 분석에서 자주 사용되는 손실함수인 평균 제곱 오차의 수식입니다. (x_i, y_i)는 i번째 데이터와 레이블을 나타냅니다. 손실함수의 값은 주어진 W 와 b, 그리고 데이터를 이용해 계산된 모델의 예측값과($\hat{y}$) 대응되는 레이블의 오차의 제곱의 평균입니다. 손실함수를 구성하는 가장 중요한 요소는 바로 데이터(x_i)와 레이블(y_i)입니다. 신경망 모델을 학습시킨다는 것은 손실함수(loss($W, b; x, y$))를 작게 만드는 W 와 b 를 찾는다는 의미입니다. 즉, 최적화 문제로 나타내면 다음과 같습니다.

$$\min_{W, b} \text{loss}(W, b; x, y) = \frac{1}{N} \sum_{i=1}^{N} (\hat{y}(x_i; W, b) - y_i)^2$$

사실, 수학적으로는 $W = (W^1, W^2, W^3)$와 $b = (b^1, b^2, b^3)$가 신경망 모델 그 자체입니다. 따라서 신경망 모델을 학습시킨다는 것은 "손실함숫값이 가장 작아지는 W와 b를 가져와!"로 거칠게 말할 수 있습니다. 가장 기본적인 그래디언트 디센트부터 Adam 방법까지 모든 수치최적화 알고리즘은 손실함숫값이 작아지는 W와 b를 찾는 것이 목표입니다.

그래서 W 와 b 의 차원이 높아지면 많은 조합이 생기게 됩니다. 이런 많은 조합과 함수를 합성하는 법이 만나 더 많은 가능성이 생기게 됩니다. 이렇게 많아진 W 와 b 의 조합 중에 손실함수를 가장 작게 하는 값을 찾는 과정이 신경망 모델의 학습입니다.

필자는 특성값을 자동으로 추출한다는 것이 신경망 모델 입장에서는,

"뭔지는 모르지만 당신이 준 손실함수를 작게 만드는 W와 b를 찾았어"

라고 생각합니다. 신경망 모델이나 딥러닝 모델이 굉장히 똑똑해서 알아서 특성값을 찾아주는 것이 아닌, 발품(수치최적화 알고리즘)을 많이 팔아서 손실함숫값이 가장 작다고 판단한 W와 $\mathbf{b}$를 반환해주는 것입니다. 따라서 신경망 모델이 너무 똑똑해서는 안 되고 신경망 모델에 데이터와 레이블 그리고 손실함수를 설정하는 연구자가 더 많은 내용을 알고 있어야 합니다.

이러한 맥락에서 가장 쉽게 저지르는 오류는 데이터 개수가 현저히 부족한 경우에도 신경망 모델이 좋은 예측 모델을 만들어 줄 것이라는 기대입니다. 데이터가 적으면 신경망 모델은 사용자가 원하는 성능을 발휘하지 못합니다. 또한, 데이터가 단순히 많기만 해도 좋지 않습니다. 데이터가 많을 때는 다양한 데이터가 고르게 있어야 손실함수를 통하여 좋은 신경망 모델이 학습됩니다. 딥러닝을 공부할 때는 항상 "Garbage in, garbage out"을 명심해야 합니다.

10.6 신경망 모델의 단점

이번 절에서는 신경망 모델에 관한 단점을 설명합니다. 단점을 보완하는 방법은 PART 4에서 다루려고 합니다. 가장 먼저 눈에 띄는 단점으로는 특성값을 사용하는 선형 모델에 비해서 최적화 차원이 매우 높다는 점입니다. 따라서, 특성값을 쉽게 파악할 수 있는 경우에는 굳이 신경망 모델을 사용하여 많은 계산을 하지 않아도 됩니다.

그다음 단점으로는 학습할 때 초깃값에 아주 민감합니다. 만약 초깃값을 0으로 가득 찬 행렬/벡터나, 1로 가득 찬 행렬/벡터를 사용하면 학습 속도가 매우 느려집니다. 먼저 0으로 모든 Variable을 초기화한 경우를 살펴보겠습니다.

```
initializer = tf.keras.initializers.Zeros()

class MyModel(tf.keras.Model):
    def __init__(self, **kwargs):
        super().__init__(**kwargs)
        # 은닉층 1
        self.hidden1 = tf.keras.layers.Dense(10, activation=tf.nn.sigmoid,
            kernel_initializer=initializer, bias_initializer=initializer,
            name='hidden_1')
```

```
        # 은닉층 2
        self.hidden2 = tf.keras.layers.Dense(10, activation=tf.nn.sigmoid,
            kernel_initializer=initializer, bias_initializer=initializer,
            name='hidden_2')
        # 출력
        self.out = tf.keras.layers.Dense(1, activation = None,
            kernel_initializer=initializer, bias_initializer=initializer,
            name='output')

    def call(self, x):
        h1 = self.hidden1(x) # 은닉층 1
        h2 = self.hidden2(h1) # 은닉층 2
        yhat = self.out(h2) # 출력층
        return yhat
```

tf.keras.initializers.Zeros( )를 사용하여 초깃값을 설정하고 위의 예제와 동일한 방법과 동일한 파라미터로 학습을 시켜보면 [그림 10-11]과 같은 결과를 얻습니다. 동일한 Epoch이 지나도 손실함숫값이 충분히 작아지지 않는 것을 볼 수 있습니다.

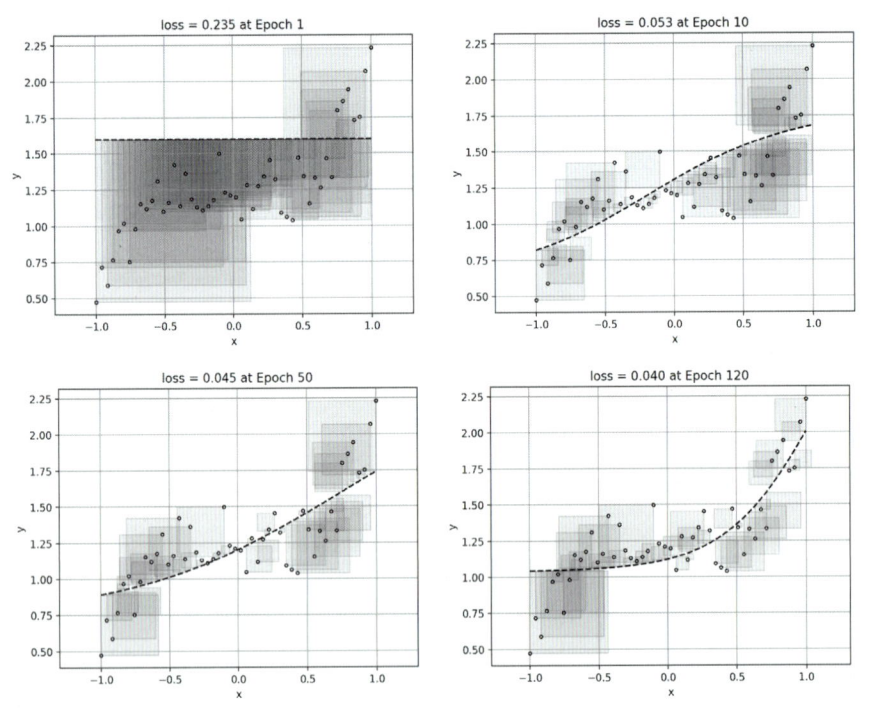

[그림 10-11] 모든 Variable을 0으로 초기화 후 학습 진행 상황

다음 코드와 같이 tf.keras.initializers.Ones( )를 이용하여 모두 1로 초깃값을 설정한 후 앞의 예제와 동일하게 학습시킨 결과는 [그림 10-12]에 나와있습니다.

```python
initializer = tf.keras.initializers.Ones()

class MyModel(tf.keras.Model):
    def __init__(self, **kwargs):
        super().__init__(**kwargs)
        # 은닉층 1
        self.hidden1 = tf.keras.layers.Dense(10, activation=tf.nn.sigmoid,
            kernel_initializer=initializer, bias_initializer=initializer,
            name='hidden_1')
        # 은닉층 2
        self.hidden2 = tf.keras.layers.Dense(10, activation=tf.nn.sigmoid,
            kernel_initializer=initializer, bias_initializer=initializer,
            name='hidden_2')
        # 출력
        self.out = tf.keras.layers.Dense(1, activation = None,
            kernel_initializer=initializer, bias_initializer=initializer,
            name='output')

    def call(self, x):
        h1 = self.hidden1(x) # 은닉층 1
        h2 = self.hidden2(h1) # 은닉층 2
        yhat = self.out(h2) # 출력층
        return yhat
```

[그림 10-11]과 경향은 다르지만, 여전히 정규분포를 따르는 난수로 초깃값으로 설정한 결과에 비해 손실함숫값이 터무니없이 큰 것을 확인할 수 있습니다.

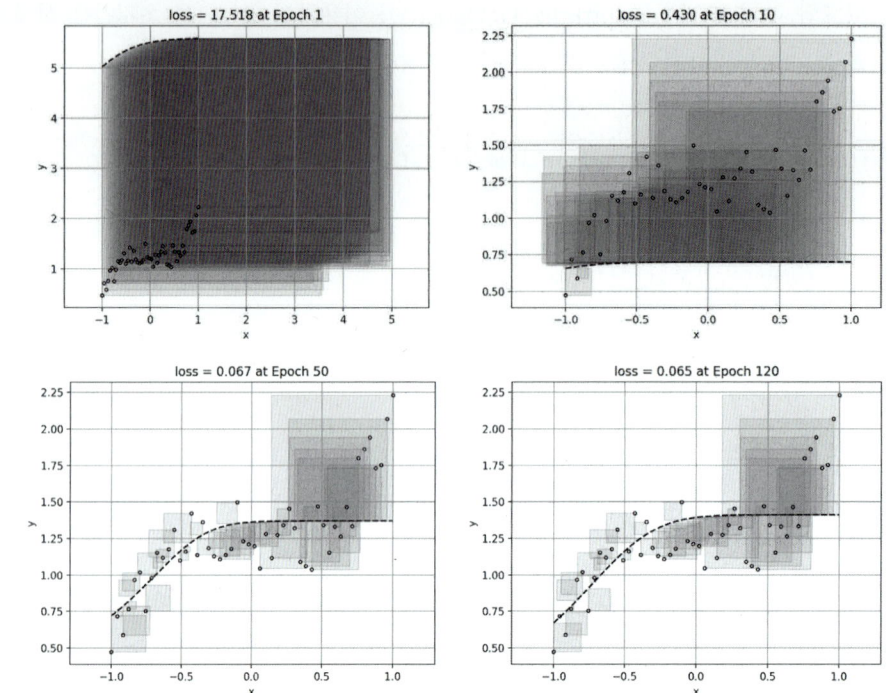

[그림 10-12] 모든 Variable을 1로 초기화 후 학습 진행 상황

마지막으로 소개할 신경망 모델의 단점은 바로 과적합(Overfitting)입니다. 신경망 모델의 잠재 성능이 너무 크기 때문에 사용자의 기대보다 데이터를 훨씬 잘 표현하는 모델을 얻게 되는 현상입니다. 다음 코드로 과적합 현상이 발생하는 과정을 볼 수 있습니다.

```python
initializer = tf.keras.initializers.RandomNormal(mean=0., stddev=1.,
                                                  seed=119)

class MyModel(tf.keras.Model):
    def __init__(self, **kwargs):
        super().__init__(**kwargs)
        
        self.hidden1 = tf.keras.layers.Dense(10, activation=tf.nn.sigmoid,
            kernel_initializer=initializer, bias_initializer=initializer,
            name='hidden_1')
        
        self.hidden2 = tf.keras.layers.Dense(10, activation=tf.nn.sigmoid,
```

```
            kernel_initializer=initializer, bias_initializer=initializer,
            name='hidden_2')
        
        self.out = tf.keras.layers.Dense(1, activation = None,
            kernel_initializer=initializer, bias_initializer=initializer,
            name='output')
    
    def call(self, x):
        h1 = self.hidden1(x)
        h2 = self.hidden2(h1)
        yhat = self.out(h2)
        return yhat

model = MyModel()

MaxEpochs = 100000
batch_size = 10
lr = 0.1
optimizer = tf.keras.optimizers.Adam(lr)
loss = tf.keras.losses.MeanSquaredError()

np.random.seed(320)
shuffled_id = np.arange(0, len(x_train))
np.random.shuffle(shuffled_id)
shuffled_x_train = features[shuffled_id]
shuffled_y_train = labels[shuffled_id]

model.compile(optimizer = optimizer, loss = loss)
model.fit(shuffled_x_train, shuffled_y_train, epochs = MaxEpochs,
          batch_size = batch_size, shuffle = False)
```

기존 코드와 달라진 것은 MaxEpoch이 100,000번으로 늘어난 것뿐입니다. 위 코드를 실행한 결과를 시각화하면 다음과 같습니다.

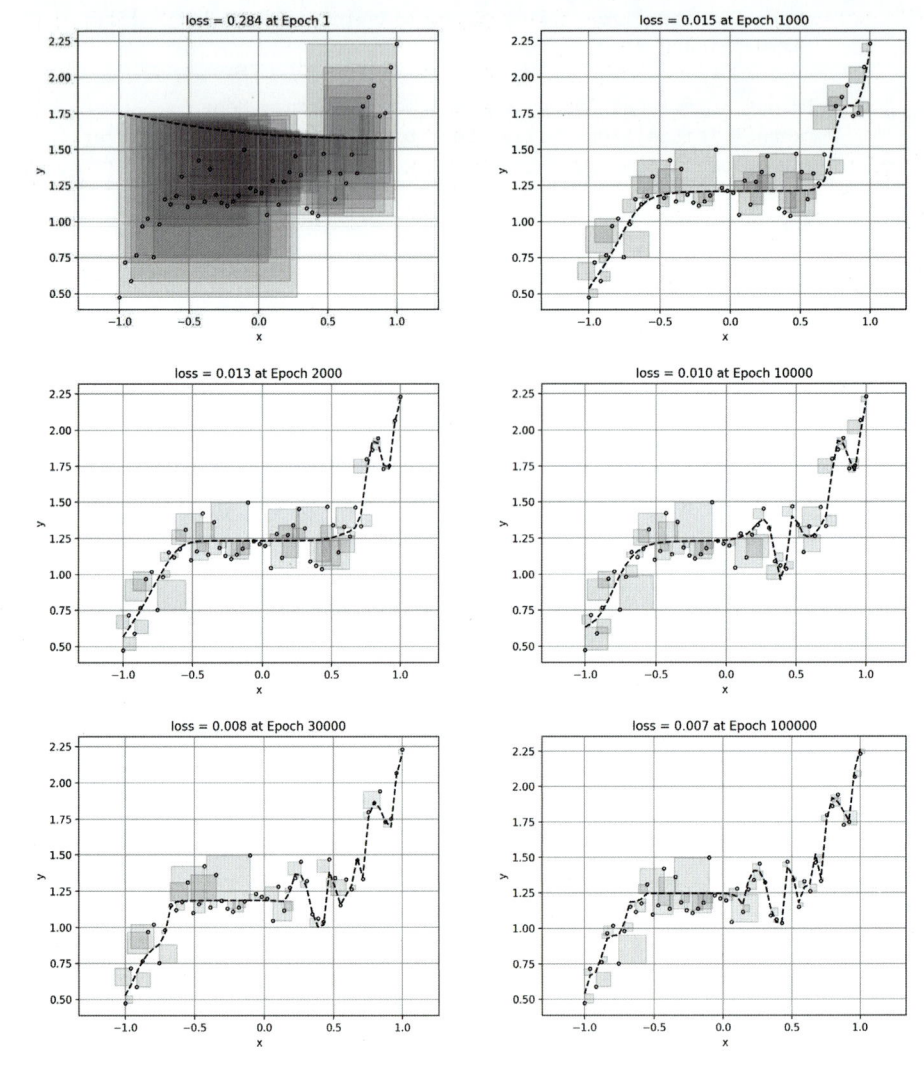

[그림 10-13] Overfitting 현상이 발생한 신경망 모델 학습 결과

초기에는 학습 진행이 덜 되었으므로 데이터를 엉망으로 예측하고 있지만, Epoch이 1,000번 정도 지나면 데이터 분포의 경향을 상당히 잘 나타내주는 모델을 얻을 수 있습니다. 더 좋은 모델을 얻기 위해 학습을 더 진행한 Epoch 2,000인 경우 갑자기 $x = 0.8$ 근처에서 뾰족하게 변했습니다. 이후에 신경망 모델 예측값의 모양은 급격한 변화를 보입니다. 데이터의 전체적인 경향을 나타내지 않고 각 점들의 값을 맞추려고 합니다.

손실함숫값은 Epoch이 100,000번 지난 후의 모델이 가장 작지만 데이터의 경향을 잘 나타낸다고 보기는 어렵습니다. 이렇게 손실함숫값은 매우 작지만 데이터의 경향을 보여주지 못하는 현상을 과적합(Overfitting) 또는 과대적합이라고 합니다. 신경망 모델이 아주 복잡한 수식까지 표현할 수 있어서 나타나는 현상입니다. 그러므로 신경망 모델을 학습시킬 때는 항상 과적합 현상이 나타나지 않게 조심해야 합니다. 이러한 과적합 현상을 해결하는 방법은 PART 4에서 다룰 예정입니다.

Chapter 11 신경망 분류 모델

이번 장에서는 신경망 분류 모델을 설명합니다. 10장에서 다룬 신경망 회귀 모델과 유사한 점이 많습니다. 출력층의 활성함수와 손실함수를 제외하면 정확하게 일치합니다. 그럼에도 불구하고 따로 선별하여 설명하는 이유는 처음 접하는 분들은 회귀 모델과 분류 모델이 헷갈리는 경우가 많기 때문입니다. 같은 신경망 모델을 사용하여 회귀 문제와 분류 문제를 해결할 수 있습니다. 이번 장에서는 9장에서 배운 선형 분류 모델을 신경망 분류 모델로 업그레이드합니다. 신경망 모델을 사용하여 이항 분류 문제에서 특성값 자동 추출을 구현하고 대표적 다중 분류 문제인 MNIST를 분류합니다.

11.1 신경망 분류 모델의 필요성

신경망 회귀 모델 필요성을 설명한 10장과 마찬가지로 이번 장에서도 신경망 분류 모델이 필요한 이유를 예제를 보면서 공유하려고 합니다. 비선형 분류 문제를 풀기 위해서는 비선형성을 나타낼 특성값이 필요했습니다. 이러한 특성값을 고안할 때는 결정경계선의 모양을 수식으로 잘 표현해야 합니다. 예제에 사용할 데이터를 만들어내는 코드는 다음과 같습니다.

```
import numpy as np
import matplotlib.pylab as plt
import tensorflow as tf
from sklearn.datasets import make_circles
# 데이터 생성
xy, labels = make_circles(n_samples=200, noise=0.1, random_state=717)
labels = labels.reshape(-1,1)
```

그래프로 데이터의 분포를 그려보면 [그림 11-1]과 같습니다. 세모와 네모를 합하여 총 200개의 데이터가 있습니다. 이번 절에서는 2가지 모양을 분류하는 문제를 다룹니다.

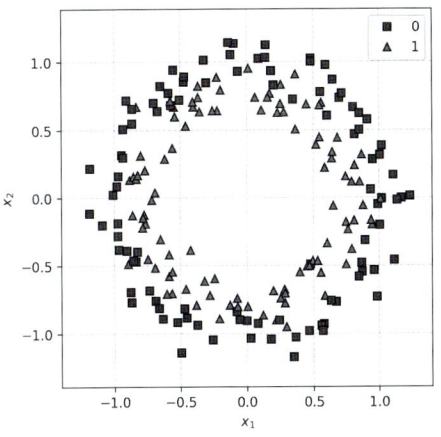

[그림 11-1] 원 모양으로 분포하는 데이터

이번에는 총 2가지의 특성값 모델을 사용합니다. 첫 번째는 직선 모양의 결정경계선을 만드는 특성값이고, 두 번째는 이차곡선(원, 타원, 쌍곡선) 모양의 결정경계선을 만드는 특성값입니다.

1. 직선의 관계식: $w_1 x_1 + w_2 x_2 + b = 0$
2. 이차곡선의 관계식: $w_1 x_1^2 + w_2 x_2^2 + b = 0$

이차곡선 관계식의 경우 w_1, w_2, b의 값에 따라서 원, 타원, 그리고 쌍곡선의 결정경계선이 만들어집니다. 이번에는 지난 예제와 다르게 람다(lambda)식을 활용하여 특성값을 정의합니다.

```
f1 = lambda x,y: [x, y]
f2 = lambda x,y: [x**2, y**2]
```

주어진 특성값 외에도 다양한 특성값에 대해 연습해보는 것을 추천합니다. 람다식을 추가하는 과정 자체가 특성값을 고안해야 하는 작업이므로 이러한 작업을 많이 해볼수록 신경망 모델의 장점을 깊게 공감할 수 있습니다. 특성값들을 정의했으니 각 특성값에 대한 선형 모델을 사용하여 학습하는 코드를 작성해보겠습니다. 10장에서와 마찬가지로 dim이라는 입력 변수를 활용하여 코드를 재활용합니다.

```python
class MyModel(tf.keras.Model):
    def __init__(self, dim=1, **kwargs):
        super().__init__(**kwargs)
        self.W = tf.Variable(tf.ones([dim,1]), dtype=tf.float32)
        self.b = tf.Variable(tf.ones([1]), dtype=tf.float32)

    def call(self, x):
        return tf.nn.sigmoid(tf.matmul(x, self.W) + self.b)
```

W와 b는 모두 1로 초기화를 했고 모델은 선형 이항 분류 모델을 사용했습니다. 위 코드를 작성함으로써 이항 분류 모델에서는 시그모이드를 출력층의 활성함수로 사용한다는 것을 복습할 수 있습니다. 예측 모델을 정의했으므로 for-loop를 이용하여 위에서 정의한 2가지 특성값에 대해 모델을 비교하는 코드를 작성합니다. 먼저 특성값을 추출하고 모델을 선언하는 코드는 다음과 같습니다.

```python
for i, f_fn in enumerate([f1, f2], 1):
    features = np.array([f_fn(xval, yval) for xval, yval in xy])
    dim_features = features.shape[1]

    model = MyModel(dim_features)
```

결정론적인 방법은 딥러닝 모델을 학습시킬 때 거의 사용하지 않으므로, 미니 배치를 이용한 스토캐스틱 방법으로 구현합니다. 따라서 학습 전에 데이터를 섞어주어야 합니다.

```python
for i, f_fn in enumerate([f1, f2], 1):
    ...
    np.random.seed(7382)
    shuffled_id = np.arange(0, len(features))
    np.random.shuffle(shuffled_id)
    shuffled_x_train = features[shuffled_id]
    shuffled_y_train = labels[shuffled_id]
```

이제 하이퍼 파라미터, 수치최적화 방법, 손실함수를 결정하여 모델을 컴파일하고 학습을 진행하면 됩니다. 하이퍼 파라미터 중에서 최대 반복횟수(MaxEpochs)는 15회, 배치 크기(batch_size)는 25, 학습률(lr)은 0.1로 입력합니다. 이렇게 설정하면 총 데이터 개수가 200개이므로 한 Epoch 당 8번의 학습을 실행합니다.

```
for i, f_fn in enumerate([f1, f2], 1):
    ...
    MaxEpochs = 15
    batch_size = 25
    lr = 0.1
```

이 문제는 0과 1을 분류하는 이항 분류 문제이므로 손실함수는 BinaryCrossentropy( )를 사용합니다. 마지막으로 수치최적화 방법은 Adam을 사용합니다. 손실함수와 수치최적화 방법을 이용하여 모델을 컴파일하고 학습을 진행합니다.

```
for i, f_fn in enumerate([f1, f2], 1):
    ...
    model.compile(optimizer = tf.keras.optimizers.Adam(lr),
                  loss = tf.keras.losses.BinaryCrossentropy())
    model.fit(shuffled_x_train, shuffled_y_train, epochs = MaxEpochs,
              batch_size=batch_size, shuffle=False)
```

10장에서 설명했듯이 model.fit( )의 입력값 중에서 'shuffle=True'로 하거나 'shuffle'에 대해 따로 입력해주지 않으면 자동으로 데이터를 섞어줍니다. 그러나 코드를 반복하여 실행했을 때 동일한 결과를 얻기 위해 학습 전에 데이터를 따로 섞어주고 학습을 진행할 때 입력값인 'shuffle=False'로 지정하였습니다. 지금까지 살펴본 코드와 그래프를 그리는 코드를 한 번에 나타내면 다음과 같습니다.

```
for i, f_fn in enumerate([f1, f2], 1):
    features = np.array([f_fn(xval, yval) for xval, yval in xy])
    dim_features = features.shape[1]
    
    model = MyModel(dim_features)
    
    np.random.seed(7382)
    shuffled_id = np.arange(0, len(features))
```

```
    np.random.shuffle(shuffled_id)
    shuffled_features = features[shuffled_id]
    shuffled_labels = labels[shuffled_id]

    MaxEpochs = 15
    batch_size = 25
    lr = 0.1

    model.compile(optimizer = tf.keras.optimizers.Adam(lr),
                  loss = tf.keras.losses.BinaryCrossentropy())
    model.fit(shuffled_features, shuffled_labels, epochs = MaxEpochs,
              batch_size=batch_size, shuffle=False)

    prediction_values = model(features).numpy()
    loss = lambda y, yhat: tf.reduce_mean(-y * tf.math.log(yhat)
                                          - (1-y) * tf.math.log(1-yhat))
    final_loss = loss(labels, prediction_values)
    print('W={}, b={}'.format(model.W.numpy().flatten(),model.b.numpy()))

    plot_model(model, f_fn, xy, labels,
               'Feature {}\n (loss={:1.2f})'.format(i, final_loss))
```

위 코드를 실행하면 각 특성값별로 최종 파라미터의 값과 예측 모델을 시각화한 그래프가 출력됩니다.

```
출력:
W=[-0.03984674 -0.04534504], b=[0.01354093]
W=[-3.008436   -3.2034917], b=[2.5585032]
```

첫 번째 특성값을 사용한 경우의 파라미터들을 반올림한 결정경계선의 관계식은 $-0.040x_1 - 0.045x_2 + 0.014 = 0$입니다. 이 직선의 방정식은 [그림 11-2]의 왼쪽 그림의 점선으로 나타낸 경계선을 나타냅니다. 이차곡선을 사용한 두 번째 특성값을 사용한 경우에 관계식은 $-3.008x_1^2 - 3.203x_2^2 + 2.559 = 0$입니다. 이차곡선의 경우 각 항의 계수에 따라서 원, 타원 또는 쌍곡선이 됩니다. 이 경우에는 2차 항의 계수들이 부호가 같고 크기는 다르며 상수항의 부호는 2차 항과 반대이므로 타원의 방정식입니다. 하지만 2차 항의 계수의 값이 거의 비슷하므로 경계선이 원형에 가까운 타원이 됩니다.([그림 11-2]의 오른쪽 그림의 점선).

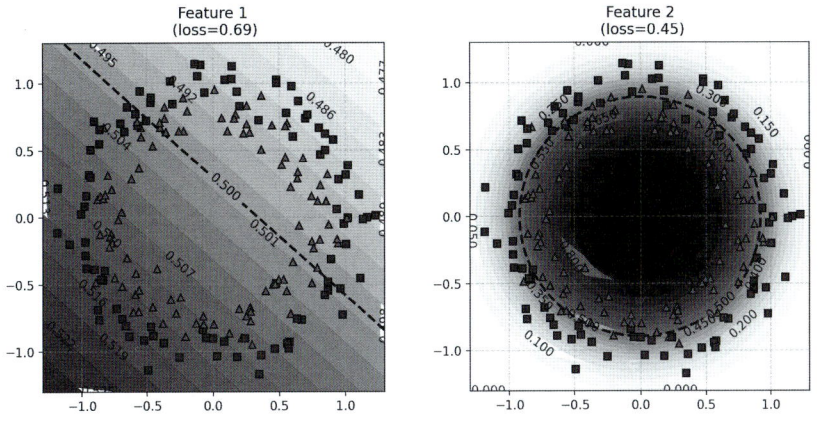

[그림 11-2] 선형 특성값과 비선형 특성값을 사용한 선형 분류 모델 학습 결과

[그림 11-2]를 보면 직관적으로 두 번째 특성값을 사용한 예측 모델이 더 정확하다는 것을 쉽게 알 수 있습니다. 이에 대한 정량적인 근거는 2가지 예측 모델의 손실함숫값을 비교해보면 됩니다. 두 번째 예측 모델은 손실함숫값이 0.45로 첫 번째 예측 모델의 손실함숫값인 0.69보다 작습니다. 따라서 두 번째 예측 모델이 더 좋은 모델이라고 말할 수 있습니다.

위의 결과를 통해 데이터 분포에 맞는 비선형 특성값이 얼마나 중요한지 알 수 있습니다. 적절한 비선형 특성값을 설정하지 않으면 데이터를 올바르게 분류하는 선형 분류 모델을 학습시킬 수 없습니다. 적절한 비선형 특성값을 구한 경우에도 데이터가 추가되거나 변경되어 그 분포가 달라지면 새로운 분포에 맞는 비선형 특성값을 고안해야 합니다. 다시 말하면 데이터 분포가 달라질 때마다 적절한 비선형 특성값을 다시 고안해야 합니다. 이제 이러한 단점을 해결해주는 신경망 분류 모델에 대해 알아보겠습니다.

11.2 다양한 데이터 분포와 신경망 분류 모델

신경망 분류 모델은 신경망 회귀 모델과 활성함수를 제외하면 동일하므로 신경망 모델의 용어는 10장을 다시 한번 참고하는 것을 권합니다.

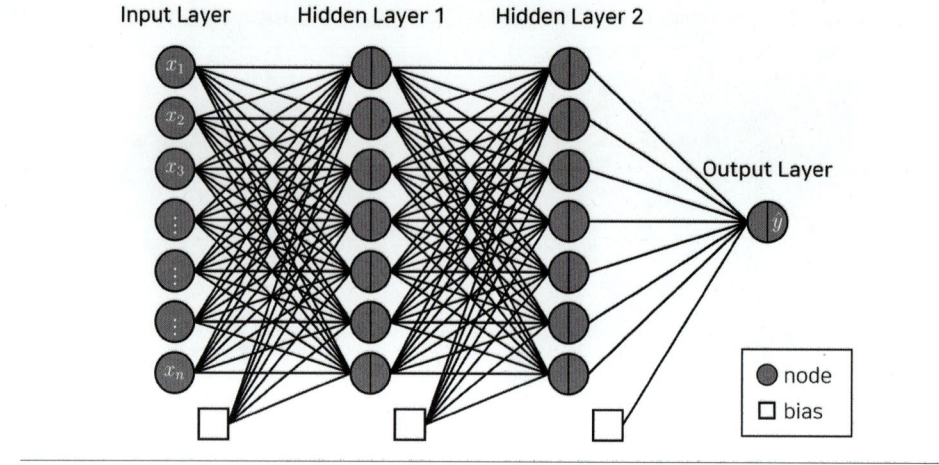

[그림 11-3] 신경망 분류 모델의 다이어그램

[그림11-3]에서 주목해야 할 부분은 출력층 노드의 중간에 세로로 검은선이 표시되었다는 점입니다. 10장에서 설명했던 것처럼 검은선은 활성함수를 적용하여 계산했다는 것을 나타냅니다. 신경망 회귀 모델은 출력층에 활성함수를 적용하지 않으므로 노드에 검은선이 없습니다(10장 [그림 10-3] 참고). 그러나 신경망 분류 모델의 출력층에는 시그모이드나 Softmax를 활성함수로 사용합니다. 출력층의 활성함수를 제외하면 신경망 분류 모델과 회귀 모델은 동일합니다.

11.2.1 신경망 분류 모델 학습

신경망 분류 모델은 [그림 11-4]와 같이 흐름도로 나타낼 수 있습니다. 실제 텐서플로 코드를 작성할 때는 이러한 흐름도가 더 직관적입니다. [그림 11-3]과 [그림 11-4]는 서로 다른 관점에서 그렸을 뿐 같은 신경망 분류 모델을 나타냅니다.

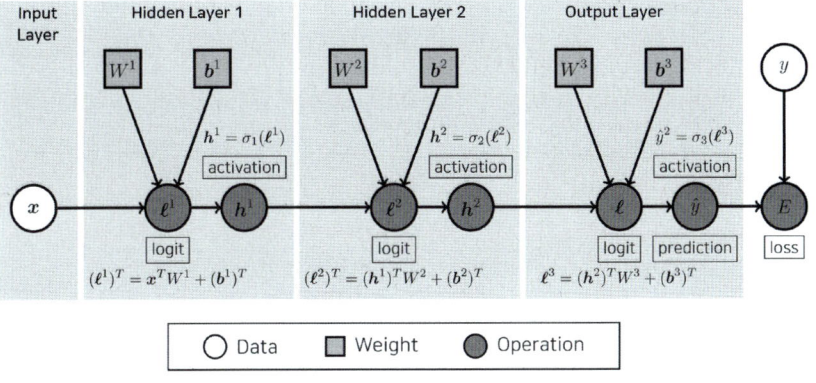

[그림 11-4] 신경망 모델 흐름도

신경망 모델 분류 모델의 특성값 자동 추출을 확인해보기 위해 다음과 같이 입력 데이터를 그대로 사용합니다.

```
f_fn = lambda x,y: [x, y]
features = np.array([f_fn(xval, yval) for xval, yval in xy])
```

은닉층은 2개를 사용하고 각 은닉층에서 노드의 개수는 10개와 5개입니다. 텐서플로로 신경망 분류 모델을 구현한 코드는 다음과 같습니다.

```
class MyModel(tf.keras.Model):
    def __init__(self, **kwargs):
        super().__init__(**kwargs)
        num_hidden1 = 10
        num_hidden2 = 5
        
        self.W1 = tf.Variable(tf.random.normal([2, num_hidden1],seed=624))
        self.b1 = tf.Variable(tf.random.normal([num_hidden1],seed=624))
        
        self.W2 = tf.Variable(tf.random.normal([num_hidden1,num_hidden2],
                                                seed=624))
        self.b2 = tf.Variable(tf.random.normal([num_hidden2],seed=624))
        
        self.W3 = tf.Variable(tf.random.normal([num_hidden2, 1],seed=624))
        self.b3 = tf.Variable(tf.random.normal([1], seed=624))
```

```
    def call(self, x):
        l1 = tf.matmul(x, self.W1) + self.b1
        h1 = tf.nn.sigmoid(l1)

        l2 = tf.matmul(h1, self.W2) + self.b2
        h2 = tf.nn.sigmoid(l2)

        l3 = tf.matmul(h2, self.W3) + self.b3
        yhat = tf.nn.sigmoid(l3)
        return yhat
```

회귀 모델과 비교하면 call( ) 함수에서 출력층에 해당하는 부분만 다릅니다. 회귀 모델에서는 활성함수를 적용하지 않아서 위 코드의 l3가 출력값(yhat)이었습니다. 그러나 분류 모델에서는 출력층에서도 활성함수를 적용하여 l3에 시그모이드 함수를 적용합니다.

스토캐스틱 방법으로 최적화 문제를 해결하기 위해 데이터를 섞어주고 하이퍼 파라미터의 값을 결정합니다. 신경망 모델은 결정해야 할 파라미터의 개수가 많으므로 하이퍼 파라미터 중에서 최대 반복횟수(MaxEpochs)를 30회로 앞의 예제보다 크게 설정합니다. 배치크기(batch_size)와 학습률(lr)은 앞의 예제와 동일하게 25와 0.1로 설정합니다. 앞의 예제와 동일하게 수치최적화 방법은 Adam을 사용하고 손실함수는 BinaryCrossentropy를 사용했습니다. 그 후 모델을 선언하고 컴파일한 후 학습을 진행합니다.

```
np.random.seed(7382)
idx = np.arange(0, len(features))
np.random.shuffle(idx)
shuffled_features = features[idx]
shuffled_labels = labels[idx]

MaxEpochs = 30
lr = 0.1
batch_size = 25

optimizer = tf.keras.optimizers.Adam(lr)
loss = tf.keras.losses.BinaryCrossentropy()

model = MyModel()
model.compile(optimizer = optimizer, loss = loss)
model.fit(shuffled_features, shuffled_labels, epochs = MaxEpochs,
          batch_size=batch_size, shuffle=False)
```

[그림 11-5]는 1, 10, 20, 30번째 Epoch에서 모델의 성능을 나타냅니다.

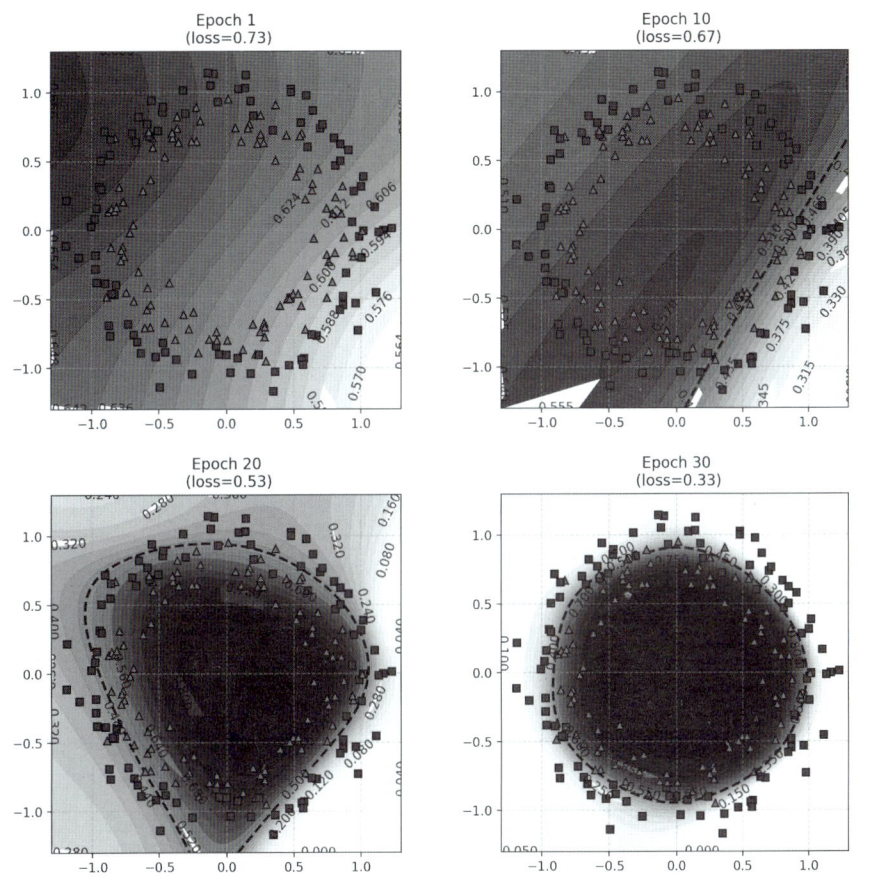

[그림 11-5] 신경망 분류 모델의 학습 과정

정규분포를 따르는 초깃값으로 설정된 신경망 분류 모델의 첫 성능은 형편이 없습니다. 좌우 물결 모양만 눈에 들어올 뿐입니다. 확률이 0.5에 해당하는 결정경계선이 현재 보이는 영역 바깥(오른쪽 아래)에 있기 때문입니다. 하지만 10번의 Epoch이 지난 후에는 세모로 예측하는 영역이 점점 가운데로 오고 있는 것을 확인할 수 있습니다. 학습이 점점 진행되면서 세모로 판별하는 영역은 정확하게 중앙으로 오게 되고, 최종 결과는 상당히 정확하게 예측하고 있습니다.

[그림 11-6]을 통해 비선형 특성값을 이용한 선형 분류 모델과 신경망 분류 모델을 비교해 보면, 신경망 분류 모델의 결정경계선이 더 불규칙한 곡선의 형태를 나타내는 것을 확인할 수 있습니다. 이런 불규칙한 곡선은 신경망 모델의 잠재 성능을 보여주는 좋은 예입니다. 데이터 분포에 따라 결정경계선을 만드는 능력이 아주 뛰어난 것이 신경망 모델의 가장 큰 장점입니다.

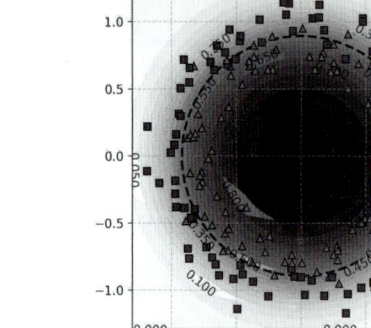

[그림 11-6] 비선형 특성값을 이용한 선형 분류 모델(왼쪽)과 신경망 분류 모델(오른쪽)

하지만, 신경망 분류 모델에서도 10장의 신경망 회귀 분석 모델에서 나타난 과적합(Overfitting) 현상이 일어납니다. 앞에서와 동일한 모델로 MaxEpoch을 3,000으로 설정하면 다음과 같이 학습이 진행됩니다. [그림 11-7]을 보면 학습이 진행됨에 따라서 손실함숫값이 0.15 근처의 값을 갖는 것을 알 수 있습니다. 하지만 비슷한 손실함숫값이라도 서로 다른 모양을 갖고 있는 것을 확인할 수 있습니다.

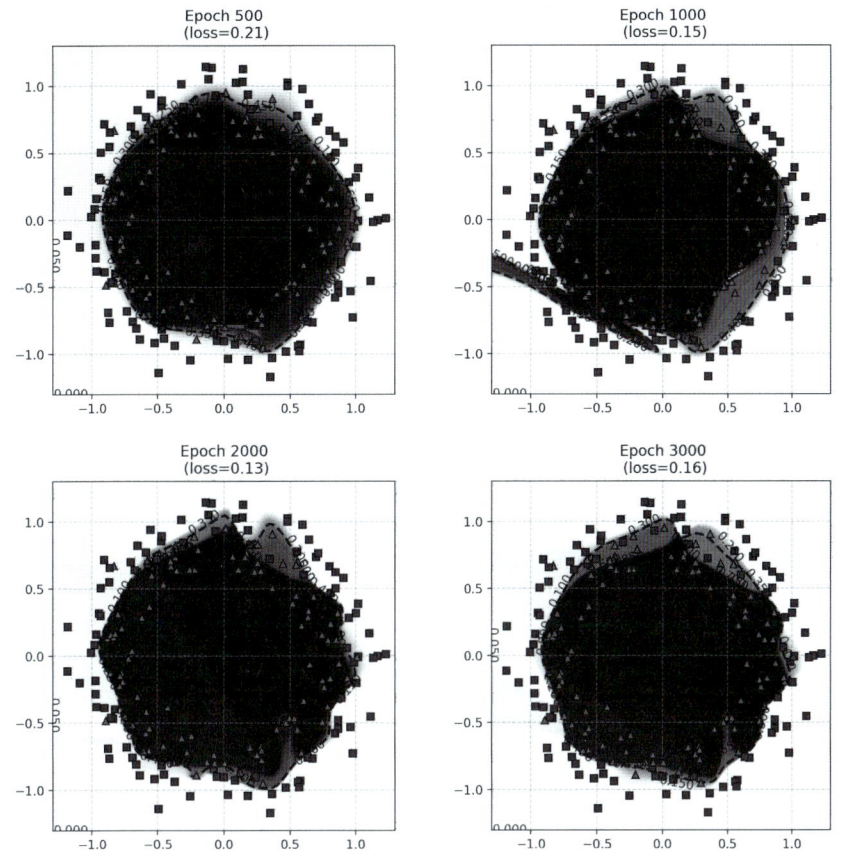

[그림 11-7] 신경망 분류 모델의 Overfitting 현상

더 중요한 사실은 예측 모델의 모양을 뾰족하게 만들면서 데이터를 학습하고 있다는 점입니다. 학습이 진행되면서 세모 모양과 네모 모양을 최대한 많이 분류하려고 하기 때문입니다. 예제로 사용하고 있는 데이터 분포는 원형이므로 원형으로 분류하는 것이 가장 바람직한 결과입니다. 그러나 신경망 분류 모델의 학습량이 지나치게 많으면 이와 같이 원하지 않는 결과(노이즈가 섞여 있는 데이터를 완벽하게 분류하는 것은 원하는 결과가 아닙니다.)를 얻게 됩니다. 이러한 과적합 현상은 PART 4에서 다룰 예정이므로 이러한 현상을 기억해두면 좋습니다.

11.2.2 체커보드 예제

이번에는 체커보드 데이터를 생성하고 위와 같은 신경망 분류 모델을 이용하는 코드를 설명합니다. 다음 코드로 200개의 체커보드 데이터를 생성합니다.

```
np.random.seed(410)
xy = np.random.uniform(-1,1, (200,2))
labels = np.zeros((200), dtype=np.int32)
labels[xy[:,0] * xy[:,1] > 0] = 1
labels = labels.reshape(-1, 1)
```

생성된 데이터는 [그림 11-8]과 같이 체스판의 모양처럼 세모와 네모가 번갈아 가며 분포되어 있습니다. 이런 데이터 분포에 맞는 결정경계선을 위한 특성값을 찾기는 쉽지 않습니다. 하지만 신경망 모델을 사용하면 쉽게 데이터에 맞는 결정경계선을 얻을 수 있습니다.

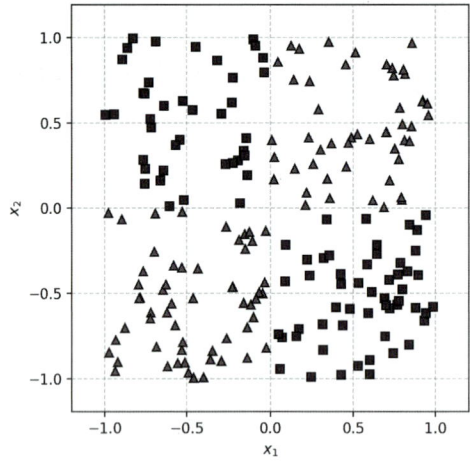

[그림 11-8] 체커보드 데이터

앞서 다룬 코드에서 xy와 labels만 체커보드 데이터에 맞게 수정하면 [그림 11-9]와 같은 학습 과정을 거치게 됩니다.

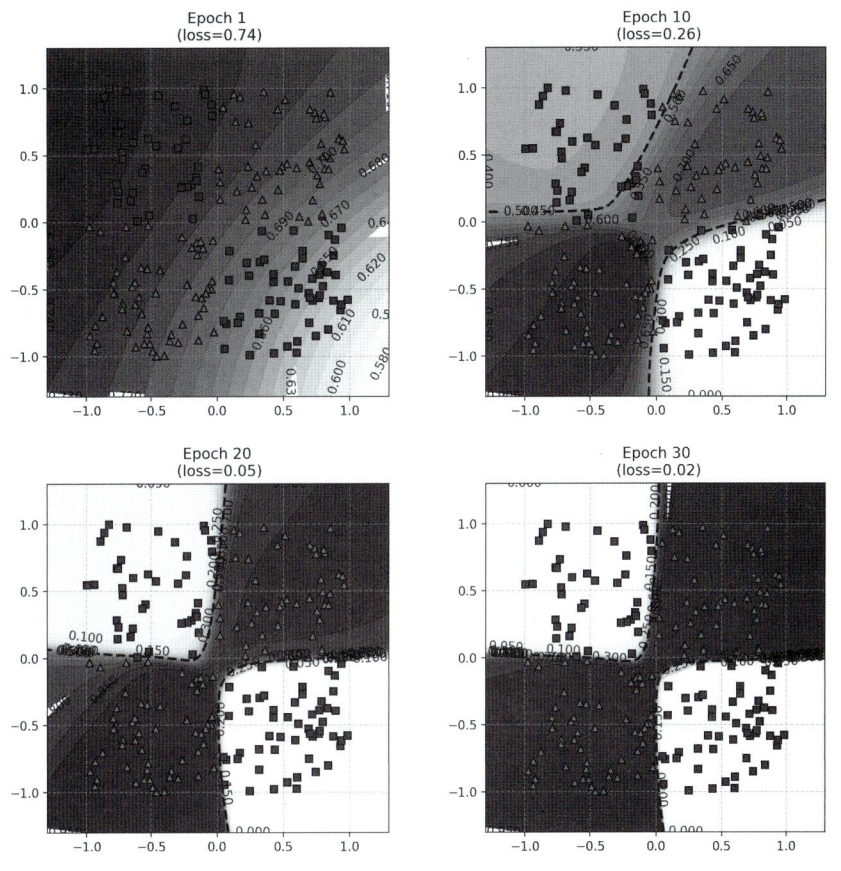

[그림 11-9] 체커보드 데이터와 신경망 분류 모델 학습 과정

학습 초기에는 모델이 부정확하지만 학습이 진행될수록 전체적으로 데이터를 맞추기 시작합니다. 모든 학습이 마무리된 Epoch 30에서는 모든 데이터를 정확하게 예측하는 것을 확인할 수 있습니다. 이처럼 신경망 분류 모델은 뛰어난 모델의 다형성을 보여줍니다.

11.2.3 불규칙한 데이터 분포 예제

마지막으로 불규칙해 보이는 데이터를 살펴봅니다. 다음 코드와 같이 무작위로 데이터를 생성하고 labels을 만듭니다.

```
from sklearn.datasets import make_blobs
# 불규칙 데이터 생성
xy, labels = make_blobs(n_samples=200, center_box=(-1,1),
                        centers=6,cluster_std=0.1, random_state=20)
labels = labels % 2
labels = labels.reshape(-1,1)
```

앞에서 다룬 체커보드 데이터는 특성값을 찾기가 어려웠지만 결정경계선을 생각해내는 것은 어렵지 않았습니다. 하지만 이번 데이터 분포는 결정경계선의 모양을 예상하는 것도 쉽지 않습니다.

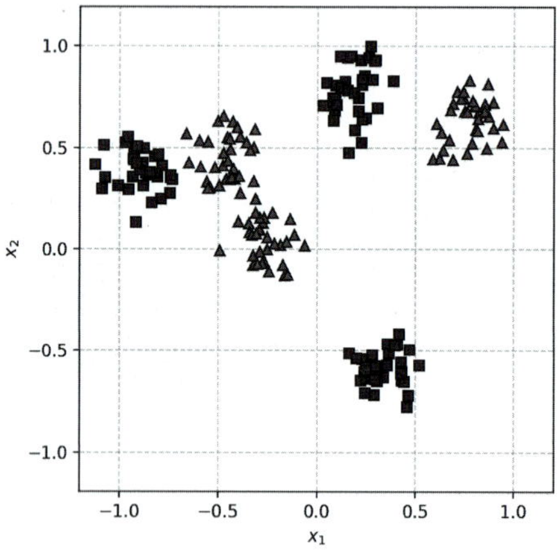

[그림 11-10] 특정한 패턴이 없는 불규칙한 데이터 분포

앞의 두 예제와 똑같은 모델과 학습 과정을 거치면 [그림 11-11]과 같은 그림을 얻을 수 있습니다.

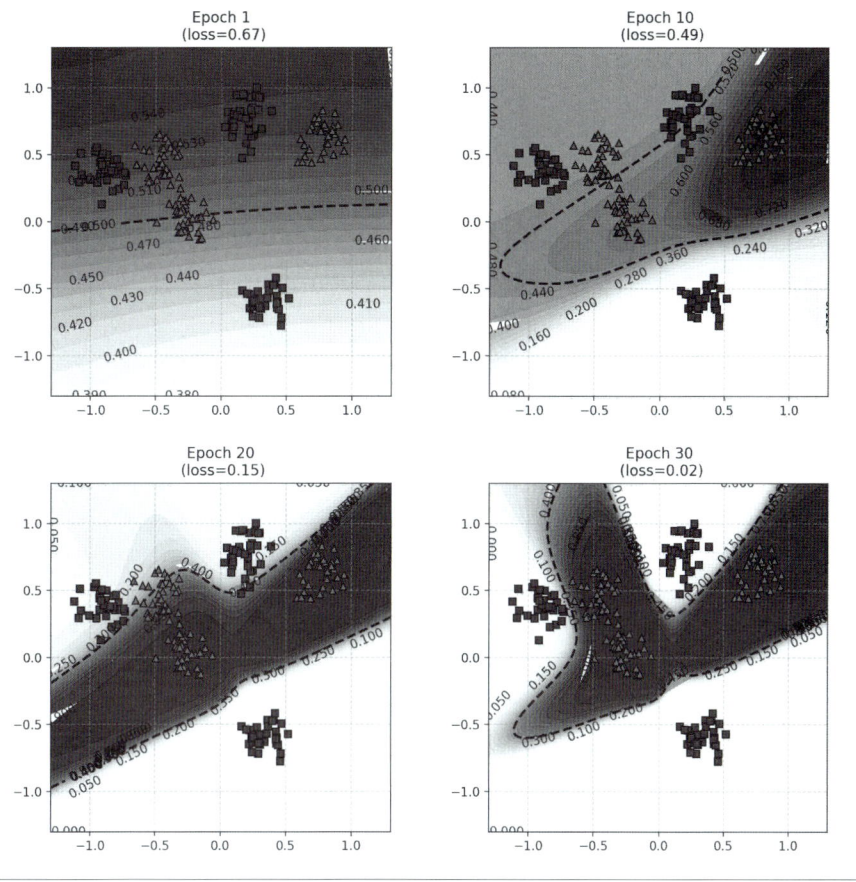

[그림 11-11] 불규칙한 분포의 데이터를 학습시킨 신경망 분류 모델 학습 과정

학습 중간 과정에서는 모델이 부정확한 결정경계선을 가집니다. 그러나 최종 학습 결과는 정확하게 세모와 네모를 구분하는 결정경계선을 가지게 되었습니다.

지금까지 사용한 모델의 은닉층 활성함수는 모두 시그모이드를 사용했습니다. 시그모이드와 함께 가장 널리 쓰이는 ReLU 함수를 사용하는 코드는 다음과 같습니다.

```
class MyModel(tf.keras.Model):
    def __init__(self, **kwargs):
        super().__init__(**kwargs)
        num_hidden1 = 10
        num_hidden2 = 5
```

```
            self.W1 = tf.Variable(tf.random.normal([2, num_hidden1],seed=624))
            self.b1 = tf.Variable(tf.random.normal([num_hidden1], seed=624))

            self.W2 = tf.Variable(tf.random.normal([num_hidden1,
                                                   num_hidden2], seed=624))
            self.b2 = tf.Variable(tf.random.normal([num_hidden2], seed=624))

            self.W3 = tf.Variable(tf.random.normal([num_hidden2, 1],seed=624))
            self.b3 = tf.Variable(tf.random.normal([1], seed=624))

        def call(self, x):
            l1 = tf.matmul(x, self.W1) + self.b1
            h1 = tf.nn.relu(l1)

            l2 = tf.matmul(h1, self.W2) + self.b2
            h2 = tf.nn.relu(l2)

            l3 = tf.matmul(h2, self.W3) + self.b3
            yhat = tf.nn.sigmoid(l3)
            return yhat
```

모델이 0과 1 사이의 확률값을 출력해야 하므로 출력층의 활성함수는 ReLU로 변경하지 않는다는 점을 주의하기 바랍니다. 신경망 분류 모델의 활성함수만 변경하고 전과 동일한 수치최적화 알고리즘을 이용하여 코드를 실행하면 [그림 11-12]와 같이 학습이 진행됩니다.

[그림 11-11]과 [그림 11-12]의 가장 큰 차이점은 결정경계선의 형태입니다. 활성함수를 시그모이드로 사용한 결과인 [그림 11-11]을 보면 결정경계선의 모양이 매끄러운 곡선의 형태입니다. 반면에 ReLU를 사용한 경우 [그림 11-12]와 같이 결정경계선의 모양이 부분적으로 직선의 형태를 가지고 있는 것을 알 수 있습니다. 시그모이드는 매끄러운 곡선의 형태이고 ReLU는 부분적으로 직선의 형태라는 점을 생각해보면, 결정경계선이 활성함수의 형태에 따라 결정된다는 것을 알 수 있습니다. 이처럼 신경망 모델에서는 어떠한 활성함수를 사용하는지 따라 모델의 특성과 성능이 달라진다는 것을 명심해야 합니다.

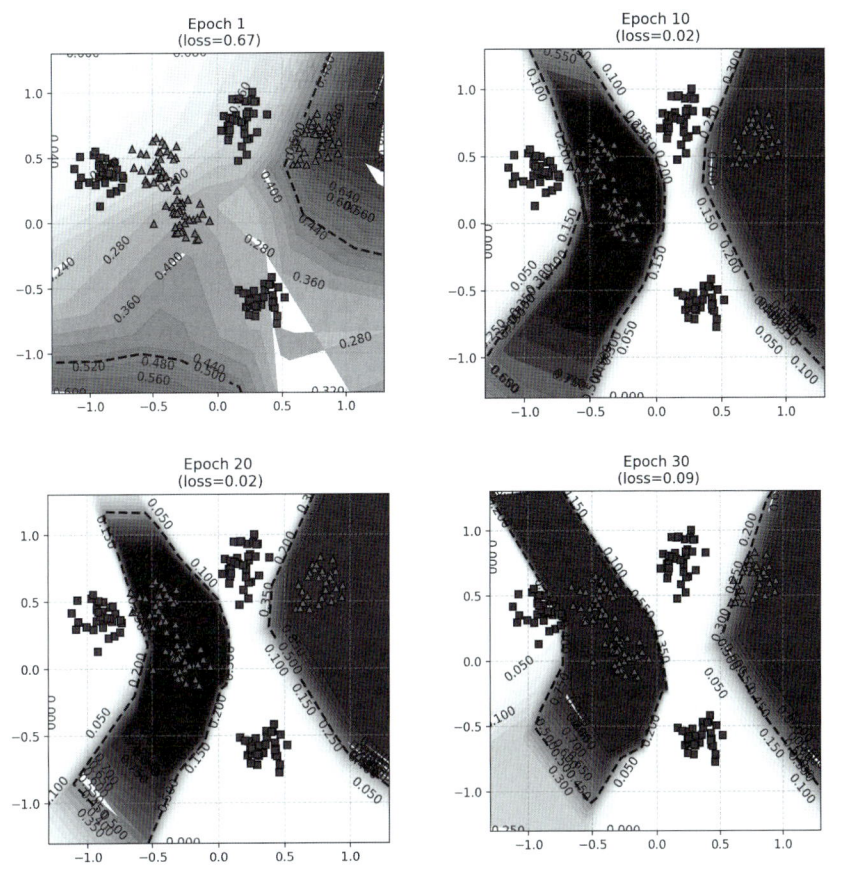

[그림 11-12] 시그모이드 대신 ReLU를 사용한 신경망 분류 모델 학습 과정

11.3 신경망 분류 모델의 다양한 표현

10장에서와 마찬가지로 tf.keras.layers.Dense( )를 사용하면 다음과 같이 가독성 높은 코드를 작성할 수 있습니다.

```
class MyModel(tf.keras.Model):
    def __init__(self, **kwargs):
        super().__init__(**kwargs)
        num_hidden1 = 10
        num_hidden2 = 5
```

```
            self.hidden1 = tf.keras.layers.Dense(num_hidden1, activation=tf.
                nn.sigmoid, kernel_initializer=initializer,
                bias_initializer=initializer, name='hidden_1')

            self.hidden2 = tf.keras.layers.Dense(num_hidden2,
                activation=tf.nn.sigmoid, kernel_initializer=initializer,
                bias_initializer=initializer, name='hidden_2')

            self.out = tf.keras.layers.Dense(1, activation = tf.nn.sigmoid,
                kernel_initializer=initializer, bias_
                initializer=initializer, name='output')

        def call(self, x):
            h1 = self.hidden1(x)
            h2 = self.hidden2(h1)
            yhat = self.out(h2)
            return yhat

    optimizer = tf.keras.optimizers.Adam(lr)
    loss = tf.keras.losses.BinaryCrossentropy()

    model = MyModel()
    model.compile(optimizer = optimizer, loss = loss)
    model.fit(shuffled_features, shuffled_labels, epochs = MaxEpochs,
              batch_size=batch_size, shuffle=False)
```

tf.constant_initializer( )를 이용하여 'kernel_initializer'와 'bias_initializer'를 앞의 예제들과 파라미터의 초깃값을 똑같이 설정해주면 동일한 결과를 얻을 수 있습니다. 10장에서 다룬 신경망 회귀 모델과 한 가지 차이점만 제외하면 같은 형태의 코드 구조를 가지고 있습니다. 그 차이점은 바로 출력층(self.out)의 활성함수(activation)입니다. 신경망 회귀 모델에서는 출력층에서 'activation = None'로 활성함수를 적용하지 않았지만, 분류 모델에서는 'activation = tf.nn.sigmoid'로 활성함수를 적용합니다. 만약 신경망 회귀 모델과 마찬가지로 활성함수를 적용하지 않고('activation = None') 학습하려고 한다면 다음과 같이 손실함수의 옵션을 변경해주면 됩니다.

```
class MyModel(tf.keras.Model):
    def __init__(self, **kwargs):
        super().__init__(**kwargs)
        num_hidden1 = 10
        num_hidden2 = 5
```

```
        self.hidden1 = tf.keras.layers.Dense(num_hidden1,
            activation=tf.nn.sigmoid, kernel_initializer=initializer,
            bias_initializer=initializer, name='hidden_1')

        self.hidden2 = tf.keras.layers.Dense(num_hidden2,
            activation=tf.nn.sigmoid, kernel_initializer=initializer,
            bias_initializer=initializer, name='hidden_2')

        self.out = tf.keras.layers.Dense(1, activation = None,
            kernel_initializer=initializer,
            bias_initializer=initializer, name='output')

    def call(self, x):
        h1 = self.hidden1(x)
        h2 = self.hidden2(h1)
        yhat = self.out(h2)
        return yhat
```

11.4 MNIST 분류 문제

마지막으로 소개할 문제는 MNIST 데이터 분류입니다. 9장에서 자세하게 소개한 바와 같이 MNIST는 필기체 숫자 이미지를 분류하는 문제입니다. 이미지의 크기는 가로와 세로 모두 28픽셀이고, 약 6만 개의 학습 데이터가 있습니다. 지금까지 11장에서 다룬 문제들은 모두 이항 분류 문제였지만, MNIST는 다중 분류 문제입니다. 다음과 같이 필요한 패키지를 불러오고 MNIST 데이터를 생성합니다. 이때 반드시 레이블을 원-핫(One-hot) 인코딩으로 변환해야 합니다.

```
import tensorflow as tf
import numpy as np
mnist = tf.keras.datasets.mnist

(x_train, y_train), (x_test, y_test) = mnist.load_data()
x_train, x_test = x_train / 255.0, x_test / 255.0

feature_train = x_train.reshape(-1,784)
feature_test = x_test.reshape(-1,784)

label_train = tf.one_hot(y_train,10).numpy()
label_test = tf.one_hot(y_test,10).numpy()
```

앞선 예제에 비해 입력 데이터가 784(= 28×28)차원으로 높고 분류할 레이블의 종류도 10가지이므로 은닉층의 노드 개수를 각각 20, 10개로 전보다 큰 값으로 설정합니다. 코드의 가독성과 간결성을 위해 tf.keras.layers.Dense( )를 사용하여 작성합니다. 다중 분류 모델이므로 출력층(self.out)의 활성함수는 소프트맥스(activation = tf.nn.softmax)로 설정합니다.

```
initializer = tf.keras.initializers.RandomNormal(mean=0., stddev=1.,
                                                 seed=119)
class MyModel(tf.keras.Model):
    def __init__(self, **kwargs):
        super().__init__(**kwargs)
        num_hidden1 = 20
        num_hidden2 = 10

        self.hidden1 = tf.keras.layers.Dense(num_hidden1,
            activation=tf.nn.sigmoid, kernel_initializer=initializer,
            bias_initializer=initializer, name='hidden_1')

        self.hidden2 = tf.keras.layers.Dense(num_hidden2,
            activation=tf.nn.sigmoid, kernel_initializer=initializer,
            bias_initializer=initializer, name='hidden_2')

        self.out = tf.keras.layers.Dense(10, activation = tf.nn.softmax,
            kernel_initializer=initializer,
            bias_initializer=initializer, name='output')

    def call(self, x):
        h1 = self.hidden1(x)
        h2 = self.hidden2(h1)
        yhat = self.out(h2)
        return yhat
```

스토캐스틱 방법으로 최적화 문제를 해결하기 위해 데이터를 섞어주고 하이퍼 파라미터의 값을 결정합니다. 최대 반복횟수(MaxEpochs)는 10회, 배치 크기(batch_size)는 128, 학습률(lr)은 0.01로 설정합니다. 앞의 예제와 동일하게 수치최적화 방법은 Adam을 사용하지만, 다중 분류 문제이므로 손실함수는 CategoricalCrossentropy를 사용합니다.

그 후 모델을 선언하고 컴파일한 후 학습을 진행합니다. 모델을 컴파일할 때 입력값으로 'metrics=['accuracy']'을 추가해주면 학습할 때나 모델을 평가(model.evaluate)에 정확도도 같이 계산합니다. 따라서 이렇게 하면 9장에서와 같이 'accuracy' 함수를 따로 정의할 필요가 없습니다.

```python
np.random.seed(320)
shuffled_id = np.arange(0, len(feature_train))
np.random.shuffle(shuffled_id)
shuffled_x_train = feature_train[shuffled_id]
shuffled_y_train = label_train[shuffled_id]

MaxEpochs = 10
lr = 0.01
batch_size = 128

optimizer = tf.keras.optimizers.Adam(lr)
loss = tf.keras.losses.CategoricalCrossentropy()

model = MyModel()
model.compile(optimizer = optimizer, loss = loss, metrics=['accuracy'])
model.fit(shuffled_x_train, shuffled_y_train, epochs = MaxEpochs,
          batch_size=batch_size, shuffle=False)

results=model.evaluate(feature_test,label_test)
print("test loss, test acc:", results)
```

손실함숫값은 학습이 진행될수록 전체적으로 작아지는 것을 확인할 수 있고 학습 데이터에 대한 정확도는 약 95%까지 나오는 것을 확인할 수 있습니다. 테스트 데이터에 대해서는 약 94% 정도의 정확도를 가집니다.

```
출력:
Epoch 1/10
469/469 [==============================] - 1s 748us/step - loss: 1.0078 - accuracy: 0.6987
Epoch 2/10
469/469 [==============================] - 0s 732us/step - loss: 0.3479 - accuracy: 0.9010
Epoch 3/10
469/469 [==============================] - 0s 803us/step - loss: 0.2781 - accuracy: 0.9212
Epoch 4/10
469/469 [==============================] - 0s 750us/step - loss: 0.2421 - accuracy: 0.9309
Epoch 5/10
469/469 [==============================] - 0s 711us/step - loss: 0.2167 - accuracy: 0.9375
```

```
Epoch 6/10
469/469 [==============================] - 0s 724us/step - loss: 0.2005 
- accuracy: 0.9423
Epoch 7/10
469/469 [==============================] - 0s 756us/step - loss: 0.1866 
- accuracy: 0.9461
Epoch 8/10
469/469 [==============================] - 0s 724us/step - loss: 0.1758 
- accuracy: 0.9484
Epoch 9/10
469/469 [==============================] - 0s 736us/step - loss: 0.1679 
- accuracy: 0.9513
Epoch 10/10
469/469 [==============================] - 0s 741us/step - loss: 0.1598 
- accuracy: 0.9543
313/313 [==============================] - 0s 397us/step - loss: 0.2214 
- accuracy: 0.9380
test loss, test acc: [0.22142618894577026, 0.9380000233650208]
```

더 복잡한 신경망 모델을 사용하면 더 높은 성능을 얻을 수 있으므로 직접 다양한 신경망 분류 모델을 만들어서 학습해보는 것을 추천합니다.

PART 4

학습용/테스트용 데이터와 언더피팅/오버피팅

앞서 다뤘던 신경망 모델을 비롯하여 다양한 딥러닝 모델을 이해한 후 적용하려고 하면 항상 마주치는 단어들이 있습니다. 학습용(Train)/테스트용(Test)/교차검증용(Cross-Validation) 데이터라는 단어들과 언더피팅(Underfitting)/오버피팅(Overfitting)이 대표적입니다. 이번 파트에서는 여러 가지 데이터 세트가 필요한 이유와 언더피팅/오버피팅의 진단 방법, 그리고 각 결과에 따른 해결 방법을 소개합니다. 또한, 언더피팅과 오버피팅의 진단과 해결을 효과적으로 하는 데 도움을 주는 텐서플로의 기능들을 설명합니다.

Chapter 12 | 언더피팅/오버피팅 소개

딥러닝 모델을 학습하는 과정은 중, 고등학생 시절 시험공부 하는 것과 비슷한 점이 많습니다. 평상시엔 주로 수업에서 사용하는 교과서와 보충 자료를 토대로 공부합니다. 그러다가 시험 기간이 다가오면 각 학교의 기출문제를 준비합니다. 대부분의 학생은 교과서와 참고서, 그리고 기출문제를 바탕으로 공부에 매진합니다. 각 과목을 열심히 공부하고 기출문제를 풀어본 후 채점을 하고 나면 다시 한번 점검을 합니다. 이러한 과정을 반복하며 시험 기간을 보냅니다. 그렇게 시험날이 다가오고 각자의 시험 결과를 점수로 받게 됩니다.

딥러닝 모델은 공부하는 학생으로 비유할 수 있습니다. 딥러닝 모델의 학습에 사용하는 데이터는 교과서와 참고서입니다. 시험 성적(정확히 오답 점수)은 손실함수에 해당합니다. 중간에 점검하는 기출문제는 교차검증 데이터에 해당하고, 시험 당일에 주어진 시험은 테스트 데이터에 해당합니다.

이러한 관점에서 학생들을 3가지 유형으로 나눌 수 있습니다. 먼저, 공부에 뜻이 없거나 공부량이 부족하여 시험 성적이 좋지 않은 학생입니다. 둘째로, 교과서와 참고서를 너무 외우기만 하여 많은 공부량에 비해 시험 성적이 좋지 않은 학생입니다. 마지막으로 개념에 대한 이해와 적당한 암기로 시험 성적이 좋은 학생이 있습니다.

점수가 좋지 않은 학생들이 있듯이 딥러닝 모델들도 언더피팅(공부량이 부족 하여 점수가 좋지 않은)된 모델이 있고, 오버피팅(공부량은 많지만 점수가 좋지 않은)된 모델이 있습니다. 딥러닝 학습 목표는 언더피팅도 아니고 오버피팅도 아닌 적절히 학습된 모델을 구하는 것입니다. 이러한 목표는 한 번의 학습만으로 이루어지지 않습니다. 계속 현황을 파악하고 적절한 피드백을 주며 다시 학습시키는 과정을 반복해야 합니다. 그래서 이번 장에서는 딥러닝 모델 학습에 빼놓을 수 없는 언더피팅과 오버피팅에 대한 전반적인 내용을 소개합니다.

12.1 딥러닝 모델과 함수

언더피팅과 오버피팅을 쉽게 이해하려면 딥러닝 모델은 수학적으로 입력값과 출력값의 관계를 나타내는 함수라는 것을 기억해야 합니다. 수많은 딥러닝 모델이 이에 해당되지만, 편의상 10장에서 소개한 신경망 모델을 예로 설명합니다.

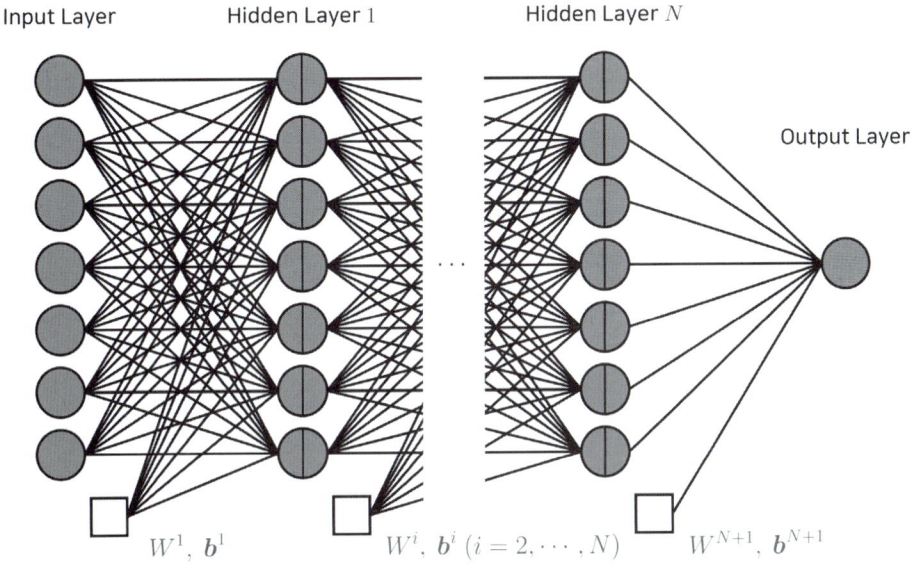

[그림 12-1] 신경망 모델의 구조

간단히 말하면 신경망 모델은 입력값에 대한 출력값을 줍니다. 마찬가지로 모든 딥러닝 관련 모델은 입력값을 넣으면 출력값이 나옵니다. 이러한 관계를 수학에서는 함수라고 표현합니다. 딥러닝 모델의 구조가 같더라도 모델이 가진 파라미터(W, $\mathbf{b}$) 값에 따라 같은 입력값에 대한 출력값이 달라집니다. 다시 한번 강조하면 딥러닝을 학습하는 목적은 손실함수를 가장 작게 만들어주는 파라미터 값을 정하는 것입니다.

따라서 학습이 끝나고 파라미터값이 정해지면 딥러닝 모델은 주어진 입력값에 대해 정해진 루틴대로 계산해서 출력값을 주는 수학적으로 간단한 함수가 됩니다. 일반적으로 이 과정은 복잡한 계산을 동반하지만, 수학에서는 입력값과 출력값의 함수이므로 간단한 함수라고 표현했습니다.

12.2 학습용 데이터와 정답함수

딥러닝 모델 학습의 목표는 우리가 아직 파악하지 못한 입력값과 출력값(학습용 데이터와 레이블)의 관계를 찾는 것입니다. 여기서 관계는 수학적으로 함수를 나타냅니다. 추상적인 수학적 용어를 사용하면 직관적인 이해를 방해하는 경우가 많습니다. 쉬운 말로 딥러닝 모델 학습을 설명하자면 다음과 같습니다.

> "딥러닝 모델이 정답함수와 가장 비슷한 모양을 갖게 하는
> 파라미터의 값들을 찾는 과정"

여기서 정답함수는 우리가 아직 파악하지 못한 입력값과 출력값의 관계입니다. 또한, 손실함수는 정답함수와 딥러닝 모델의 가까움을 나타내는 정량적인 수치입니다. 이런 손실함수를 바탕으로 파라미터들에 대한 그래디언트를 이용해서 수치최적화 알고리즘(그래디언트 디센트, Adam 등)으로 정답함수와 가장 비슷하게 만들어주는 파라미터의 값들을 찾습니다.

이렇게 정답함수를 찾는 데 사용되는 데이터들을 학습용 데이터라고 합니다. 지금까지 보았던 이론들과 코드들은 모두 학습용 데이터만 사용하였고, 테스트용 데이터는 사용하지 않았습니다. 이번 장부터 테스트용 데이터를 고려한 딥러닝 학습을 소개합니다.

일단, 학습에 사용되는 데이터와 테스트에 사용되는 데이터는 절대 겹치지 않아야 합니다. 학습에 사용된 데이터로 테스트를 진행하는 것은 중간/기말고사 시험지가 유출된 것과 같이 공정하지 않은 것입니다. 그렇기 때문에 필연적으로 학습된 딥러닝 모델은 학습용 데이터를 정답에 가깝게 잘 맞추지만, 테스트용 데이터는 잘 맞추지 못하는 경우도 생길 수 있습니다. 다음 코드는 정답함수에 노이즈를 추가한 학습용 데이터 50개와 정답함수의 값을 생성합니다.

```python
# 학습용 데이터
np.random.seed(327)
x_train = np.linspace(-1,1,50)
y_train = x_train**3 + 0.1 * x_train**2 -0.15 * x_train + 1.0
          + 0.5 * np.random.rand(len(x_train))

# 정답 함수
y_test = x_train**3 + 0.1 * x_train**2 -0.15 * x_train + 1.0
```

위에서 선언한 학습용 데이터와 테스트용 데이터로 언더피팅/오버피팅 현상을 간단하게 소개합니다. 자세한 실습 코드와 현상 진단 및 해결법은 13장과 14장에서 다룹니다.

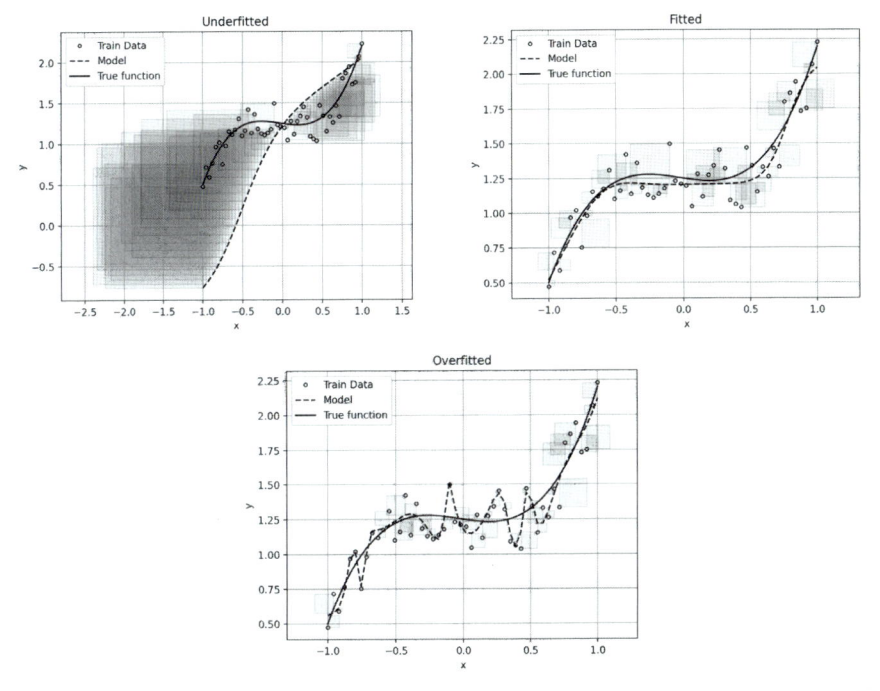

[그림 12-2] 회귀 모델의 언더피팅과 오버피팅 현상을 정답함수와 같이 나타낸 그림

[그림 12-2]는 3가지 신경망 모델이 학습용 데이터와 정답함수와 함께 나타나 있습니다. 각 신경망 모델은 50개의 학습용 데이터를 이용해서 학습을 시켰습니다. 상단 좌측의 신경망 모델(Underfitted)은 학습용 데이터와 정답함수 모두 엉뚱하게 예측하고 있습니다. 반면에 하단의 신경망 모델(Overfitted)은 학습용 데이터를 왼쪽보다 정확하게 예측하는 것 같지만 정답함수와는 모양의 확연한 차이가 있습니다. 가장 보기 좋은 모델은 상단 우측 신경망 모델(Fitted)입니다. 학습용 데이터도 전반적으로 잘 표현하고 있고 정답함수와도 모양이 비슷합니다.

상단 좌측(Underfitted)은 언더피팅 현상을 보여주는 신경망 모델이고, 하단에 있는 것(Overfitted)은 오버피팅 현상을 보여주는 신경망 모델입니다. 가장 적절한(Fitted) 경우를 기준으로 너무 학습용 데이터에 치중하여 예측하고 있는 경우를 오버피팅된 신경망 모델이라고 합니다. 반면 학습용 데이터와 정답함수 모두 예측 정확도가 낮으면 언더피팅된 신경망 모델이라고 합니다.

[그림 12-3]은 이항 분류 문제에 해당되는 언더피팅과 오버피팅 현상을 보여줍니다. 분류 문제 역시 정답함수와 학습용 데이터 모두 예측하지 못하는 모델은 언더피팅되었다고 하고, 학습용 데이터는 잘 예측하고 있지만 정답함수와는 가깝지 않은 모델은 오버피팅되었다고 합니다.

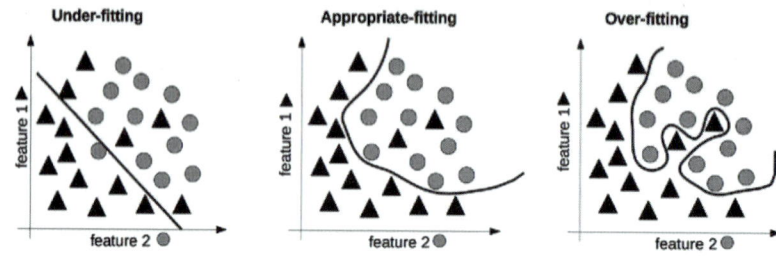

[그림 12-3] 분류 모델의 언더피팅과 오버피팅 현상 나타낸 그림

12.3 정답함수와 테스트용 데이터

안타깝게도 실제 업무에서는 정답함수를 알 수 없습니다. 정답함수를 알고 있다면 굳이 딥러닝 모델을 학습시킬 이유가 없습니다. 테스트용 데이터는 정답함수를 알 수 없는 상황에서 가장 적절한 대안입니다. 물론 이 경우에는 테스트용 데이터가 실제 현상을 잘 나타낸다는 가정이 전제되었습니다. 실제와 전혀 상관없는 테스트용 데이터는 아무런 의미가 없으며, 정답함수를 대체할 수 없기 때문입니다. [그림 12-4]에서는 [그림 12-2]와 다르게 정답함수 부분을 테스트용 데이터로 채웠습니다. 이 경우 다음 코드로 생성되는 데이터들을 사용했습니다.

```
# 학습용 데이터
np.random.seed(327)
x_train = np.linspace(-1,1,50)
y_train = x_train**3 + 0.1 * x_train**2 -0.15 * x_train + 1.0
        + 0.5 * np.random.rand(len(x_train))
```

```
# 테스트용 데이터
x_test = np.linspace(-1,1,50)
y_test = x_test**3 + 0.1 * x_test**2 -0.15 * x_test + 1.0
        + 0.5 * np.random.rand(len(x_test))
```

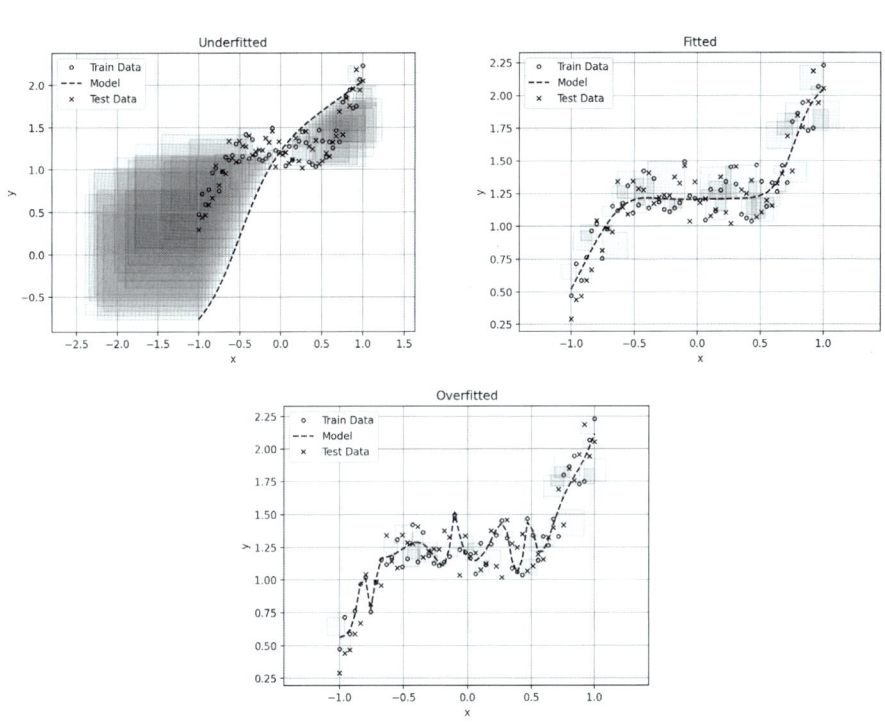

[그림 12-4] 학습용 데이터와 테스트용 데이터를 함께 나타낸 신경망 회귀 모델의 언더피팅과 오버피팅 현상

언더피팅된 신경망 회귀 모델은 O/X로 표시된 학습용/테스트용 데이터를 모두 부정확하게 예측하고 있습니다. 반면에 오버피팅된 신경망 모델은 O 모양의 학습용 데이터만 정확하게 맞추느라 X 모양의 테스트용 데이터는 부정확하게 예측하고 있는 것을 확인할 수 있습니다.

정답함수를 테스트용 데이터로 대체해서 정답함수를 모르는 문제는 해결했지만, 여전히 큰 문제가 있습니다. 지금까지는 학습된 모델을 그래프로 시각화하여 언더피팅과 오버피팅을 판단했습니다. 하지만 입력의 차원이 높아지게 되면 그림으로 그릴 수 없습니다. 따라서 다른 대안이 필요한데 손실함수가 바로 그 역할을 하게 됩니다.

딥러닝 모델의 학습을 진행할 때 손실함수 계산은 학습용 데이터로 합니다. 학습이 올바른 방향으로 진행되고 있다면 학습용 데이터를 사용한 손실함수는 항상 작아집니다. 하지만 테스트용 데이터를 이용하여 손실함수를 계산하게 되면 항상 작아진다는 보장은 할 수 없습니다. 왜냐하면 딥러닝 모델을 학습시킬 때 푸는 최적화 문제는 학습용 데이터를 이용한 손실함숫값을 작게 하는 것이기 때문입니다. 따라서 학습용 데이터와 테스트용 데이터를 사용한 손실함숫값들의 경향으로 언더/오버피팅 현상을 파악할 수 있습니다. 이에 대한 자세한 내용은 13장과 14장에서 다루도록 하겠습니다.

간단하게 미리 살펴보면 학습용 데이터와 테스트용 데이터의 손실함수가 모두 클 때는 언더피팅된 경우고 학습용 데이터는 작지만, 테스트용 데이터가 클 때는 오버피팅된 경우입니다. 또한, 손실함숫값 말고도 오답률로도 확인할 수 있습니다.

12.4 언더피팅/오버피팅의 2가지 요인

언더피팅과 오버피팅을 만드는 요인은 크게 2가지가 있습니다. 첫째, Capacity가 충분한 모델의 경우에 학습 반복 횟수에 따라 언더피팅이나 오버피팅이 될 수 있습니다. 이 경우에는 학습 반복 횟수를 적당하게 설정해야 가장 적절한(Fitted) 모델을 얻을 수 있습니다. 모델의 Capacity란 모델이 나타낼 수 있는 복잡성을 말합니다. 예를 들면, 신경망 모델에서는 레이어들의 개수나 노드 개수가 늘어날수록 더 많은 복잡성을 표현할 수 있으므로 모델의 Capacity가 커진다고 말할 수 있습니다.

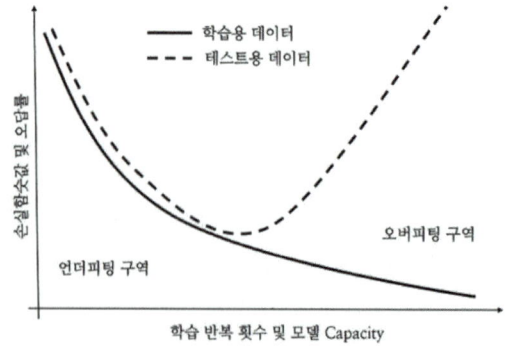

[그림 12-5] 학습/테스트용 데이터를 이용한 손실함수 및 오답률의 그래프

둘째, 학습 반복 횟수는 적당하다는 전제로 모델의 Capacity에 따라서도 언더피팅과 오버피팅이 결정됩니다. 모델이 너무 단순한 경우 아무리 학습을 해도 정확하지 않은 예측 모델을 만들게 됩니다. 따라서 이 경우에는 언더피팅된 모델을 만들게 됩니다. 하지만 모델의 Capacity가 너무 큰 경우에는 학습용 데이터에 많이 치중하여 학습이 됩니다. 이런 경우에는 테스트용 데이터에서 손실함수가 증가하는 오버피팅된 모델을 얻게 됩니다. 하지만 모든 언더/오버피팅 현상이 정확하게 2가지로 나타나지 않는 경우도 많습니다. 모델 Capacity와 학습 반복 횟수 모두 현상에 영향을 미칠 수 있으므로, 언더/오버피팅의 진단은 항상 조심해서 해야 합니다.

딥러닝 모델을 연구하거나 업무로 한다면 앞으로 언더피팅과 오버피팅에 관한 그래프들을 자주 마주치게 됩니다. 항상 이러한 그래프를 볼 때 가로축과 세로축이 무엇을 나타내는지 확인해야 정확한 맥락을 짚을 수 있습니다. 연구자들의 성향과 기호에 따라 가로축과 세로축의 값들이 달라지기 때문입니다.

Chapter 13 언더피팅의 진단과 해결책

많은 사람이 각자의 연구와 업무 주제로 딥러닝 모델을 학습시키고 나면 학습된 모델을 평가합니다. 이때 언더피팅인지 오버피팅인지 진단을 성급하게 하는 경우가 많습니다. 하지만 언더피팅과 오버피팅 진단에 따라 해결책이 달라지므로 현상을 판단하는 근거가 명확해야 합니다. 또한, 각 현상마다 해결 방법이 유일하지 않기 때문에 혼란을 겪기가 쉽습니다.

이번 장에서는 주어진 신경망 모델이 언더피팅된 것인지를 판단하고, 이 경우의 해결 방법을 소개합니다. 단순히 개념만 설명하기보다는 지금까지 다뤘던 익숙한 데이터로 실습 코드와 함께 설명합니다. 오버피팅은 14장에서 다룰 예정입니다.

13.1 학습 반복 횟수 재설정

이번 절에서는 언더피팅을 진단하는 방법을 소개합니다. 가장 쉬운 방법은 [그림 13-1]처럼 신경망 회귀 모델을 직접 그려보는 것입니다. 하지만 입력값이 3차원 이상이 되면 이렇게 그림을 직접 그리는 것이 불가능해집니다. 이럴 때는 12장에서 소개한 것과 같이 학습용 데이터와 테스트용 데이터의 손실함숫값을 직접 그려보는 것이 좋습니다.

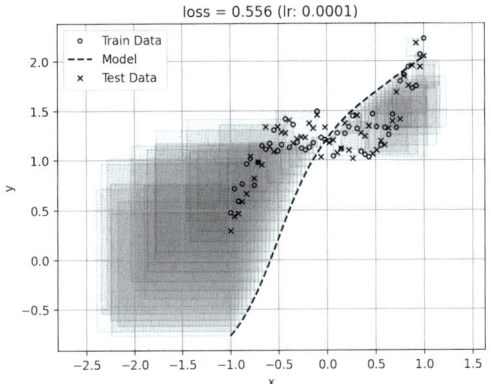

[그림 13-1] 언더피팅된 신경망 회귀 모델

다음은 [그림 13-1]에서 사용한 학습용 데이터와 테스트용 데이터를 생성하는 코드입니다.

```python
# 학습용 데이터 생성
np.random.seed(327)
x_train = np.linspace(-1,1,50)
y_train = x_train**3 + 0.1 * x_train**2 -0.15 * x_train + 1.0
          + 0.5 * np.random.rand(len(x_train))

# 테스트용 데이터 생성
x_test = np.linspace(-1,1,50)
y_test = x_test**3 + 0.1 * x_test**2 -0.15 * x_test + 1.0
         + 0.5 * np.random.rand(len(x_test))
```

다음은 주어진 데이터가 입력값으로 사용될 특성값을 만드는 코드입니다. 이때는 신경망 모델을 사용하므로 데이터 그대로를 특성값으로 사용하였습니다. 혹시 다른 특성값을 원하면 바꿔서 실행해보는 것도 가능합니다.

```python
# 입력값 설정
features_train = np.array([[xval] for xval in x_train])
labels_train = y_train.reshape(-1, 1)

features_test = np.array([[xval] for xval in x_test])
labels_test = y_test.reshape(-1, 1)
```

사용할 신경망 모델은 64개의 노드가 있는 은닉층을 2개 겹친 구조입니다.

```
class MyModel(tf.keras.Model):
    def __init__(self, **kwargs):
        super().__init__(**kwargs)
        num_hidden1 = 64
        num_hidden2 = 64

        self.W1 = tf.Variable(tf.random.normal([1, num_hidden1],seed=624))
        self.b1 = tf.Variable(tf.random.normal([num_hidden1],seed=624))

        self.W2 = tf.Variable(tf.random.normal([num_hidden1,num_hidden2],
                                               seed=624))
        self.b2 = tf.Variable(tf.random.normal([num_hidden2],seed=624))

        self.W3 = tf.Variable(tf.random.normal([num_hidden2, 1],seed=624))
        self.b3 = tf.Variable(tf.random.normal([1],seed=624))

    def call(self, x):
        l1 = tf.matmul(x, self.W1) + self.b1
        h1 = tf.nn.sigmoid(l1)

        l2 = tf.matmul(h1, self.W2) + self.b2
        h2 = tf.nn.sigmoid(l2)

        yhat = tf.matmul(h2, self.W3) + self.b3
        return yhat
```

회귀 문제를 풀고 있으므로 손실함수는 평균 제곱 오차를 사용합니다.

```
loss = lambda y, yhat: tf.reduce_mean(tf.square( yhat - y ))
```

이렇게 만들어진 최적화 문제를 수치최적화 알고리즘을 사용하여 신경망 모델의 파라미터 값들을 업데이트하는 코드는 다음과 같습니다. 미니 배치를 사용하여 스토캐스틱 방법으로 했습니다.

```python
# 하이퍼 파라미터
MaxEpochs = 200
batch_size = 10
lr = 1E-4

# 수치최적화 알고리즘
optimizer = tf.keras.optimizers.Adam(lr)

# 데이터 섞기
np.random.seed(320)
shuffled_id = np.arange(0, len(x_train))
np.random.shuffle(shuffled_id)
shuffled_x_train = features_train[shuffled_id]
shuffled_y_train = labels_train[shuffled_id]

# 손실함수 기록용 변수
loss_train_history = []
loss_test_history = []

# 스토캐스틱 방법
from helper import generate_batches
for epoch in range(MaxEpochs):
    if epoch % 100 == 0:
        curr_loss = loss(labels_train, model(features_train))
        print(epoch, curr_loss.numpy())
    for x_batch, y_batch in generate_batches(batch_size,
         shuffled_x_train, shuffled_y_train):
        with tf.GradientTape() as tape:
            curr_loss = loss(y_batch, model(x_batch))
            gradients = tape.gradient(curr_loss, model.trainable_variables)
            optimizer.apply_gradients(zip(gradients,
                                    model.trainable_variables))

    loss_train = loss(labels_train, model(features_train))
    loss_test = loss(labels_test, model(features_test))
    loss_train_history.append(loss_train)
    loss_test_history.append(loss_test)
```

loss_train_history와 loss_test_history는 매 Epcoh마다 학습용 데이터와 테스트용 데이터를 사용한 손실함숫값을 기록합니다. 이런 기록은 모델을 시각화하지 않고도 신경망 모델이 언더피팅되었는지 오버피팅되었는지 파악할 수 있게 해줍니다. 총 학습 반복 횟수(MaxEpochs)를 200번으로 설정해서 실행하고 그래프를 그리면 [그림 13-2]와 같습니다.

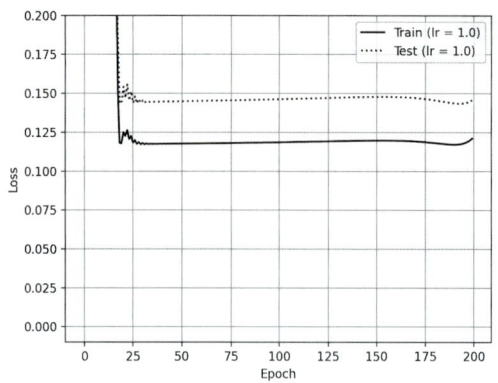

[그림 13-4] 학습률이 1.0인 경우 학습된 모델의 학습/테스트용 데이터를 사용한 손실함숫값 그래프

지난 절의 결과와는 다르게 손실함숫값들이 학습용 데이터는 약 0.12로 수렴하고 있고, 테스트용 데이터는 약 0.15에 수렴하고 있습니다. 학습을 반복해도 손실함숫값이 작아지지 않는 것을 보고 정상적으로 학습이 되었다고 판단할 가능성이 있습니다. 하지만 실제로 모델을 시각화하면 [그림 13-5]와 같이 언더피팅된 결과를 확인할 수 있습니다.

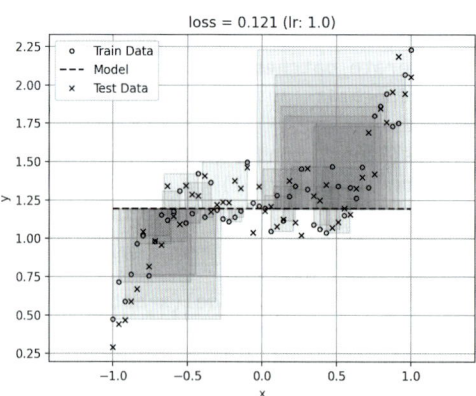

[그림 13-5] 학습률 1.0으로 학습된 언더피팅된 신경망 회귀 모델

이러한 경우에는 원래의 값보다 작은 학습률을 시도해보는 것이 좋습니다. 학습률은 수치최적화 알고리즘에 큰 영향을 줍니다. 수치최적화 알고리즘은 학습률에 따라서 최적의 웨이트값으로 향해가는 경로가 달라집니다. 이러한 경로가 달라지면 같은 초깃값이라고 하

더라도 다른 국소 최솟값으로 수렴하는 현상이 나타납니다. 이번에는 학습률을 0.05로 설정하여 코드를 실행하면 다음과 같이 언더피팅 현상이 해결된 신경망 모델을 학습시킬 수 있습니다.

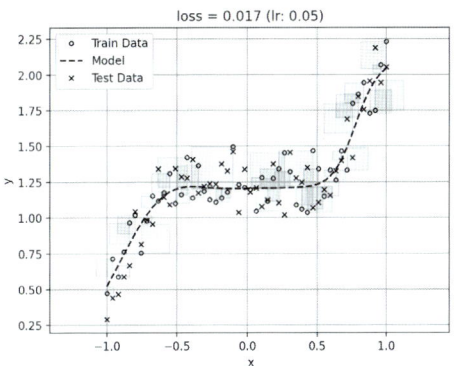

[그림 13-6] 학습률 0.05로 설정한 경우의 신경망 모델

각각의 학습률로 학습시킨 경우 손실함숫값들을 그래프로 그려보면 [그림 13-7]과 같습니다.

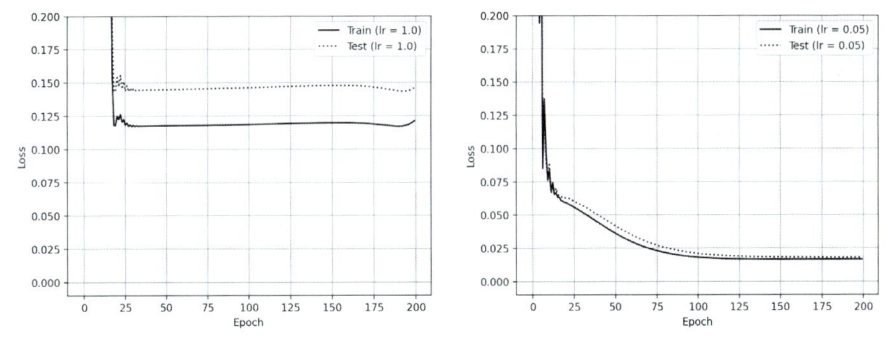

[그림 13-7] 손실함숫값 경향 비교

[그림 13-7]의 왼쪽 그림과 같이 학습률을 크게 설정(lr = 1.0)한 경우에는 학습이 계속 진행되더라도 학습용 데이터와 테스트용 데이터에 대한 손실함숫값이 0.1보다 작아지지 않았습니다. 반면에 학습률을 작게 설정한 경우 학습이 진행됨에 따라 손실함숫값이 모두

0.025보다 낮아지는 것을 확인할 수 있습니다. 두 경우 모두 학습용 데이터와 테스트용 데이터를 사용한 손실함숫값이 같은 경향으로 줄어들고 있으므로 오버피팅된 경우는 아닙니다. 이렇게 학습률을 재설정하는 것으로도 언더피팅을 해결할 수 있습니다.

지금까지 소개한 언더피팅 현상의 2가지 해결책을 통해서 사용자는 반드시 모델의 손실함숫값의 경향과 모델의 정확도를 나타내는 기준을 점검해야 합니다. 예제에서는 정확도를 나타내는 기준을 사용하기보다는 직관적인 이해를 위해 시각화로 설명했지만, 회귀 문제의 경우 R-square 값 등을 이용하면 회귀 정확도를 얻을 수 있습니다.

13.3 모델 복잡도 증가

이번에는 모델 복잡도가 부족할 때 나타나는 언더피팅 현상을 소개합니다. 가장 모델 복잡도가 낮은 신경망 모델은 바로 선형 모델입니다. 다음 코드와 같이 선형 모델을 학습시키는 코드는 총 반복횟수를 200번, 학습률을 0.05로 설정하였습니다.

```
# 선형 모델
class MyModel(tf.keras.Model):
    def __init__(self, **kwargs):
        super().__init__(**kwargs)
        self.W1 = tf.Variable(tf.random.normal([1, 1], seed=624))
        self.b1 = tf.Variable(tf.random.normal([1], seed=624))

    def call(self, x):
        yhat = tf.matmul(x, self.W1) + self.b1
        return yhat

model = MyModel()

# 손실함수
loss = lambda y, yhat: tf.reduce_mean(tf.square( yhat - y ))

# 하이퍼 파라미터
MaxEpochs = 200
batch_size = 10
lr = 0.05

# 수치최적화 알고리즘
optimizer = tf.keras.optimizers.Adam(lr)
```

이번에는 비교적 예측이 쉽습니다. 데이터는 곡선인데 선형 모델을 사용했다면 적절한 특성값을 사용하지 않는 한 좋은 회귀 모델을 얻을 수 없을 것입니다. [그림 13-8]의 학습된 결과를 보면 예상대로 데이터를 잘 표현하지 못하는 모델을 얻은 것을 알 수 있습니다.

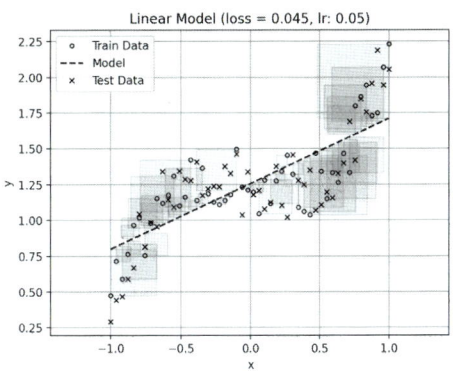

[그림 13-8] 모델의 복잡도가 너무 단순한 경우의 언더피팅 현상

지금은 가장 극단적인 경우를 보여준 것이지만 일반적으로 데이터의 복잡도에 비해 딥러닝 모델이 비교적 단순하다면 언더피팅 현상이 발생할 가능성이 높습니다. 선형 모델 대신 2개의 은닉층의 각 노드가 64개인 신경망 모델을 사용하면 [그림 13-9]와 같이 곡선 데이터를 잘 표현하는 회귀 분석 모델을 얻을 수 있습니다.

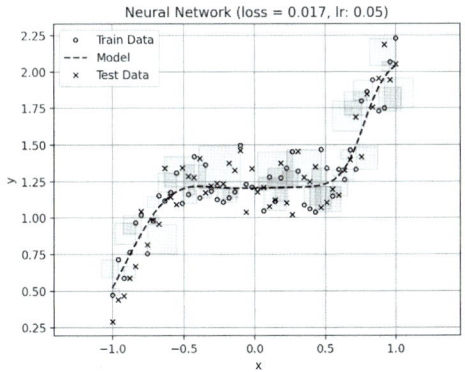

[그림 13-9] 모델의 복잡도가 적당한 신경망 회귀 모델

손실함수의 경향을 보면 [그림 13-10]의 왼쪽 그림과 같이 선형 모델은 학습을 계속 진행하더라도 더 이상 손실함숫값이 작아지지 않는 것을 확인할 수 있습니다. 하지만 신경망 모델은 학습 초기에는 손실함숫값이 증가와 감소를 반복하지만 약 20번째 학습부터는 손실함숫값이 지속적으로 감소하며 약 0.017의 값으로 수렴합니다. 이렇게 모델 복잡도가 높고 학습 관련 하이퍼 파라미터가 적절하게 설정되어 있다면 언더피팅을 해결할 수 있습니다.

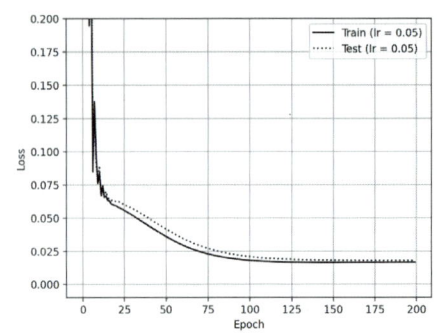

[그림 13-10] 선형 모델과 신경망 모델의 손실함숫값 그래프

13.4 언더피팅된 신경망 분류 모델

지금까지는 회귀 모델을 이용하여 언더피팅의 진단과 해결 방법을 알아보았습니다. 분류 문제도 접근 방법은 똑같습니다. 직접 그려보거나 정확도 평가를 해본 후, 성능이 좋지 않다면 손실함숫값의 경향을 보고 학습 반복 횟수를 증가시킬지 학습률을 조정할지 등을 선택해야 합니다.

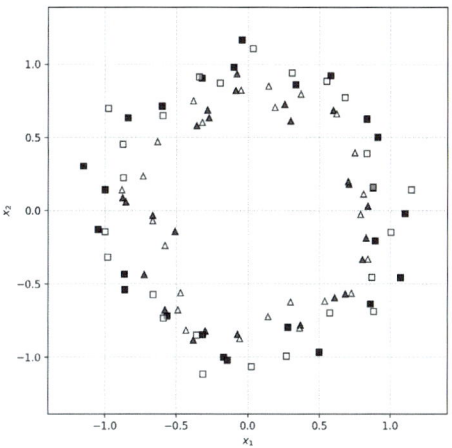

[그림 13-11] 이항 분류 문제의 주어진 학습용 데이터(색 있음)와 테스트용 데이터(색 없음)

이번 절에서는 [그림 13-11]과 같이 원 모양으로 분포한 데이터를 사용합니다. 여기에서 학습용 데이터와 테스트용 데이터는 각각 50개씩 주어져 있습니다. 다음과 같이 Scikit-Learn의 make_circles 함수를 이용하여 데이터를 생성합니다.

```
from sklearn.datasets import make_circles
from pandas import DataFrame
# 학습용 데이터 생성
xy_train, labels_train = make_circles(n_samples=50, noise=0.1,
                                      random_state=717)
labels_train = labels_train.reshape(-1,1)
# 테스트용 데이터 생성
xy_test, labels_test = make_circles(n_samples=50, noise=0.1,
                                    random_state=712)
labels_test = labels_test.reshape(-1,1)
```

신경망 모델을 사용하므로 입력값을 그대로 특성값으로 사용합니다.

```
# 특성값 추출
f_fn = lambda x,y: [x, y]
features = np.array([f_fn(xval, yval) for xval, yval in xy_train])
features_test = np.array([f_fn(xval, yval) for xval, yval in xy_test])
dim_features = features.shape[1]
```

신경망 모델의 첫 번째 은닉층은 64개의 노드를 갖고 있고, 두 번째 은닉층은 32개의 노드를 갖고 있습니다. 활성함수는 모두 시그모이드를 사용했습니다.

```python
class MyModel(tf.keras.Model):
    def __init__(self, **kwargs):
        super().__init__(**kwargs)
        num_hidden1 = 64
        num_hidden2 = 32

        self.W1 = tf.Variable(tf.random.normal([2,num_hidden1],seed=624))
        self.b1 = tf.Variable(tf.random.normal([num_hidden1],seed=624))

        self.W2 = tf.Variable(tf.random.normal([num_hidden1,
                                               num_hidden2],seed=624))
        self.b2 = tf.Variable(tf.random.normal([num_hidden2],seed=624))

        self.W3 = tf.Variable(tf.random.normal([num_hidden2,1],seed=624))
        self.b3 = tf.Variable(tf.random.normal([1],seed=624))

    def call(self, x):
        l1 = tf.matmul(x, self.W1) + self.b1
        h1 = tf.nn.sigmoid(l1)

        l2 = tf.matmul(h1, self.W2) + self.b2
        h2 = tf.nn.sigmoid(l2)

        l3 = tf.matmul(h2, self.W3) + self.b3
        yhat = tf.nn.sigmoid(l3)
        return yhat
```

다음은 구성한 신경망 분류 모델 학습에 사용될 손실함수와 성능 테스트에 이용할 정확도를 선언합니다. 이항 분류 문제이므로 크로스 엔트로피를 사용합니다.

```python
# 손실함수
loss = lambda y, yhat: tf.reduce_mean(-y * tf.math.log(yhat)
                                      - (1-y) * tf.math.log(1-yhat))

# 정확도
def accuracy(x,y):
    yhat = model(x)
    correct_prediction = tf.equal(y, tf.round(yhat))
    return tf.reduce_mean(tf.cast(correct_prediction, tf.float32))
```

수치최적화 알고리즘은 스토캐스틱 그래디언트 디센트 방법을 사용하고 학습률은 0.5로 설정합니다.

```
# 수치최적화 알고리즘
lr = 0.5
optimizer = tf.keras.optimizers.SGD(lr)
```

학습용 데이터와 테스트용 데이터에 대한 손실함수와 정확도를 기록하기 위한 변수를 선언합니다.

```
# 손실함수 및 정확도 기록
loss_train_history = []
loss_test_history = []
acc_train_history = []
acc_test_history = []
```

스토캐스틱 방법을 사용하여 신경망 분류 모델을 학습시킵니다. 신경망 모델은 미니 배치마다 업데이트되지만 손실함수와 정확도는 매 Epoch마다 계산하여 기록합니다. 학습 반복 횟수는 총 200번으로 설정했습니다.

```
# 데이터 섞기
np.random.seed(320)
shuffled_id = np.arange(0, len(features))
np.random.shuffle(shuffled_id)
shuffled_x_train = features[shuffled_id]
shuffled_y_train = labels_train[shuffled_id]

# 스토캐스틱 방법
MaxEpochs = 200
batch_size = 10
from helper import generate_batches
for epoch in range(MaxEpochs):
    if epoch % 100 == 0:
        curr_loss = loss(labels_train, model(features))
        print(epoch, curr_loss.numpy())
    for x_batch, y_batch in generate_batches(batch_size,
        shuffled_x_train, shuffled_y_train):
        with tf.GradientTape() as tape:
            curr_loss = loss(y_batch, model(x_batch))
```

```
            gradients = tape.gradient(curr_loss, model.trainable_variables)
            optimizer.apply_gradients(zip(gradients,
                                          model.trainable_variables))

        loss_train = loss(labels_train, model(features))
        loss_test = loss(labels_test, model(features_test))
        acc_train = accuracy(features, labels_train)
        acc_test = accuracy(features_test, labels_test)
        loss_train_history.append(loss_train)
        loss_test_history.append(loss_test)
        acc_train_history.append(acc_train)
        acc_test_history.append(acc_test)
```

위 코드를 실행한 결과를 시각화하면 [그림 13-12]와 같이 학습용 데이터의 손실함숫값은 0.41, 정확도는 74%이고, 테스트용 데이터의 손실함숫값은 0.47, 정확도는 74%입니다. 심한 언더피팅은 아니지만 어느 정도 개선의 여지가 있다고 판단할 수 있습니다. 이렇게 확신이 부족한 경우에는 손실함수와 정확도를 그려보면 객관적으로 판단할 수 있습니다.

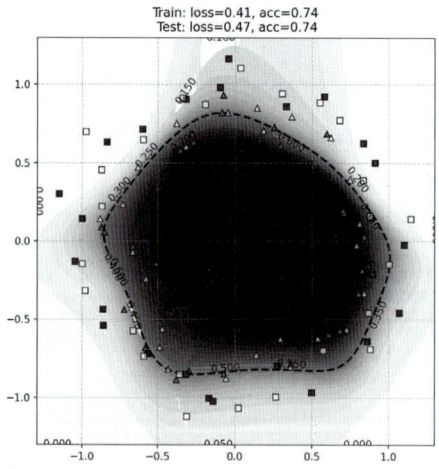

[그림 13-12] 언더피팅이 의심되는 신경망 분류 모델

[그림 13-13]의 왼쪽에 표시된 손실함수의 경향을 보면 학습용 데이터와 테스트용 데이터 모두 손실함숫값이 계속 작아지는 경향을 보이고 있습니다. 그러므로 학습 반복 횟수를 더 늘려주면 더 좋은 모델을 얻을 수 있습니다. 오른쪽의 정확도 값의 경향을 보더라도 전

반적으로 증가하는 추세를 확인할 수 있습니다. 정확도 그래프는 손실함수에 비해 불규칙한 경향을 보여주고 있는데, 이것에 대한 자세한 내용은 17장에서 다룹니다.

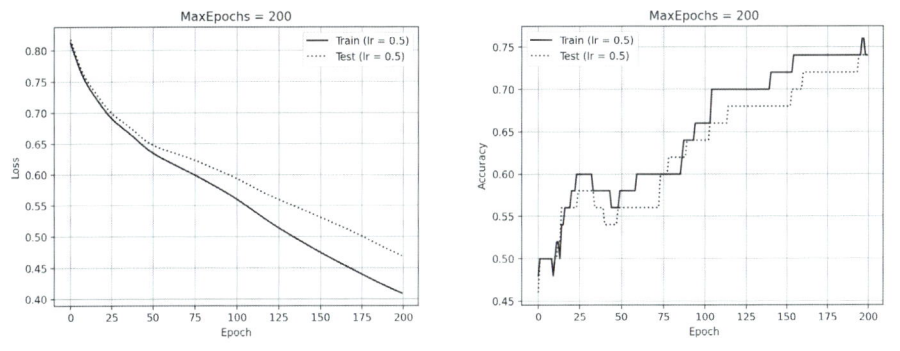

[그림 13-13] 학습 진행도에 따른 학습/테스트용 데이터를 이용한 손실함수(왼쪽)와 정확도(오른쪽)의 경향

학습 반복 횟수 MaxEpoch을 630번으로 설정하고 학습시킨 신경망 분류 모델은 [그림 13-14]와 같습니다. 학습용 데이터와 테스트용 데이터의 손실함숫값과 정확도 모두 [그림 13-12]보다 향상된 것을 확인할 수 있습니다.

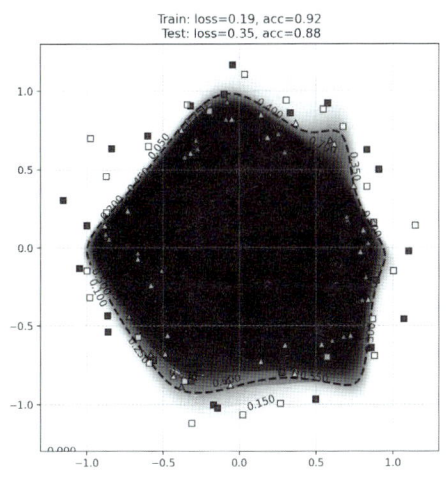

[그림 13-14] MaxEpoch을 630번으로 설정한 신경망 분류 모델

[그림 13-15]의 왼쪽 그래프를 보면 학습용 데이터의 손실함숫값은 계속 작아지고 있지만, 테스트용 데이터를 사용한 손실함숫값은 감소하는 경향이 멈춘 것을 확인할 수 있습니다. 이러한 경우는 630번보다 더 학습을 시키게 되면 테스트용 데이터의 손실함수가 증가하기 시작할 가능성이 큽니다. 즉, 너무 큰 학습 반복 횟수를 설정하게 되면 오버피팅이 발생할 수 있습니다.

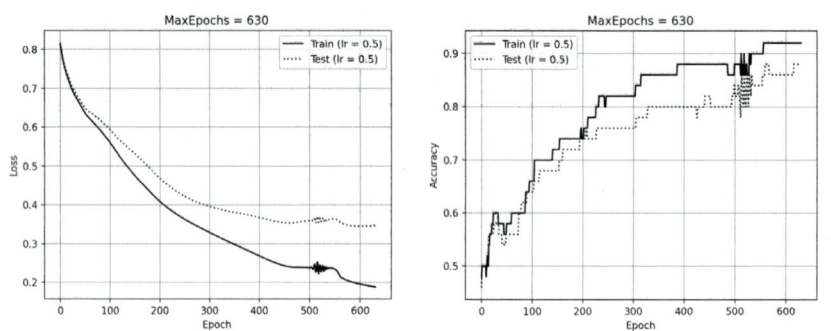

[그림 13-15] MaxEpoch을 630번으로 설정한 경우 학습 반복 횟수에 따른 손실함수와 정확도 그래프

13.5 언더피팅 요약

언더피팅은 실제 연구와 업무를 진행할 때 가장 반갑지 않은 현상입니다. 기대보다 훨씬 낮은 성능의 딥러닝 모델을 학습시킨 것이기 때문입니다. 이렇게 언더피팅 현상을 겪게 되면 다음 2가지를 반드시 체크해야 합니다.

1. 주어진 모델과 데이터로 이루어진 손실함수의 최적화 문제를 수치 알고리즘이 잘 풀었는가?
2. 주어진 모델의 복잡도가 충분한가?

앞서 다룬 언더피팅의 해결책 중에 학습 반복 횟수를 증가시키는 방법과 학습률을 줄이는 방법은 최적화 문제를 푸는 수치 알고리즘 관련 파라미터를 조정한 것입니다. 학습 반복 횟수와 학습률 외에도 미니 배치의 크기를 변경할 수도 있고, 다른 수치최적화 알고리즘을 사용하여 해결할 수도 있습니다. 하지만 절대적인 법칙은 존재하지 않습니다. 딥러닝 학습은 필연적으로 많은 학습 시도를 해야 하고, 많은 시도의 결과를 분석하여 현상을 올바르게 파악한 후 해결책을 선택해야 합니다.

두 번째로 주어진 모델의 복잡도가 너무 단순하다면 복잡도가 매우 높은 모델로 변경해야 합니다. 앞에서는 신경망 모델의 레이어를 추가하거나 노드 개수를 늘리는 방법으로 해결했습니다. 하지만 신경망 모델 자체가 주어진 문제를 푸는데 적절하지 않은 구조를 갖고 있을 수도 있습니다. 이런 경우에는 Convolutional Neural Network(CNN)이나 Recurrent Neural Network(RNN) 등 다른 딥러닝 모델을 고려하는 방법이 있습니다. 여기서 주의해야 할 점은 이렇게 모델 자체가 바뀌면 최적화 문제의 특성 자체가 변하므로 수치최적화 알고리즘의 파라미터들을 모두 재설정해야 하는 경우가 많습니다.

마지막으로 언더피팅을 해결하는 방법은 결국 손실함수를 더 작게 만들어 주는 방법인데 필요 이상으로 학습을 많이 시키면 오버피팅 현상이 나타난다는 것을 항상 기억해야 합니다. 따라서 언더피팅과 오버피팅은 동시에 마주치는 바늘과 실과 같은 문제입니다. 많은 실험을 반복하여 언더피팅과 오버피팅 사이의 가장 적절한 딥러닝 모델을 찾는 것이 대부분의 딥러닝 모델을 이용한 실무와 연구의 패턴입니다.

Chapter 14 오버피팅의 진단과 해결책

13장에서 다룬 언더피팅은 학습된 모델의 예측값이 부정확한 경우라면, 이번 장에서 다루는 오버피팅은 예측값이 너무 정확한 경우입니다. "예측값이 너무 정확해도 문제인가?"라는 생각이 드는 게 당연합니다. 정확하게 말하면 학습용 데이터에 대한 예측값만 너무 정확하고 테스트용 데이터는 부정확한 경우를 오버피팅이라고 합니다.

이번 장에서는 언더피팅의 경우와 마찬가지로 간단한 신경망 모델을 시각화한 결과와 학습용 데이터 및 테스트용 데이터의 손실함수 그래프를 이용하여 신경망 모델의 오버피팅 여부를 판단하고 그에 따른 해결책을 소개합니다. 이해를 돕기 위해 13장에서 다룬 언더피팅의 예와 같은 데이터를 사용합니다. 사용된 데이터의 코드는 다음과 같습니다.

```python
# 학습용 데이터 생성
np.random.seed(327)
x_train = np.linspace(-1,1,50)
y_train = x_train**3 + 0.1 * x_train**2 -0.15 * x_train + 1.0 
        + 0.5 * np.random.rand(len(x_train))

# 테스트용 데이터 생성
x_test = np.linspace(-1,1,50)
y_test = x_test**3 + 0.1 * x_test**2 -0.15 * x_test + 1.0 
        + 0.5 * np.random.rand(len(x_test))
```

신경망 모델을 이용하므로 특별한 특성값을 사용하지 않고 입력 데이터를 그대로 사용합니다.

```python
# 특성값
features_train = np.array([[xval] for xval in x_train])
labels_train = y_train.reshape(-1, 1)

features_test = np.array([[xval] for xval in x_test])
labels_test = y_test.reshape(-1, 1)
```

신경망 모델은 노드 개수가 10개와 5개인 두 개의 은닉층을 가지고 있습니다. 활성함수는 모든 은닉층에 시그모이드를 사용합니다.

```python
class MyModel(tf.keras.Model):
    def __init__(self, **kwargs):
        super().__init__(**kwargs)
        num_hidden1 = 10
        num_hidden2 = 5
        
        self.W1 = tf.Variable(tf.random.normal([1,num_hidden1],seed=624))
        self.b1 = tf.Variable(tf.random.normal([num_hidden1],seed=624))
        
        self.W2 = tf.Variable(tf.random.normal([num_hidden1,num_hidden2],
                                                seed=624))
        self.b2 = tf.Variable(tf.random.normal([num_hidden2],seed=624))
        
        self.W3 = tf.Variable(tf.random.normal([num_hidden2,1],seed=624))
        self.b3 = tf.Variable(tf.random.normal([1],seed=624))
    
    def call(self, x):
        l1 = tf.matmul(x, self.W1) + self.b1
        h1 = tf.nn.sigmoid(l1)
        
        l2 = tf.matmul(h1, self.W2) + self.b2
        h2 = tf.nn.sigmoid(l2)
        
        yhat = tf.matmul(h2, self.W3) + self.b3
        return yhat
```

손실함수는 전형적인 평균 제곱 오차를 사용합니다. 학습률은 0.05, 최대 반복 횟수인 MaxEpoch은 10,000으로 설정하고 수치최적화 방법은 Adam 알고리즘을 선택합니다. 스토캐스틱 방법으로 다음 코드를 실행하면 학습이 진행됩니다. 학습이 진행될 때마다 학습용 데이터의 손실함수와 테스트용 데이터의 손실함수를 기록합니다.

```python
# 모델 선언
model = MyModel()

# 손실함수
loss = lambda y, yhat: tf.reduce_mean(tf.square( yhat - y ))

# 수치최적화 알고리즘
lr = 0.05
optimizer = tf.keras.optimizers.Adam(lr)

np.random.seed(320)
shuffled_id = np.arange(0, len(x_train))
np.random.shuffle(shuffled_id)
shuffled_x_train = features_train[shuffled_id]
shuffled_y_train = labels_train[shuffled_id]

# 손실함수 기록용 변수
loss_train_history = []
loss_test_history = []

# 스토캐스틱 방법
MaxEpochs = 10000
batch_size = 10
from helper import generate_batches
for epoch in range(MaxEpochs):
    if epoch % 100 == 0:
        curr_loss = loss(labels_train, model(features_train))
        print(epoch, curr_loss.numpy())
    for x_batch, y_batch in generate_batches(batch_size,
        shuffled_x_train, shuffled_y_train):
        with tf.GradientTape() as tape:
            curr_loss = loss(y_batch, model(x_batch))
            gradients = tape.gradient(curr_loss, model.trainable_variables)
            optimizer.apply_gradients(zip(gradients,
                                    model.trainable_variables))

    loss_train = loss(labels_train, model(features_train))
    loss_test = loss(labels_test, model(features_test))
    loss_train_history.append(loss_train)
    loss_test_history.append(loss_test)
```

10,000번의 학습 후 만들어진 신경망 모델을 이용하여 학습용 및 테스트용 데이터와 함께 모델의 예측값을 그려보면 [그림 14-1]과 같습니다.

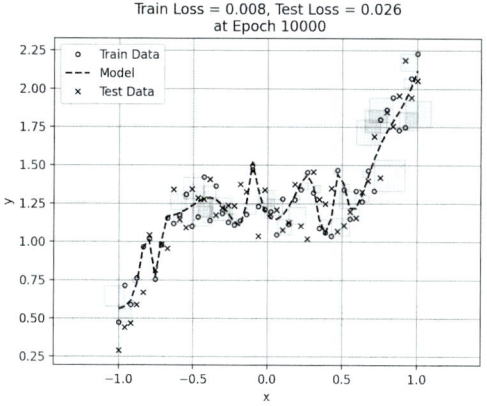

[그림 14-1] 오버피팅된 신경망 회귀 모델

신경망 회귀 모델의 예측값들이 학습용 데이터를 맞추는데 치중한 나머지 테스트용 데이터는 제대로 예측하지 못합니다. 이러한 현상은 그림을 그리지 않고 손실함숫값을 보고 유추할 수 있습니다. 학습용 데이터는 0.008로 매우 작은 반면, 테스트용 데이터는 0.026으로 약 3배 이상 큰 것을 확인할 수 있습니다. 더 정확한 판단을 위해 학습 반복 횟수마다 학습용 및 테스트용 손실함숫값을 그래프로 그려보면 [그림 14-2]와 같습니다.

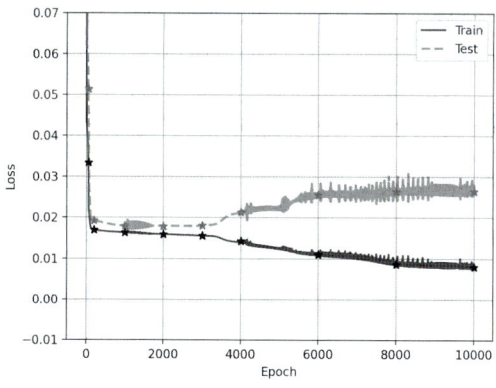

[그림 14-2] 학습용 및 테스트용 데이터의 손실함숫값 그래프

[그림 14-2]에는 총 9개의 별표가 표시되어 있습니다. 왼쪽부터 50번째, 200번째, 1,000번째, 2,000번째, 3,000번째, 4,000번째, 6,000번째, 8,000번째 그리고 10,000번째입니다. 이 시점들의 신경망 회귀 모델을 시각화하면 다음과 같습니다. 먼저 [그림 14-3]과 같이 50번의 학습이 끝난 후에는 학습용 데이터조차 잘 맞추지 못하는 신경망 회귀 모델을 확인할 수 있습니다. 따라서 언더피팅된 신경망 모델이라고 할 수 있습니다.

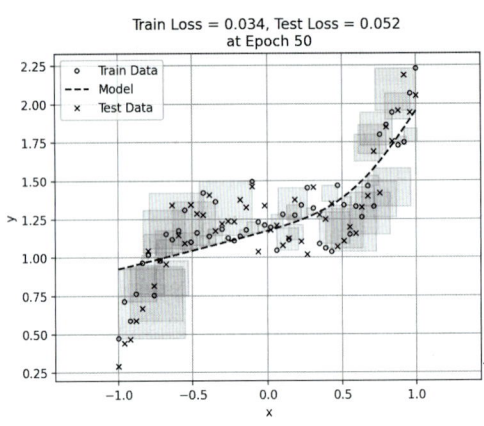

[그림 14-3] 50번 학습 과정을 거친 뒤 언더피팅된 신경망 회귀 모델

학습을 더 진행하면 [그림 14-4]와 같이 데이터의 특성을 잘 나타내는 모델을 얻을 수 있습니다. [그림 14-2]의 그래프에서도 알 수 있듯이 약 200번부터 약 3,000번까지는 학습용 데이터와 테스트용 데이터의 손실함숫값이 모두 작은 신경망 회귀 모델이 얻어집니다.

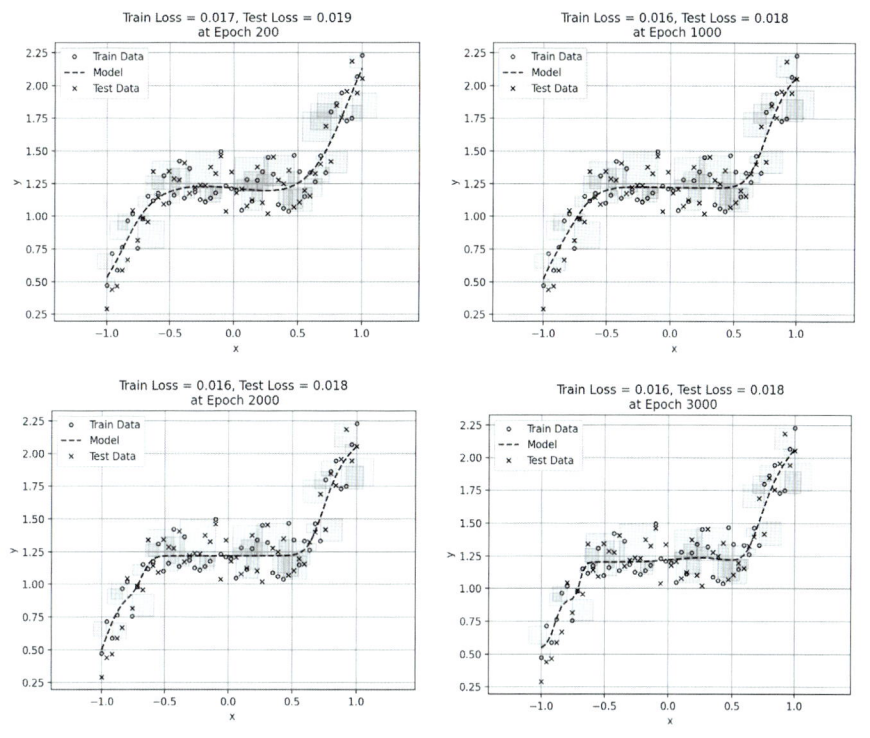

[그림 14-4] 200번~3,000번 학습 과정 후의 알맞은(Fitted) 신경망 회귀 모델

더 좋은 모델을 얻으려는 의도와는 다르게 3,000번을 넘어 계속 학습을 하게 되면 [그림 14-5]처럼 뾰족한 형태의 곡선들이 나타납니다. 학습을 더 진행할수록 신경망 모델에 뾰족한 형태가 더 많이 나타납니다. 신경망 모델이 뾰족해지면서 곡선이 학습용 데이터에는 가까워졌지만, 테스트용 데이터에 대해서는 멀어진 것을 확인할 수 있습니다. 이때 [그림 14-2]의 손실함숫값에 주목해보면 약 3,500번째 이후부터 학습용 데이터에 대한 손실함숫값은 계속 작아지는 반면에 테스트용 데이터에 대한 손실함숫값은 계속 커지는 것을 확인할 수 있습니다. 바로 이러한 손실함숫값의 패턴이 오버피팅을 나타냅니다.

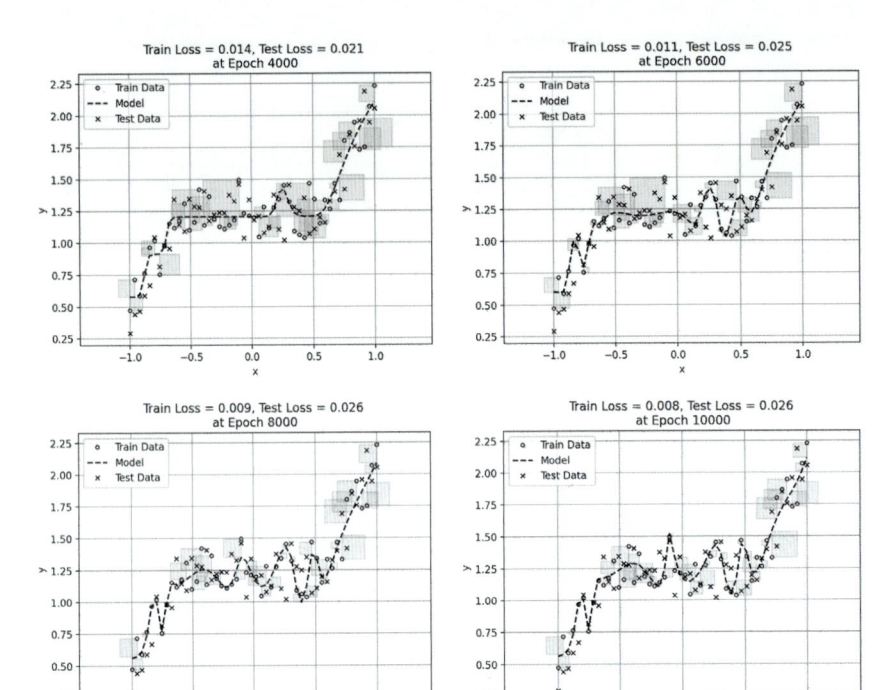

[그림 14-5] 4,000번 이상의 학습 과정 후의 오버피팅된 신경망 회귀 모델

지금부터는 신경망 회귀 모델의 오버피팅 현상을 해결하는 방법들을 소개합니다.

14.1 학습 반복 횟수 재설정

오버피팅 현상을 해결하는 가장 쉬운 방법은 학습 반복 횟수를 줄이는 것입니다. 당장 학습을 약 200번에서 3,000번 사이에서 종료한다면 [그림 14-4]와 같은 오버피팅도 언더피팅도 아닌 알맞은 신경망 모델을 얻을 수 있습니다. 이러한 방법은 Early Stopping이라고 불립니다. 아주 단순한 방법이지만 매우 효과적입니다.

이 방법은 편리성이 장점입니다. 손실함수나 다른 하이퍼 파라미터 변경 없이 단순히 학습 반복 횟수만 줄이면 됩니다. 또한, 접근 방법도 아주 직관적이고 쉽습니다. 만약 1,000번에서 학습을 멈췄다면 오버피팅 되지 않은 [그림 14-6]의 신경망 모델을 얻을 수 있습니다.

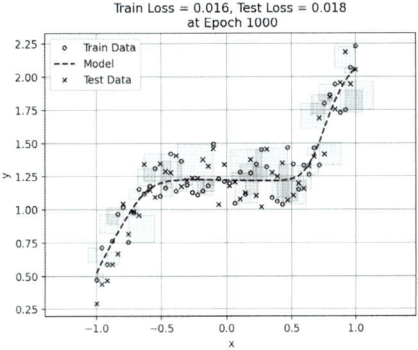

[그림 14-6] Early Stopping을 이용한 오버피팅 해결 방법

학습을 다시 해야 한다는 단점이 있지만, 이것은 오버피팅을 해결하는 모든 방법에서 나타나는 현상이므로 단점이라고 말하기 어렵습니다. 16장에서 다룰 '모델의 저장과 불러오기'를 이용하면 다시 학습하지 않아도 됩니다. 학습 도중에 모델들을 저장해놓고 나중에 해당 모델을 불러오면 오버피팅 현상을 추가 학습 없이 해결할 수 있습니다.

14.2 Regularization 함수 추가

오버피팅이 일어나는 이유를 최적화 관점에서 생각해보면 손실함숫값이 필요 이상으로 작아진다는 것입니다. 즉 아래의 수식에서 평균 제곱 오차값이 너무 작아진다는 것이 문제입니다.

$$\min_{W, b} \frac{1}{N} \sum_{i=1}^{N} (\hat{y}_i - y_i)^2$$

최적화 문제를 푸는 과정, 즉 학습하는 과정에서는 학습용 데이터만 사용합니다. 이렇게 테스트용 데이터가 반영이 안 된 채 학습용 데이터만으로 학습이 과하게 진행되면 학습용 데이터에만 잘 맞고 테스트용 데이터에는 잘 맞지 않는 오버피팅 문제가 생깁니다. 그래서 위 손실함숫값에 "어떤 값"을 추가하여 손실함숫값이 너무 작아지지 않게 하는 아이디어를 사용합니다. 여기서 "어떤 값"을 바로 정규화(Regularization) 함수라고 부릅니다.

이번 절에서는 대표적인 2가지 Regularization 함수인 L^2와 L^1 함수를 소개합니다.

Regularization 함수를 추가하는 방법은 학습 반복 횟수를 바꾸지 않아도 되는 장점이 있으므로 학습이 진행될 때마다 기록해야 할 필요가 없습니다. 하지만 몇 가지 단점이 있는데 명확한 이해를 위해 세부적인 코드 예제와 함께 소개하겠습니다.

14.2.1 L^2 Regularization

L^2 Regularization 함수는 가장 널리 사용되는 오버피팅의 해결 방법입니다. 이 경우 최적화 문제 자체는 다음과 같이 정의합니다.

$$\min_{W, b} \frac{1}{N} \sum_{i=1}^{N} (\hat{y}_i - y_i)^2 + \frac{\beta}{2} \|W\|_2^2$$

위 식에서 $\|W\|_2^2$은 다음과 같이 행렬 W의 모든 값을 제곱하여 더한 값을 나타냅니다.

$$\|W\|_2^2 = \sum_{i=1}^{m} \sum_{j=1}^{n} \left((W)_{ij} \right)^2$$

엄밀히 말하면 W는 행렬이므로 프로베니우스 노름(Frobenius norm, $\|W\|_F^2$)이라고 해야 정확하지만, 편의상 벡터 노름(norm)의 형태로 나타내도록 하겠습니다. 그렇다면 "왜 $\|W\|_2^2$을 추가했는가?"라는 질문이 생길 수 있습니다. 이것은 아주 자연스러운 질문입니다. 앞으로 확인하겠지만 $\|W\|_2^2$은 오버피팅과 밀접한 관련이 있습니다. 이 값이 클수록 신경망 회귀 모델이 그리는 곡선이 더 복잡해집니다. 이것은 Total Variation이라는 수학적 정의와 연관이 있는데, 그 정의를 소개하는 것보다 다음 실습 코드로 이해하는 것이 더 효과적입니다.

신경망 모델의 은닉층이 2개인 경우에는 일반화된 위의 식을 다음과 같이 구체적으로 표현할 수 있습니다.

$$\min_{W^1, b^1, W^2, b^2, W^3, b^3} \frac{1}{N} \sum_{i=1}^{N} (\hat{y}_i - y_i)^2 + \frac{\beta}{2} \|W^1\|_2^2 + \frac{\beta}{2} \|W^2\|_2^2 + \frac{\beta}{2} \|W^3\|_2^2$$

여기서 주의할 부분은 바이어스 항인 b^1, b^2, b^3에 대한 L^2-norm은 추가하지 않았다는 점입니다. 이제 다음과 같이 l2_loss( )라는 텐서플로의 함수를 이용하여 각 레이어의 웨이트 행렬의 L^2-norm을 계산하는 l2_norm를 선언합니다.

```
l2_norm = lambda W1, W2, W3: tf.nn.l2_loss(W1) + tf.nn.l2_loss(W2)
                              + tf.nn.l2_loss(W3)
```

그리고 다음 코드를 이용하여 L^2-norm의 값을 계산할 수 있습니다.

```
loss_train_history.append(final_loss)
```

L^2-norm이 오버피팅과 밀접한 관련이 있다는 점을 확인하기 위해 앞에서 정의한 것과 같이 노드의 개수가 10개와 5개인 두 개의 은닉층을 가진 신경망 모델을 사용합니다. 그리고 수치최적화 방법 및 다른 하이퍼 파라미터들을 모두 같게 설정한 후 학습을 진행합니다. 최대 반복 횟수를 변경하면서 L^2-norm의 값을 측정하면 [그림 14-7]과 같은 결과를 얻게 됩니다.

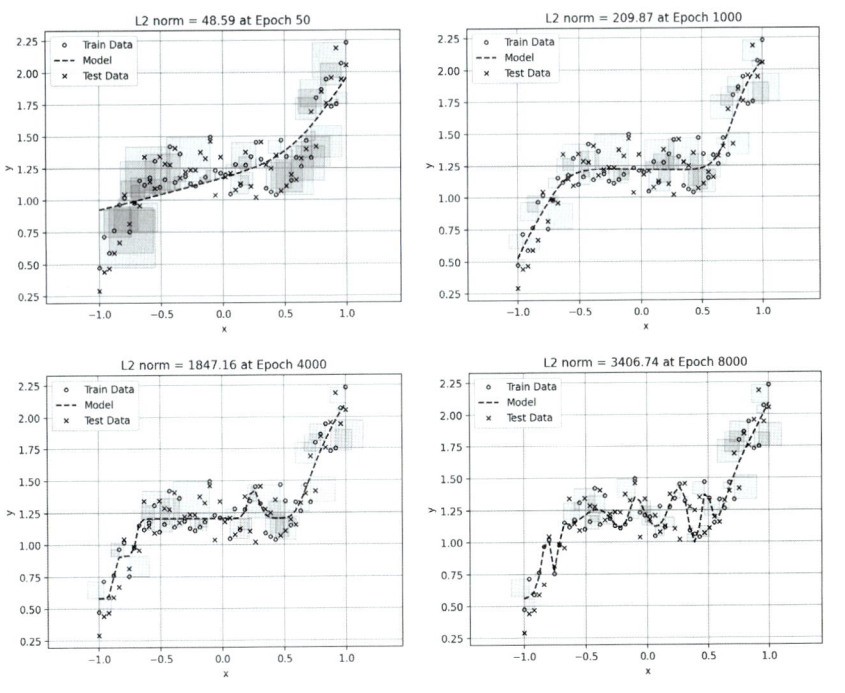

[그림 14-7] 50번, 1,000번, 4,000번 그리고 8,000번째 학습된 모델의 L^2-norm 값

계산된 값들을 보면 신경망 회귀 모델이 나타내는 곡선의 모양이 복잡해지면서 L^2-norm 의 값이 48.59, 209.87, 1847.16, 그리고 3406.74로 점점 커지는 것을 확인할 수 있습니다. 그렇다면 오버피팅 되지 않는 신경망 회귀 모델은 학습용 데이터의 평균 제곱 오차의 값도 작고 L^2-norm의 값도 어느 정도 작은 값을 가진다는 생각을 할 수 있습니다. 이렇게 평균 제곱 오차값도 작고, L^2-norm도 작은 모델을 찾는 것을 최적화 문제로 표현하면 앞에서 살펴본 L^2 Regularization 식이 됩니다.

$$\min_{W^1,b^1,W^2,b^2,W^3,b^3} \frac{1}{N}\sum_{i=1}^{N}(\hat{y}_i - y_i)^2 + \frac{\beta}{2}\|W^1\|_2^2 + \frac{\beta}{2}\|W^2\|_2^2 + \frac{\beta}{2}\|W^3\|_2^2$$

위 식에서 min을 제외한 부분을 손실함수로 설정합니다. 이것을 텐서플로로 구현하면 다음과 같습니다.

```
beta = 1E-5
loss = lambda y, yhat, W1, W2, W3: tf.reduce_mean(tf.square( yhat - y ))
       + beta*(tf.nn.l2_loss(W1) + tf.nn.l2_loss(W2) + tf.nn.l2_loss(W3))
```

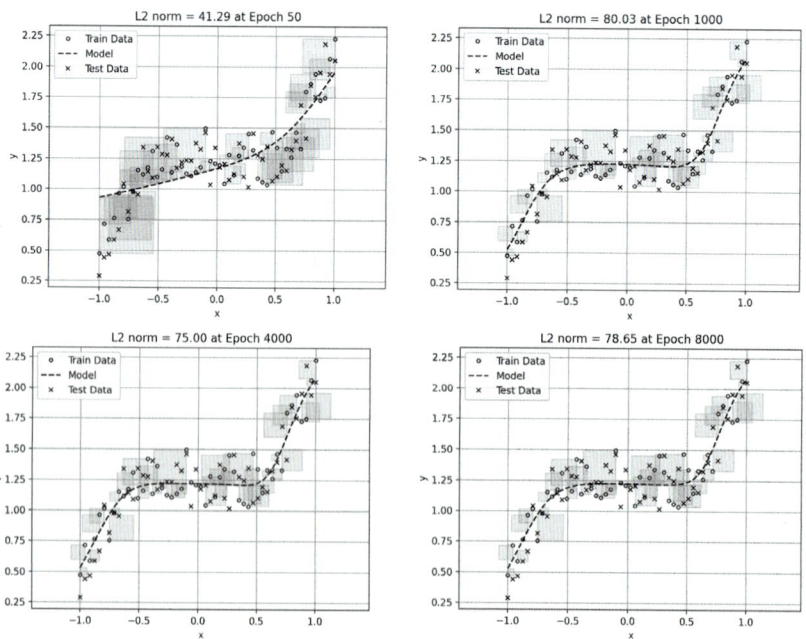

[그림 14-8] L^2 Regularization으로 오버피팅을 해결한 신경망 회귀 모델

신경망 모델과 수치최적화 방법, 그리고 모든 하이퍼 파라미터는 동일하게 설정하고, 손실함수만 위와 같이 변경합니다. 그리고 신경망 모델을 학습시켜 보면 [그림 14-8]과 계속 학습을 진행하더라도 오버피팅이 되지 않는 것을 확인할 수 있습니다.

이렇게 손실함수를 바꾸고 학습하는 과정에서 평균 제곱 오차의 값들을 그래프로 그려보면 다음과 같습니다.

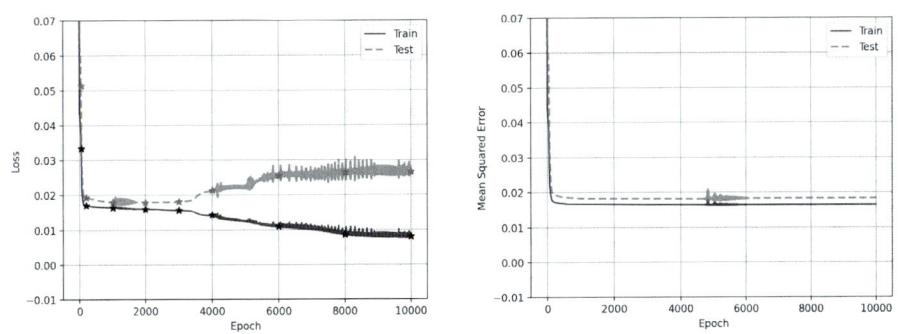

[그림 14-9] L^2 Regularization 적용 전과 후의 평균 제곱 오차의 그래프

[그림 14-9]의 왼쪽 그림과 같이 L^2 Regularization 적용 전에는 약 3,500번 이후부터 테스트용 데이터에 대한 손실함숫값(평균 제곱 오차)이 갑자기 증가하는 경향을 보였습니다. 하지만 L^2 Regularization 적용한 후의 결과인 오른쪽 그림을 보면 테스트용 데이터에 대한 평균 제곱 오차의 값이 증가하지 않습니다. 테스트용 데이터에 대한 평균 제곱 오차의 값이 학습용 데이터에 대한 값과 비슷하게 꽤 작은 값으로 수렴한 것을 확인할 수 있습니다.

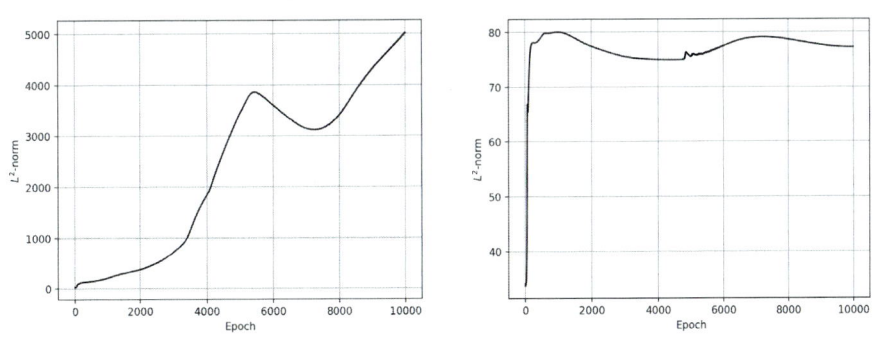

[그림 14-10] L^2 Regularization 적용 전과 후의 L^2-norm의 그래프

또한, L^2 Regularization 적용 전에는 [그림 14-10]의 왼쪽 그림과 같이 반복 횟수가 증가할수록 L^2-norm의 크기가 증가하는 경향을 보였습니다. 그러나 L^2 Regularization 적용 후에는 오른쪽 그림과 같이 계속해서 증가하지 않고 약 70~80 사이의 값을 가지는 것을 확인할 수 있습니다.

[그림 14-9]에서 L^2 Regularization 적용한 평균 제곱 오차의 값이 적용 전의 값보다 약간 큰 것을 확인할 수 있습니다. 왼쪽 그래프를 그릴 때는 평균 제곱 오차의 값 자체가 손실함수였습니다. 따라서 손실함수와 L^2 Regularization이 더해진 값의 최솟값을 찾는 것보다 당연히 더 작은 값을 갖습니다. L^2 Regularization은 평균 제곱 오차의 값이 더 작아지지 않도록 방해하는 역할을 합니다. 그래서 종종 페널티(Penalty) 항이라고 불리기도 합니다.

따로 학습 반복 횟수를 재지정하지 않아도 되는 장점이 있는 반면에, $β$의 값에 매우 민감하다는 치명적인 단점이 있습니다. 만약 $β$의 값을 너무 크게 잡으면 웨이트 행렬의 값이 조금만 커져도 손실함숫값이 커지므로 웨이트 행렬의 값이 0에 아주 가깝게 됩니다. 이런 경우에는 언더피팅된 결과를 얻게 됩니다.

반대로 $β$의 값을 너무 작게 하면 웨이트가 매우 커지더라도 손실함숫값에는 영향이 미비해서 없는 것과 마찬가지인 결과를 얻게 됩니다. 이 경우엔 여전히 오버피팅된 신경망 회귀 모델을 갖게 됩니다. 그래서 균형 잡힌 값이 매우 중요한데 안타깝게도 이것을 실험적으로 구해야 합니다. 최적의 $β$값을 구하기 위해 실험을 할 때마다 학습을 다시 해야 하므로 상당한 시간이 걸립니다. 이러한 면을 고려했을 때는 앞선 절에서 다뤘던 학습 반복 횟수를 줄이는 방법이 더 효율적이기도 합니다.

10장과 11장에서 다루었던 것처럼 tf.keras.layers.Dense( )를 사용하면 신경망 모델을 간단하게 구현할 수 있습니다. 그래서 tf.keras.layers.Dense( )를 사용하여 L^2 Regularization을 구현하는 방법을 소개합니다. Dense( )를 사용하면 웨이트값들이 명시적으로 보이지 않기 때문에 L^2 Regularization을 이해하는데 어려움이 있습니다. 하지만 앞에서 최적화 문제의 이론과 코드로 실습을 했다면 비교적 쉽게 이해할 수 있습니다.

먼저 신경망 모델을 Dense( )를 사용하여 다음과 같이 선언합니다. 앞에서 사용했던 신경망 모델과 같은 초깃값을 사용하기 위해 tf.constant_initializer( )를 이용하였습니다. 10장에서 다뤘던 신경망 회귀 모델과 아주 비슷하지만 한 가지가 추가되어 있습니다. 바로 kernel_regularizer 파라미터가 추가되었습니다. 여기에 tf.keras.regularizers.L2(beta)를 추가해주면 됩니다. regularizers.L2( ) 외에도 regularizers.L1( )과 regularizers.L1L2( )도 있습니다.

```
num_hidden1 = 10
num_hidden2 = 5
W1 = tf.constant_initializer(tf.Variable(tf.random.normal(
                            [1, num_hidden1], seed=624)).numpy())
b1 = tf.constant_initializer(tf.Variable(tf.random.normal(
                            [num_hidden1], seed=624)).numpy())

W2 = tf.constant_initializer(tf.Variable(tf.random.normal(
                            [num_hidden1, num_hidden2], seed=624)).numpy())
b2 = tf.constant_initializer(tf.Variable(tf.random.normal(
                            [num_hidden2], seed=624)).numpy())

W3 = tf.constant_initializer(tf.Variable(tf.random.normal(
                            [num_hidden2, 1], seed=624)).numpy())
b3 = tf.constant_initializer(tf.Variable(tf.random.normal(
                            [1], seed=624)).numpy())

class MyModel(tf.keras.Model):
    def __init__(self, **kwargs):
        super().__init__(**kwargs)
        num_hidden1 = 10
        num_hidden2 = 5
        beta = 1E-5/2

        self.hidden1 = tf.keras.layers.Dense(num_hidden1,
            activation=tf.nn.sigmoid, kernel_initializer=W1,
            bias_initializer=b1, name='hidden_1',
            kernel_regularizer=tf.keras.regularizers.L2(beta))

        self.hidden2 = tf.keras.layers.Dense(num_hidden2,
            activation=tf.nn.sigmoid, kernel_initializer=W2,
            bias_initializer=b2, name='hidden_2'
            kernel_regularizer=tf.keras.regularizers.L2(beta))

        self.out = tf.keras.layers.Dense(1, activation = None,
            kernel_initializer=W3, bias_initializer=b3, name='output',
            kernel_regularizer=tf.keras.regularizers.L2(beta))
```

```
def call(self, x):
    h1 = self.hidden1(x)
    h2 = self.hidden2(h1)
    yhat = self.out(h2)
    return yhat
```

위 코드에서 유의할 사항은 beta 값을 1E-5/2로 설정했다는 점입니다. 앞의 코드에서는 손실함수를 선언할 때 tf.nn.l2_loss( )를 사용했습니다. tf.nn.l2_loss(W)는 sum(W ** 2)/2로 계산되므로 계산 안에 2로 나누는 과정이 있습니다. 그러나 tf.keras.regularizers. L2(beta)로 계산하면 2로 나누는 과정이 없어서, 앞의 결과와 동일하게 얻기 위해서는 앞에서 선언한 beta 값인 1E-5를 2를 나누어주어야 합니다.

하이퍼 파라미터와 수치최적화 방법은 앞에서와 동일하게 설정합니다. 손실함수는 앞에서와는 달리 텐서플로에서 제공하는 평균 제곱 오차로 설정합니다. 평균 제곱 오차로 설정하더라도 모델을 선언할 때 L^2 regularization을 적용했기 때문에 손실함수에 자동으로 반영됩니다.

```
MaxEpochs = 10000
batch_size = 10
lr = 0.05
optimizer = tf.keras.optimizers.Adam(lr)
loss = tf.keras.losses.MeanSquaredError()
```

스토캐스틱 방법으로 학습하기 위해 먼저 데이터를 섞어주고, 모델을 컴파일한 후 학습을 진행하면 됩니다. 10장의 코드와는 다르게 학습(fit)할 때 테스트용 데이터에 대한 손실함숫값을 추적하기 위해 validation_data라는 파라미터를 추가했습니다.

```
np.random.seed(320)
shuffled_id = np.arange(0, len(x_train))
np.random.shuffle(shuffled_id)
shuffled_x_train = features_train[shuffled_id]
shuffled_y_train = labels_train[shuffled_id]

model.compile(optimizer = optimizer, loss = loss)
history = model.fit(shuffled_x_train, shuffled_y_train,
          epochs = MaxEpochs, batch_size = batch_size, shuffle = False,
          validation_data = (features_test, labels_test))
```

이제 Dense( )를 이용한 신경망 모델로 학습을 진행하면 [그림 14–11]과 같이 앞에서와 동일한 손실함수의 경향을 확인할 수 있습니다. [그림 14–9]의 오른쪽 그림보다 값이 약간 큰 것을 알 수 있는데, 이는 [그림 14–9]의 오른쪽 그림에서는 평균 제곱 오차의 값만 나타냈기 때문입니다.

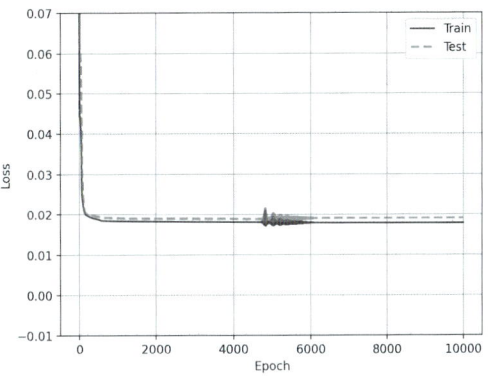

[그림 14-11] Dense( ) 함수를 사용하여 L^2 Regularization 적용한 결과

14.2.2 L^1 Regularization

L^2 Regularization과 마찬가지로 L^1 Regularization도 기존 손실함수에 Regularization 항을 더하는 방식으로 오버피팅을 해결합니다. 최적화 문제로 나타내면 다음과 같습니다.

$$\min_{W, b} \frac{1}{N} \sum_{i=1}^{N} (\hat{y}_i - y_i)^2 + \beta \|W\|_1$$

위 식에서 $\|W\|_1$은 다음과 같이 행렬 W의 모든 값에 절댓값을 취하여 더한 값을 나타냅니다.

$$\|W\|_1 = \sum_{i=1}^{m} \sum_{j=1}^{n} \left| (W)_{ij} \right|$$

엄밀히 말하면 행렬 노름(norm)에서는 $\|W\|_1$이 위와 같지 않습니다. 하지만 앞에서와 마찬가지로 편의상 벡터 노름(norm)의 형태로 나타내도록 하겠습니다. L^1 Regularization을

적용하면 L^2 Regularization과 같은 원리로 오버피팅 문제를 해결합니다. 앞에서와 같이 2가지 구현 방법을 소개합니다. 웨이트 행렬과 바이어스들이 명시적으로 선언되어서 직접 L^1-norm을 손실함수에 추가하는 방법과 Dense( )에 kernel_regularizer를 이용하는 방법입니다.

먼저 신경망 모델의 웨이트 행렬과 바이어스들을 직접 선언하는 형식으로 다음과 같이 코드를 작성합니다.

```python
class MyModel(tf.keras.Model):
    def __init__(self, **kwargs):
        super().__init__(**kwargs)
        num_hidden1 = 10
        num_hidden2 = 5
        
        self.W1 = tf.Variable(tf.random.normal([1,num_hidden1],seed=624))
        self.b1 = tf.Variable(tf.random.normal([num_hidden1],seed=624))
        self.W2 = tf.Variable(tf.random.normal([num_hidden1,num_hidden2],
                                                seed=624))
        self.b2 = tf.Variable(tf.random.normal([num_hidden2],seed=624))
        
        self.W3 = tf.Variable(tf.random.normal([num_hidden2,1],seed=624))
        self.b3 = tf.Variable(tf.random.normal([1], seed=624))
    
    def call(self, x):
        l1 = tf.matmul(x, self.W1) + self.b1
        h1 = tf.nn.sigmoid(l1)
        
        l2 = tf.matmul(h1, self.W2) + self.b2
        h2 = tf.nn.sigmoid(l2)
        
        yhat = tf.matmul(h2, self.W3) + self.b3
        return yhat
```

이제 바이어스 항들을 제외한 웨이트 행렬의 값들을 이용하여 L^1-norm을 계산하는 코드를 작성합니다.

```python
l1_norm = lambda W1, W2, W3: tf.reduce_sum(tf.abs(W1))
        + tf.reduce_sum(tf.abs(W2)) + tf.reduce_sum(tf.abs(W3))
```

이렇게 선언한 l1_norm을 이용하여 신경망 회귀 모델을 학습하면서 L^1-norm의 크기를 살펴보겠습니다. 앞의 절인 L^2 Regularization에서 살펴본 것과 마찬가지로 학습이 진행됨에 따라 L^1-norm도 점차 증가하는 것을 [그림 14-12]를 통해 확인할 수 있습니다.

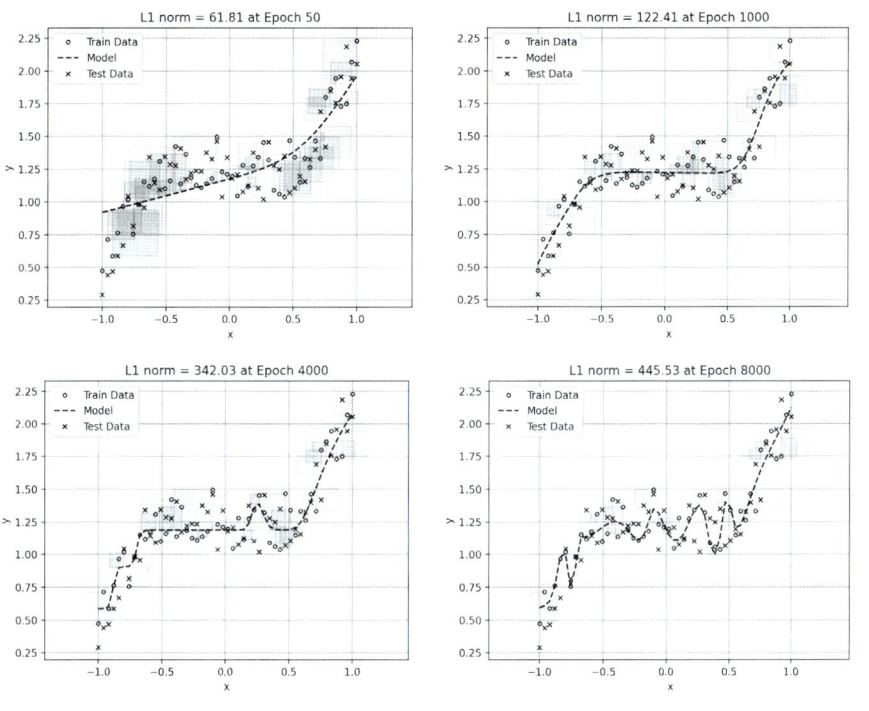

[그림 14-12] 50번, 1,000번, 4,000번 그리고 8,000번째 학습된 모델의 L^1-norm 값

그러므로 다음과 같이 손실함수에 L^1-norm을 추가한다면 오버피팅을 막을 수 있다는 것을 직관적으로 이해할 수 있습니다.

$$\min_{W^1, b^1, W^2, b^2, W^3, b^3} \frac{1}{N} \sum_{i=1}^{N} (\hat{y}_i - y_i)^2 + \beta \|W^1\|_1 + \beta \|W^2\|_1 + \beta \|W^3\|_1$$

L^2 Regularization과 마찬가지로 위의 식에서 min을 제외한 부분을 손실함수를 설정합니다. 이것을 텐서플로로 구현하면 다음과 같습니다.

마지막으로 Dense( ) 함수를 이용하여 L^1 Regularization을 적용한 코드를 첨부하면서 이번 절을 마칩니다.

```python
num_hidden1 = 10
num_hidden2 = 5
W1 = tf.constant_initializer(tf.Variable(tf.random.normal(
                            [1,num_hidden1],seed=624)).numpy())
b1 = tf.constant_initializer(tf.Variable(tf.random.normal(
                            [num_hidden1],seed=624)).numpy())

W2 = tf.constant_initializer(tf.Variable(tf.random.normal(
                            [num_hidden1,num_hidden2],seed=624)).numpy())
b2 = tf.constant_initializer(tf.Variable(tf.random.normal(
                            [num_hidden2],seed=624)).numpy())

W3 = tf.constant_initializer(tf.Variable(tf.random.normal(
                            [num_hidden2, 1],seed=624)).numpy())
b3 = tf.constant_initializer(tf.Variable(tf.random.normal(
                            [1],seed=624)).numpy())

class MyModel(tf.keras.Model):
    def __init__(self, **kwargs):
        super().__init__(**kwargs)
        num_hidden1 = 10
        num_hidden2 = 5
        beta = 1E-4

        self.hidden1 = tf.keras.layers.Dense(num_hidden1,
            activation=tf.nn.sigmoid, kernel_initializer=W1,
            bias_initializer=b1, name='hidden_1',
            kernel_regularizer=tf.keras.regularizers.L1(beta))

        self.hidden2 = tf.keras.layers.Dense(num_hidden2,
            activation=tf.nn.sigmoid,
          kernel_initializer=W2, bias_initializer=b2, name='hidden_2',
            kernel_regularizer=tf.keras.regularizers.L1(beta))

        self.out = tf.keras.layers.Dense(1, activation = None,
            kernel_initializer=W3, bias_initializer=b3, name='output',
            kernel_regularizer=tf.keras.regularizers.L1(beta))

    def call(self, x):
        h1 = self.hidden1(x)
        h2 = self.hidden2(h1)
        yhat = self.out(h2)
        return yhat

model = MyModel()
```

```
MaxEpochs = 10000
batch_size = 10
lr = 0.05
optimizer = tf.keras.optimizers.Adam(lr)
loss = tf.keras.losses.MeanSquaredError()

np.random.seed(320)
shuffled_id = np.arange(0, len(x_train))
np.random.shuffle(shuffled_id)
shuffled_x_train = features_train[shuffled_id]
shuffled_y_train = labels_train[shuffled_id]

model.compile(optimizer = optimizer, loss = loss)
history = model.fit(shuffled_x_train, shuffled_y_train,
          epochs = MaxEpochs, batch_size = batch_size, shuffle = False,
          validation_data = (features_test, labels_test))
```

14.3 드롭아웃(Dropout)

드롭아웃은 오버피팅된 모델을 해결하는 가장 최근 기술입니다. 이 기술은 토론토 대학의 조프리 힌튼(Geoffrey Hinton) 교수가 제안하였습니다. 이 방법은 아주 단순합니다. 신경망 모델은 인접한 층들의 노드들이 서로 빼곡히 연결되어 있습니다. 드롭아웃은 학습시킬 때마다 이 연결들을 일정 확률로 끊는 것입니다.

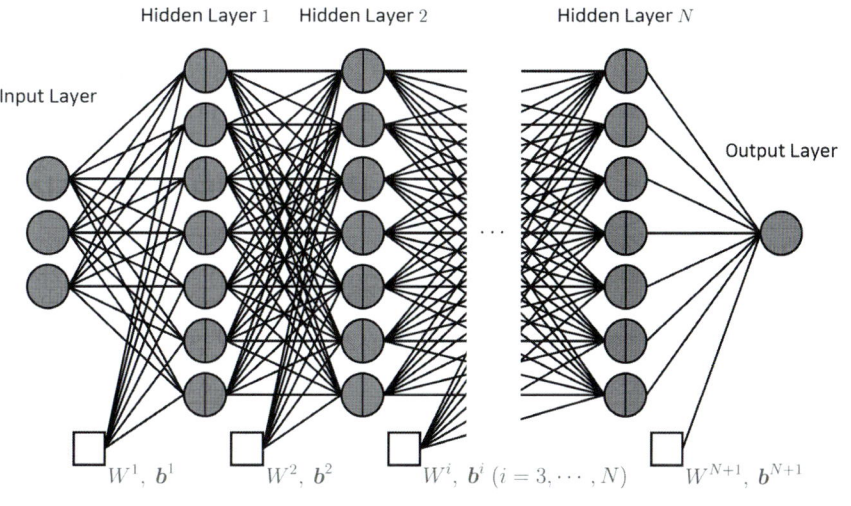

[그림 14-16] 드롭아웃 레이어가 없는 신경망 모델

그림과 실습으로 직접 확인하면 더 쉽게 이해할 수 있습니다. [그림 14-16]과 같은 신경망 모델이 있다고 가정했을 때 각 레이어마다 드롭아웃을 적용하면 [그림 14-17]과 같이 점선으로 표시된 노드의 값이 0이 됩니다.

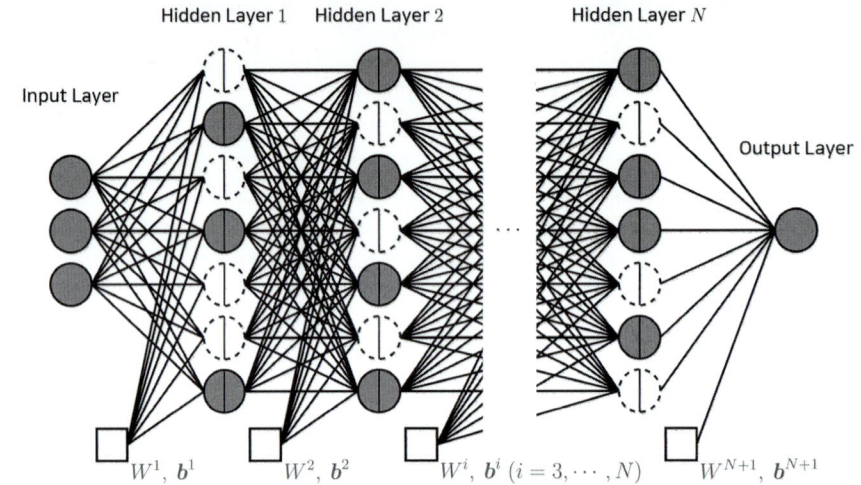

[그림 14-17] 드롭아웃이 적용된 노드

일반적으로 드롭아웃은 각 층에서 활성함수의 계산이 끝난 이후에 적용합니다. 각 층의 출력값은 다음 층의 계산에서 입력값으로 사용된다는 점을 상기해보면 [그림 14-17]에서 드롭아웃이 적용된 노드는 0의 값을 가지고 있으므로 다음 층의 계산에 아무런 영향을 주지 않는 것을 알 수 있습니다. 어떤 웨이트 값이 주어지더라도 입력값이 0이므로 곱했을 때 0이 되기 때문입니다. 따라서 드롭아웃이 적용된 노드와 다음 층으로의 연결이 없다고 생각해도 무방합니다.

마찬가지로 드롭아웃이 적용된 노드는 이전 층과의 연결이 없다고 생각할 수 있습니다. 왜냐하면 이전 층에서 로짓 계산(웨이트 행렬과 곱한 후 바이어스를 더해주는 것)을 하고 활성함수의 계산이 되더라도, 드롭아웃이 적용되면 그 값이 0이 되기 때문입니다. 그러므로 드롭아웃이 적용되었을 때는 [그림 14-18]과 같은 모델을 계산했다고 생각할 수 있습니다. 따라서 드롭아웃 레이어가 적용되면 신경망 모델이 변경되었다고 생각할 수 있습니다.

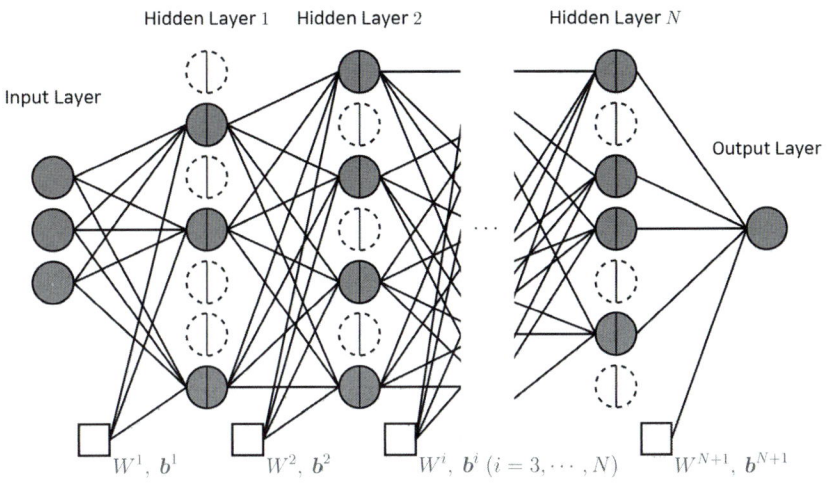

[그림 14-18] 드롭아웃 레이어가 적용된 신경망 모델

이번엔 실습으로 드롭아웃에 대해 알아보겠습니다. 텐서플로로 1부터 10까지 숫자를 갖는 10차원 배열을 드롭아웃 레이어에 통과시켜 보는 예제입니다.

```
tf.random.set_seed(0)
data = np.arange(1,11).astype(np.float32)
layer = tf.keras.layers.Dropout(rate = .5, input_shape = (10,))

outputs = layer(data, training = True)
print(outputs)
```

tf.keras.layers.Dropout( )의 첫 번째 입력값인 rate는 드롭아웃 레이어에서 벡터(또는 행렬)의 각 성분을 0으로 만들 확률입니다. 여기에서는 0.5로 설정하여 각 성분이 50%의 확률로 0으로 출력됩니다. 위 코드의 실행 결과는 다음과 같습니다.

```
# 출력
tf.Tensor([ 0.  0.  6.  8.  0. 12.  0. 16. 18.  0.], shape=(10,), dtype=float32)
```

출력된 결과를 보면 0으로 변환되지 않은 값들이 2배가 된 것을 알 수 있습니다. 드롭아웃 레이어의 결과 중 0이 아닌 값들은 원래 값의 1/(1-rate)만큼 곱해져서 나오게 됩니다. 이렇게 크기 조정이 되는 이유는 그래디언트의 스케일을 조정하기 위해서입니다. 스케일을 조정하지 않으면 드롭아웃 레이어를 적용하지 않았을 때보다 그래디언트의 값이 작게 계산됩니다. 따라서 1/(1-rate)만큼 곱하여 이러한 현상을 해결합니다. 이번에는 rate를 0.9와 0.8로 설정한 코드를 실행해봅니다.

```
layer = tf.keras.layers.Dropout(rate = .9, input_shape = (10,))
outputs = layer(data, training = True)
print(outputs)

layer = tf.keras.layers.Dropout(rate = .8, input_shape = (10,))
outputs = layer(data, training = True)
print(outputs)
```

```
# 출력
tf.Tensor([0. 0. 0. 0. 0. 0. 0. 0. 0. 0.], shape=(10,), dtype=float32)
tf.Tensor([ 0.  0.  0. 20.  0.  0.  0.  0.  0. 50.], shape=(10,), dtype=float32)
```

rate = 0.9인 경우는 입력 데이터의 각 성분이 90%의 확률로 0이 됩니다. 이상적인 경우라면 9개의 값이 0이 되고 1개의 값은 0이 아니어야 하지만, 이 경우에는 모든 성분이 0이 되었습니다. 입력 데이터 전체의 값 중에서 rate의 비율만큼 0으로 만드는 것이 아니라 각 성분을 rate의 확률로 0으로 만든다는 점에 유의하기를 바랍니다. rate = 0.8인 경우는 입력 데이터의 각 성분이 80%의 확률로 0이 됩니다. 출력값을 보면 1부터 10까지 숫자 중에 4와 10을 제외한 나머지는 0이 되었고 크기는 1/(1-0.8)배인 5배가 되었습니다.

지금까지 연습한 코드를 보면 드롭아웃 레이어를 적용할 때 두 번째 입력값으로 training = True를 사용하였습니다. 드롭아웃 레이어는 학습할 때만 적용되므로 training = False로 하거나 아래 코드와 같이 따로 설정해주지 않으면 적용되지 않습니다.

```
outputs = layer(data)
print(outputs)
```

```
# 출력
tf.Tensor([ 1.  2.  3.  4.  5.  6.  7.  8.  9. 10.], shape=(10,),
dtype=float32)
```

이제 다음과 같이 드롭아웃 레이어를 이용해서 신경망 모델의 오버피팅 현상을 해결하는 과정을 설명합니다. 먼저 드롭아웃 레이어를 이용하여 신경망 모델을 정의합니다.

```
class MyModel(tf.keras.Model):
    def __init__(self, **kwargs):
        super().__init__(**kwargs)
        num_hidden1 = 10
        num_hidden2 = 5
        
        self.W1 = tf.Variable(tf.random.normal([1, num_hidden1],
                                                seed=119))
        self.b1 = tf.Variable(tf.random.normal([num_hidden1], seed=119))
        
        self.W2 = tf.Variable(tf.random.normal([num_hidden1, num_hidden2],
                                                seed=119))
        self.b2 = tf.Variable(tf.random.normal([num_hidden2], seed=119))
        
        self.W3 = tf.Variable(tf.random.normal([num_hidden2, 1],
                                                seed=119))
        self.b3 = tf.Variable(tf.random.normal([1], seed=119))
        
        self.Dropout_layer = tf.keras.layers.Dropout(rate = .15, seed = 1200)
    
    def call(self, x, training = False):
        l1 = tf.matmul(x, self.W1) + self.b1
        h1 = tf.nn.sigmoid(l1)
        h1 = self.Dropout_layer(h1, training = training)
        
        l2 = tf.matmul(h1, self.W2) + self.b2
        h2 = tf.nn.sigmoid(l2)
        h2 = self.Dropout_layer(h2, training = training)
        
        yhat = tf.matmul(h2, self.W3) + self.b3
        return yhat
```

위 코드에서 self.Dropout_layer를 정의할 때 rate = 0.15로 설정했습니다. 즉, 드롭아웃 레이어를 적용할 때 입력값의 각 성분이 15%의 확률로 0이 되도록 설정했습니다. 그리고 학습 목적상 실습할 때 동일한 결과가 나오도록 seed를 설정했습니다. 실무에서는 seed를 설정할 필요가 없습니다.

지금까지 사용했던 신경망 모델과 가장 큰 차이점은 call 함수에 'training'이라는 입력값이 추가된 점입니다. 기본값은 'False'로 설정되어 있습니다. 이 경우에는 드롭아웃 레이어를 호출할 때 'training'이라는 변수를 따로 설정해주지 않으면 'False'로 설정하여 드롭아웃이 적용되지 않습니다. 이제 모델을 선언하고 다음과 같이 손실함수와 수치최적화 알고리즘 관련 하이퍼 파라미터를 설정합니다.

```python
model = MyModel()

MaxEpochs = 10000
batch_size = 10
lr = 0.05
optimizer = tf.keras.optimizers.Adam(lr)
loss = lambda y, yhat: tf.reduce_mean(tf.square( yhat - y ))
```

그리고 학습을 진행합니다. 여기서 가장 중요한 부분은 학습할 때 모델을 호출하면서 입력값으로 'training = True'를 사용한다는 점입니다(20번째 줄). 만약 'training = True'를 입력하지 않고 학습을 진행하면 드롭아웃이 적용되지 않아 오버피팅이 발생합니다.

```python
# 데이터 섞기
np.random.seed(320)
shuffled_id = np.arange(0, len(x_train))
np.random.shuffle(shuffled_id)
shuffled_x_train = features_train[shuffled_id]
shuffled_y_train = labels_train[shuffled_id]

# 손실함수 기록용 변수
loss_train_history = []
loss_test_history = []

# 스토캐스틱 방법
from helper import generate_batches
for epoch in range(MaxEpochs):
    if epoch % 100 == 0:
        curr_loss = loss(labels_train, model(features_train))
        print(epoch, curr_loss.numpy())
    for x_batch, y_batch in generate_batches(batch_size,
        shuffled_x_train, shuffled_y_train):
        with tf.GradientTape() as tape:
            curr_loss = loss(y_batch, model(x_batch, training = True))
            gradients = tape.gradient(curr_loss, model.trainable_variables)
```

```
        optimizer.apply_gradients(zip(gradients,
                                      model.trainable_variables))

    loss_train = loss(labels_train, model(features_train))
    loss_test = loss(labels_test, model(features_test))
    loss_train_history.append(loss_train)
    loss_test_history.append(loss_test)
```

모델의 학습 과정과 손실함수의 경향을 시각화하면 [그림 14-19]와 [그림 14-20]처럼 오버피팅 현상이 해결된 것을 확인할 수 있습니다.

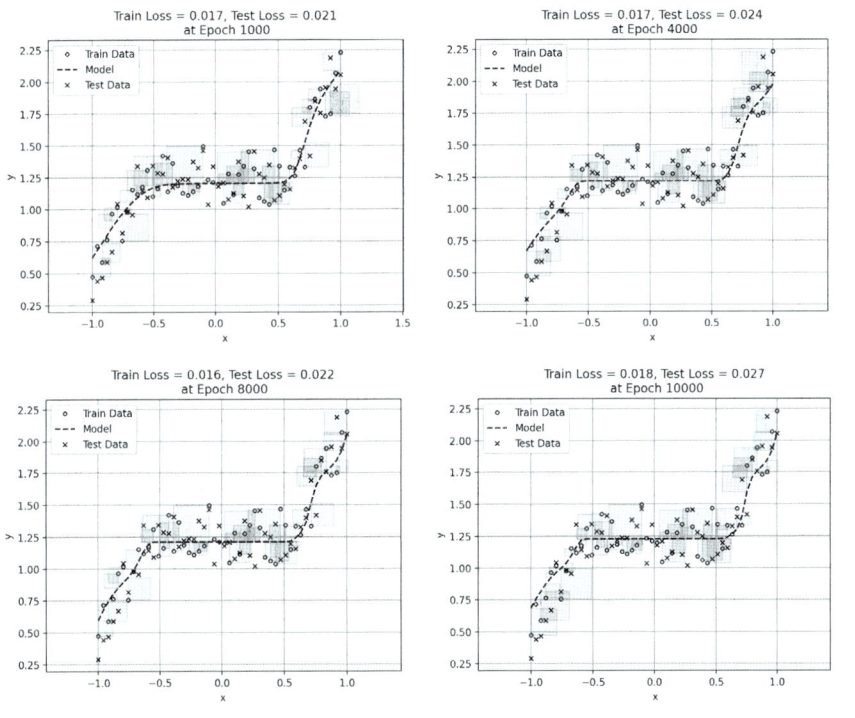

[그림 14-19] 드롭아웃으로 인해 오버피팅이 해결된 신경망 회귀 모델

[그림 14-20] 오른쪽 그림을 보면 드롭아웃을 적용한 그래프는 진동이 심한 것을 볼 수 있습니다. 이것은 학습할 때 드롭아웃이 적용되어 부정확한 그래디언트가 계산되기 때문입니다. 하지만 전체적인 경향은 학습용 및 테스트용 데이터를 사용한 손실함숫값들이 비슷한 경향이므로 오버피팅이 해결되었다고 할 수 있습니다.

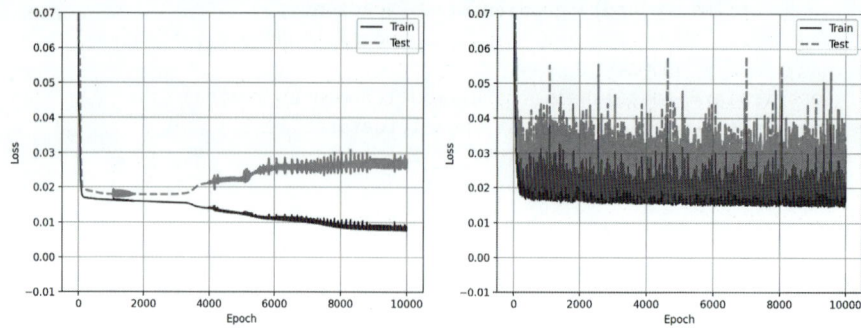

[그림 14-20] 드롭아웃 적용 전과 후의 평균 제곱 오차의 그래프

드롭아웃은 손실함수를 바꾸지는 않지만 모델 자체를 변경하는 작업입니다. L^2와 L^1 Regularization의 β와 마찬가지로 'rate'에 따른 민감도가 높습니다. 따라서 정밀한 실험 설계가 필요하다는 단점이 있습니다. 마지막으로 Dense( ), compile( ), fit( ) 함수를 이용한 코드를 첨부하면서 이번 절을 마칩니다.

```python
initializer = tf.keras.initializers.RandomNormal(mean=0.,
                                                 stddev=1., seed=119)

class MyModel(tf.keras.Model):
    def __init__(self, **kwargs):
        super().__init__(**kwargs)
        num_hidden1 = 10
        num_hidden2 = 5
        
        self.hidden1 = tf.keras.layers.Dense(num_hidden1, activation=tf.
            nn.sigmoid, kernel_initializer=initializer,
            bias_initializer=initializer, name='hidden_1')
        
        self.hidden2 = tf.keras.layers.Dense(num_hidden2,
            activation=tf.nn.sigmoid, kernel_initializer=initializer,
            bias_initializer=initializer, name='hidden_2')
        
        self.out = tf.keras.layers.Dense(1, activation = None,
            kernel_initializer=initializer, bias_initializer=initializer,
            name='output')
        
        self.Dropout_layer = tf.keras.layers.Dropout(rate = .1,
            seed = 1200)
    
    def call(self, x, training = False):
```

```
        h1 = self.hidden1(x)
        h1 = self.Dropout_layer(h1, training = training)
        h2 = self.hidden2(h1)
        h2 = self.Dropout_layer(h2, training = training)
        yhat = self.out(h2)
        return yhat

model = MyModel()

MaxEpochs = 10000
batch_size = 10
lr = 0.05
optimizer = tf.keras.optimizers.Adam(lr)
loss = tf.keras.losses.MeanSquaredError()

# 데이터 섞기
np.random.seed(320)
shuffled_id = np.arange(0, len(x_train))
np.random.shuffle(shuffled_id)
shuffled_x_train = features_train[shuffled_id]
shuffled_y_train = labels_train[shuffled_id]

model.compile(optimizer = optimizer, loss = loss)
history = model.fit(shuffled_x_train, shuffled_y_train,
          epochs = MaxEpochs, batch_size = batch_size, shuffle = False,
          validation_data = (features_test, labels_test))
```

14.4 분류 문제

지금까지 신경망 회귀 모델의 오버피팅 현상을 학습 반복 횟수 줄이기(Early Stopping), L^2 /L^1 Regularization, 그리고 드롭아웃을 이용하여 해결했습니다. 분류 문제 역시 회귀 모델에서 사용한 4가지 해결책을 모두 사용할 수 있습니다. 사용하는 방법도 같으므로 이번 절에서는 오버피팅된 신경망 분류 모델을 학습 반복 횟수 줄이기와 L^2 Regularization을 이용하여 해결합니다. 나머지 방법에 대해서는 회귀 모델에서 사용한 코드를 이용하여 실습해보기를 바랍니다.

데이터는 13장과 마찬가지로 make_circles( )를 이용하여 원 모양으로 분포된 데이터를 이용합니다. 다음은 학습용 및 테스트용 데이터를 생성하는 코드입니다.

```python
from sklearn.datasets import make_circles

# 학습용 데이터 생성
xy_train, labels_train = make_circles(n_samples=50, noise=0.1,
                                      random_state=717)
labels_train = labels_train.reshape(-1,1)

# 테스트용 데이터 생성
xy_test, labels_test = make_circles(n_samples=50, noise=0.1,
                                    random_state=712)
labels_test = labels_test.reshape(-1,1)
```

특성값은 13장과 마찬가지로 입력 데이터를 그대로 사용합니다. 다음과 코드와 같이 2개의 은닉층을 가진 신경망 모델을 사용하고 손실함수가 크로스 엔트로피인 최적화 문제를 설정합니다.

```python
# 특성값 추출
f_fn = lambda x,y: [x, y]
features = np.array([f_fn(xval, yval) for xval, yval in xy_train])
features_test = np.array([f_fn(xval, yval) for xval, yval in xy_test])
dim_features = features.shape[1]

# 예측모델
class MyModel(tf.keras.Model):
    def __init__(self, **kwargs):
        super().__init__(**kwargs)
        num_hidden1 = 64
        num_hidden2 = 32
        
        self.W1 = tf.Variable(tf.random.normal([2,num_hidden1],seed=624))
        self.b1 = tf.Variable(tf.random.normal([num_hidden1],seed=624))
        
        self.W2 = tf.Variable(tf.random.normal([num_hidden1,num_hidden2],
                                               seed=624))
        self.b2 = tf.Variable(tf.random.normal([num_hidden2],seed=624))
        
        self.W3 = tf.Variable(tf.random.normal([num_hidden2,1],seed=624))
        self.b3 = tf.Variable(tf.random.normal([1], seed=624))
    
    def call(self, x):
        l1 = tf.matmul(x, self.W1) + self.b1
        h1 = tf.nn.sigmoid(l1)
        
        l2 = tf.matmul(h1, self.W2) + self.b2
        h2 = tf.nn.sigmoid(l2)
```

```python
        l3 = tf.matmul(h2, self.W3) + self.b3
        yhat = tf.nn.sigmoid(l3)
        return yhat

model = MyModel()

# 손실함수
loss = lambda y, yhat: tf.reduce_mean(-y * tf.math.log(yhat)
                                    - (1-y) * tf.math.log(1-yhat))

# 정확도
def accuracy(x,y):
    yhat = model(x)
    correct_prediction = tf.equal(y, tf.round(yhat))
    return tf.reduce_mean(tf.cast(correct_prediction, tf.float32))
```

신경망 분류 모델을 학습하고 그 과정에서 학습용 데이터와 테스트용 데이터를 사용한 손실함숫값을 기록하는 코드입니다. 총 2,000 Epoch의 학습을 진행하면 오버피팅이 발생합니다.

```python
# 수치최적화 알고리즘
lr = 0.5
optimizer = tf.keras.optimizers.SGD(lr)

# 손실함수 및 정확도 기록
loss_train_history = []
loss_test_history = []
acc_train_history = []
acc_test_history = []

# 데이터 섞기
np.random.seed(320)
shuffled_id = np.arange(0, len(features))
np.random.shuffle(shuffled_id)
shuffled_x_train = features[shuffled_id]
shuffled_y_train = labels_train[shuffled_id]

# 스토캐스틱 방법
MaxEpochs = 2000
batch_size = 10
from helper import generate_batches
for epoch in range(MaxEpochs):
    if epoch % 100 == 0:
        curr_loss = loss(labels_train, model(features))
```

```
            print(epoch, curr_loss.numpy())
        for x_batch, y_batch in generate_batches(batch_size,
            shuffled_x_train, shuffled_y_train):
            with tf.GradientTape() as tape:
                curr_loss = loss(y_batch, model(x_batch))
                gradients = tape.gradient(curr_loss, model.trainable_variables)
                optimizer.apply_gradients(zip(gradients,
                                    model.trainable_variables))

        loss_train = loss(labels_train, model(features))
        loss_test = loss(labels_test, model(features_test))
        acc_train = accuracy(features, labels_train)
        acc_test = accuracy(features_test, labels_test)
        loss_train_history.append(loss_train)
        loss_test_history.append(loss_test)
        acc_train_history.append(acc_train)
        acc_test_history.append(acc_test)
```

[그림 14-21]을 보면 신경망 분류 모델의 결정경계선이 과하게 굽어져 있는 것을 확인할 수 있습니다.

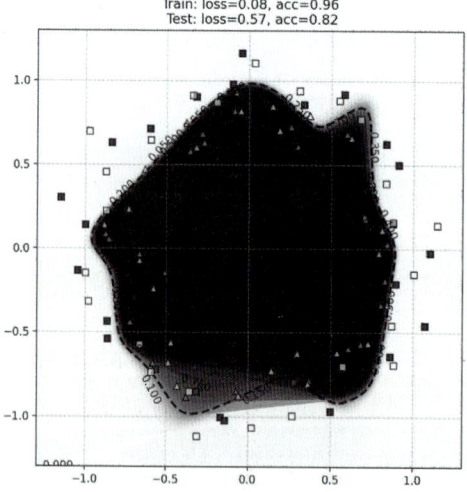

[그림 14-21] 오버피팅된 신경망 분류 모델

또한, [그림 14-22]의 손실함수와 정확도의 그래프는 신경망 분류 모델이 오버피팅 현상을 겪고 있다고 알려주고 있습니다. 학습용 데이터에 관한 손실함숫값을 보면 Epoch이 증가할수록 계속 낮아지고 있지만, 테스트용 데이터에 관한 값은 약 650번의 Epoch 지점부터 커지고 있습니다. 테스트 데이터에 관한 정확도 역시 약 650번의 Epoch 이후부터 낮아지고 있습니다.

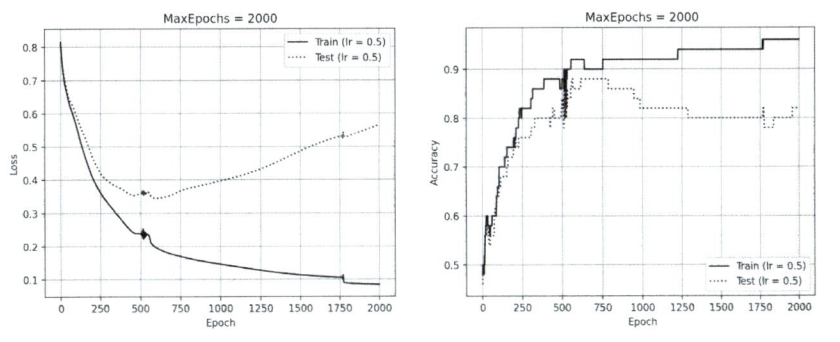

[그림 14-22] 오버피팅을 나타내는 학습용 및 테스트용 데이터의 손실함숫값과 정확도 그래프

가장 먼저 학습 반복 횟수를 630번으로 줄여서 오버피팅 현상을 해결할 수 있습니다. MaxEpochs만 630번으로 변경하면 [그림 14-23]과 같이 오버피팅 현상이 해결된 신경망 분류 모델을 얻을 수 있습니다.

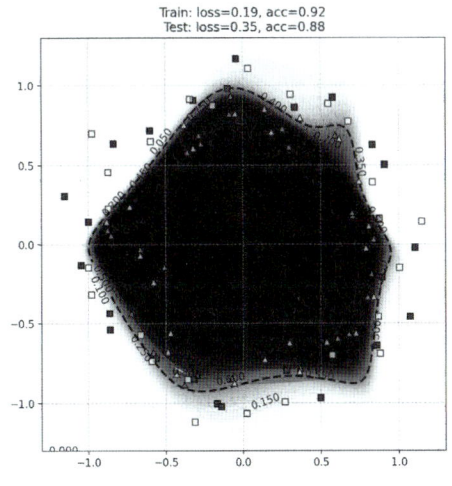

[그림 14-23] 학습 반복 횟수를 630번으로 줄여서 오버피팅을 해결한 신경망 분류 모델

이제 L^2 Regularization을 이용한 신경망 분류 모델에 대해서 알아보겠습니다. L^2 Regularization을 적용하기 위해서는 앞에서 사용한 코드의 손실함수만 변경하면 됩니다. 손실함수를 다음 코드와 같이 정의하고 β값을 0.0003으로 설정합니다.

```
l2_norm = lambda W1, W2, W3: tf.nn.l2_loss(W1) + tf.nn.l2_loss(W2)
            + tf.nn.l2_loss(W3)

beta = 3E-4
loss = lambda y, yhat, W1, W2, W3: tf.reduce_mean(-y * tf.math.log(yhat)
            - (1-y) * tf.math.log(1-yhat)) + beta*l2_norm(W1,W2,W3)
```

L^2 Regularization이 적용된 코드를 실행하면 [그림 14-24]와 같이 오버피팅 현상이 해결된 것을 확인할 수 있습니다.

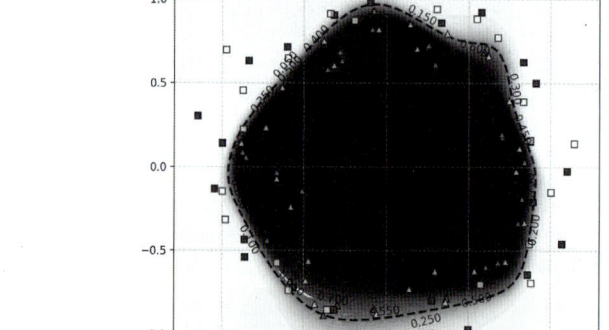

[그림 14-24] L^2 Regularization을 사용한 신경망 분류 모델

[그림 14-25]의 손실함숫값과 정확도 그래프를 통해서도 오버피팅 문제가 해결되었다는 것을 알 수 있습니다.

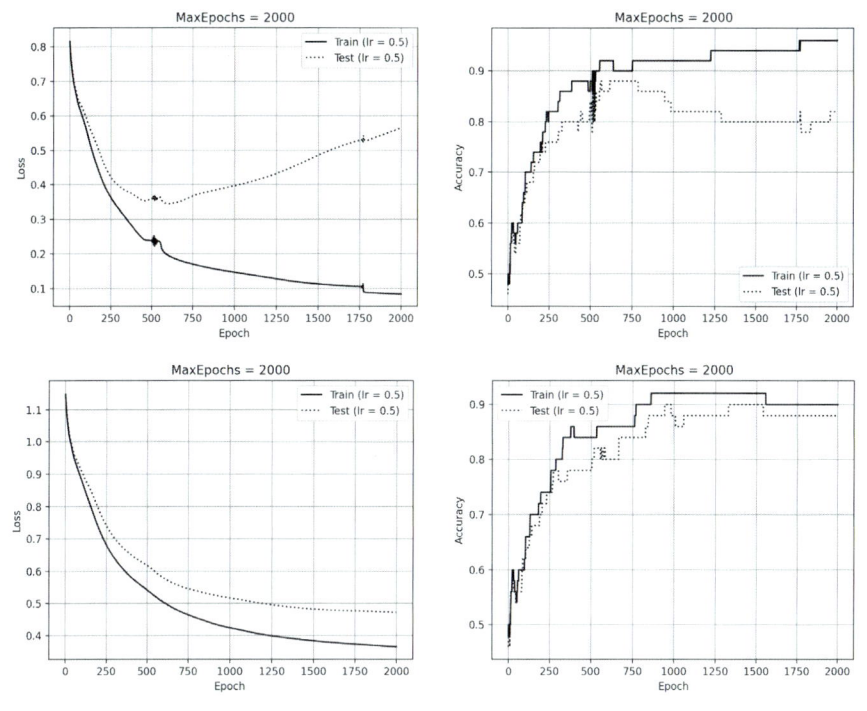

[그림 14-25] L^2 Regularization 적용 전(위)과 후(아래)의 손실함숫값 그래프(왼쪽)와 정확도 그래프(오른쪽)

14.5 교차검증 데이터의 등장

지금까지 학습용 데이터와 테스트 데이터가 어떤 역할을 하는지 알아보았습니다. 이제 교차검증(Cross-Validation) 데이터를 설명할 시점입니다. 일반적으로 딥러닝 프로젝트는 데이터 관점에서 크게 2가지 경우가 있습니다. 첫 번째는 정확한 테스트용 데이터가 있는 경우입니다. 이 경우에는 이번 장에서 다룬 방식처럼 모델을 우선 학습한 후에 언더피팅과 오버피팅을 진단합니다. 그리고 그에 따른 적절한 해결 방법을 적용하면 됩니다.

두 번째는 테스트용 데이터를 전혀 알 수 없는 경우입니다. 애플리케이션을 개발해서 사용자가 사용하기 전까지는 테스트를 할 수 없는 상황이 이런 경우입니다. 또 다른 예로 딥러닝 성능이 가장 높은 사람이 상금을 받는 대회에서는 학습용 데이터만 주어져 있고 테스트용 데이터는 알 수 없는 경우가 많습니다. 이런 경우 주어진 학습용 데이터 안에서 자체적으로 테스트 데이터를 만들어 언더피팅과 오버피팅을 확인해야 합니다. 이때, 학습용 데이터에서 테스트 목적으로 분리한 데이터를 교차검증 데이터라고 합니다. 교차검증 데이터는 지금까지 다뤘던 테스트용 데이터와 같은 역할을 합니다. 하지만 모델의 성능 평가를 더욱 공정하게 하려면 테스트용 데이터는 언더피팅 및 오버피팅 진단에도 사용하지 않는 것이 좋습니다.

용어가 혼동되지만 결국 언더피팅과 오버피팅을 진단하는 목적으로 사용하기 때문에 추가 설명이 필요하지는 않습니다. 지금까지 예제에서는 학습용과 테스트용 데이터의 비율이 1:1로 같았지만, 일반적으로는 4:1 정도입니다. 하지만 이 비율은 절대적인 것이 아니므로 연구자의 성향과 기호에 따라 적절하게 나누어 사용하면 됩니다.

Chapter 15 텐서보드(TensorBoard) 활용

사실 딥러닝 모델을 학습시키는 것은 상당히 까다로운 작업입니다. 일반적으로 데이터도 많고 최적화 문제도 풀어야 합니다. 게다가 학습 후 바로 좋은 모델을 얻는 것이 아니고 언더피팅 혹은 오버피팅 현상을 해결해야 합니다. 계산량 또한 많아서 노트북이나 워크스테이션으로 학습을 실행시키면 다른 업무를 할 수 없는 경우도 많습니다.

이럴 때 유용하게 사용되는 것이 텐서보드입니다. 간단하게 텐서플로 코드 중간에 손실함숫값이나 정확도 등의 기록을 남기는 코드를 추가해주면 텐서보드를 사용할 수 있습니다. 기록이 저장되는 파일이 생성되고 그 파일을 기반으로 웹 서버를 돌리는 방식으로 동작합니다. 따라서 계산용 서버에서 계산을 진행하고 텐서보드를 돌려서 집이나 스마트폰의 웹 브라우저에서 학습 진행 상황을 확인할 수 있습니다.

텐서보드의 가장 큰 장점은 기록된 값들을 실시간으로 확인할 수 있다는 점입니다. 지난 장에서 오버피팅을 다룰 때 사용했던 손실함숫값 그래프를 그리기 위해서는 모든 학습이 끝날 때까지 기다려야 합니다. 하지만 텐서보드를 사용하면 학습이 진행되고 있는 도중에도 웹브라우저로 손쉽게 그래프를 확인할 수 있습니다. 이번 장에서는 딥러닝 모델을 학습할 때 자주 사용하게 되는 텐서보드의 기능을 소개하고 마지막 절에서는 신경망 모델 학습에 텐서보드를 적용한 코드를 설명합니다.

15.1 그래프 그리기

먼저 손실함숫값이나 정확도를 그리기 위해서 필요한 스칼라(Scalar)를 소개합니다. 차원이 없는 값을 그래프로 그릴 때 스칼라를 사용합니다. 텐서플로가 제공하는 tf.summary. scalar( ) 함수를 이용하여 그래프를 쉽게 그릴 수 있습니다. 간단하게 다음 코사인(Cosine) 함수를 그리는 예제를 통해 동작 원리를 알아봅니다.

$$y = \cos(2\pi x)$$

먼저, 텐서보드에서 가장 중요한 준비과정인 스칼라값과 파일 작성자 객체를 선언합니다.

```
logdir = "logs/scalars/" + datetime.now().strftime("%Y%m%d-%H%M%S")
file_writer = tf.summary.create_file_writer(logdir + "/metrics")
file_writer.set_as_default()
```

다음과 같이 텐서플로의 코사인 함수를 이용해 y를 선언합니다.

```
domain = np.linspace(-1, 1)
for s, x in enumerate(domain):
    y = np.cos(2 * np.pi * x)
    tf.summary.scalar("Cosine", data=y, step=s)
```

logdir은 로그 파일들이 저장되는 폴더를 지정합니다. 이 폴더는 나중에 텐서보드를 실행할 때 반드시 필요하므로, 꼭 기억해 주세요. tf.summary.scalar("Cosine", data=y, step=s)는 y의 값을 "Cosine"이란 이름으로 선언한 것입니다. tf.summary.scalar( )가 실행되면 s번째 데이터에 y라는 값의 기록이 완료됩니다.

위 코드를 실행하면 아무런 변화가 없습니다. 그래프가 튀어나오거나 프로그램이 실행되거나 하지 않습니다. 반드시 로그폴더(logs_path)가 있는 곳으로 주피터 노트북에서 터미널을 실행하여 다음 명령어를 실행해야 합니다. 주피터 노트북의 터미널은 다음 그림을 참고하면 쉽게 찾을 수 있습니다.

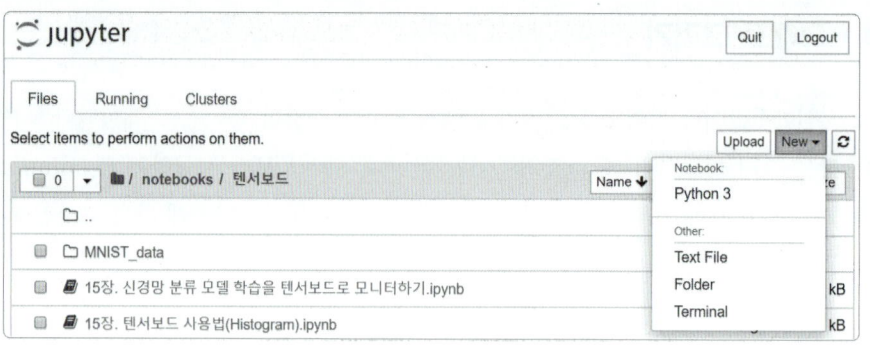

[그림 15-1] 주피터 노트북에서 터미널 실행 방법

반드시 cd 명령어를 통해 001_scalar 폴더가 있는 경로에 들어가서 실행해야 합니다. 경로가 잘 지정되어 있어야 텐서보드가 정상적으로 동작하여 웹 서버를 구축하게 됩니다. 주피터 노트북의 터미널에서 conda 환경이 deep-learning이 아닐 경우 텐서보드가 실행되지 않습니다. 그럴 경우 conda activate 명령어로 conda 환경을 맞춰줘야 합니다.

```
$ conda activate deep-learning
$ tensorboard --logdir logs/scalars
```

코드가 정상적으로 실행되었다면 다음과 같은 메시지를 확인할 수 있습니다.

```
TensorBoard 2.6.0 at http://localhost:6006/ (Press CTRL+C to quit)
```

컴퓨터마다 다른 웹주소가 나옵니다. 안내창에 나온 웹페이지 주소를 웹브라우저에 붙여 넣으면 텐서보드가 만든 웹페이지가 [그림 15-2]와 같이 나옵니다.

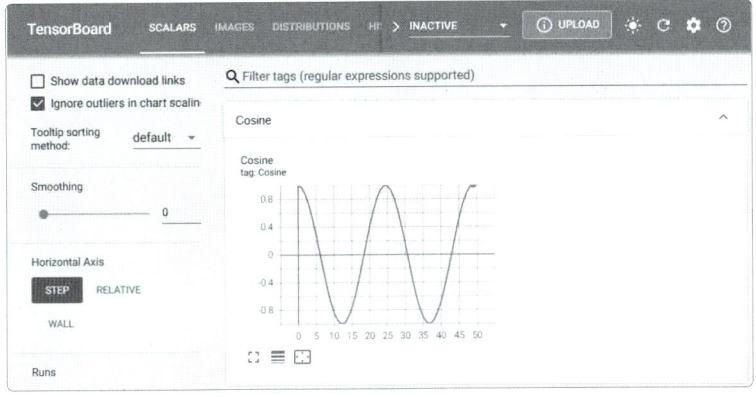

[그림 15-2] 텐서보드를 이용하여 그린 코사인 그래프

웹페이지에서 여러 버튼을 눌러보면 스무딩(Smoothing) 기능 외에도 더 많은 기능을 확인할 수 있습니다.

15.2 히스토그램 그리기

이번 절에서는 특정 데이터값들의 분포를 알고 싶을 때 필요한 히스토그램을 텐서보드로 그리는 법을 소개합니다. 지난 절에서 다룬 스칼라와 거의 같기 때문에 간략히 소개하고 넘어갑니다. 분포를 확인할 데이터는 tf.random_normal( )을 사용하여 표준편차가 1이고 평균은 mu인 정규 분포를 따르는 1,000개의 데이터입니다. 평균인 mu를 0부터 1까지 등간격으로 변화를 주며 총 400개의 히스토그램을 그릴 예정입니다.

세션을 열고 다음 코드를 실행하면 히스토그램을 그리기 위한 로그 파일들이 위에서 만들었던 logdir 폴더에 생성됩니다.

```
N = 400
for k in range(N):
    mu = k / float(N)
    val = tf.random.normal(shape=[1000], mean=mu, stddev=1)
    tf.summary.histogram("normal/moving_mean", val, k)
```

logs/scalars 폴더가 있는 경로로 cd를 이용하여 접근 후 다음 코드를 실행하면 텐서보드의 웹페이지에 접속할 수 있습니다.

```
$ tensorboard --logdir logs/scalars
```

[그림 15-3]의 그림을 보면 400개의 평균이 달라지는 정규 분포가 시각화된 것을 확인할 수 있습니다.

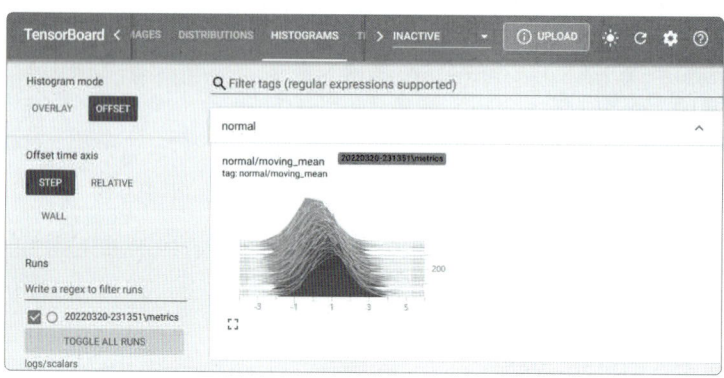

[그림 15-3] 텐서보드로 그린 정규 분포의 히스토그램

15.3 이미지 그리기

이미지를 다루는 딥러닝 모델이 상당히 많기 때문에 텐서보드는 이미지 데이터 역시 시각화할 수 있습니다. 이번 절에서는 MNIST 데이터 앞의 400개를 텐서보드로 그리는 예제를 소개합니다. 먼저 MNIST 데이터를 불러옵니다.

```
mnist = tf.keras.datasets.mnist
(x_train, y_train), (x_test, y_test) = mnist.load_data()
```

스칼라와 히스토그램과 마찬가지로 tf.summary.image( )를 이용하면 간편합니다. 여기서 주의할 점은 이미지 데이터는 항상 [이미지 개수, 가로, 세로, 채널수] 모양으로 재정

렬해야 한다는 점입니다. 여기서는 np.expands_dims( )를 활용해서 [1, 28, 28, 1]로 데이터를 재정렬했습니다.

```
N = 400
for k in range(N):
    anImage = np.expand_dims(x_train[k], axis=[0, -1])
    tf.summary.image("MNIST Image", anImage, k)
```

마찬가지로 logs/scalars 폴더가 있는 경로로 가서 텐서보드 명령어를 입력하면 이미지가 뜬 웹페이지를 확인할 수 있습니다.

```
$ tensorboard --logdir logs/scalars
```

[그림 15-4]를 보면 이미지 위에 슬라이더가 있습니다. 이 슬라이더를 움직여 보면 0에서 399까지 변하고, 변할 때마다 해당 이미지가 표시되는 것을 확인할 수 있습니다.

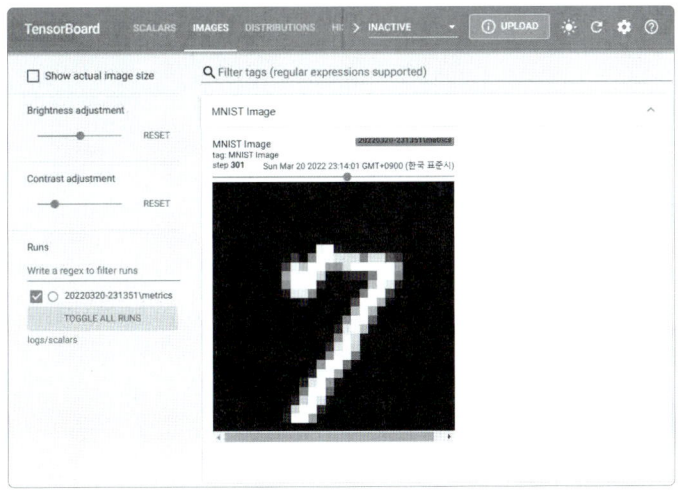

[그림 15-4] 텐서보드를 이용하여 그린 이미지

15.4 신경망 모델 학습 과정에 텐서보드 적용하기

이번 절에서는 실제 신경망 모델을 학습하는 경우 텐서보드를 어떻게 활용할 수 있는지를 설명해주는 코드를 소개합니다. 매 Epoch마다 신경망 분류 모델의 학습 성능을 모니터하기 위해서 텐서보드를 활용합니다. 먼저 분류 문제에 사용될 임포트해야 할 라이브러리들은 다음과 같습니다.

```
from datetime import datetime
import tensorflow as tf
from tensorflow import keras
import numpy as np
```

분류 문제를 푸는데 사용할 신경망 모델의 구조는 다음과 같습니다.

```
model = tf.keras.models.Sequential([
  tf.keras.layers.Flatten(input_shape=(28, 28)),
  tf.keras.layers.Dense(128, activation='relu'),
  tf.keras.layers.Dropout(0.2),
  tf.keras.layers.Dense(10, activation='softmax')
])
```

손실함수와 정확도를 계산하는 연산을 선언합니다.

```
# 손실함수 및 Optimizer
model.compile(
    loss='sparse_categorical_crossentropy',
    optimizer=keras.optimizers.SGD(learning_rate=0.2),
    metrics=['accuracy']
)
```

텐서플로의 Callback 함수를 활용하면 기본적인 값들은 손쉽게 텐서보드로 확인할 수 있습니다. 기본적인 값들로는 손실함숫값, 정확도 등이 있습니다. 자세한 사항은 텐서플로의 TensorBoard 문서를 참조하면 됩니다.

각각의 파일 작성자가 한 Epoch이 끝났을 때마다 손실함숫값과 정확도를 계산하여 텐서보드의 로그파일에 기록하는 코드입니다.

```
logdir = "logs/fit/" + datetime.now().strftime("%Y%m%d-%H%M%S")
tensorboard_callback = keras.callbacks.TensorBoard(log_dir=logdir)
training_history = model.fit(x_train, y_train, epochs=75,
    validation_data=(x_test, y_test),
    callbacks=[tensorboard_callback]
)
```

코드를 실행한 후 텐서보드를 실행합니다. 텐서보드를 실행하기 전에는 항상 올바른 경로로 찾아갔는지를 체크합니다.

```
$ tensorboard --logdir logs/fit
```

웹브라우저를 이용하여 웹페이지에 접속해보면 [그림 15-5]와 같이 지난 장에서 그렸던 그래프가 실시간으로 업데이트되고 있습니다. 이런 기능을 이용하면 계산량이 상당히 오래 걸리는 학습을 서버 컴퓨터에 실행시켜 놓고 어디서든 서버의 웹페이지에 접속해서 성능을 실시간으로 모니터할 수 있습니다. 하루 종일 컴퓨터 앞에 앉아서 학습 결과를 기다리지 않아도 되는 편리함을 제공합니다.

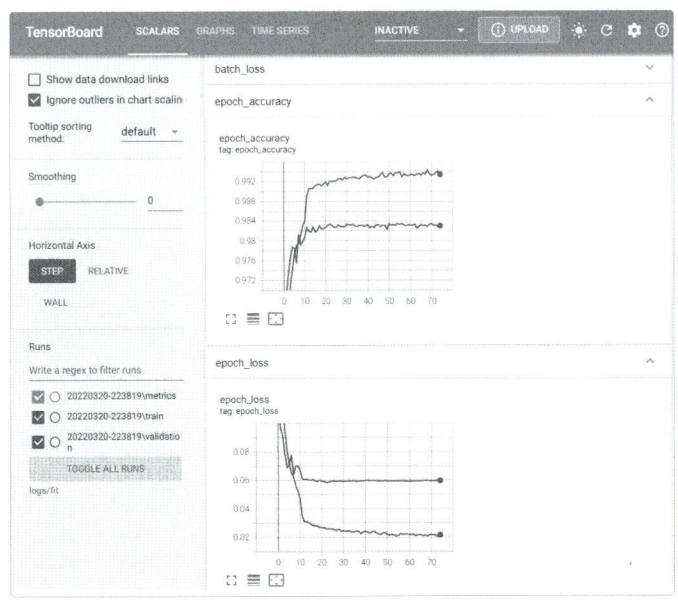

[그림 15-5] 텐서보드로 그린 학습/테스트용 데이터의 손실함수와 정확도 그래프

텐서보드는 스무딩 기능뿐만 아니라 [그림 15-6]과 같은 호버링 기능도 제공하여 사용자가 딥러닝 모델의 학습 과정을 면밀히 모니터 할 수 있게 도와줍니다.

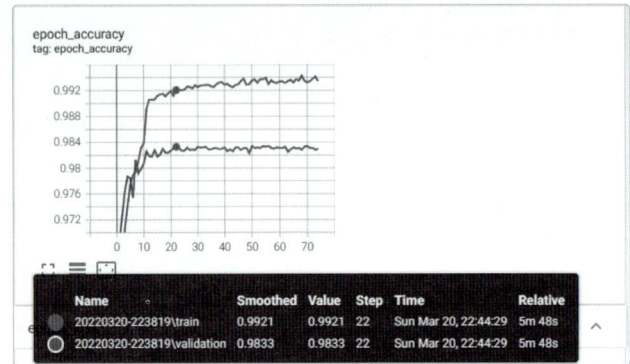

[그림 15-6] 마우스를 올려놓으면 나타나는 호버링 기능

또한, 웹페이지 상단의 [GRAPHS] 탭을 눌러보면 현재 선언된 변수들의 그래프가 나타납니다. 이 그래프를 통해 딥러닝 모델의 구성 요소를 직접 확인해 볼 수 있습니다.

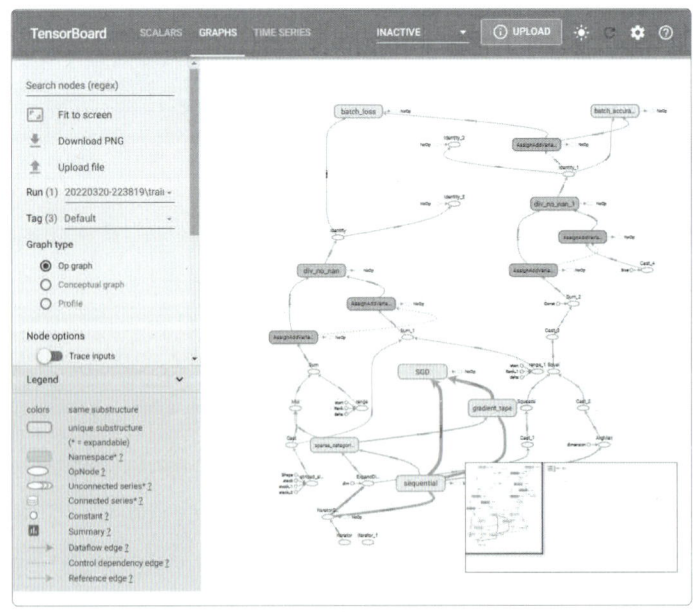

[그림 15-7] 텐서보드가 보여주는 신경망 분류 모델의 그래프

15.5 Custom 값을 텐서보드에 출력하기

텐서보드 Callback 함수가 손실함숫값과 정확도 Metric들을 기록해주지만, 필요에 따라서는 사용자가 Custom하게 사용할 수도 있습니다. 다른 Callback 함수들에 tf.summary.scalar( )를 추가하여 실행되도록 하는 방식입니다. 이를 위해서 LearningRateScheduler를 적용하여 학습률 부분을 Epoch에 따라 다르게 지정하여 학습하는 예제를 소개합니다.

```
def lr_schedule(epoch):
    learning_rate = 0.2
    if epoch > 10:
        learning_rate = 0.02
    if epoch > 20:
        learning_rate = 0.01
    if epoch > 50:
        learning_rate = 0.005

    tf.summary.scalar('learning rate', data=learning_rate, step=epoch)
    return learning_rate

lr_callback = keras.callbacks.LearningRateScheduler(lr_schedule)
```

이러한 학습률 스케줄러를 활용하여 매 Epoch 다른 학습률 값이 적용됩니다. 이 Callback 함수를 model.fit( )에 추가하기만 하면 각 Epoch마다 학습률을 시각화할 수 있습니다.

```
training_history = model.fit(x_train, y_train, epochs=75,
    validation_data=(x_test, y_test),
    callbacks=[tensorboard_callback, lr_callback],
)
```

입력값 부분에 있는 callbacks에 lr_callback이 추가되었습니다. 학습을 시켜놓고, 다음과 같이 텐서보드를 실행하면 [그림 15-8]과 같이 학습률 그래프를 확인할 수 있습니다.

```
$ tensorboard --logdir logs/fit
```

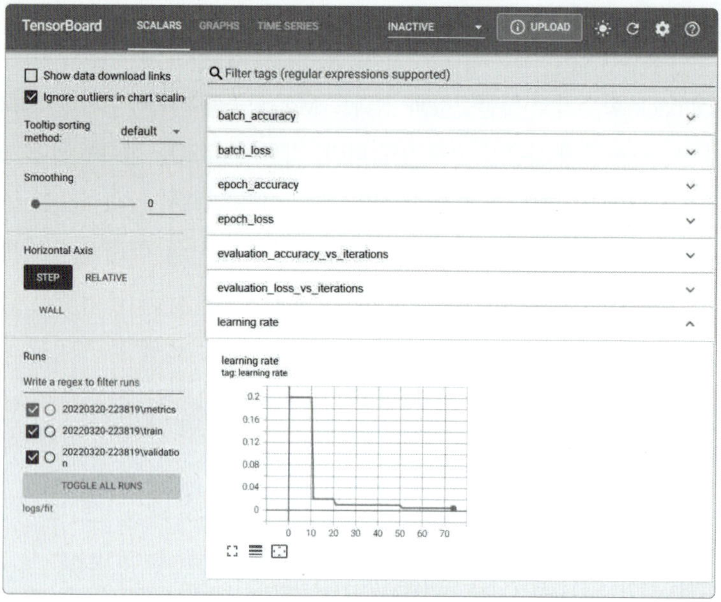

[그림 15-8] 각 Epoch마다 다르게 설정한 학습률 그래프 그리기

스칼라 외에도 히스토그램이나 이미지 역시 Callback을 활용하여 사용자가 원하는 때에 기록할 수 있습니다. 이렇게 기록하는 습관은 딥러닝 모델을 활용하여 프로젝트를 진행할 때 큰 도움이 됩니다.

Chapter 16 | 모델 저장하기와 불러오기

많은 분석과 시간을 들여 학습이 잘 된 딥러닝 모델을 얻은 후에는 이 모델을 배포해야 합니다. 이를 위해서는 학습된 모델을 저장하는 것이 먼저입니다. 딥러닝 모델을 배포 받은 사람은 저장 파일을 불러와서 이미 학습된 딥러닝 모델을 복구하는 과정이 필요합니다. 이러한 목적을 위해 텐서플로에서는 모델의 저장과 불러오기를 모두 지원합니다.

오버피팅을 해결하는 가장 간편한 방법은 학습 반복 횟수를 줄이는 Early Stopping입니다. 이 경우에는 일정 간격마다 학습된 모델을 저장하도록 코드를 작성하면 추가 실험 없이 오버피팅을 해결할 수 있습니다. 학습이 종료되면 분석을 통해 오버피팅을 확인한 후 적절한 Epoch에서 저장된 모델을 불러오면 됩니다. 이번 장에서는 텐서플로에서 모델을 저장하고 불러오는 방법과 오버피팅 현상 해결에 텐서플로의 저장하기와 불러오기 기능을 사용한 예제를 소개합니다.

16.1 저장하기

신경망 회귀 모델을 학습시킨 후 저장시키는 예로 텐서플로의 저장하기 기능을 설명합니다. 먼저 다음 코드를 이용하여 학습/테스트 데이터를 생성합니다.

```
# 데이터 생성
np.random.seed(327)
x_train = np.linspace(-1,1,50)
y_train = x_train**3 + 0.1 * x_train**2 -0.15 * x_train + 1.0
          + 0.5 * np.random.rand(len(x_train))

x_test = np.linspace(-1,1,50)
```

```
y_test = x_test**3 + 0.1 * x_test**2 -0.15 * x_test + 1.0
         + 0.5 * np.random.rand(len(x_test))

# 특성값 정의
features_train = np.array([[xval] for xval in x_train])
labels_train = y_train.reshape(-1, 1)

features_test = np.array([[xval] for xval in x_test])
labels_test = y_test.reshape(-1, 1)
```

신경망 회귀 모델은 다음 코드와 같이 L^2 Regularization이 적용된 모델입니다. 간결하게 나타내기 위해 신경망 모델은 Dense( )를 사용하여 정의했습니다.

```
initializer = tf.keras.initializers.RandomNormal(mean=0., stddev=1.,
                                                  seed=119)

class MyModel(tf.keras.Model):
    def __init__(self, **kwargs):
        super().__init__(**kwargs)
        num_hidden1 = 10
        num_hidden2 = 5
        beta = 1E-5/2

        self.hidden1 = tf.keras.layers.Dense(num_hidden1,
            activation=tf.nn.sigmoid,
            kernel_initializer=initializer,
            bias_initializer=initializer, name='hidden_1', kernel_
            regularizer=tf.keras.regularizers.L2(beta))

        self.hidden2 = tf.keras.layers.Dense(num_hidden2,
            activation=tf.nn.sigmoid,
            kernel_initializer=initializer,
            bias_initializer=initializer, name='hidden_2', kernel_
            regularizer=tf.keras.regularizers.L2(beta))

        self.out = tf.keras.layers.Dense(1, activation = None,
            kernel_initializer=initializer,
            bias_initializer=initializer, name='output',
            kernel_regularizer=tf.keras.regularizers.L2(beta))

    def call(self, x):
        h1 = self.hidden1(x)
        h2 = self.hidden2(h1)
        yhat = self.out(h2)
        return yhat

model = MyModel()
```

모델을 선언했으니 모델을 저장하고 불러오는 기능이 있는 Checkpoint( ) 함수를 선언합니다.

```
checkpoint = tf.train.Checkpoint(model)
```

이제 다음과 같이 하이퍼 파라미터, 수치최적화 방법, 손실함수를 정의하고 모델을 컴파일한 후 학습을 진행합니다. 학습이 모두 끝나면 모델을 원하는 경로에 저장합니다. 코드 말미에 checkpoint.save(file_prefix = './checkpoints/nn_regression_model.ckpt')가 바로 모델을 저장하는 코드입니다. 이 코드를 실행하면 'checkpoints' 폴더에 파일명 'nn_regression_model.ckpt'로 모델이 저장됩니다.

```
MaxEpochs = 4000
batch_size = 10
lr = 0.05
optimizer = tf.keras.optimizers.Adam(lr)
loss = tf.keras.losses.MeanSquaredError()

np.random.seed(320)
shuffled_id = np.arange(0, len(x_train))
np.random.shuffle(shuffled_id)
shuffled_x_train = features_train[shuffled_id]
shuffled_y_train = labels_train[shuffled_id]

model.compile(optimizer = optimizer, loss = loss)
history = model.fit(shuffled_x_train, shuffled_y_train,
          epochs = MaxEpochs, batch_size = batch_size, shuffle = False,
          validation_data = (features_test, labels_test))
# 모델 저장하기
checkpoint.save(file_prefix = './checkpoints/nn_regression_model.ckpt')
```

다음 절에서 저장된 파일을 불러왔을 때 정말 같은 모델인지 비교를 위해 다음과 같이 신경망 회귀 모델을 시각화 했습니다.

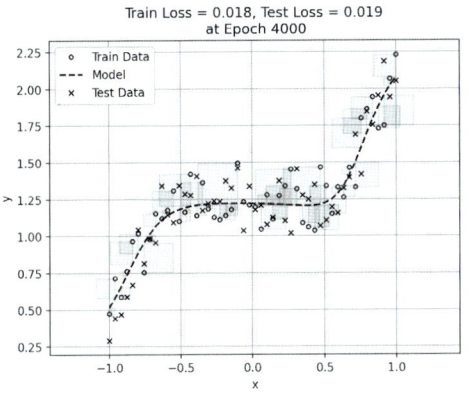

[그림 16-1] 저장된 신경망 회귀 모델

16.2 불러오기

저장한 파일을 불러오는 예제는 학습 과정이 필요하지 않으므로 코드도 간단합니다. 다음 코드와 같이 Checkpoint의 restore( ) 함수로 저장된 모델을 불러올 수 있습니다.

```
model2 = MyModel()
checkpoint = tf.train.Checkpoint(model2)
checkpoint.restore(tf.train.latest_checkpoint("./checkpoints"))
```

모델을 저장할 때 선언했던 모델과 구분하기 위해 MyModel( )을 이용하여 동일한 구조의 신경망 모델을 model2로 선언합니다. 그리고 이 모델에 대한 Checkpoint를 선언하고 restore( ) 함수를 이용하면 저장된 모델과 같은 모델이 됩니다. 여기에서 restore( )의 입력값은 저장된 파일명을 사용하거나 위와 같이 latest_checkpoint( )를 사용할 수 있습니다.

latest_checkpoint( )를 이용하여 모델을 불러오면 입력값으로 사용된 폴더에서 가장 마지막(가장 최근)에 저장된 파일에 대한 모델을 불러오게 됩니다. 이 코드를 이용하여 불러온 모델은 [그림 16-2]와 같습니다. 이 그림을 보면 앞에서 저장한 모델을 나타낸 [그림 16-1]과 정확하게 같은 것을 알 수 있습니다.

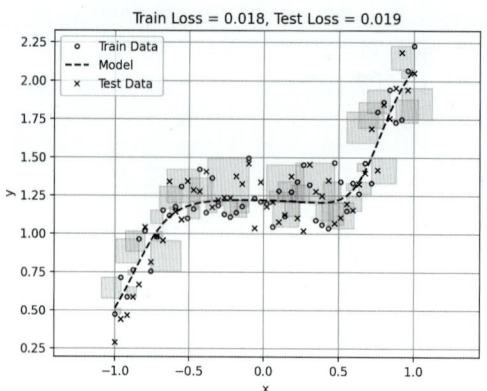

[그림 16-2] 불러오기 한 신경망 회귀 모델

16.3 오버피팅 현상 해결 응용 예제

이번 절에서는 신경망 분류 모델을 학습할 때 100번의 Epoch마다 모델을 저장하는 예제를 소개합니다. 이렇게 모델을 학습 중간마다 저장하면 여러모로 편리합니다. 특히 오버피팅 문제를 해결할 때 아주 좋습니다. 신경망 분류 모델을 학습하기 위해 분류 문제에서 사용했던 원형의 학습/테스트 데이터를 생성하고 특성값을 정의합니다.

```
# 학습용 데이터 생성
xy_train, labels_train = make_circles(n_samples=50, noise=0.1,
                                      random_state=717)
labels_train = labels_train.reshape(-1,1)

# 테스트용 데이터 생성
xy_test, labels_test = make_circles(n_samples=50, noise=0.1,
                                    random_state=712)
labels_test = labels_test.reshape(-1,1)

# 특성값 정의
f_fn = lambda x,y: [x, y]
features = np.array([f_fn(xval, yval) for xval, yval in xy_train])
features_test = np.array([f_fn(xval, yval) for xval, yval in xy_test])
```

신경망 분류 모델은 이전 장에서 반복적으로 사용했던 모델입니다.

```python
class MyModel(tf.keras.Model):
    def __init__(self, **kwargs):
        super().__init__(**kwargs)
        num_hidden1 = 64
        num_hidden2 = 32
        
        self.W1 = tf.Variable(tf.random.normal([2,num_hidden1],seed=624))
        self.b1 = tf.Variable(tf.random.normal([num_hidden1],seed=624))
        
        self.W2 = tf.Variable(tf.random.normal([num_hidden1,num_
                                                hidden2],seed=624))
        self.b2 = tf.Variable(tf.random.normal([num_hidden2],seed=624))
        
        self.W3 = tf.Variable(tf.random.normal([num_hidden2,1],seed=624))
        self.b3 = tf.Variable(tf.random.normal([1], seed=624))
    
    def call(self, x):
        l1 = tf.matmul(x, self.W1) + self.b1
        h1 = tf.nn.sigmoid(l1)
        
        l2 = tf.matmul(h1, self.W2) + self.b2
        h2 = tf.nn.sigmoid(l2)
        
        l3 = tf.matmul(h2, self.W3) + self.b3
        yhat = tf.nn.sigmoid(l3)
        return yhat

model = MyModel()
```

이제 모델을 저장하기 위한 체크포인트를 정의합니다.

```
checkpoint_directory = "./checkpoints"
checkpoint = tf.train.Checkpoint(model)
manager = tf.train.CheckpointManager(checkpoint, checkpoint_directory,
    max_to_keep=20, checkpoint_name='nn_binary_classification_ckpt')
```

16.1절과 다르게 CheckpointManager( )를 사용하여 정의했습니다. 이 함수의 첫 번째 입력값은 체크포인트로 바로 윗줄에서 정의한 checkpoint가 사용되었습니다. 두 번째 입력값은 파일이 저장되는 위치입니다. 처음에 정의한 checkpoint_directory에서 원하는 폴더를 지정해주면 됩니다. 세 번째 입력값은 max_to_keep으로 저장 파일의 최대 개수입니다.

만약 100번째의 저장 기록을 불러오고 싶으면 다음과 같이 실행하면 됩니다.

```
model2 = MyModel()
checkpoint = tf.train.Checkpoint(model2)

myEpoch = 100
save_path = './checkpoints/nn_binary_classification_ckpt-{}'.
format(myEpoch)
checkpoint.restore(save_path)
```

위 코드에서 myEpoch을 100, 400, 800, 그리고 1200으로 입력하여 저장된 신경망 모델을 불러옵니다. 그리고 불러온 모델을 그려보면 [그림 16-5]와 같습니다.

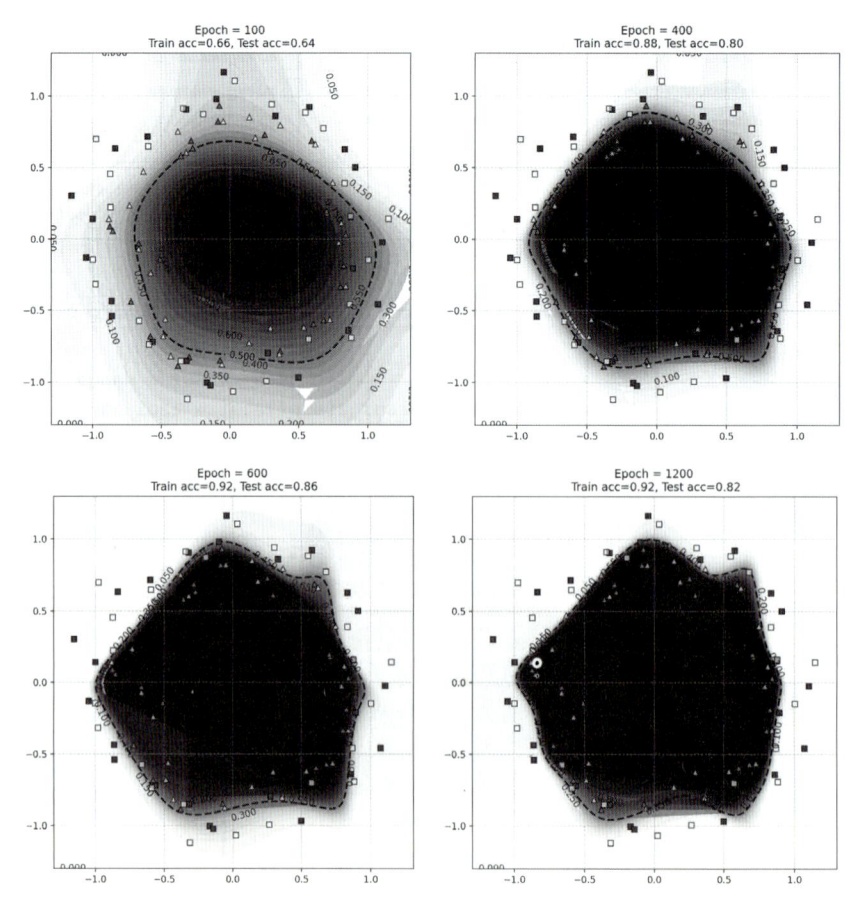

[그림 16-5] 4개의 시점에서 불러온 신경망 분류 모델들

[그림 16-5]를 보면 Epoch이 600인 경우에 적당하게 신경망 모델이 학습된 것을 알 수 있습니다. 실제로는 학습용 데이터와 테스트 데이터에 대한 손실함숫값을 이용하여 잘 학습된 시점의 epoch을 결정합니다. 이렇게 텐서플로의 저장/불러오기 기능을 이용하면 한 번만 실험을 진행해도 충분히 좋은 모델을 선택할 수 있습니다.

Chapter 17 딥러닝 가이드라인

최근에는 오픈소스로 인해 누구나 쉽게 공개된 딥러닝 모델들을 많이 접할 수 있습니다. 이러한 예제들은 보통 임의로 결정된 좌표 데이터와 같이 아주 간단한 데이터들을 이용하거나, MNIST와 CIFAR 시리즈처럼 많은 사람이 오랫동안 공통으로 연구하는 데이터들을 이용합니다. 하지만 어느 정도 딥러닝 공부를 한 후 실제 업무나 연구에 적용할 때는 이러한 데이터가 아닌 그 프로젝트만의 데이터를 사용합니다. 이렇게 데이터가 완전히 달라지면 앞서 오픈소스로 공개된 딥러닝 모델들처럼 결과물이 쉽게 나오지 않습니다.

이번 장에서는 자신만의 데이터로 딥러닝 학습을 하는 경우 앞서 배운 내용을 어떠한 순서로 진행해야 하는지를 다룹니다. 그리고 각 단계마다 만족해야 할 요소들을 소개하고 만족하지 않을 때의 해결 방법에 대하여 소개합니다. 마지막으로 최적화 이론 측면에서 딥러닝 학습의 한계점을 소개하고 이러한 한계가 발생하는 원인을 다룹니다.

17.1 딥러닝 프로젝트 진행 순서

딥러닝 프로젝트를 진행하다 보면 쳇바퀴를 돌고 있는 기분이 들 때가 많습니다. 많은 조사를 통해 어렵게 정한 모델을 학습시키는 데 실패했을 때의 실망감은 누구나 겪었을 겁니다. 실망감을 뒤로하고 문제를 해결하려고 하면 학습이 안 되는 수많은 원인이 존재합니다. 모델도 바꿔보고 하이퍼 파라미터도 바꿔보고 손실함수도 바꿔봅니다. 동시에 언더피팅과 오버피팅 현상을 반드시 확인해야 합니다. 하이퍼 파라미터를 변경하거나 Regularization 함수를 추가하는 등의 방법도 있습니다.

이번 절에서는 딥러닝 프로젝트에서 겪을 수 있는 어려움을 최대한 줄이기 위한 진행 순서를 소개합니다. 전체적으로 [그림 17-1]이 이러한 흐름도를 나타냅니다.

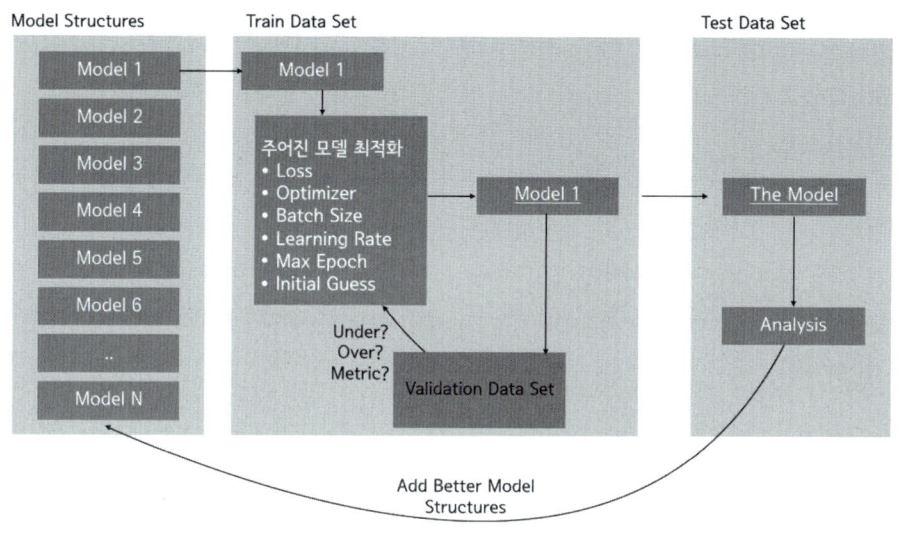

[그림 17-1] 딥러닝 프로젝트 업무 흐름도

딥러닝 프로젝트를 진행할 때 지켜야 할 순서를 언급하면 다음과 같습니다.

1. 모델과 손실함수 선택
2. 수치최적화 문제 관련 하이퍼 파라미터 초깃값 설정
3. 모델 학습 진행
4. 손실함수 수렴 여부 확인 (학습/교차검증용 데이터 사용)
   - 학습용 데이터를 사용한 손실함숫값 수렴이 필수
5. 오버피팅 진단 (학습/교차검증용 데이터 사용)
   - Early Stopping으로 해결하거나
   - 모델 변경 후 과정 2로 돌아간 후 나머지 과정 반복
6. 테스트 데이터를 사용하여 학습된 모델 평가 후 피드백을 반영하여 과정 1로 돌아가 나머지 과정 반복

17.1.1 모델과 손실함수 선택

가장 먼저 딥러닝 모델을 선택해야 합니다. 문제의 종류가 회귀인지 분류인지에 따라서 달라집니다. 또한, 앞서 다룬 신경망 모델 외에도 발전된 많은 모델이 있습니다. 단순한 신경망 모델 외에도 이미지들을 처리할 때 자주 사용하는 CNN(Convolutional Neural Network) 모델도 있습니다. 또한, 데이터에 시간의 흐름이 들어가는 경우나 문자열 분석에서 자주 사용하는 RNN(Recurrent Neural Network)도 여러 종류가 있습니다.

딥러닝 모델의 카테고리를 선택했다고 해도 은닉층 개수나 노드 개수를 정해야 합니다. 또한, 학습 후 테스트를 진행하다 보면 다른 모델로 변경해야 하는 경우가 많습니다. 그러므로 처음 학습하는 모델은 최대한 단순하면서도 해당 분야에서 보편적으로 사용하는 모델이 좋습니다.

손실함수를 선택하는 경우에는 현재 프로젝트가 회귀 문제인지 분류 문제인지를 먼저 파악해야 합니다. 회귀 문제라면 평균 제곱 오차를 선택하는 것이 가장 무난하고, 분류 문제인 경우에는 크로스 엔트로피를 선택하는 것이 보편적입니다. 이 외에도 많은 손실함수가 있지만, 특별한 이유 없이 손실함수를 변경하는 것은 추천하지 않습니다. 손실함수를 변경할 때마다 딥러닝 모델의 학습 패턴이 완전히 달라지기 때문입니다.

17.1.2 모델 학습 진행

모델과 손실함수를 선택했다는 것은 최적화 문제가 정해졌다는 의미입니다. 즉, 다음과 같은 최적화 문제가 주어진 상황입니다.

$$\min_{W, b} E(W, b; X)$$

여기서 W와 b는 앞서 선택한 모델의 웨이트와 바이어스 항을 나타냅니다. 주어진 최적화 문제는 텐서플로로 풀게 됩니다. 이 경우 사용자 의도나 기호에 따라 다양한 방법의 수치최적화 알고리즘 방법을 선택할 수 있습니다. 하지만 스토캐스틱 방법을 사용하는 것이 트렌드이므로 스토캐스틱 방법을 기준으로 설명하겠습니다.

스토캐스틱 방법을 사용하게 되면 필연적으로 미니 배치의 크기를 설정해야 합니다. 미니 배치의 크기가 커질수록 결정론적 방법과 비슷해져서 연산량이 많아지는 반면, 미니 배치의 크기가 작아질수록 그래디언트 추정값의 정확도가 낮아집니다. 따라서 적절한 크기를 설정해야 하는데 보통 32~512개의 데이터를 사용합니다.

다음은 수치최적화 알고리즘을 선택합니다. 일반적으로 가장 간단한 그래디언트 디센트 방법이나 가장 최신 방법인 Adam을 선택합니다. 모든 수치최적화 알고리즘에는 학습률이 존재하고, 각 알고리즘마다 고유의 파라미터들이 존재합니다. 하지만 첫 번째 학습에는 텐서플로에서 제공하는 디폴트 값을 사용하는 것을 추천합니다. 최대 반복 횟수는 미니 배치의 크기가 전체 데이터 개수보다 매우 작은 경우에는 10 미만으로, 그렇지 않은 경우 100 정도로 설정합니다.

모델 학습 코드를 작성할 때 미리 학습용 데이터와 교차검증 데이터를 사용한 손실함숫값들을 저장하는 것이 좋습니다. 학습의 성공 여부를 판단할 때 꼭 필요한 정보이기 때문입니다. 또한, Checkpoint( ) 함수를 이용하여 학습되는 모델들을 학습이 진행되는 중간에 저장하는 것이 좋습니다. 모델을 처음 학습시키는 경우에 하이퍼 파라미터의 중요도는 크지 않습니다. 왜냐하면, 한 번에 학습되는 경우는 거의 없기 때문입니다. 따라서 초깃값을 기준으로 학습을 진행하고 현황을 파악한 후 그것에 맞게 값들을 조정합니다.

17.1.3 언더피팅 확인

첫 번째 학습이 진행되었다면 언더피팅을 꼭 확인합니다. 사실 언더피팅은 딥러닝 학습에서 가장 안 좋은 경우입니다. 그 이유는 언더피팅을 일으키는 원인들이 너무 다양한 반면 정확한 해결책은 정해지지 않았기 때문입니다. 언더피팅을 판별하기 위해서 손실함숫값을 학습용 데이터와 교차검증용 데이터를 이용하여 그려봅니다. 더 자세한 부분은 앞서 다루었기 때문에 생략합니다.

언더피팅으로 판별된 경우 크게 3가지 가능성이 있습니다. 첫째, 손실함숫값이 수렴하지 않은 경우입니다. 이때는 손실함숫값이 학습이 진행됨에 따라 작아지지 않고 오히려 커지는 현상입니다. 이 현상을 발산(Diverge)한다고 합니다. 이럴 때는 학습률을 점차 작게 해가며 학습을 진행하면 해결됩니다.

둘째, 수치최적화 알고리즘이 국소 최솟값(Local Minimum)을 구한 경우입니다. 이때는 해결책이 다양하고 항상 된다는 보장이 없어서 까다롭습니다. 손실함숫값이 컨벡스(Convex)가 아니기 때문에 피할 수 없는 현상입니다. 여러 가지 학습률을 적용해보거나, Adam 외에도 Rmsprop 등 다른 수치최적화 알고리즘을 이용해보고 초깃값 등 여러 값을 변경해가며 더 작은 손실함숫값을 찾아야 합니다.

마지막으로 모델이 너무 단순한 경우가 있습니다. 두 번째 상황에서 다양한 방법으로 학습해도 더 나은 손실함숫값을 찾을 수 없을 때는 모델이 너무 단순하여 데이터로부터 특성값을 추출하지 못하는 경우입니다. 이 경우 모델의 복잡도를 더 높이는 파라미터를 조정해야 합니다. 신경망 모델은 은닉층과 노드 개수가 이에 해당하고, CNN 및 RNN에도 복잡도를 증가시키는 파라미터가 있으므로 이를 변경하여 실험을 다시 진행해봅니다. 하지만 이 경우에 복잡도를 너무 높이게 되면 학습 속도가 크게 느려지므로 적정한 수준에서 복잡도를 높여야 합니다.

앞서 말한 3가지 방법을 통해 반드시 언더피팅을 벗어나야 합니다. 언더피팅이 되면 학습된 모델이 아무런 정보도 줄 수 없기 때문에 언더피팅은 반드시 해결해야 합니다. 간혹 데이터 품질이 좋지 못하여 문제를 푸는 데 도움이 되지 않을 때가 있습니다. 이러한 경우에는 그 어떤 방법으로도 해결할 수 없습니다. 딥러닝 프로젝트의 가장 기본적인 가정은 주어진 데이터가 프로젝트를 해결하는 데 반드시 도움이 된다는 것입니다.

17.1.4 오버피팅 확인

언더피팅을 해결하면 대부분 오버피팅 현상을 겪게 됩니다. 안타깝게도 한 번에 가장 적절(Fit)한 모델을 학습시키는 경우는 찾아보기 힘듭니다. 다시 한번 떠올려보면 학습용 데이터와 교차검증용 데이터를 이용한 손실함숫값이나 정확도 중에 학습용 데이터에 해당되는 수치는 좋아지는데 교차검증용 데이터를 이용한 수치는 나빠지는 것이 오버피팅입니다.

오버피팅이란 모델이 학습용 데이터에 치중하여 예측을 하고 있다는 것입니다. 학습용 데이터에 치중한다는 단점이 있지만 적어도 학습용 데이터는 아주 정확하게 예측하고 있다는 점은 좋은 소식입니다. 이 경우에는 Early Stopping하거나 모델에 드롭아웃 층을 추가하거나 Regularization 함수들을 손실함수에 추가하여 사용하는 방법으로 해결할 수 있습니다. 그중에서 가장 간편한 해결 방법은 Early Stopping입니다. 만약 일정 간격으로 학습된 모델을 저장했다면, 학습용 데이터와 교차검증 데이터의 손실함숫값이 모두 적절하게 작은 단계를 불러오면 됩니다.

17.1.5 최종 성능 확인

테스트용 데이터가 있다면 테스트용 데이터를 이용하여 정확도를 확인합니다. 혹은 학습된 모델을 실전에 투입하여 성능에 관한 피드백을 받습니다. 이 경우 학습할 때 발견하지 못했던 부분들이 나타날 수 있습니다. 그러한 부분들을 분석하고 학습용 데이터에 반영하거나 알맞은 새로운 모델을 다시 선택해야 합니다.

적절한 조치가 끝났다면 다시 앞에서 소개했던 진행 순서를 반복합니다. 이처럼 딥러닝 학습은 상당히 많은 반복 작업입니다. 가능하면 여러 가지 실험을 빠르게 혹은, 동시에 할 수 있도록 병렬 연산이 중요하고 실험에 용이하게 함수나 클래스를 구성하는 것이 업무 효율에 큰 영향을 줍니다.

17.2 딥러닝 학습의 근본적 한계

딥러닝 모델을 학습하는 것은 최적화 문제를 푸는 것과 같다는 것을 이해하면 딥러닝 학습의 한계점을 쉽게 파악할 수 있습니다.

1. 학습용 데이터만 이용하여 손실함수를 최소화하고 있으므로, 테스트용 데이터에 대해 손실함수를 최소화한다는 이론적 보장은 없습니다.
2. 손실함수가 작아짐에 따라서 모델의 정확도가 높아진다는 이론적 보장은 없습니다.
3. 일반적으로 실제 상황에서 모델이 평가될 때의 데이터를 알 수 없으므로 학습용 데이터의 선정이 매우 중요합니다.
4. 마찬가지로 데이터의 전처리도 매우 중요합니다.

17.2.1 손실함수에는 학습용 데이터뿐이다

딥러닝 모델을 학습할 때 손실함수의 계산에는 학습용 데이터만 사용됩니다. 따라서 학습용 데이터의 품질이 좋지 않으면 딥러닝 모델의 정확도 또한 좋지 않을 가능성이 매우 큽니다. 낮은 품질의 학습용 데이터는 크게 2가지가 있습니다.

첫째, 학습용 데이터가 딥러닝 모델이 예측하려고 하는 값들과 무관한 경우입니다. 가장 최악의 경우입니다. 이런 경우에는 아무리 학습해도 의미 있는 결과를 얻을 수 없습니다.

상관관계가 없는 데이터를 이용하면 알맞은 특성값을 전혀 추출할 수 없기 때문입니다. 이러한 문제를 예방하기 위해서 주어진 데이터와 목표 예측값의 관계를 Pair-Plot을 통해 확인하는 것이 좋습니다. 사람이 직접 주어진 데이터를 보고 목표 예측값의 경향을 파악할 수 있는 정도라면 아주 좋은 품질의 학습용 데이터라고 말할 수 있습니다.

둘째, 주어진 데이터의 분포가 불균형한 경우입니다. 예를 들어 0부터 9까지가 손글씨를 분류하는 MNIST의 경우, 0은 100개가 있고 나머지 9까지 숫자들은 5,000개씩 있는 상황을 가정해봅니다. 다음 수식에서 보듯이 손실함수에서는 모든 데이터가 동일한 비중으로 크로스 엔트로피가 더해지고 있습니다.

$$E(y, \hat{y}) = \frac{1}{N} \sum_{i=1}^{N} \sum_{k=1}^{C} -y_i^{(k)} \log(\hat{y}_i^{(k)})$$

따라서 0에 해당하는 데이터들은 다른 숫자들보다 50배(=5,000/100) 적은 비중으로 학습됩니다. 이것은 0을 예측하는 경우가 없다고 해도 손실함숫값의 변화량이 50배 작다는 것을 의미합니다. 따라서 0을 정확하게 예측하는 딥러닝 모델을 얻을 가능성이 매우 낮아집니다. 이렇게 각 타깃마다 고른 데이터 분포는 아주 중요합니다.

하지만 항상 데이터 분포가 고르게 있어야 하는 것은 아닙니다. 가장 극단적인 예는 금융 사기 데이터입니다. 일반적으로 정상적인 금융 거래 데이터는 아주 많이 있고, 금융 사기에 해당하는 데이터는 아주 적은 양이 있습니다. 이러한 경우에는 데이터 분포를 고르게 맞추는 것이 불가능합니다. 이럴 때는 주로 Anomaly Detection을 사용합니다.

17.2.2 데이터 전처리는 매우 중요하다

앞서 언급한 대로 딥러닝은 학습용 데이터를 통해 학습합니다. 이것은 데이터의 품질이 매우 중요하다는 것을 의미합니다. 같은 데이터라도 전처리 여부에 따라 학습의 품질이 영향을 받습니다. 일반적으로 벤치마크용 데이터들은 이미 전처리된 경우가 많아서 딥러닝을 공부하는 입문자나 초보자들이 많이 사용합니다.

실제 업무에서는 사진의 크기나 영상 잡음들을 전처리하지 않은 채 데이터를 수집하므로 학습용 데이터를 준비하는 과정이 오래 걸립니다. 또한, 최적의 전처리가 무엇인지를 파악하려면 전처리한 데이터마다 학습을 진행해야 하므로 딥러닝 학습에도 많은 시간이 필요합니다. 이렇게 전처리는 데이터 품질에 큰 영향을 미치므로 신중하게 적용하는 것을 추천합니다.

17.2.3 손실함수와 정확도는 다르다

딥러닝 학습은 모델의 정확도를 최대화하는 최적화 모델을 찾는 것이 가장 직접적이고 명확한 방법입니다. 하지만 정확도는 연속 함수가 아니므로 그래디언트 방법을 사용할 수 없습니다. 따라서 필연적으로 손실함수를 사용하게 됩니다.

최적화 문제에만 집중한다면 손실함수가 작아지는 현상은 언제나 좋은 소식입니다. 하지만 딥러닝 모델을 학습시킬 때는 다른 해석이 필요합니다. 딥러닝 모델의 가장 큰 목적은 프로젝트의 문제를 정확하게 푸는 것입니다. 여기서 "정확하다"의 의미는 여러 가지가 있습니다. Accuracy(정확도), Recall(재현율), Precision(정밀도) 등 다양한 성능측정 함수가 존재합니다. 일반적으로 이러한 성능측정 함수들은 연속 함수가 아니므로 최적화 문제를 수치로 풀기 쉽지 않습니다. 또한, 손실함숫값이 작더라도 프로젝트에서 높아야 하는 성능측정 함수의 값은 높지 않을 수 있습니다.

따라서 딥러닝 프로젝트에서 손실함수를 특별한 이론과 철학 없이 연구자 임의로 변경하게 되면 손실함수는 작아질 수 있지만, 정확도는 높아지지 않을 수 있습니다. 만약 손실함수를 변경한다면 충분한 참고자료와 이론을 검토 후 진행하는 것이 좋습니다.

17.2.4 테스트 데이터의 분포는 완전히 알 수 없다

벤치마크용 데이터로 연구할 때는 데이터 제공자 측에서 테스트 데이터도 같이 제공해 주는 경우가 많습니다. 따라서 딥러닝 모델의 성능이 테스트 데이터를 이용하여 일정 기준을 충족하여 만족할 만한 결과가 나왔다면 연구는 끝나게 됩니다.

하지만 일반적으로 실제 업무에서 사용되는 프로젝트에서는 테스트 데이터를 고정하여 사용하는 것이 불가능합니다. 만약 서비스 사용자들과 직접 상호작용하는 딥러닝 모델이라면 사용자들이 항상 같은 패턴으로 서비스를 이용하지 않기 때문입니다. 또한, 특별한 이슈가 있다면 패턴이 바뀌기 때문에 딥러닝 프로젝트는 항상 진화해야 합니다.

Chapter 18 | CNN 모델

멋진 해변이 있는 휴양지로 휴가를 다녀온 A 씨는 스마트폰으로 찍어 둔 사진을 보면서 생각을 합니다.

"해변에서 찍었던 사진들을 모아서 앨범을 만들면 어떨까?"

대부분 사람들은 사진을 보면서 하나씩 선택하고 사진 파일을 한 곳으로 모아서 앨범 만들 준비를 합니다. 그렇지만 가지고 있는 사진이 너무 많고 미리미리 정리하지 않았다면 그 많은 사진에서 원하는 사진을 찾는 것은 무척이나 많은 시간을 써야 하는 지루한 일이 아닐 수 없습니다.

하지만, 딥러닝 기술이 적용된 최신 스마트폰 또는 사진 관리 소프트웨어를 사용한다면 이러한 노력을 획기적으로 줄일 수 있습니다. 우리가 해야 하는 일은 단지 해당 소프트웨어 혹은 스마트폰의 사진 앱에서 "해변" 또는 "beach"라고 검색하는 것입니다. 순식간에 해변에서 찍은 사진을 보기 좋게 모아서 보여줄 것입니다. 머릿속에서 까맣게 잊고 있었던 수년 전의 검게 탄 자신의 모습을 보고 그때의 추억을 생각하게 될 것입니다.

최신 스마트폰에서 "자동차", "산", "음식", "초밥", "아기" 등 상상할 수 있는 모든 것을 검색해보면 이런 것도 검색이 되나 할 정도로 많은 것을 정확하게 찾아 주는 것을 보게 될 것입니다. 스마트폰에서는 연관성이 있는 사진들을 모아서 하나의 앨범으로 만들어 추천하는 기능도 있습니다. 예를 들면, 특정 장소에서 저녁 식사 사진들을 모아주거나 특정인을 위주로 한 사진을 모아서 앨범을 만들어 추천해주기도 합니다. 이러한 최신의 영상 분야의 기능들은 CNN이라는 모델을 기반으로 만들어진 기능입니다. 이 기술은 2012년 ImageNet Challenge라고 하는 대회에서 2등과 무려 10%의 오차율 차이로 압도적으로

1위를 한 AlexNet을 시작으로 빠르게 발전하여 오늘날 모든 사람들의 손에 들어오게 되었습니다.

AlexNet에서 사용한 CNN(Convolutional neural network) 모델은 그 이후로 VGG net, GoogLeNet, Resnet 등 유명한 신경망 모델의 핵심적인 요소로 사용되고 있습니다. 이번 장에서는 CNN 모델의 요소와 그 특징을 하나하나 예제를 통해서 알아보겠습니다.

18.1 딥러닝(Deep Learning) 이란

딥러닝이란 Deep neural network(깊은 신경망)를 학습시키는 과정을 나타내는 말입니다. 앞 장의 많은 예제를 통해서 신경망 학습을 했기 때문에 독자 여러분께서는 이제 많이 익숙할 것입니다. 일반적으로 네트워크의 hidden layer(숨겨진 레이어)가 1개 이하이면 Shallow network(얕은 네트워크), 2개 이상이면 Deep network(깊은 네트워크)라고 합니다.

인공신경망 모델은 1950년대부터 시작했습니다. 히든 레이어가 1개 이상인 다중 레이어의 개념은 이전부터 있었으나 1980년대부터 유행을 했습니다. 그렇지만 신경망 모델이 깊어질수록 당시 컴퓨터 하드웨어로는 감당할 수 없을 만큼 계산량이 많아지고 학습을 하는데 아래와 같은 문제가 발생해서 다중 레이어 모델이 크게 성공을 할 수 없었습니다.

- Vanishing gradient problem (사라지는 그래디언트 문제)
- 많은 Labeled data가 필요, 적으면 과적화(Overfitting)
- Local minima에 빠지는 문제

앞의 3가지가 2000년 이전에 딥러닝이 불가능했던 이유였습니다. 하지만, 컴퓨터 하드웨어의 눈부신 발전과 GPU를 학습에 활용하여 AlexNet의 조프리 힌튼(Geoffrey Hinton) 교수팀에서 이 문제들을 해결하게 되어 현재에 이르게 되었습니다.

18.2 CNN 모델 소개

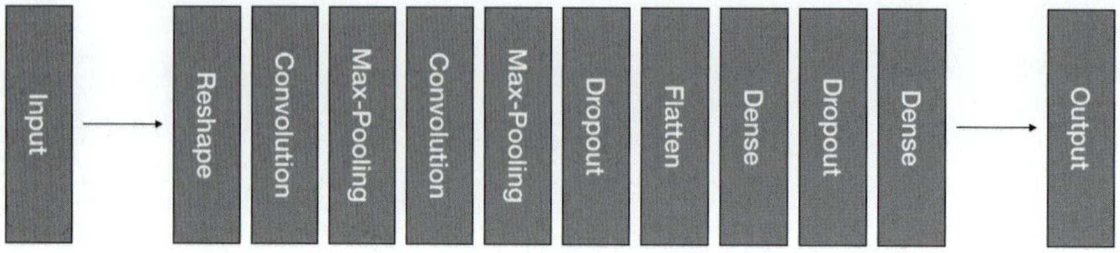

Input → Reshape → Convolution → Max-Pooling → Convolution → Max-Pooling → Dropout → Flatten → Dense → Dropout → Dense → Output

[그림 18-1] CNN모델 예시

위 그림은 간단한 CNN 모델의 예시입니다. CNN의 기본 골격이라고 할 수 있습니다. AlexNet과 매우 비슷한 네트워크입니다. CNN의 기본 골격에서 눈여겨봐야 할 layer는 다음과 같습니다.

- Convolution(콘볼루션)
- Max-Pooling
- Dropout

위 3가지의 핵심 layer를 통해서 전통적인 머신러닝(Machine learning)에서 딥러닝(Deep learning)으로 바뀌었다고 할 정도로 중요한 layer입니다. 다음에 나오는 18.3절을 보면 좀 더 자세히 설명하고 있습니다. 그러면 하나씩 차근차근 살펴보겠습니다.

18.3 콘볼루션(Convolution)

콘볼루션은 영상처리에서 자주 사용하는 개념입니다. 영상처리 개발자와 연구자뿐만 아니라 일반 사용자에게도 매우 익숙한 응용 분야가 있는데 바로 사진 필터링입니다. 스마트폰에서 사진을 찍은 후, 사진 보정 기능이 있는 애플리케이션에서 "선명하게", "부드럽게" 등의 필터를 사용하는 기능 대부분이 콘볼루션을 사용한 것이라고 할 수 있습니다.

콘볼루션은 푸리에 변환(Fourier transform)과도 긴밀한 상관이 있고 깊게 보면 많은 이론적인 내용이 있습니다. 하지만, 여기에서는 콘볼루션의 기능을 복잡한 이론 없이 직관적이고 간단하게 설명하고자 합니다. 같은 이미지를 여러 필터로 사용한 결과를 확인해보고 이러한 필터들이 CNN에서 어떤 역할을 하는지에 대해 알아보겠습니다.

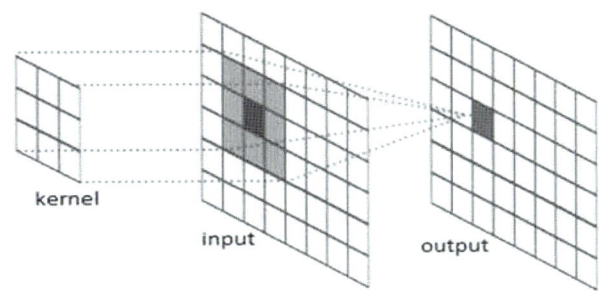

[그림 18-2] 콘볼루션의 커널과 입력, 출력
(출처: https://lilly021.com/convolutional-neural-networks/)

위의 그림을 보면 입력(Input) 영상(Image)과 영상에 비해 kernel이라고 불리는 작은 크기의 행렬이 있습니다. 이 작은 크기의 행렬(3×3)은 주로 커널(Kernel) 혹은 필터(Filter)라고 불립니다. 커널의 크기는 주로 3개, 5개, 7개 등 홀수로 설정합니다. 입력 이미지(I)와 ($2k+1$)×($2k+1$) 크기의 커널(K)이 주어졌을 때, 콘볼루션의 출력(O)을 수식으로 나타내면 다음과 같습니다.

$$O[i,j] = \sum_{u=-k}^{k} \sum_{v=-k}^{k} K[u,v] I[i-u, j-v]$$

텐서플로(TensorFlow)의 기본적인 문법만을 사용하여 콘볼루션에 필요한 다음 항목들을 코드와 함께 설명하겠습니다.

- Kernel/Filter
- Strides
- Padding

먼저 연산에 필요한 numpy와 tensorflow를 불러옵니다(import). 그리고 영상을 화면에 출력하기 위하여 matplotlib을 불러옵니다. 데이터셋은 이번 장 후반에서 숫자 분류 문제를 해결할 때 사용하는 MNIST라는 데이터셋을 사용하겠습니다. 자세한 설명은 후반부에서 합니다. 구글 검색으로 다운로드 받아서 사용할 수도 있으나, 편리하게도 TensorFlow에서 tutorial용으로 직접 다운로드할 수 있는 방법을 제공하기 때문에 그것을 활용하겠습니다. 전체 코드는 이번 장의 마지막 부분에서 찾을 수 있습니다.

```
import numpy as np
import tensorflow as tf
import matplotlib.pylab as plt

mnist = tf.keras.datasets.mnist

# train 과 test 용으로 MNIST 데이터를 불러옵니다.
(x_train, y_train), (x_test, y_test) = mnist.load_data()
```

18.3.1 커널(Kernel)/Filter

영상처리 분야에서 사용되는 커널(필터)들은 무수히 많습니다만, 대표적인 예로 다음 4가지를 들 수 있습니다.

- 세로 방향 에지(Edge) 추출 커널
- 가로/세로 방향 에지 추출 커널
- 블러링 효과 커널
- 엠보싱 효과 커널

커널(필터)의 크기는 모두 3×3으로 설정하겠습니다.

```
kernel0 = np.array([[0,1,0], [0, -2, 0], [0, 1, 0]]) # y-edge detection
kernel1 = np.array([[1,1,1], [1, -8, 1], [1,1,1]]) # xy-edge detection
kernel2 = np.array([[1,1,1], [1, 1, 1], [1,1,1]]) # Box Blur
kernel3 = np.array([[-1,-1,0], [-1, 0, 1], [0,1,1]]) # Emboss

# 커널들을 모아놓은 list
kernel_list = [('y-edge', kernel0), ('xy-edge', kernel1),
               ('blur', kernel2), ('embos', kernel3)]
```

이렇게 미리 정의한 4개의 커널을 총 5가지 이미지에 적용하여, 원본 이미지 5개를 포함한 총 20개의 결괏값을 확인해 보겠습니다. 이미지는 28×28의 흑백 사진이고, tensorflow의 conv2d( )를 사용하기 위해서 하단에 나오는 코드와 같이 reshaped_images = images[j].reshape(1, 28, 28, 1)를 이용하여 4차원의 (1,28,28,1)의 행렬로 재구성합니다.

위 (1, 28, 28, 1) 모양의 행렬 값에서, 첫 번째 1은 총 이미지 개수를 나타내고, 두 번째와 세 번째 28은 이미지의 가로/세로 크기를, 마지막으로 네 번째 1은 채널 수를 나타냅니다. 만약 RGB 타입의 컬러 이미지라면, (1,28,28,3)처럼 채널을 3으로 설정하면 됩니다. 예제에서 사용하는 영상은 gray scale의 흑백 영상이므로 채널 수는 1입니다.

다음 코드는 콘볼루션의 결과들을 한눈에 보기 위해 subplot을 사용하여 그림을 그리는 함수입니다.

```python
def plot_conv_example(images, kernel_list):
    import inflect
    p = inflect.engine()
    plt.figure(figsize=(8,8))
    for j in range(len(images)):
        img = images[j].reshape(28,28)
        plt.subplot(5,5,1 + 5*j)
        plt.imshow(img, cmap='gray')
        plt.axis('off')
        plt.title('{0} input'.format(p.ordinal(j)))
        for k, (name, kernel_in) in enumerate(kernel_list):
            # 입력 영상을 convolution을 하기 위해 reshape 한다.
            reshaped_images = images[j].reshape(1, 28, 28, 1)
            x = tf.constant(reshaped_images, dtype=tf.float32)
            kernel = tf.constant(kernel_in.reshape([3,3,1,1]),
            dtype=tf.float32)
            conv_out = tf.nn.conv2d(input=x, filters=kernel,
            strides=[1,1,1,1], padding='SAME')
            plt.subplot(5,5,2+k + 5*j)
            plt.imshow(conv_out[0, :, :, 0], cmap='gray')
            plt.axis('off')
            plt.title(name)
    plt.show()
```

앞의 함수에서 다음 두 줄이 TensorFlow를 사용하여 콘볼루션을 하는 핵심 부분입니다.

```
kernel = tf.constant(kernel_in.reshape([3,3,1,1]), dtype=tf.float32)
conv_out = tf.nn.conv2d(input=x, filters=kernel, strides=[1,1,1,1],
            padding='SAME')
```

tf.nn.conv2d(input=x, filters=kernel, ...)는 입력 이미지를 받아서 입력 변수로 넣어준 커널로 콘볼루션을 해주는 기능을 합니다. strides와 padding 변수는 다음 절에서 자세하게 소개하겠습니다.

```
print(f'shape of image is {x_train[0].shape}')
plot_conv_example(x_train[:5], kernel_list)
```

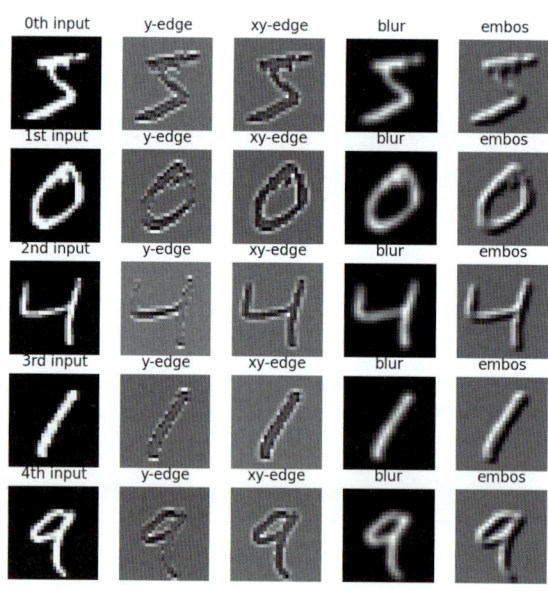

[그림 18-3] 여러 가지 커널을 사용한 결과 영상 예시

위 그림은 총 5가지의 입력 이미지에 대해서 4가지 커널로 콘볼루션한 결과물을 보여줍니다. y-edge 커널은 세로축 방향의 에지(Edge)가 존재하면 큰 값으로 표현하고 있습니다. 그리고 xy-edge 커널은 가로/세로 모든 방향의 에지(Edge)가 있는 정도를 알려 줍니다. blur는 기존 영상을 더 부드럽게 해주는 효과가 있고, embos는 이미지에 엠보싱 효과를 보여줍니다.

위와 같이 커널을 통과한 이미지들은 해당 커널에 대한 입력 영상의 특성을 보여줍니다. 이렇게 해당 커널을 입력 영상에 반영한 작업을 특성 추출(Feature Extraction)이라고 합니다. 딥러닝을 활용하기 이전에 이미지를 이용한 머신러닝 분야에서는 연구자가 원하는 특성을 추출하기 위해 위와 같은 여러 개의 커널을 직접 설계해야 하는 것이 필수였고 그 과정은 매우 시간이 오래 걸리며 입력 데이터가 달라지면 다시 설계를 해야 하는 등의 많은 어려움이 있었습니다. 뒤에서 다시 설명하겠지만, 딥러닝을 활용한 영상처리에서는 이러한 커널 설계의 작업을 학습을 통해서 하게 됩니다.

18.3.2 Strides

사전적인 뜻대로 성큼성큼 걷는 걸음처럼 한 번에 얼마만큼씩 건너뛰면서 커널/필터를 할 것인가를 정하는 단위입니다. Strides는 4가지 방향이 있습니다. 앞에서 언급한 대로 영상 데이터가 4차원 Tensor로 구성되어 있기 때문에 Strides도 총 4가지 방향이 존재합니다. 첫 번째 방향은 이미지 개수, 두 번째, 세 번째 방향은 이미지의 가로/세로, 마지막 네 번째는 채널의 개수입니다. 두 번째 방향의 Stride가 n이면 n개씩 건너뛰면서 콘볼루션을 수행합니다.

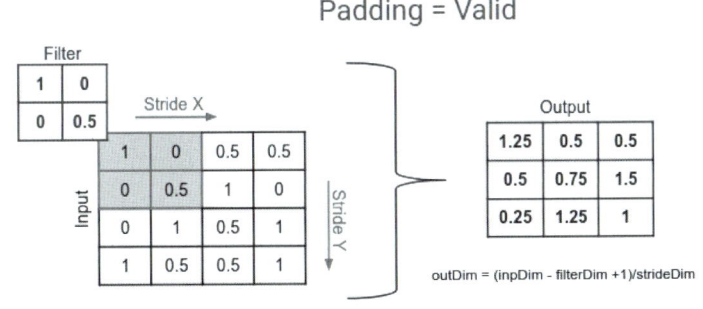

[그림 18-4] Padding이 Valid일 때, Stride 방향 및 필터 입출력 예시(출처: https://labs.bawi.io/deep-learning-convolutional-neural-networks-7992985c9c7b)

쉬운 이해를 위해 코드의 결과물을 먼저 확인해 보겠습니다.

```
identity_kernel = np.array([[0,0,0], [0,1,0], [0,0,0]])
x = tf.constant(x_train[:1].reshape(1, 28, 28, 1), dtype=tf.float32)
kernel = tf.constant(identity_kernel.reshape([3,3,1,1]),
        dtype=tf.float32)
plt.figure(figsize=(8,8))
for k, stride_num in enumerate([1, 2, 4, 7, 14], 1):
    plt.subplot(1,5,k)
    conv_out = tf.nn.conv2d(input=x, filters=kernel,
                strides=[1,stride_num,stride_num,1], padding='SAME')
    plt.imshow(conv_out[0, :, :, 0], cmap='gray')
    plt.title('stride : {0}\n shape=({1}, {2})'.format(stride_num,
            conv_out.shape[1], conv_out.shape[2]))
plt.show()
```

위 코드에서 사용한 커널은 Identity 커널입니다. 이 커널은 필터링하여도 출력이 원본 영상과 똑같이 나오는 커널이므로 Stride의 역할에 집중하여 출력 이미지를 분석할 수 있습니다. shape를 보면 Stride가 커질수록 출력 영상의 크기가 작아지는 것을 알 수 있습니다. 따라서 적절한 Stride 설정은 연산량을 줄여 주기도 하지만, 너무 큰 Stride를 설정하게 되면 필요한 정보가 사라지는 단점도 있습니다. 위 코드를 실행하면 다음과 같은 결과를 확인할 수 있습니다.

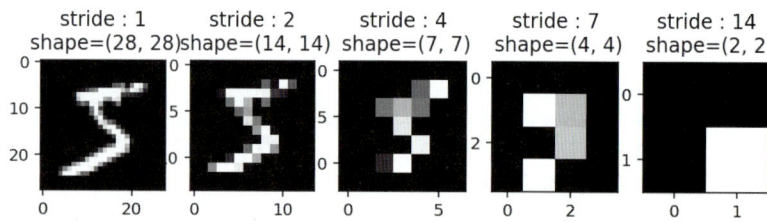

[그림 18-5] Stride 변화에 따른 출력 변화의 예시

18.3.3 Padding

Padding은 사전적인 뜻 그대로 채우는 것입니다. 콘볼루션을 할 경우 영상이 작아지게 되는데 영상의 바깥 영역에 데이터를 채우는 방법입니다. Padding은 VALID와 SAME 이렇게 2가지 종류가 있습니다. 먼저 VALID는 콘볼루션이 모두 가능한 부분에서만 계산하는 방식이고, SAME은 입력 영상과 크기가 같은 출력이 나오게 입력 이미지 주변을 0 으로 채워서(padding) 연산하는 방법입니다. 사실상 VALID는 Padding을 하지 않는다고 할 수 있습니다. 다음 그림을 보면 쉽게 이해할 수 있습니다.

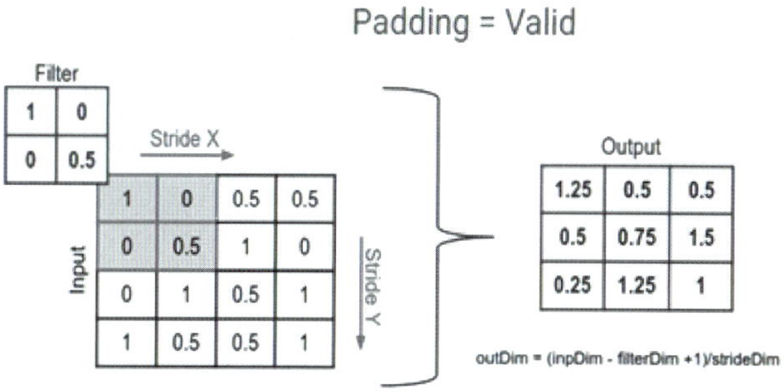

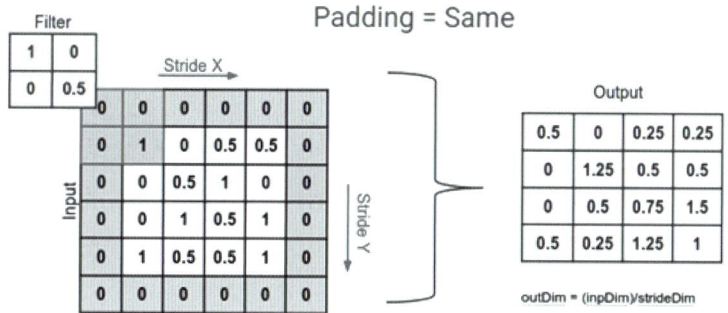

[그림 18-6] Padding이 Valid일 경우(출처: https://labs.bawi.io/deep-learning-convolutional-neural-networks-7992985c9c7b)

[그림 18-7] Padding이 Same일 경우(출처: https://labs.bawi.io/deep-learning-convolutional-neural-networks-7992985c9c7b)

위 그림에서 Padding이 Valid인 경우 원본 데이터의 Dimension이 4×4인 Input을 2×2 필터로 콘볼루션을 할 경우 3×3의 Output으로 크기가 변한 것을 확인할 수 있습니다. Padding이 Same인 경우엔 Output의 Dimension을 Input과 같은 4×4로 만들기 위해 Input의 가장자리에 0으로 채워서 5×5로 만든 것을 볼 수 있습니다. 코드를 통해서 한 번 더 확인해 보겠습니다.

```
identity_kernel = np.array([[0,0,0], [0,1,0], [0,0,0]])
x = tf.constant(x_train[:1].reshape(1, 28, 28, 1), dtype=tf.float32)
kernel = tf.constant(identity_kernel.reshape([3,3,1,1]),
                     dtype=tf.float32)
plt.figure(figsize=(8,8))
```

```
for k, padding_style in enumerate(['VALID', 'SAME'], 1):
    plt.subplot(1,2,k)
    conv_out = tf.nn.conv2d(input=x, filters=kernel, strides=[1,1,1,1],
                      padding=padding_style)
    plt.imshow(conv_out[0, :, :, 0], cmap='gray')
    plt.title('padding : {0}\n shape=({1}, {2})'.format(padding_style,
              conv_out.shape[1], conv_out.shape[2]))
plt.show()
```

위 코드를 수행할 경우 아래와 같은 영상을 얻게 됩니다.

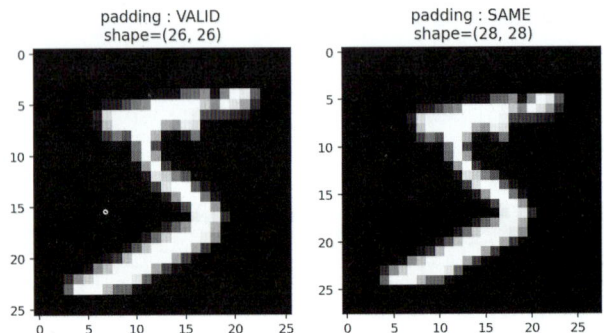

[그림 18-8] Padding을 다르게 했을 경우 출력 영상 비교

영상의 shape을 보면 Valid의 경우 원본 영상의 28×28보다 작아지고, Same인 경우에 유지되는 것을 볼 수 있습니다.

18.4 Max-Pooling

Max-Pooling은 영상 정보를 압축하는 기능을 합니다. 또한, 영상의 크기를 작게 만들어 연산량을 줄이는 역할도 합니다. 영상에서 특정 크기의 영역을 정하고 그 안에서 가장 큰 값(Max)을 대푯값으로 출력하는 것입니다. 경우에 따라서 Average-Pooling(평균-풀링)도 사용합니다. 일반적인 CNN에서는 Max-Polling을 주로 사용합니다. 다음 그림은 가장 전형적인 Max-Pooling의 예제입니다.

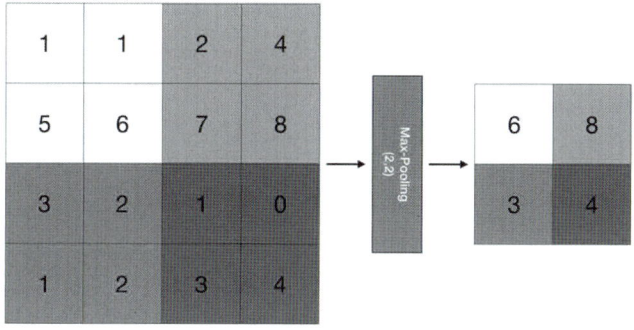

[그림 18-9] Max-Polling의 예제

tf.layers.max_pool2d( )를 통하여 쉽게 구현할 수 있고, 다음 2가지의 변수가 있습니다.

- ksize
- stride

ksize는 작은 블록의 크기를 (ksize, ksize)로 결정합니다. 위의 그림에서 kernel size는 (2, 2)입니다. stride는 콘볼루션과 같은 역할을 합니다. 예를 들어 stride를 2로 설정하면, 2칸씩 움직이면서 Max-Pooling 연산을 수행합니다. 아래 코드로 동작을 확인해 보겠습니다.

```
identity_kernel = np.array([[0,0,0], [0,1,0], [0,0,0]])
x = tf.constant(x_train[:1].reshape(1, 28, 28, 1), dtype=tf.float32)
kernel = tf.constant(identity_kernel.reshape([3,3,1,1]),dtype=tf.float32)
plt.figure(figsize=(8,8))
for k, pooling_size in enumerate([2,3,4,5], 1):
    plt.subplot(1,4,k)
    out = tf.nn.max_pool2d(x, pooling_size, pooling_size, padding='VALID')
    plt.imshow(out[0, :, :, 0], cmap='gray')
    plt.title('pooling size : {0}\n shape=({1}, {2})'.format(pooling_size,
              out.shape[1], out.shape[2]))
plt.show()
```

다음 그림에서 알 수 있듯이, 코드는 Pooling size를 변경할 때 입력 영상이 달라지는 경향을 나타냅니다.

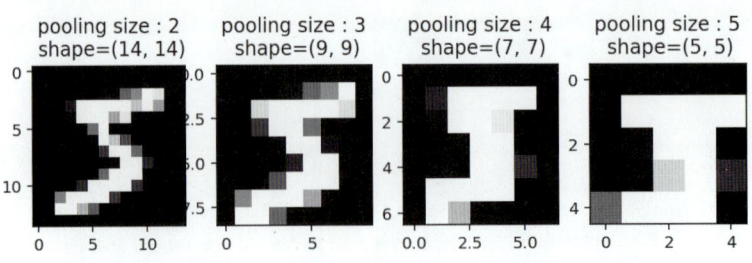

[그림 18-10] Max-polling size 변화에 따른 출력 영상 예시

18.5 Dropout

Dropout은 모델의 과적화(Overfitting)를 막기 위해 사용하는 방법입니다. 토론토 대학의 조프리 힌튼 교수(Geoffrey Hinton)팀의 AlexNet에 적용하여 유명해졌고, 최근 모델에는 보편적으로 사용됩니다. 많은 모델을 평균(averaging)하는 것은 언제나 좋은 결과를 가져온다는 것이 Dropout의 핵심 아이디어입니다.

그렇다면 어떻게 하면 하나의 모델이 여러 모델을 평균하는 것처럼 할 수 있을까요? 답은 간단합니다. 매 트레이닝마다 랜덤하게 네트워크를 정해준 비율로 끊는 것입니다. 만약에 우리가 특정 히든레이어의 유닛 중 50%만큼을 랜덤하게 끊는다고 가정해보면 한 번의 트레이닝마다 2배의 서로 다른 모델이 생기게 되고, 즉 총 트레이닝을 n번 했다면, 2^n만큼의 모델을 트레이닝하여 그 결과를 평균한 것과 같은 효과를 갖게 됩니다.

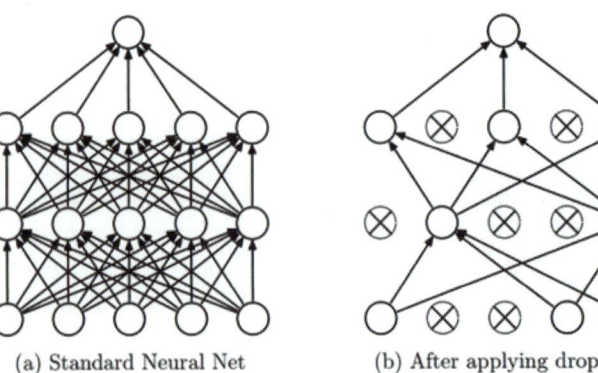

[그림 18-11] Dropout 적용 전과 후(출처: Srivastava, Nitish, et al. "Dropout: a simple way to prevent neural networks from overfitting", JMLR 2014)

[그림 18-11]에서 왼쪽 (a)는 일반적인 신경망이고, 오른쪽 (b)는 Dropout을 적용했을 때에 그림입니다. x 표시가 된 유닛이 네트워크가 끊어진 유닛입니다.

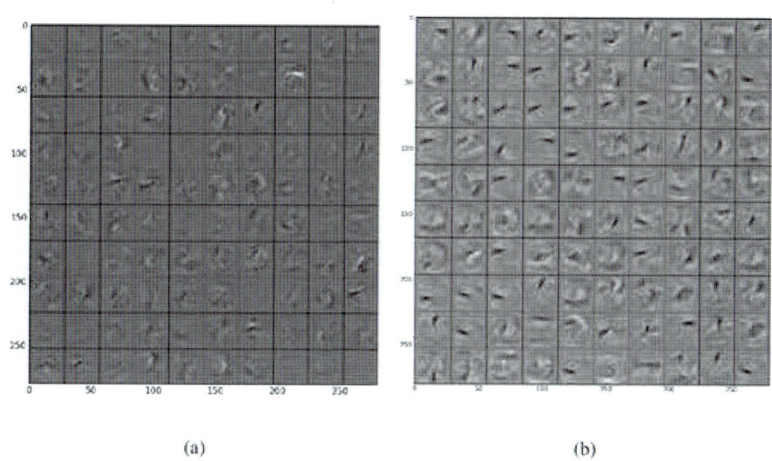

[그림 18-12] 첫 번째 히든레이어의 Dropout 전, 후의 Feature들의 시각화(출처: G. E. Hinton, et al. "Improving neural networks by preventing co-adaptation of feature detectors" arXiv:1207.0580)

[그림 18-12]는 Dropout을 통해서 과적화가 어떻게 방지되는지 시각적으로 보여줍니다. 그림의 한 칸 한 칸이 한 개의 유닛에서 나타난 feature를 나타낸 그림입니다. 왼쪽의 경우 전반적으로 뿌옇고 심지어 거의 사용되지 않는 유닛이 있는 것을 볼 수 있습니다. Weight가 작다는 것은 해당 유닛이 하는 일이 거의 없다 라고 이해할 수 있습니다.

반면에 오른쪽 (b) 그림의 경우 완전히 특징이 안 보이는 유닛은 없고 심지어 강한 스트로크가 보이는 유닛을 많이 볼 수 있습니다. Dropout을 통해 모든 유닛을 골고루 잘 훈련시키는 것을 [그림 18-12]의 예를 통해 확인할 수 있습니다. Dropout은 과적화를 막아주는 기능 외에도 최적화 문제의 수렴 속도를 증가시키는 기능도 있습니다. TensorFlow를 사용할 경우 tf.keras.layers.Dropout( )로 쉽게 사용할 수 있습니다.

18.6 ReLU 활성 함수

ReLU(Rectified Linear Unit) 활성 함수는 그래디언트가 사라지는 문제를 해결하여 딥러닝을 가능하게 만든 하나의 큰 발전입니다. 사라지는 그래디언트 문제에 대해서 알아보겠습니다.

18.6.1 사라지는 그래디언트 문제(Vanishing gradient problem)

사라지는 그래디언트 문제는 그래디언트 기반 방법(예: 역전파)으로 특정 인공 신경망을 훈련할 때 발견되는 어려움입니다. 특히, 이 문제는 네트워크에서 이전 레이어의 매개 변수를 배우고 조정하는 것을 정말로 어렵게 만듭니다. 이 문제는 아키텍처의 계층 수가 늘어남에 따라 더욱 악화됩니다.

18.6.2 문제의 이해

그래디언트 기반 방법은 매개 변수(weight) 값의 작은 변화가 네트워크 출력에 미치는 영향을 사용하여 매개 변숫값을 변경(학습)합니다. 만약 매개 변숫값의 변화가 네트워크 출력값을 아주 작게 변경한다면, 그만큼 매개 변숫값이 아주 작게 변경이 되어서 학습에 걸리는 시간이 매우 느려지거나 효과적으로 학습하지 못하게 됩니다.

이것이 바로 사라지는 그래디언트 문제에서 발생하는 현상입니다. 초기 레이어의 매개 변숫값이 크게 변경되더라도 출력에 큰 영향을 미치지 않는다는 말입니다. 이 문제가 언제 그리고 왜 발생하는지에 대해 알아보겠습니다.

18.6.3 문제의 원인

사라지는 그래디언트 문제는 활성화 함수의 선택에 결정됩니다. 많은 일반적인 활성화 함수(예: sigmoid 또는 tanh)는 입력을 매우 작은 출력 범위로 아주 비선형적으로 작게 만듭니다. 예를 들어, sigmoid는 실수 전체 영역을 [0, 1]의 아주 "작은" 범위로 매핑합니다. 결과적으로 매우 작은 범위로 매핑되는 입력 공간의 넓은 영역이 있을 때, 이러한 입력 공간 영역에서는 입력이 크게 변경되어도 출력은 조금 변경되기 때문에 그래디언트도 작을 수밖에 없게 됩니다.

이러한 비선형성의 여러 레이어를 서로 겹쳐 놓으면 훨씬 더 나빠지게 됩니다. 예를 들어, 첫 번째 레이어는 큰 입력 영역을 작은 출력 영역으로 매핑합니다. 두 번째 레이어는 더 작은 영역에 매핑되고 세 번째 레이어는 더 작은 영역에 매핑됩니다. 결과적으로 첫 번째 레이어의 매개 변수가 크게 변경되어도 출력이 크게 변경되지는 않습니다.

18.6.4 해결

입력 공간을 작은 영역으로 '쥐어짜는' 속성이 없는 활성화 함수를 사용해서 문제를 피할 수 있습니다. 현재 널리 사용하는 방법은 정류된 선형 유닛(rectified linear unit, ReLU)으로, x를 max(0, x)로 매핑하는 방법입니다.

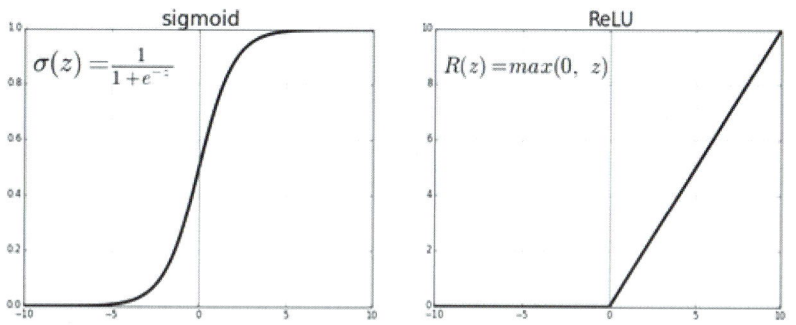

[그림 18-13] 활성화 함수 sigmoid와 ReLU (출처: https://towardsdatascience.com/activation-functions-neural-networks-1cbd9f8d91d6)

TensorFlow에서는 각 layer 함수의 입력 파라미터 activation을 'relu'로 하는 것으로 사용할 수 있습니다. 예를 들어 convolution layer의 경우, tf.keras.layers.Conv2D(32, 3, activation='relu', input_shape=[28, 28, 1])처럼 사용할 수 있습니다.

18.7 자동 특성(Feature) 추출

CNN의 등장 전에 영상처리 분야의 분류(Image classification) 혹은 객체 탐지(Object Detection)의 분야들은 주로 커널을 설계하는 것부터 시작했습니다. 어떤 커널을 사용하여 필터링하는지에 따라서 영상에서 추출할 수 있는 특성들이 다릅니다. 그렇기 때문에 해당 분야의 전문가들이 커널을 여러 개 디자인하여 영상의 특성 추출을 한 후 영상처리를 알고리즘에 적용했습니다.

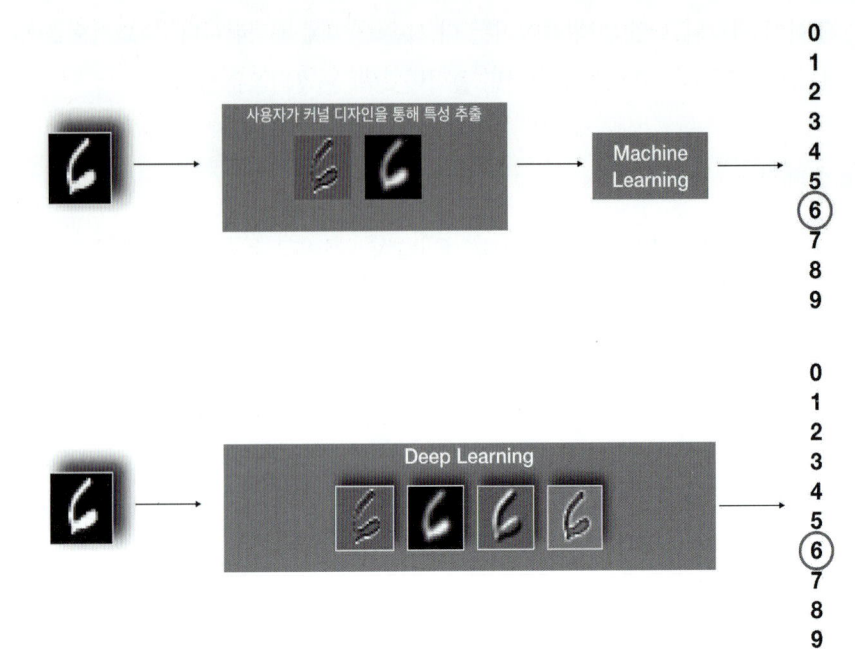

[그림 18-14] 고전적인 머신러닝과 딥러닝의 차이

고전적인 영상처리 머신러닝과 다르게 CNN을 사용한 딥러닝에서는 커널의 디자인을 컴퓨터가 자동으로 수행합니다. 영상처리 알고리즘은 기본적으로 손실함수(loss function)를 작게 하는 것이 가장 큰 목표이므로 컴퓨터에게 이러한 커널까지 찾도록 맡깁니다.

수학적으로는 최적화 문제에 커널까지 추가하여 구성하므로 더 높은 차원의 최적화 문제를 풀게 되는 것과 같습니다. 연산이 기존에 비해 엄청나게 늘게 되었지만, 컴퓨팅 성능의 비약적인 발전과 GPU를 활용하여 같은 시간 동안에 더 많은 연산이 가능하게 되어 CNN이 거의 모든 영상 처리 모델에 들어가게 되었습니다.

18.8 MNIST 숫자 분류 문제

MNIST는 Modified National Institute of Standards and Technology의 약자입니다. MNIST란 미국 국립 표준 기술연구소(NIST)에서 제공한 데이터셋에 수정사항을 적용

하여 머신러닝에 적합하게 재생산한 데이터셋입니다. 수많은 튜토리얼, 매뉴얼, 블로그, 논문 등에서 MNIST 데이터셋을 사용하여 선형 모델, 신경망 모델(Neural Network), CNN(Convolutional Neural Network), RNN (Recurrent Neural Network) 등 개념 설명을 하는 것을 볼 수 있을 정도로 매우 유명한 데이터셋입니다.

MNIST 숫자 분류 문제에는 가로, 세로 28픽셀의 숫자를 손으로 쓴 흑백 이미지와 해당되는 숫자를 표시한 라벨(label)이 존재하는 데이터셋입니다. 모두 총 70,000개의 이미지가 있습니다. 주어진 숫자 이미지와 라벨 데이터로 CNN 모델을 학습시킨 후 테스트해 보겠습니다.

18.8.1 데이터 훑어보기

다음 코드를 통해 MNIST 데이터셋을 불러오고 0~1 사이의 값으로 normalize를 합니다.

```
import numpy as np
import tensorflow as tf
import matplotlib.pylab as plt

mnist = tf.keras.datasets.mnist

# train 과 test 용으로 MNIST 데이터를 불러옵니다.
(x_train, y_train), (x_test, y_test) = mnist.load_data()

# 원래 data는 0에서 255사이의 값입니다. 이것을 0에서 1사이의 값으로 normalize 합니다.
x_train, x_test = x_train / 255.0, x_test / 255.0
```

데이터 개수와 범위를 파악하기 위한 코드는 다음과 같습니다.

```
print("="*40)
print("Train Data Shape : {0}".format(mnist.train.images.shape))
print("Train Label Shape : {0}".format(mnist.train.labels.shape))
print("Test Data Shape : {0}".format(mnist.test.images.shape))
print("Test Label Shape : {0}".format(mnist.test.labels.shape))

print("="*40)
```

```
for i in range(10):
    print("Train Label {0} : {1}".format(i,
        np.count_nonzero(mnist.train.labels == i)))
print("Train Total : {0}".format(len(mnist.train.labels)))

print("="*40)
for i in range(10):
    print("Test Label {0} : {1}".format(i,
        np.count_nonzero(mnist.test.labels == i)))
print("Test Total : {0}".format(len(mnist.test.labels)))

print("="*40)
print("Train > Min : {0}, Max : {1}".format(mnist.train.images.min(),
    mnist.train.images.max()))
print("Test > Min : {0}, Max : {1}".format(mnist.test.images.min(),
    mnist.test.images.max()))
```

학습용 데이터는 총 60,000장의 영상이고 테스트용 데이터는 10,000장입니다. 모든 영상은 총 784(28*28)개의 픽셀로 되어 있습니다. 영상은 0부터 9까지 구분되어 학습용은 각 숫자별로 약 6,000장씩, 테스트용은 약 1,000장씩 고르게 분포되어 있는 것을 볼 수 있습니다. 원래의 이미지는 각 픽셀이 0 부터 255까지의 값으로 되어있지만, 학습을 위해서 0부터 1까지 값으로 표준화하여 사용하도록 하겠습니다.

그림으로 데이터셋을 확인해 보기 위해 다음 코드를 실행해 보겠습니다.

```
img_rows, img_cols = 28, 28
plt.figure(figsize=(16,8))
for k in range(32):
    img = mnist.train.images[k].reshape(img_rows,img_cols)
    label = mnist.train.labels[k]
    plt.subplot(4,8,1+k)
    plt.imshow(img, cmap='gray')
    plt.axis('off')
    plt.title('label : {0}'.format(label))
plt.show()
```

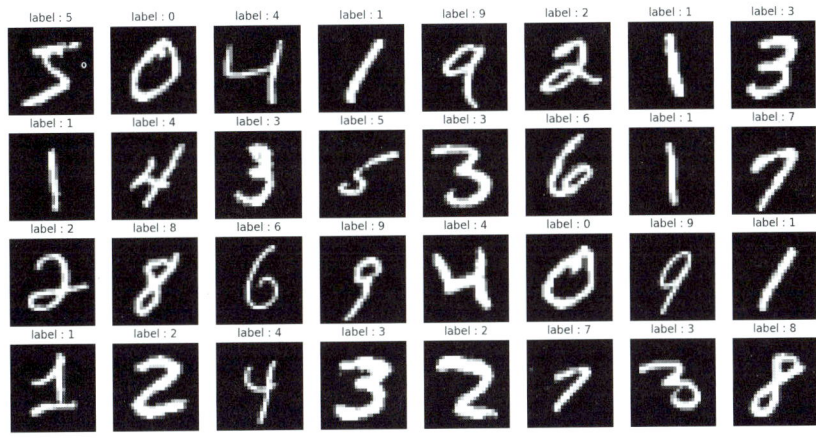

[그림 18-15] 학습용 데이터셋의 시각화

그림에서 보는 것과 같이 필기체 숫자 영상(Image)과 그에 해당하는 숫자(Label)가 있습니다. 그림들의 크기는 가로/세로 각각 28픽셀인 정사각형 흑백 이미지입니다.

18.8.2 One-Hot 인코딩

One-Hot 인코딩이란 범주형(categorical) 변수를 벡터로 변형하는 것을 말합니다. 흔히 Dummy 변수 생성이라고 표현되기도 합니다. 예컨대, 이미지의 라벨(label)이 4였다면 One-Hot 인코딩 전에는 단순히 문자열 혹은 정수 4로 표현되고 One-Hot 인코딩 후에는 [0,0,0,0,1,0,0,0,0,0]로 표현됩니다.

3개 이상의 분류 문제라면 반드시 One-Hot 인코딩을 해야 합니다. 일반적으로는 One-Hot 인코딩을 사용자가 직접 코드를 만들어서 하거나, scikit-learn 패키지를 사용해서 One-Hot 인코딩으로 변환합니다. 그렇지만 TensorFlow의 tf.keras.utils.to_categorical()을 사용하면 숫자로 된 라벨을 One-Hot 인코딩이 된 라벨로 변환할 수 있습니다. 다음 코드를 실행해보면 쉽게 이해할 수 있습니다. TensorFlow를 사용하기 전의 예전에는 이렇게 One-Hot 인코딩으로 라벨을 변경 후 학습을 하였지만, TensorFlow를 사용하면 사용자가 One-Hot 인코딩으로 변경하지 않아도 내부적으로 스스로 처리하여 학습을 합니다.

```
print(y_train[:10])
print(tf.keras.utils.to_categorical(y_train[:10]))
print(np.argmax(tf.keras.utils.to_categorical(y_train[:10]), 1))
```

제일 처음 코드의 mnist.load_data( )에서 보았듯이 training과 test에 사용할 데이터와 라벨을 x_train, y_train, x_test, y_test로 선언 했습니다. 앞으로 해당 변수들로 학습과 테스트를 할 것입니다.

```
# train 과 test 용으로 MNIST 데이터를 불러옵니다.
(x_train, y_train), (x_test, y_test) = mnist.load_data()
```

18.8.3 CNN모델 구축하기

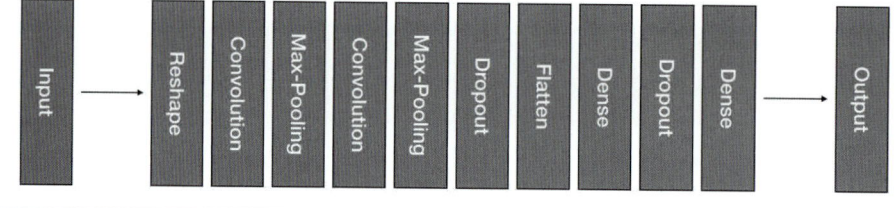

[그림 18-16] MNIST문제를 해결하기 위한 CNN 모델의 예

위 그림은 MNIST 숫자 분류 문제를 해결하기 위한 간단한 CNN 모델입니다. AlexNet과 상당히 유사한 형태입니다. 앞서 언급한 딥러닝을 가능하게 한 콘볼루션, Max-Polling, Dropout을 모두 포함하고 있습니다. 다음 코드는 위 그림의 CNN 모델을 TensorFlow를 사용하여 구성하는 코드입니다. (첫 번째 reshape 레이어는 생략되었습니다.)

```
from tensorflow.keras.layers import Dense, Flatten, Conv2D, MaxPool2D, Dropout
from tensorflow.keras.models import Sequential

model = Sequential([
    Conv2D(32, 3, activation='relu', input_shape=[28, 28, 1]),
    MaxPool2D(pool_size=(2, 2), strides=(2, 2)),
    Conv2D(64, 3, activation='relu'),
    MaxPool2D(pool_size=(2, 2), strides=(2, 2)),
```

```
        Dropout(0.25),
        Flatten(),
        Dense(128, activation='relu'),
        Dropout(0.5),
        Dense(10, activation='softmax')
])
```

각 레이어에 해당되는 코드들에 대한 설명은 다음과 같습니다.

1. Conv2D(32, 3, activation='relu', input_shape=[28, 28, 1]),: 크기 (3,3)인 커널 32개로 구성되었고, 활성함수는 ReLU를 사용한 콘볼루션 레이어
2. MaxPool2D(pool_size=(2, 2), strides=(2, 2)): Max-Pooling을 사용하여 입력 이미지의 해상도를 2배 줄여주는 역할
3. Conv2D(64, 3, activation='relu'): 크기 (3,3)인 커널 64개로 구성되었고, 활성함수는 ReLU를 사용한 콘볼루션 레이어
4. MaxPool2D(pool_size=(2, 2), strides=(2, 2)): Max-Pooling을 사용하여 입력 이미지의 해상도를 2배 줄여주는 역할
5. Dropout(0.25): 과적화를 막기위해 25% 확률로 Dropout하는 레이어
6. Flatten( ): Dense레이어의 입력으로 이미지를 사용하기 전에 이미지를 벡터로 바꾸는 레이어
7. Dense(128, ⋯): 784개 유닛의 Dense레이어를 128개의 출력으로 바꿔주는 레이어
8. Dropout(0.5): 과적화를 막기위해 50% 확률로 Dropout하는 레이어
9. Dense(10, ⋯): 10개의 최종 출력으로 만들어주는 레이어, 각 레이블의 정확도 확률 계산을 위해 activation 함수로 softmax를 사용함.

18.8.4 최적화 문제 설정

최적화 문제를 풀기 위해선 손실함수와 수치 알고리즘이 필요합니다. 보통 분류 문제(Classification)에서는 소프트맥스(Softmax)와 크로스엔트로피(Cross-entropy)를 사용합니다. 소프트맥스(Softmax)는 각 숫자일 확률을 벡터로 나타내기 위한 함수입니다. 총 분류 개수를 K라고 했을 때 다음과 같이 정의합니다.

$$\text{softmax}(\mathbf{z})_j = \frac{e^{z_j}}{\sum_{k=1}^{K} e^{z_k}}, \forall j = 1, 2, \cdots, K$$

```
model.fit(
    x_train[..., np.newaxis],
    y_train,
    epochs=MaxEpoch,
    batch_size=batch_size,
    validation_split=0.2,
)
```

Validation 용으로 학습 데이터의 20%를 사용합니다. GPU를 사용할 수 있도록 환경설정을 했다면, GPU로 학습될 것입니다. GPU를 사용한다면 수십 초 이내, 2020년 이후에 출시된 최신 CPU를 사용한다면 수 분 이내에 학습될 것입니다.

18.8.7 정확도 확인

아래 코드를 사용해서 15번째 테스트셋을 모델이 어떻게 예측하는지 확인해보겠습니다. 앞서 살펴봤듯이 이미지의 모양은 [28, 28]입니다. 학습된 모델을 사용하여 평가하거나 추론할 때에는 입력 데이터의 모양을 잘 맞춰서 입력해야 합니다. 학습할 때 4차원 모양의 tensor로 변경해서 입력해주었듯이, 추론할 때에도 4차원 모양의 tensor로 변경해야 합니다. 한 장의 영상을 추론할 것이니 변경한 데이터의 모양은 [1, 28, 28, 1]이 되어야 합니다.

```
test_index = 15
test_image = x_test[test_index]
test_tensor = test_image[np.newaxis, ..., np.newaxis]
result = model.predict(test_tensor)

plt.imshow(test_image, cmap='gray')
plt.title(f"prediction : {result.argmax()}, truth :{y_test[test_index]}")
plt.show()
```

코드를 실행하면 [그림 18-17]과 같이 정확하게 잘 예측되는 것을 볼 수 있습니다.

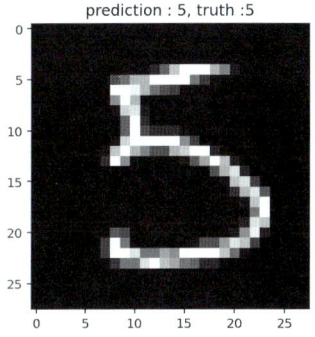

[그림 18-17] 학습한 모델을 사용한 예측의 예시

아래 코드를 사용하여 전체 테스트셋으로 주어진 CNN 모델을 평가해보면, 약 99%의 정확도를 얻을 수 있습니다. CNN 모델 대신 단순 선형 모델을 사용하면 약 92%를 얻을 수 있고, 신경망 모델을 사용하면 약 97% 정도의 정확도를 얻을 수 있습니다. 현재 영상 분류 사물 인지 분야에서는 CNN 모델이 가장 정확하고 유용한 솔루션으로 알려져 있습니다.

```
[loss, acc] = model.evaluate(x_test[..., np.newaxis], y_test)
print(f'테스트셋 평가 결과 loss : {loss}, accuracy : {acc}')
```

18.8.8 전체 코드

```
# 1. 라이브러리 불러오기
import numpy as np
import tensorflow as tf
import matplotlib.pylab as plt
# 2. MNIST 데이터 불러오기
mnist = tf.keras.datasets.mnist

# 3. Train / Test 데이터 불러오기
# train 과 test 용으로 MNIST 데이터를 불러옵니다.
(x_train, y_train), (x_test, y_test) = mnist.load_data()

# 원래 data는 0에서 255사이의 값입니다. 이것을 0에서 1사이의 값으로 normalize 합니다.
x_train, x_test = x_train / 255.0, x_test / 255.0

# 4 MNIST 데이터 훑어보기
print("="*40)
```

```python
print("Train Data Shape : {0}".format(x_train.shape))
print("Train Label Shape : {0}".format(y_train.shape))
print("Test Data Shape : {0}".format(x_test.shape))
print("Test Label Shape : {0}".format(y_test.shape))

print("="*40)
for i in range(10):
    print("Train Label {0} : {1}".format(i, np.count_nonzero(y_train == i)))
print("Train Total : {0}".format(len(y_train)))

print("="*40)
for i in range(10):
    print("Test Label {0} : {1}".format(i, np.count_nonzero(y_test == i)))
print("Test Total : {0}".format(len(y_test)))

print("="*40)
print("Train > Min : {0}, Max : {1}".format(x_train.min(), x_train.max()))
print("Test > Min : {0}, Max : {1}".format(x_test.min(), x_test.max()))

# 5. MNIST 데이터 그림 보기
plt.figure(figsize=(16,8))
for k in range(32):
    img = x_train[k]
    label = y_train[k]
    plt.subplot(4,8,1+k)
    plt.imshow(img, cmap='gray')
    plt.axis('off')
    plt.title('label : {0}'.format(label))
plt.show()

# 6. 사용할 layer랑 model 불러오기
from tensorflow.keras.layers import Dense, Flatten, Conv2D, MaxPool2D, Dropout
from tensorflow.keras.models import Sequential

# 7. CNN 모델 구성하기
model = Sequential([
    Conv2D(32, 3, activation='relu', input_shape=[28, 28, 1]),
    MaxPool2D(pool_size=(2, 2), strides=(2, 2)),
    Conv2D(64, 3, activation='relu'),
    MaxPool2D(pool_size=(2, 2), strides=(2, 2)),
    Dropout(0.25),
    Flatten(),
    Dense(128, activation='relu'),
    Dropout(0.5),
    Dense(10, activation='softmax')
])
```

```python
# 8. 최적화 문제 세팅하기
model.compile(
    optimizer=tf.keras.optimizers.Adam(),
    loss=tf.keras.losses.SparseCategoricalCrossentropy(),
    metrics=[tf.keras.metrics.SparseCategoricalAccuracy()]
)

# 9. Hyper-Parameter 세팅하기
batch_size = 64
MaxEpoch = 5

# 10. 학습시작
model.fit(
    x_train[..., np.newaxis],
    y_train,
    epochs=MaxEpoch,
    batch_size=batch_size,
    validation_split=0.2,
    )

# 11. Test 데이터셋으로 정확도 확인하기
[loss, acc] = model.evaluate(x_test[..., np.newaxis], y_test)
print(f'테스트셋 평가 결과 loss : {loss}, accuracy : {acc}')
```

Chapter 19 | GAN(Generative Adversarial Networks) 모델

위조지폐를 만드는 A 씨와 이를 감별해내는 전문 감별사 B 씨가 있습니다. A 씨가 제일 처음 만든 위조지폐는 그 품질이 매우 나빠서 전문 감별사가 쉽게 판별할 수 있었습니다. 하지만 여러 가지 시행착오를 거치다 보니 A 씨의 위조지폐는 더욱 정교해져서 평범한 전문 감별사가 쉽게 판별할 수 없게 되었습니다. 그렇지만 전문 감별사 B 씨의 감별 능력도 A 씨의 위조지폐가 정교해질 때마다 시간이 지날수록 더욱더 정교해져서 아주 정밀한 위조지폐도 감별할 수 있는 능력을 갖추게 되었습니다. A 씨는 속이기 위해서 더욱더 노력하고, B 씨는 속지 않기 위해서 더욱더 노력합니다. 이렇게 서로가 속이고 속지 않으려고 하는 시도가 무한하게 반복되면 어떻게 될까요?

이 이야기는 2014년도 NIPS(Neural Information Processing Systems)라는 학회에서 이안 굿펠로우(Ian Goodfellow)가 발표한 논문에 나오는 내용입니다. GAN(Generative Adversarial Networks)이라고 이름 지어진 이 논문은 머신러닝 학계에서 저명한 뉴욕주립대 교수이자 페이스북 AI 연구소(Facebook AI Research)를 이끌고 있는 얀 르쿤(Yann LeCun)으로부터 최근 10년 사이에 가장 흥미로운 아이디어라고 극찬을 받았습니다. 이후 GAN은 실제와 매우 비슷한 새로운 영상을 만드는데 응용되거나, 영상 화질 개선 및 초고해상도 영상(Super resolution)을 만드는 방법에서 괄목할 만한 성과를 보여주고 있습니다. 또한, NLP(Natural Language Processing, 자연어 처리) 등 다양한 분야에서도 엄청난 성과가 나타나고 있습니다.

GAN이라는 이름의 뜻에 대해서 알게 되면 앞으로 GAN을 이해하는데 도움이 될 것입니다. 글자 중 맨 앞글자 G에 해당하는 단어 Generative는 "생성하는"이라는 뜻을 가지고 있고, 마지막 Networks는 "망"이라는 뜻이며, 복수 형태로 사용되었습니다. 조금 생소한 영어 단어인 Adversarial은 "대립하는, 적대적인"이라는 뜻으로 여기서 우리는 무언가 대립적인 망들을 만드는 것이라고 상상할 수 있습니다.

무엇인가 대립하려면 적어도 서로의 의견이 상충하는 두 부분이 필요합니다. 여기까지 보면 GAN이라는 이름만으로 두 개의 망이 대립한다는 것인가라고 생각할 수 있습니다. 앞서 예를 든 위조지폐 제작자와 이를 감별하는 감별사처럼, GAN은 서로 대립하는 두 부분(망, network)이 서로의 성능을 점차 개선해 나간다는 것이 주요 개념입니다. 앞서 대답을 미뤘던 물음에 답을 한다면, 서로 대립을 무한히 계속한다면, 즉 서로 속이고 속지 않으려고 최선을 다한다면 결국 감별사가 위조지폐를 구별할 확률은 50%가 될 것입니다.

19.1 min-max 최적화 문제 소개

앞서 소개한 예시를 수학적인 용어를 사용하여 설명하면 다음과 같습니다. Generative model G는 실제의 data x의 distribution을 알아내려고 노력합니다. 만약 G가 정확히 data distribution을 만들어 낼 수 있다면, 거기서 선택한 sample은 실제 data와 구별할 수 없을 것입니다. 한편, discriminator model D는 현재 자기가 보고 있는 sample이 data에서 온 진짜인지 혹은 G로부터 만들어진 것인지를 구별하여 각각의 경우에 대한 확률을 추정합니다.

D의 입장에서는 data로부터 선택한 sample x는 D(x)=1이 되고, G에 임의의 noise distribution에서 뽑은 input z를 넣고 만들어진 sample에 대해서는 D(G(z))=0이 되도록 노력합니다. 즉, D는 실수할 확률을 낮추기(minimize) 위해 노력하고 반대로 G는 D가 실수할 확률을 높이기(maximize) 위해 노력합니다. 따라서 이 같은 두 가지 상황을 "minimax 최적화 문제"라고 합니다.

MNIST 이미지를 데이터로 사용하는 GAN의 일반적인 구조는 아래의 다이어그램처럼 나타낼 수 있습니다. 잠재 샘플(latent sample)은 생성기(Generator)가 가짜 이미지 생성에 사용하는 임의의 벡터입니다. 생성기는 이 무작위 벡터를 판별기를 속일 수 있는 이미지를 만드는 방법을 학습(training)을 통해서 배우게 됩니다.

판별기(discriminator)의 출력은 시그모이드 함수이며, 0은 가짜 이미지를 나타내고 1은 실제 이미지를 나타냅니다. 만약 새로운 이미지를 생성하는 것만 하려면 학습 후에 판별기에 해당하는 네트워크를 삭제하여 생성기만 사용하는 것으로 달성할 수 있습니다. 이제부

$$f(x) = \max(ax, x)$$

19.2.3 Tanh Output

많은 연구자의 실험으로 Tanh(hyperbolic tangent)가 생성기 출력의 성능을 가장 높이는 활성화 함수라고 알려져 있습니다. 이것의 의미는 다른 일반적인 네트워크들이 사용하는 시그모이드(sigmoid)와는 다르게 생성기 네트워크의 출력이 0에서 1 사이의 값이 아닌 −1에서 1 사이의 값을 갖는다는 것입니다. 그래서 학습에 사용할 이미지를 −1에서 1 사이로 재조정(rescale) 한 것입니다. 위의 내용을 요약해서 생성기(generator) model을 반환하는 함수 generator( )를 만들면 아래와 같습니다.

```python
def generator(n_units=128, alpha=0.01, input_size=100):
    model = tf.keras.Sequential()
    model.add(layers.Dense(n_units, use_bias=False,
                            input_shape=(input_size,)))
    model.add(layers.LeakyReLU(alpha=alpha))
    model.add(layers.Dense(784, use_bias=False, activation='tanh'))
    model.add(layers.Reshape((28, 28)))
    return model
```

19.3 Discriminator(판별기)

판별기 네트워크는 마지막 네트워크의 활성함수를 제외하면 생성기의 네트워크와 상당히 유사합니다. 아래 코드와 같이 나타낼 수 있습니다. 가장 마지막 레이어는 판별을 하는 레이어이기 때문에 출력이 1개입니다.

```python
def discriminator(n_units=128, alpha=0.01):
    model = tf.keras.Sequential()
    model.add(layers.Flatten())
    model.add(layers.Dense(n_units))
    model.add(layers.LeakyReLU(alpha=alpha))
    model.add(layers.Dense(1))
    return model
```

19.4 GAN 네트워크 만들기

생성기(Generator)와 판별기(Discriminator)가 준비되었으니 이제 이것들을 사용해서 네트워크를 만들겠습니다. 학습에 필요한 세부사항을 정하겠습니다.

19.4.1 Hyperparameters

네트워크를 만들기 위해 몇 가지 하이퍼파라미터들을 미리 정의하겠습니다. 영상의 사이즈는 가로 세로가 28 x 28이므로 784입니다. 가짜 영상을 만들기 위한 노이즈 벡터의 사이즈는 100, 생성기 및 판별기의 숨겨진 레이어의 사이즈는 128로 정하겠습니다. Leaky ReLU에 사용할 leak factor는 0.01이고 뒤에서 설명할 레이블(label) smoothing의 값은 0.1로 하겠습니다.

```
# Size of latent vector to generator
z_size = 100
# Sizes of hidden layers in generator and discriminator
g_hidden_size = 128
d_hidden_size = 128
# Leak factor for leaky ReLU
alpha = 0.01
# Smoothing
smooth = 0.1
```

앞서 준비한 입력, 생성기와 판별기를 이용하여 이제부터 GAN 네트워크를 만들어 보겠습니다. 앞서 준비한 코드를 이용해 각 모델들을 만듭니다. generator( ) 함수를 사용해서 생성기를 discriminator( ) 함수를 이용해서 판별기를 만듭니다. 판별기는 후에 학습 과정 중에 실제 이미지와 생성기가 만든 가짜 이미지를 입력으로 받아서 학습하게 됩니다.

```
# Build the model
g_model = generator(n_units=g_hidden_size, alpha=alpha,
                    input_size=z_size)
d_model = discriminator(n_units=d_hidden_size, alpha=alpha)
```

19.5 손실함수

이제까지 배워온 다른 손실함수 계산법과 비교하면 GAN의 경우에는 조금 특이한 방법으로 loss(손실)를 계산합니다. 판별기 네트워크의 loss는 실제 데이터와 가짜 데이터를 사용해서 계산된 손실의 총합입니다. d_loss_total = d_loss_real + d_loss_fake 앞서 언급한 두 가지의 각 손실을 구하는 방법은 판별기의 경우에는 이것이 fake인지 real인지만을 구분하면 되므로 tf.keras.losses.BinaryCrossentropy( )라는 함수를 이용하여 구할 수 있습니다. 마지막에 activation function을 sigmoid를 사용하지 않았으므로, from_logit=True와 같이 파라메터를 설정하면 됩니다. 아래와 같이 정리할 수 있습니다.

> tf.keras.losses.BinaryCrossentropy(from_logits=True)

실제 이미지 데이터의 logits는 앞선 판별기의 출력 중의 하나인 d_logits_real입니다. 그리고 실제 데이터이기 때문에 레이블(label)은 전부 1을 사용합니다. 판별기의 성능을 높이는 방법의 하나로 레이블을 1이 아닌 그것보다 약간 작은 0.9 정도로 사용하는 방법이 있는데, 여기서는 그 방법을 사용하도록 하겠습니다. 그렇게 하기 위해 smooth라는 변수를 사용하여 다음과 같이 레이블을 표현하겠습니다. tf.ones_like(tensor) * (1 - smooth)

가짜 이미지의 손실을 계산할 때도 비슷하게 수행합니다. d_logits_fake라는 이름의 판별기 출력을 사용합니다. 그리고 실제 데이터는 전부 1을 레이블로 사용했듯이 가짜 이미지 데이터에서는 레이블을 전부 0으로 사용합니다. 마지막으로 생성기의 손실 계산은 가짜 판별기의 출력을 사용합니다. 생성기는 생성기가 만든 가짜 이미지를 판별기가 진짜로 판별하기를 원하기 때문에 이 경우의 레이블은 전부 1을 사용합니다. 위의 내용을 코드로 요약하면 아래와 같습니다.

```
# Calculate losses
cross_entropy = tf.keras.losses.BinaryCrossentropy(from_logits=True)

def d_loss(d_logits_real, d_logits_fake):
    d_loss_real = cross_entropy(tf.ones_like(d_logits_real)
* (1 - smooth), d_logits_real)
```

```
        d_loss_fake = cross_entropy(tf.zeros_like(d_logits_fake),
                                    d_logits_fake)
        d_loss_total = d_loss_real + d_loss_fake
        return d_loss_total

    def g_loss(d_logits_fake):
        return cross_entropy(tf.ones_like(d_logits_fake), d_logits_fake)
```

19.6 Training(학습)

학습은 tf.GradientTape( )라고 하는 그래디언트 테이프를 사용해서 진행합니다. 앞선 챕터에서 배웠던 역전파 (backpropagation)를 통해 최적화 함수를 활용해 학습하게 됩니다. 그레디언트 테이프를 사용하게 되면 실행되는 모든 연산을 테이프(tape)에 "기록" 합니다. 그리고 모델을 사용해서 계산된 loss 와 학습에 사용된 변수들을 사용해서 그래디언트를 계산합니다. 계산된 그래디언트와 변수들을 최적화 함수에 적용해서 학습을 진행하게 됩니다. 아래는 최적화 함수 (optimizer)를 설정하는 코드입니다.

```
# Optimizers
learning_rate = 0.002

g_train_opt = tf.keras.optimizers.Adam(learning_rate)
d_train_opt = tf.keras.optimizers.Adam(learning_rate)
```

19.6.1 Training(학습)의 세부 조건 설정

학습을 위해 사용할 batch의 크기는 100, 총 100 epoch만큼을 학습하도록 하겠습니다. 상당히 좋은 GPU를 사용하여도 학습 시간은 수 분이 소요됩니다. 각 epoch마다 생성기와 판별기의 손실을 계산하여 화면에 출력하고, 생성기의 학습 성과를 나중에 확인하기 위해서 변수들을 저장합니다. 그리고 임의의 노이즈를 사용해 생성기로 가짜 영상 데이터를 만들고 그것을 따로 저장해둡니다.

```
EPOCHS = 100
noise_dim = 100
num_examples_to_generate = 16

BUFFER_SIZE = 60000
BATCH_SIZE = 100

# Batch and shuffle the data
train_dataset = tf.data.Dataset.from_tensor_slices(train_images).
                shuffle(BUFFER_SIZE).batch(BATCH_SIZE)
```

19.6.2 Training one epoch

다음 코드는 한 번의 epoch을 학습하는 코드입니다. 랜덤하게 생성한 노이즈 입력 영상을 만들어서 생성기 모델의 입력과 판별기의 입력으로 사용합니다. 판별기 모델은 학습으로 사용한 영상도 사용합니다. 앞서 정의한 생성기와 판별기의 손실함수에 각 모델에서 계산한 결과(logits)를 입력으로 넣어줍니다. 계산된 손실값(loss)과 각 모델에서 학습 가능한 변수들을 입력으로 그레디언트 테이프를 사용해 그레디언트를 계산합니다.

마지막으로 계산된 그레디언트와 학습 가능한 변수들을 입력으로 사용하여 최적화 함수에 넣어서 최적화를 진행하게 됩니다. @tf.function으로 함수 위의 데코레이터(decorator)는 학습을 좀 더 빠르게 해주는 역할을 하게 됩니다.

```
@tf.function
def train_step(images):
    noise = tf.random.normal([BATCH_SIZE, z_size])

    with tf.GradientTape() as gen_tape, tf.GradientTape() as disc_tape:
        generated_images = g_model(noise, training=True)

        d_logits_real = d_model(images, training=True)
        d_logits_fake = d_model(generated_images, training=True)

        train_loss_g = g_loss(d_logits_fake)
        train_loss_d = d_loss(d_logits_real, d_logits_fake)

    gradients_of_generator = gen_tape.gradient(train_loss_g,
                                g_model.trainable_variables)
    gradients_of_discriminator = disc_tape.gradient(train_loss_d,
                                    d_model.trainable_variables)
```

```
        g_train_opt.apply_gradients(zip(gradients_of_generator,
                                    g_model.trainable_variables))
        d_train_opt.apply_gradients(zip(gradients_of_discriminator,
                                    d_model.trainable_variables))

    return train_loss_g, train_loss_d
```

19.6.3 학습 시작

학습이 오래 걸릴 수 있으므로 중간 중간에 저장할 수 있도록 checkpoint를 설정합니다. 매 epoch마다 학습에 소요된 시간과 판별기와 생성기의 손실값을 출력하도록 하고, 매 10번의 epoch마다 현재까지 학습된 결과를 저장합니다. 그리고 매 epoch마다 랜덤하게 노이즈를 만들어서 생성기가 만든 숫자 영상을 samples라는 변수에 모아두겠습니다.

```
checkpoint_dir = './training_checkpoints'
checkpoint_prefix = os.path.join(checkpoint_dir, "ckpt")
checkpoint = tf.train.Checkpoint(g_train_opt=g_train_opt,
                                 d_train_opt=d_train_opt,
                                 g_model=g_model,
                                 d_model=d_model)

samples = []
losses = []
def train(dataset, epochs):
    for epoch in range(epochs):
        start = time.time()

        for image_batch in dataset:
            train_loss_g, train_loss_d = train_step(image_batch)


        print('Time for epoch {}/{} is {} sec...'.format(epoch + 1,
            epochs, time.time()-start),
            "Discriminator Loss: {:.4f}...".format(train_loss_d),
            "Generator Loss: {:.4f}".format(train_loss_g))

        # Save the model every 10 epochs
        if (epoch + 1) % 10 == 0:
            checkpoint.save(file_prefix = checkpoint_prefix)

        # Save losses to view after training
        losses.append((train_loss_d, train_loss_g))
```

```
            sample_z = np.random.uniform(-1, 1, size=(16, z_size))
            predictions = g_model(sample_z, training=False)
            samples.append(predictions)

train(train_dataset, EPOCHS)
```

19.6.4 Training loss(학습 손실)

학습을 진행하면 각각의 loss가 줄어드는 경향을 확인할 수 있습니다. 아래 코드를 통해 생성기와 판별기의 손실(loss) 경향을 그래프에서 확인할 수 있습니다.

```
fig, ax = plt.subplots()
losses = np.array(losses)
plt.plot(losses.T[0], label='Discriminator')
plt.plot(losses.T[1], label='Generator')
plt.title("Training Losses")
plt.legend()
```

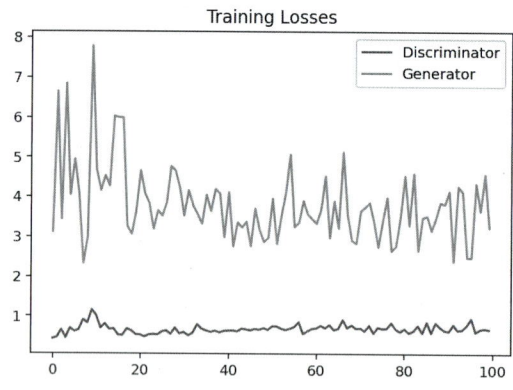

[그림 19-3] Generator와 Discriminator의 loss 변화

19.6.5 생성기로 만든 샘플 영상

학습 과정 중에 매 epoch마다 생성기로 만든 샘플 영상은 아래 코드로 확인해 볼 수 있습니다.

```
def view_samples(epoch, samples):
            fig, axes = plt.subplots(figsize=(7,7), nrows=4,
ncols=4, sharey=True, sharex=True)
            for ax, img in zip(axes.flatten(), samples[epoch]):
                        ax.xaxis.set_visible(False)
                        ax.yaxis.set_visible(False)
                        im = ax.imshow(img.reshape((28,28)),
                        cmap='Greys_r')

            return fig, axes
_ = view_samples(-1, samples)
```

view_samples( ) 함수를 이용해서 저장해 두었던 생성된 이미지 중에서 마지막(인덱스 -1) epoch의 영상을 확인할 수 있습니다. 완벽하진 않지만, 숫자의 모습을 하고 있는 영상을 확인할 수 있습니다. 다음 그림에서는 1, 9, 8과 같은 숫자를 쉽게 확인할 수 있습니다.

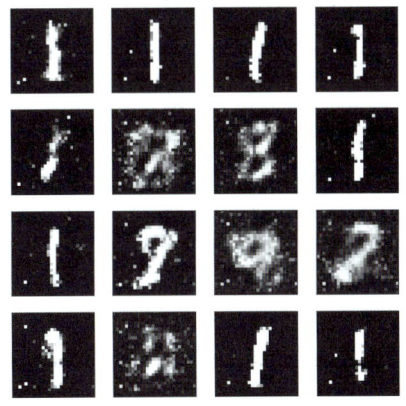

[그림 19-4] Generator로 만들어낸 Sample 영상

다음과 같은 코드를 사용하면 학습에 사용한 총 100 epoch의 학습 중에서 매 10회마다 생성기가 만들었던 영상 샘플을 확인할 수 있습니다. 가장 첫 줄(row)이 첫 번째 epoch을 학습한 생성기가 만들어 낸 영상이고, 그다음 줄(row)부터 10 epoch만큼의 학습을 더 수행한 후, 생성기가 만들어 낸 영상입니다. 학습을 더 많이 할수록 생성기가 만든 영상이 좀 더 숫자의 모습에 가까워지는 것을 알 수 있습니다.

```
rows, cols = 10, 6
fig, axes = plt.subplots(figsize=(7,12), nrows=rows, ncols=cols,
            sharex=True, sharey=True)

for sample, ax_row in zip(samples[::int(len(samples)/rows)], axes):
    for img, ax in zip(sample[::int(len(sample)/cols)], ax_row):
        ax.imshow(img.reshape((28,28)),cmap='Greys_r')
        ax.xaxis.set_visible(False)
        ax.yaxis.set_visible(False)
```

생성기가 만들어낸 영상들은 처음에는 거의 완벽한 노이즈로부터 시작합니다. 그리고 그 다음엔 영상의 중앙 근처는 흰색이고 바깥쪽은 검은색인 것을 학습합니다. 그러다가 1이나 9와 같은 모양으로 영상의 구조가 잡혀가는 것을 확인할 수 있습니다.

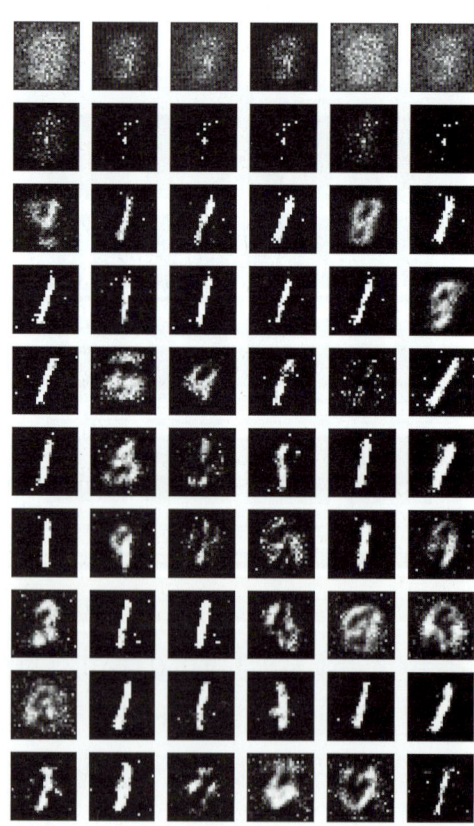

[그림 19-5] 매 10 epoch마다 Generator가 만들어내는 영상 변화의 예

19.6.6 생성기로 새로운 영상 만들기

학습을 마친 생성기로 입력을 사용한 영상이 아닌 완전히 새로운 영상을 얻을 수 있습니다. 우리는 앞서 학습에서 사용한 코드에서 매 checkpoint마다 생성기의 변수들을 저장했습니다. 그중에서 제일 마지막 학습이 끝난 생성기의 변수들과 임의의 노이즈를 사용해서 아래와 같이 영상을 만들 수 있습니다.

```
heckpoint.restore(tf.train.latest_checkpoint(checkpoint_dir))
sample_z = tf.random.normal([num_examples_to_generate, z_size])
sample_z = np.random.uniform(-1, 1, size=(16, z_size))
gen_samples = g_model(sample_z, training=False)
# samples.append(predictions)
_ = view_samples(-1, [gen_samples])
```

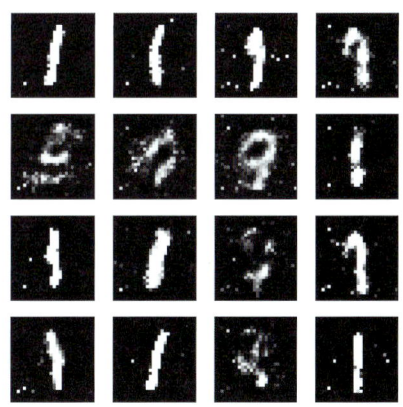

[그림 19-6] 임의의 노이즈를 입력으로 Generator로 생성한 영상

19.7 유용한 링크 및 전체 코드

위에서 예제로 사용한 MNIST GAN 모델은 GAN이라는 논문이 시작을 알리는 논문이기 때문에 크게 대단해 보이지 않을 수도 있습니다. 그렇지만 이것을 시작으로 무수한 응용 논문들이 쏟아져 나왔습니다. 아래의 링크에서 확인할 수 있습니다.

19.7.1 유용한 링크

- GAN original paper https://arxiv.org/abs/1406.2661
- Image-to-Image (Pix2Pix) https://affinelayer.com/pixsrv/
- DiscoGAN https://github.com/SKTBrain/DiscoGAN
- Generative Models 모음 https://github.com/wiseodd/generative-models
- 쉬운 예제 모음 https://github.com/udacity/deep-learning

19.7.2 전체 코드

```python
import numpy as np
import tensorflow as tf
import matplotlib.pylab as plt

import os
import time

from tensorflow.keras import layers

(train_images, train_labels), (_, _) = tf.keras.datasets.mnist.load_data()

print(train_images.shape)
train_images = train_images[..., np.newaxis].astype('float32')
train_images = (train_images - 127.5) / 127.5 # Normalize the images to [-1, 1]

print(train_images.shape)


# create model

# generator
def generator(n_units=128, alpha=0.01, input_size=100):
    model = tf.keras.Sequential()
    model.add(layers.Dense(n_units, use_bias=False,
                           input_shape=(input_size,)))
    model.add(layers.LeakyReLU(alpha=alpha))
    model.add(layers.Dense(784, use_bias=False, activation='tanh'))
    model.add(layers.Reshape((28, 28)))
    return model
```

```python
# discriminator
def discriminator(n_units=128, alpha=0.01):
    model = tf.keras.Sequential()
    model.add(layers.Flatten())
    model.add(layers.Dense(n_units))
    model.add(layers.LeakyReLU(alpha=alpha))
    model.add(layers.Dense(1))
    return model

# Size of latent vector to generator
z_size = 100
# Sizes of hidden layers in generator and discriminator
g_hidden_size = 128
d_hidden_size = 128
# Leak factor for leaky ReLU
alpha = 0.01
# Smoothing
smooth = 0.1


# Build the model
g_model = generator(n_units=g_hidden_size, alpha=alpha, input_size=z_size)
d_model = discriminator(n_units=d_hidden_size, alpha=alpha)

# Calculate losses
cross_entropy = tf.keras.losses.BinaryCrossentropy(from_logits=True)

def d_loss(d_logits_real, d_logits_fake):
    d_loss_real = cross_entropy(tf.ones_like(d_logits_real)
                                * (1 - smooth), d_logits_real)
    d_loss_fake = cross_entropy(tf.zeros_like(d_logits_fake),
                                d_logits_fake)
    d_loss_total = d_loss_real + d_loss_fake
    return d_loss_total

def g_loss(d_logits_fake):
    return cross_entropy(tf.ones_like(d_logits_fake), d_logits_fake)


# Optimizers
learning_rate = 0.002

g_train_opt = tf.keras.optimizers.Adam(learning_rate)
d_train_opt = tf.keras.optimizers.Adam(learning_rate)


EPOCHS = 100
noise_dim = 100
```

```python
num_examples_to_generate = 16

BUFFER_SIZE = 60000
BATCH_SIZE = 100

# Batch and shuffle the data
train_dataset = tf.data.Dataset.from_tensor_slices(train_images).
shuffle(BUFFER_SIZE).batch(BATCH_SIZE)


@tf.function
def train_step(images):
    noise = tf.random.normal([BATCH_SIZE, z_size])

    with tf.GradientTape() as gen_tape, tf.GradientTape() as disc_tape:
        generated_images = g_model(noise, training=True)

        d_logits_real = d_model(images, training=True)
        d_logits_fake = d_model(generated_images, training=True)

        train_loss_g = g_loss(d_logits_fake)
        train_loss_d = d_loss(d_logits_real, d_logits_fake)

    gradients_of_generator = gen_tape.gradient(train_loss_g, g_model.
                            trainable_variables)
    gradients_of_discriminator = disc_tape.gradient(train_loss_d, d_
                            model.trainable_variables)

    g_train_opt.apply_gradients(zip(gradients_of_generator,
                            g_model.trainable_variables))
    d_train_opt.apply_gradients(zip(gradients_of_discriminator,
                            d_model.trainable_variables))

    return train_loss_g, train_loss_d


checkpoint_dir = './training_checkpoints'
checkpoint_prefix = os.path.join(checkpoint_dir, "ckpt")
checkpoint = tf.train.Checkpoint(g_train_opt=g_train_opt,
                            d_train_opt=d_train_opt,
                            g_model=g_model,
                            d_model=d_model)

samples = []
losses = []
def train(dataset, epochs):
    for epoch in range(epochs):
        start = time.time()
```

```python
        for image_batch in dataset:
            train_loss_g, train_loss_d = train_step(image_batch)
        
        print('Time for epoch {}/{} is {} sec...'.format(epoch + 1,
            epochs, time.time()-start),
            "Discriminator Loss: {:.4f}...".format(train_loss_d),
            "Generator Loss: {:.4f}".format(train_loss_g))
        
        # Save the model every 10 epochs
        if (epoch + 1) % 10 == 0:
            checkpoint.save(file_prefix = checkpoint_prefix)
        
        # Save losses to view after training
        losses.append((train_loss_d, train_loss_g))
        
        sample_z = np.random.uniform(-1, 1, size=(16, z_size))
        predictions = g_model(sample_z, training=False)
        samples.append(predictions)

train(train_dataset, EPOCHS)


fig, ax = plt.subplots()
losses = np.array(losses)
plt.plot(losses.T[0], label='Discriminator')
plt.plot(losses.T[1], label='Generator')
plt.title("Training Losses")
plt.legend()


def view_samples(epoch, samples):
    fig, axes = plt.subplots(figsize=(7,7), nrows=4, ncols=4,
                sharey=True, sharex=True)
    for ax, img in zip(axes.flatten(), samples[epoch]):
        ax.xaxis.set_visible(False)
        ax.yaxis.set_visible(False)
        im = ax.imshow(img.numpy().reshape((28,28)), cmap='Greys_r')
    
    return fig, axes


_ = view_samples(-1, samples)


rows, cols = 10, 6
fig, axes = plt.subplots(figsize=(7,12), nrows=rows, ncols=cols,
                    sharex=True, sharey=True)
```

Chapter 20 영상

딥러닝은 영상, 음성, 신호 및 다양한 종류의 데이터를 기반으로 한 수많은 응용 분야에 널리 사용되고 있습니다. 그중에서도 영상 분야의 딥러닝 발전과 활용은 전문가뿐만 아니라 대중에게도 딥러닝을 알리는 데 가장 큰 영향을 줬다고 할 수 있습니다. 시각 정보를 사용하는 거의 모든 분야는 딥러닝으로 인해서 그 패러다임이 완전히 바뀌었다고 할 수 있습니다.

딥러닝의 발전으로 영상 분야는 물체의 위치와 종류를 더 정확하게 구분하게 되어 자동차의 완전 자율 주행은 이제 더 이상 꿈이 아니게 되었습니다. 영상의학과의 CT 영상 판독 기술도 사람의 능력을 뛰어넘을 정도로 딥러닝의 기술 수준은 상당히 높이 올라와 있습니다. 그야말로 영상 분야에서 딥러닝은 "응용의 꽃"이라고 부를 수 있게 되었습니다. 이번 장에서는 지난 장에서 배운 영상 분야의 딥러닝을 실제로 내가 풀려는 문제에 적용할 때 자주 사용하는 방법인 Transfer Learning(전이 학습)에 대해서 알아보겠습니다.

20.1 Transfer Learning(전이 학습)

일반적으로 영상을 분류하는 모델을 만들려면 여러 사항을 고려해야 합니다. 제일 먼저 어떤 모델을 사용할지 결정해야 합니다. 신경망 모델을 사용할지, CNN 모델을 사용할지 혹은 그 외 다른 모델을 사용할지를 정해야 합니다. 모델이 정해지면 그 모델의 세부 구조에 관해서도 결정해야 합니다. 예를 들면 히든 레이어는 몇 개를 만들 것인지, activation 함수는 무엇을 사용할 것인지 등 결정해야 하는 세부 사항은 너무 많습니다.

이렇게 많은 고민 끝에 모델을 결정했다고 하더라도 학습시키는 데는 여러 가지 어려운 점이 있습니다. 그중에서도 가장 어려운 점은 학습 시간이 매우 오래 걸린다는 점을 꼽을 수 있습니다. 보다 더 정확한 예측 결과를 위해서는 복잡한 모델을 선택하게 되고, 그 결과로 학습 시간이 길어지는 현상은 피할 수 없습니다. 유명한 논문에서 접하는 모델들을 학습시키기 위해 며칠, 몇 주를 써야 하는 일은 매우 흔한 일입니다.

이 책과 같이 간단하게 예제 문제들을 따라 해 보거나, 연습을 위해 간단한 모델과 상대적으로 작은 데이터셋을 사용하는 경우에도 학습에 드는 시간을 몇십 분이나 몇 시간씩 사용하는 것은 중요한 시간을 허비하는 일이 될 수 있습니다. 만약 다른 사람이 오랜 시간을 들여서 학습한 결과를 이용할 수 있다면 학습에 들어가는 시간을 많이 단축할 수 있을 것입니다. 그 방법을 Transfer Learning(전이 학습)이라고 부릅니다. Transfer Learning이란 기존에 잘 만들고 학습까지 시켜 놓은 모델을 우리가 만들고 싶은 모델에 전이(Transfer)시키는 학습 기술입니다. 즉, 기존 모델을 이용하여 우리는 최소한의 자원과 시간을 사용해서 최대한의 정확도를 만드는 방법입니다.

20.2 꽃 사진 분류

이번 장에서는 꽃 사진을 분류하는 딥러닝 모델을 만들어 보겠습니다. 텐서플로에서 제공해주는 꽃 사진 데이터셋을 이용하도록 하겠습니다. 모델은 ImageNet 데이터셋으로 학습한 VGG16 모델을 기반으로 Transfer Learning을 사용해서 꽃 사진 분류 모델을 학습시켜 보겠습니다.

20.2.1 필요한 사전 지식

ImageNet - ImageNet은 물체 인식 소프트웨어 연구를 위해 만들어진 거대한 시각 자료의 데이터베이스 프로젝트입니다. 약 2만 개 종류의 물체들이 약 1천4백만 장 이상의 이미지로 구성되어 있습니다. ImageNet Large Scale Visual Recognition Challenge(ILSVRC)이라고 불리는 경진대회를 매년 열어서 물체 분류와 인식에 관한 연구 발전에 많은 도움을 주고 있는 프로젝트입니다. 이 대회를 통해서 영상 분야의 딥러닝 발전이 눈에 띄게 발전하게 되었다고 해도 과언이 아닐 정도로 많은 연구자가 참여하는 경진대회입니다. 그리고 여전히 많은 연구자가 이 데이터셋을 사용해서 연구하고 있습니다.

VGG16—VGG Net은 2014년 ILSVRC에서 2위를 한 CNN 모델의 한 종류입니다. 2위를 했지만 구조의 단순함 때문에 연구자들 사이에서 많은 인기를 끌었습니다. 3×3 convolution과 2×2 max pooling의 조합으로 모델이 디자인되어 있습니다. 레이어의 개수나 특징을 조금씩 다르게 해서 VGG16, VGG19 등의 이름으로 구분됩니다.

20.2.2 환경 준비

아래 코드는 필요한 파이썬 패키지들을 불러옵니다. 여기서 PIL이라는 패키지는 Python Image Library라는 패키지로 이미지 프로세싱 관련된 패키지입니다.

```
import numpy as np
import matplotlib.pyplot as plt
import os
import pathlib
import PIL   #pip install Pillow
import tensorflow as tf
```

다음 코드로 학습할 꽃 사진을 다운로드 하겠습니다.

```
dataset_url = "http://download.tensorflow.org/example_images/flower_
              photos.tgz"
file_path = tf.keras.utils.get_file(
                fname='flower_photos.tgz',
                origin=dataset_url,
                extract=True)

data_dir = os.path.join(os.path.dirname(file_path), 'flower_photos')
data_path = pathlib.Path(data_dir)
print(data_dir)
```

tf.keras.utils.get_file( )을 사용해서 위와 같이 파일을 다운로드 하면, 사용자의 홈 폴더 (C:₩Users₩{사용자이름})의 하위 폴더에 데이터셋을 다운로드 합니다. 위 코드에서 실행해서 확인할 수 있듯이 꽃 사진 데이터는 C:₩Users₩{사용자이름}₩.keras₩datasets₩flower_photos에 다운로드 되었습니다.

20.2.3 문제 소개

텐서플로로 데이터를 다운로드한 뒤 데이터를 확인해보면, 총 5가지의 꽃 종류가 폴더별로 정리되어 있습니다.

- daisy: 데이지
- dandelion: 민들레
- roses: 장미
- sunflowers: 해바라기
- tulips: 튤립

다음 코드를 통해서 장미 사진 한 장을 확인해 보겠습니다.

```
roses = list(data_path.glob(r'./roses/*.jpg'))
print(f'{len(roses)} rose images in {data_path}\\roses')
PIL.Image.open(str(roses[19]))
```

[그림 20-1] 장미 샘플 영상

위 코드를 통해서 총 641장의 장미 사진이 있는 것을 확인했습니다. ImageNet 데이터셋은 약 2만 개 종류의 영상 데이터 셋이고, 그중에 꽃도 포함되어 있습니다. 그래서 그것을 학습한 VGG16 모델은 우리 문제를 해결하는데 도움을 줄 특성을 충분히 가지고 있을 것이라고 예상할 수 있습니다.

20.2.4 VGG16 모델

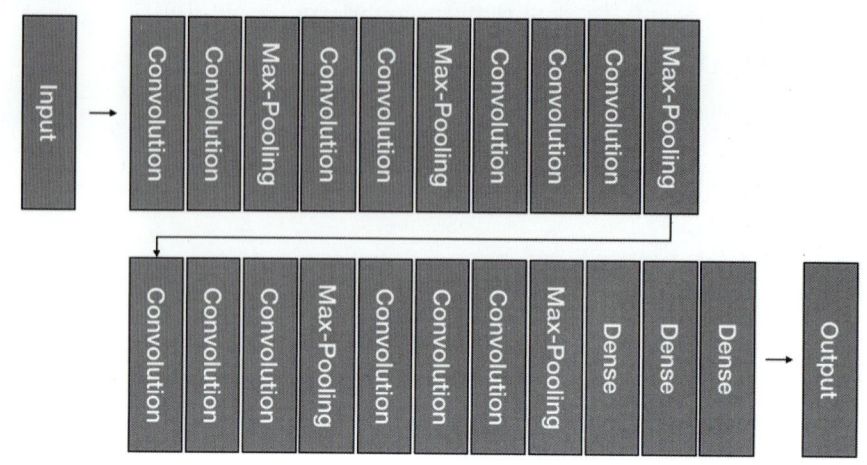

[그림 20-2] 기본 VGG16 모델

[그림 20-2]는 VGG16 모델을 간략하게 나타낸 그림입니다. 그림에서 알 수 있듯이 전형적인 CNN 모델입니다. 내부를 보면 Convolution 레이어가 10개 이상으로 이루어진 매우 깊은 모델인 것을 알 수 있습니다. 이런 복잡하고 깊은 모델을 학습시키려면 아주 많은 데이터셋이 필요하고 오랜 시간도 소요됩니다. 그렇기 때문에 이미 학습되어 있는 모델을 이용하도록 하겠습니다.

텐서플로는 ImageNet 영상을 학습한 여러가지 모델을 제공하고 있습니다. 우리가 사용하려고 하는 VGG16 모델은 물론 구글에서 발표한 최신의 모델인 EfficientNet도 제공하고 있습니다. 아래는 TensorFlow 2.8.0에서 제공하는 모델의 목록입니다.

- DenseNet
- EfficientNet
- EfficientNetV2
- InceptionReseNetV2
- InceptionV3
- MobileNet
- NASNet
- ResNet
- VGG
- Xception

다음 코드를 통해 ImageNet 데이터를 학습한 VGG16 모델을 다운로드 하고 살펴보도록 하겠습니다.

```
# ImageNet 데이터셋으로 학습한 모델을 불러온다.
# Image 의 사이즈는 (224, 224, 3)이고, 특성 병목 특성 추출을 위해 분류에 사용되는
마지막 부분의 flatten, dense layer는 포함하지 않는다.img_shape = img_size + (3,)
img_shape = img_size + (3,)
vgg_model = tf.keras.applications.VGG16(
    include_top=True,
    input_shape=img_shape)
vgg_model.summary()
```

vgg_model.summary( )를 통하여 모델의 모양을 확인 할 수 있습니다.

```
Model: "vgg16"
_____
Layer (type)                 Output Shape              Param #
=================================================================
input_4 (InputLayer)         [(None, 224, 224, 3)]     0
block1_conv1 (Conv2D)        (None, 224, 224, 64)      1792
block1_conv2 (Conv2D)        (None, 224, 224, 64)      36928
block1_pool (MaxPooling2D)   (None, 112, 112, 64)      0
…..
block5_pool (MaxPooling2D)   (None, 7, 7, 512)         0
flatten (Flatten)            (None, 25088)             0
fc1 (Dense)                  (None, 4096)              102764544
fc2 (Dense)                  (None, 4096)              16781312
predictions (Dense)          (None, 1000)              4097000
=================================================================
Total params: 138,357,544
Trainable params: 138,357,544
Non-trainable params: 0
```

영상 분류를 하는 CNN 모델들은 보통 영상의 특성(feature)을 추출하는 부분과 분류를 하는 부분으로 나눌 수 있습니다. VGG16 모델은 Flatten 이전이 특성 추출을 하는 부분이고 Flatten 레이어를 포함한 그 뒤 Dense 레이어들이 분류를 하는 부분입니다.

Transfer Learning의 적용은 생각보다 간단합니다. 영상의 특성을 추출하는 레이어까지만 사용하고, 나머지 부분만을 해결하고자 하는 문제에 맞게 레이어를 변경한 뒤 학습하는 것입니다. 텐서플로에서 제공하는 모델을 사용할 경우, include_top이라는 파라미터를 False로 설정하는 것으로 영상의 특성을 추출하는 레이어까지만 사용할 수 있습니다. 일반적인 머신러닝 모델의 다이어그램의 경우 제일 위가 출력이고 제일 아래가 입력입니다. 그래서 "include_top" 즉 윗부분을 포함하는 것의 여부로 분류하는 부분을 사용할지 여부를 정하게 되는 것입니다.

```
vgg_model = tf.keras.applications.VGG16(
    include_top=False,
    input_shape=img_shape)
vgg_model.summary()
```

```
Model: "vgg16"
_____
Layer (type)                 Output Shape              Param #
=================================================================
input_4 (InputLayer)         [(None, 224, 224, 3)]     0
block1_conv1 (Conv2D)        (None, 224, 224, 64)      1792
block1_conv2 (Conv2D)        (None, 224, 224, 64)      36928
block1_pool (MaxPooling2D)   (None, 112, 112, 64)      0
…..
block5_conv3 (Conv2D)        (None, 14, 14, 512)       2359808
block5_pool (MaxPooling2D)   (None, 7, 7, 512)         0
=================================================================
Total params: 14,714,688
Trainable params: 14,714,688
Non-trainable params: 0
```

vgg_model.summary( ) 결과처럼, 우리는 [그림 20-2]의 제일 뒤 3개의 Dense 레이어를 삭제하고, Transfer Learning을 할 것입니다. 우리가 해결할 문제는 5개의 꽃 종류를 분류하는 것이므로 마지막 Dense 레이어를 5개의 노드를 갖는 레이어로 만들어야 합니다. 그리고 몇 개의 레이어를 그사이에 더 추가할 것입니다.

이미 학습된 모델의 분류에 필요한 레이어를 제거한 뒤, 우리가 가지고 있는 꽃 사진 데이터셋을 입력으로 넣어서 나온 출력을 Bottleneck feature(특성)이라고 부릅니다. 즉, VGG16 모델에서 "top"이 제외된 후, 데이터를 입력하여 출력되는 부분이 Bottleneck 특성입니다. 병을 머신러닝 모델이라고 생각할 때 제일 위 입구 부분을 제외한 병목(bottleneck) 부분이라고 생각하면 쉽게 이해할 수 있습니다.

모델의 관점에서 보면 단지 마지막 레이어 몇 개만 변경하지만, 학습의 관점에서 보면 우리가 만든 모델은 마지막 분류 부분의 레이어만 학습하면 되기 때문에 학습 시간이 엄청나게 줄 것이라는 것을 기대할 수 있습니다.

20.2.5 데이터 훑어보기

다음 코드는 꽃 사진 데이터셋을 학습(training)과 validation용으로 정리해주는 코드입니다. 80%를 학습에 20%를 validation에 사용하겠습니다.

```
batch_size = 32
train_ds = tf.keras.utils.image_dataset_from_directory(
    data_path,
    validation_split=0.2,
    subset="training",
    seed=seed,
    batch_size=batch_size,
    image_size=img_size)

val_ds = tf.keras.utils.image_dataset_from_directory(
    data_path,
    validation_split=0.2,
    subset="validation",
    seed=seed,
    batch_size=batch_size,
    image_size=img_size)

class_names = train_ds.class_names
print(f'\nThere are {len(class_names)} classes in dataset')
print(class_names)
```

다음 코드를 통해서 학습에 사용할 꽃 사진을 확인해 보겠습니다.

```
plt.figure(figsize=(10, 10))
for images, labels in train_ds.take(1):
  for i in range(9):
    ax = plt.subplot(3, 3, i + 1)
    plt.imshow(images[i].numpy().astype("uint8"))
    plt.title(class_names[labels[i]])
    plt.axis("off")
```

[그림 20-3] 학습용 꽃 영상 예제

다음은 validation용으로 준비한 20%의 데이터셋의 1/5를 학습 후에 모델의 성능 테스트용으로 분류하는 코드입니다. 전체 데이터셋 중 80%를 학습에 16%를 validation으로 4%를 테스트로 사용합니다.

```
val_batches = tf.data.experimental.cardinality(val_ds)
test_ds = val_ds.take(val_batches // 5)
val_ds = val_ds.skip(val_batches // 5)

print(f'val_batches: {val_batches}')
print(f'Number of test batches: {tf.data.experimental.cardinality
      (test_ds)}')
print(f'Number of validation batches:
      {tf.data.experimental.cardinality(val_ds)}'
```

위에서 사용했던 코드처럼, ImageNet으로 미리 학습된 VGG16 모델을 병목 특성을 추출하는 용도로 사용하기 위해 아래 코드와 같이 실행합니다. 이 코드에서 앞서 언급한 텐서플로에서 제공하는 다른 모델을 사용하면 더 성능 좋은 모델을 사용할 수 있습니다.

```
# ImageNet 데이터셋으로 학습한 모델을 불러온다.
# Image 의 사이즈는 (224, 224, 3)이고, 특성 병목 특성 추출을 위해 분류에 사용되는
  마지막 부분의 flatten, dense layer는 포함하지 않는다.img_shape = img_size + (3,)
img_shape = img_size + (3,)
base_model = tf.keras.applications.VGG16(
    include_top=False,
    input_shape=img_shape)
```

아래 코드를 사용해서 한 개의 학습용 데이터 배치를 입력을 넣어서 병목 특성(bottleneck feature)의 모양을 확인해 보겠습니다.

```
image_batch, label_batch = next(iter(train_ds))
feature_batch = base_model(image_batch)
print(feature_batch.shape)
```

(32, 7, 7, 512)라는 결과를 보여주는데 여기서 32는 한 개의 배치 사이즈 즉, 32장의 이미지 입력을 나타냅니다. (7, 7, 512)에서 볼 수 있듯이 7×7 사이즈의 512개 특성이 추출된 것을 알 수 있습니다. 이 특성들을 활용해서 5개의 꽃으로 분류하면 됩니다.

VGG16 모델이 나왔을 당시에는 분류 부분의 레이어는 Flatten 레이어로 병목 특성을 변경하고 Dense 레이어로 분류하는 것이 일반적이었습니다. 그렇지만 그 이후 Flatten 레이어 보다 성능이 좋은 Global Average Polling 레이어 방식이 널리 알려지게 되면서 최근에는 Flatten 레이어보다 Global Average Polling 레이어를 사용하게 되었습니다. Flatten 레이어 이후에 Dense 레이어로 이어지는 과정의 연산이 Global Average Polling 레이어를 사용함으로 상당히 줄어들게 되어 학습 시간도 빨라지는 장점이 있습니다.

```
flatten_layer = tf.keras.layers.Flatten()
feature_flatten = flatten_layer(feature_batch)
print(f'flatten layer output shape : {feature_flatten.shape}')

global_average_layer = tf.keras.layers.GlobalAveragePooling2D()
global_averaged_batch = global_average_layer(feature_batch)
print(f'global average polling output shape : {global_averaged_batch.shape}')

fc_layer = tf.keras.layers.Dense(256, activation="relu")
```

```python
feature_batch_fc = fc_layer(global_averaged_batch)
print(f'dense layer output shape : {feature_batch_fc.shape}')

dropout_layer = tf.keras.layers.Dropout(0.25)
dropout_batach = dropout_layer(feature_batch_fc)
print(f'dropout layer output shape : {dropout_batach.shape}')

prediction_layer = tf.keras.layers.Dense(len(class_names), activation=None)
prediction_batch = prediction_layer(dropout_batach)
print(f'prediction layer output shape: {prediction_batch.shape}')
```

우리는 병목 특성 이후 256개의 노드를 갖는 Dense 레이어를 사용할 것이고, 오버피팅을 방지하기 위해 Dropout 레이어를 사용할 것입니다. 마지막으로 꽃 분류를 위해 5개의 노드를 갖는 Dense 레이어를 사용할 것입니다. 위 코드를 사용할 경우 각 레이어의 출력 모양을 확인할 수 있습니다. Flatten 레이어의 출력을 사용하면 그다음 레이어까지의 연산이 Global Average Polling 레이어를 사용할 때 보다 엄청나게 커지리라는 것을 확인할 수 있습니다. (25088 vs 512)

20.2.6 모델 만들기

아래 코드는 우리가 학습할 모델을 만드는 코드입니다. 입력을 tf.keras.Input( )과 앞에서 준비한 img_shape 즉, (224, 224, 3) 모양으로 준비하고 앞에서 준비한 각 레이어 출력을 차례대로 연결합니다. 출력은 prediction_layer의 출력이 될 것입니다. 준비한 입력과 출력으로 tf.keras.Model( )를 사용해 모델을 만듭니다.

```python
inputs = tf.keras.Input(shape=(img_shape))
x = base_model(inputs, training=False)
x = global_average_layer(x)
x = dropout_layer(x)
x = fc_layer(x)
outputs = prediction_layer(x)
model = tf.keras.Model(inputs, outputs)

print(f'trainable variable : {len(model.trainable_variables)}')
base_model.trainable = False
print(f'trainable variable : {len(model.trainable_variables)}')
```

base_model(inputs, training=False)에서처럼 우리는 기존에 미리 학습된 weight들을 학습하지 않고 재사용할 것이기 때문에 training 파라미터를 False로 사용합니다. 이 코드만으로 미리 학습된 weight들이 학습이 안 되는 것은 아닙니다. training 파라미터는 BatchNormalization이라는 레이어가 동작하지 않도록 하는 파라미터입니다.

우리는 기존의 파라미터를 변경 없이 사용할 것이기 때문에 추가적으로 base_model. trainable=False 코드를 사용하여 학습할 변수를 줄이도록 하겠습니다. 위 코드의 실행 결과를 보면 학습 가능한 변수가 초기에는 30개이었다가 코드 실행 후, 4개로 변경된 것을 볼 수 있습니다. 우리가 추가한 Dense layer가 두 개이기 때문에 각 Dense 레이어마다 Weight와 Bias 한 개씩 총 두 개, 따라서 2×2=4개의 변수가 학습 가능한 변수가 됩니다.

model.summary( )를 통해서 만들어진 모델을 아래와 같이 확인할 수 있습니다. 전체 파라미터에 비해 학습이 가능한(trainable) 파라미터(parameter)는 매우 작은 것을 볼 수 있습니다.

```
Model: "model_1"
_____
Layer (type)                 Output Shape              Param #
=================================================================
input_9 (InputLayer)         [(None, 224, 224, 3)]     0
vgg16 (Functional)           (None, 7, 7, 512)         14714688
global_average_pooling2d_4   (None, 512)               0
(GlobalAveragePooling2D)
dropout_4 (Dropout)          (None, 512)               0
dense_8 (Dense)              (None, 256)               131328
dense_9 (Dense)              (None, 5)                 1285
=================================================================
Total params: 14,847,301
Trainable params: 132,613
Non-trainable params: 14,714,688
_____
```

20.2.7 최적화 문제와 하이퍼 파라미터 설정

다음 코드는 최적화 문제를 설정하는 코드입니다. tf.keras.losses.SparseCategorical Crossentropy(from_logits=True)를 사용하여 모델의 loss를 구합니다. 모델의 마지막

레이어가 SoftMax 레이어가 아니고 Dense 레이어이기 때문에 from_logits 파라미터를 True로 설정합니다. 최적화를 위한 수치 알고리즘은 Adam을 선택합니다. Learning rate는 Transfer learning의 경우 일반적일 때보다 작게 설정하므로 0.0001로 설정하겠습니다. 학습 과정 중에 모델 평가를 위해 보여줄 수치는 accuracy를 사용합니다.

```
base_learning_rate = 0.0001
model.compile(
    optimizer=tf.keras.optimizers.Adam(learning_rate=base_learning_rate),
    loss=tf.keras.losses.SparseCategoricalCrossentropy(from_logits=True),
    metrics=['accuracy'])
```

Batch의 크기는 사소해 보이지만 매우 중요한 파라미터입니다. 그 이유는 값을 변경함에 따라 optimizer의 성능이 달라지기 때문입니다. 따라서 가장 좋은 성능을 주는 Batch 크기를 찾는 것이 중요합니다. 정답이 정해져 있는 값이 아니므로 실험적으로나 경험적으로 결정해야 합니다.

이번 장에서는 앞서 정했던 것과 같이 Batch 크기는 32개로 하고, 다음 코드와 같이 Epoch의 개수는 10개로 설정합니다. Loss와 accuracy의 변화량을 그래프로 표현하기 위해서 학습하기 전에 초깃값을 model.evaluate( )를 통해 계산합니다. 학습 데이터셋과 validation 데이터셋 모두 계산합니다.

```
epochs = 10
val_loss0, val_accuracy0 = model.evaluate(val_ds)
train_loss0, train_accuracy0 = model.evaluate(train_ds)
```

20.2.8 학습

앞에서 설정한 최적화 문제와 하이퍼 파라미터들을 이용하여 학습을 진행합니다. 학습을 다 진행한 후 모델을 vgg16_flower_model이라는 폴더에 저장하겠습니다. 모델의 학습 과정은 history라는 파라미터로 기록합니다. 매 epoch마다 validation 데이터셋에서의 모델 성능이 화면에 표시됩니다.

```
history = model.fit(
    train_ds,
    epochs=epochs,
    validation_data=val_ds)

model.save('vgg16_flower_model')
```

```
Epoch 1/10
92/92 [==============================] - 10s 102ms/step - loss: 3.1953
- accuracy: 0.4166 - val_loss: 1.2942 - val_accuracy: 0.6535
Epoch 2/10
92/92 [==============================] - 9s 102ms/step - loss: 1.5879 -
accuracy: 0.6345 - val_loss: 0.9679 - val_accuracy: 0.7195
Epoch 3/10
92/92 [==============================] - 9s 102ms/step - loss: 1.2019 -
accuracy: 0.6969 - val_loss: 0.8414 - val_accuracy: 0.7624
Epoch 4/10
92/92 [==============================] - 9s 102ms/step - loss: 0.9695 -
accuracy: 0.7381 - val_loss: 0.7990 - val_accuracy: 0.7888
Epoch 5/10
92/92 [==============================] - 9s 102ms/step - loss: 0.8629 -
accuracy: 0.7595 - val_loss: 0.6684 - val_accuracy: 0.8152
Epoch 6/10
92/92 [==============================] - 9s 102ms/step - loss: 0.7669 -
accuracy: 0.7783 - val_loss: 0.6941 - val_accuracy: 0.8020
Epoch 7/10
92/92 [==============================] - 9s 102ms/step - loss: 0.7056 -
accuracy: 0.7858 - val_loss: 0.6772 - val_accuracy: 0.8036
Epoch 8/10
92/92 [==============================] - 9s 103ms/step - loss: 0.5961 -
accuracy: 0.8099 - val_loss: 0.6337 - val_accuracy: 0.8218
Epoch 9/10
92/92 [==============================] - 9s 102ms/step - loss: 0.5741 -
accuracy: 0.8161 - val_loss: 0.5811 - val_accuracy: 0.8383
Epoch 10/10
92/92 [==============================] - 10s 103ms/step - loss: 0.5396
- accuracy: 0.8191 - val_loss: 0.6594 - val_accuracy: 0.8251
INFO:tensorflow:Assets written to: vgg16_flower_model\assets
```

위 학습 결과를 그래프로 나타내면 다음 그림과 같습니다.

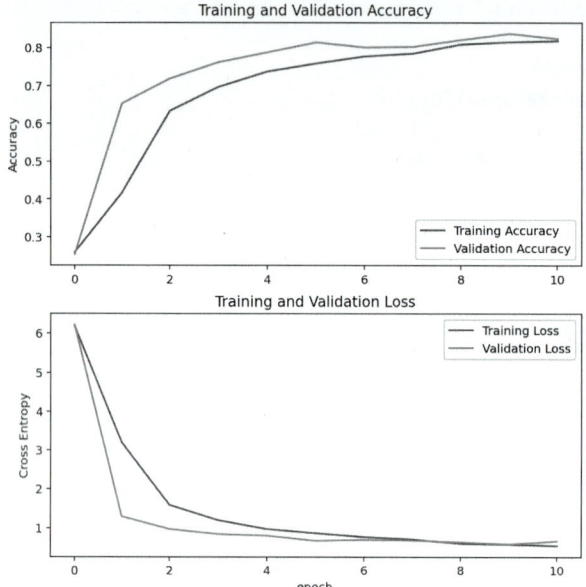

[그림 20-4] Transfer learning학습 결과 그래프

20.2.9 정확도

학습에 사용하지 않고 따로 준비해둔 test 데이터셋을 사용하여 아래 코드로 정확도(accuracy)를 구해보겠습니다. 초깃값의 무작위 설정으로 인해 결과가 약간 다를 수 있습니다. 이 모델은 약 80%의 정확도를 보였습니다.

```
loss_test, accuracy_test = model.evaluate(test_ds)
print('Test accuracy :', accuracy_test)
```

```
4/4 [==============================] - 0s 90ms/step - loss: 0.8113 - accuracy: 0.7969
Test accuracy : 0.796875
```

테스트 데이터셋의 첫 번째 배치에서 9장의 이미지를 테스트해보겠습니다. 영상 윗부분의 예측한 결과와 실제 값을 괄호로 표기하였습니다.

```python
model = tf.keras.models.load_model('vgg16_flower_model')

#테스트 셋에서 한 개의 배치 (32장의 영상)을 예측해본다.
image_batch, label_batch = test_ds_list[1]
predictions = model.predict_on_batch(image_batch)

# 확률로 표현하기 위해 softmax를 해준다.
predictions_softmax = tf.nn.softmax(predictions)
predictions_argmax = tf.argmax(predictions_softmax, axis=1).numpy()
result = predictions_argmax == label_batch

# 영상 위에 예측한 결과와 실제 라벨값을 괄호로 표현한다. 틀렸을 경우 빨간색으로 표시한다.
plt.figure(figsize=(10, 10))
for i in range(9):
    ax = plt.subplot(3, 3, i + 1)
    plt.imshow(image_batch[i].astype("uint8"))
    plt.title(f'{class_names[predictions_argmax[i]]}\n'
              f'({class_names[label_batch[i]]})',
              color='black' if result[i] else 'red')
    plt.axis("off")
```

[그림 20-5] Transfer learning 테스트 결과

20.3 Fine-tuning

20.1절에서 Transfer learning을 통해 이미 학습되어 있는 다른 모델을 사용하여 새로운 데이터셋, 우리의 경우에는 꽃 사진 분류를 상대적으로 쉽게 할 수 있었습니다. 그렇지만 상황에 따라서는 정확도가 원하는 것보다 부족할 수 있습니다. Fine-tuning은 이미 학습된 특성을 추출하는 기본 모델의 전체 혹은 일부마저도 더 학습하는 과정을 말합니다. 이것을 통해서 기존의 다른 문제(우리의 경우에는 ImageNet)를 학습했던 특성 추출 부분마저도 우리의 문제에 더 맞는 결과로 미세 조정하게 됩니다.

Fine-tuning을 할 때 주의할 점은 우리가 앞서 했던 것처럼 특성 추출 부분을 학습이 안 되도록 Freeze 시키고, 분류 부분을 학습한 뒤에 시도해야 하는 점입니다. 그렇게 하지 않으면, 미리 학습된 특성 추출 부분을 충분히 활용하지 못한 채로 분류 부분을 학습하게 되기 때문에 아무것도 없는 상태에서 처음부터 학습하는 것과 크게 다르지 않기 때문입니다.

텐서플로에서 제공하는 미리 학습된 모델을 Fine-tuning 하는 것은, Transfer learning 하는 것만큼 매우 간단합니다. 앞서 Transfer learning을 하기 위해 학습이 안 되게 했던 특성 추출부의 base_model의 레이어 중에서 일부를 학습이 가능하게 하는 것입니다. 아래 코드에서 확인할 수 있습니다.

```
model.trainable = True
print(f'trainable variable before Fine-tuning :
      {len(model.trainable_variables)}')

# base model의 레이어의 수를 확인.
print("Number of layers in the base model: ", len(base_model.layers))

# fine_tune_at 이전의 레이어들을 학습이 되지 않도록 한다.
fine_tune_at = 15
for layer in base_model.layers[:fine_tune_at]:
  layer.trainable = False

print(f'trainable variable for Fine-tuning :
      {len(model.trainable_variables)}')
model.summary()
```

앞서 살펴본 Transfer learning의 경우에는 4개의 변수를 학습했습니다. 우리가 사용한 VGG16의 경우 전체 19개의 레이어가 있고, Fine-tuning 할 레이어는 index 15부터 레이어들입니다. 최종적으로 학습할 변수는 10개인 것을 확인할 수 있습니다. 그리고, 한 가지 중요한 것은 Fine-tuning 할 경우에는 learning rate를 Transfer learning 했던 것보다 작게 해야 합니다. 그렇지 않으면 쉽게 오버피팅 될 것입니다. 우리는 기존보다 1/10 작게 설정합니다.

```
#learning_rate는 기존의 했던 것보다 작게 한다. 이경우엔 1/10로 설정하였다.
model.compile(
    optimizer=tf.keras.optimizers.Adam
    (learning_rate=base_learning_rate/10),
    loss=tf.keras.losses.SparseCategoricalCrossentropy
    (from_logits=True), metrics=['accuracy'])
```

다음 코드로 fine-tuning 학습을 합니다. 기존의 10 epoch을 학습한 것에 이어서, 10 epoch을 더 학습하겠습니다. 이전 epoch을 연결하는 코드는 initial_epoch=history.epoch[-1] 입니다.

```
fine_tune_epochs = 10
total_epochs =  epochs + fine_tune_epochs

history_fine = model.fit(
    train_ds,
    epochs=total_epochs,
    initial_epoch=history.epoch[-1],
    validation_data=val_ds)

model.save('vgg16_flower_fine_tune_model')
```

```
Epoch 10/20
92/92 [==============================] - 12s 120ms/step - loss: 0.4932
 - accuracy: 0.8273 - val_loss: 0.5099 - val_accuracy: 0.8383
Epoch 11/20
92/92 [==============================] - 11s 118ms/step - loss: 0.3090
 - accuracy: 0.8913 - val_loss: 0.4713 - val_accuracy: 0.8465
Epoch 12/20
92/92 [==============================] - 11s 117ms/step - loss: 0.2313
 - accuracy: 0.9189 - val_loss: 0.4261 - val_accuracy: 0.8729
```

```
Epoch 13/20
92/92 [==============================] - 11s 117ms/step - loss: 0.1888
 - accuracy: 0.9356 - val_loss: 0.4028 - val_accuracy: 0.8713
Epoch 14/20
92/92 [==============================] - 11s 119ms/step - loss: 0.1512
 - accuracy: 0.9445 - val_loss: 0.4538 - val_accuracy: 0.8647
Epoch 15/20
92/92 [==============================] - 11s 119ms/step - loss: 0.1253
 - accuracy: 0.9561 - val_loss: 0.3777 - val_accuracy: 0.8828
Epoch 16/20
92/92 [==============================] - 11s 118ms/step - loss: 0.0925
 - accuracy: 0.9683 - val_loss: 0.4333 - val_accuracy: 0.8696
Epoch 17/20
92/92 [==============================] - 11s 118ms/step - loss: 0.0694
 - accuracy: 0.9762 - val_loss: 0.4157 - val_accuracy: 0.8878
Epoch 18/20
92/92 [==============================] - 11s 118ms/step - loss: 0.0731
 - accuracy: 0.9782 - val_loss: 0.4060 - val_accuracy: 0.8878
Epoch 19/20
92/92 [==============================] - 11s 119ms/step - loss: 0.0514
 - accuracy: 0.9813 - val_loss: 0.4045 - val_accuracy: 0.8861
Epoch 20/20
92/92 [==============================] - 11s 118ms/step - loss: 0.0496
 - accuracy: 0.9857 - val_loss: 0.3427 - val_accuracy: 0.8911
INFO:tensorflow:Assets written to: vgg16_flower_fine_tune_model\assets
```

다음 코드는 Transfer learning과 Fine-tuning을 통해 학습했던 과정의 loss와 accuracy를 그래프로 보여줍니다.

```
acc += history_fine.history['accuracy']
val_acc += history_fine.history['val_accuracy']

loss += history_fine.history['loss']
val_loss += history_fine.history['val_loss']

plt.figure(figsize=(8, 8))
plt.subplot(2, 1, 1)
plt.plot(acc, label='Training Accuracy')
plt.plot(val_acc, label='Validation Accuracy')
plt.ylim([0.6, 1])
plt.plot([epochs-1,epochs-1],
          plt.ylim(), label='Start Fine Tuning')
plt.legend(loc='lower right')
plt.title('Training and Validation Accuracy')

plt.subplot(2, 1, 2)
plt.plot(loss, label='Training Loss')
```

```
plt.plot(val_loss, label='Validation Loss')
plt.ylim([0, 2.0])
plt.plot([epochs-1,epochs-1],
         plt.ylim(), label='Start Fine Tuning')
plt.legend(loc='upper right')
plt.title('Training and Validation Loss')
plt.xlabel('epoch')
plt.show()
```

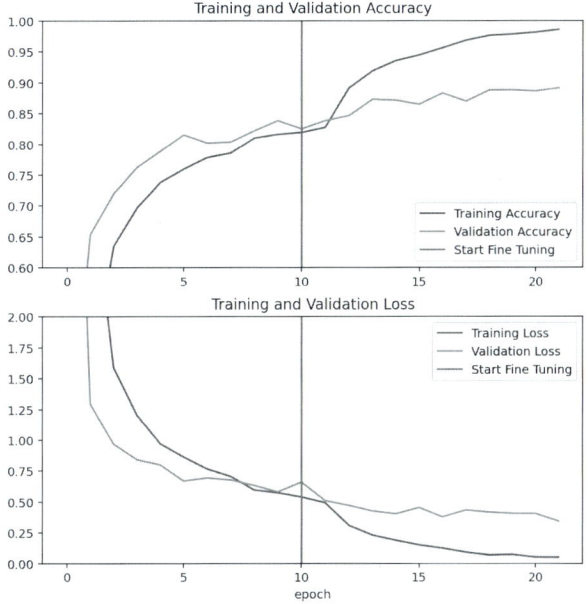

[그림 20-6] Fine-tuning 학습 결과 그래프

테스트 데이터셋으로 정확도(accuracy)를 다시 평가해보면, 이전보다 상당히 높아져서 89% 정도의 정확도를 확인할 수 있습니다.

```
loss_test, accuracy_test = model.evaluate(test_ds)
print('Test accuracy :', accuracy_test)
```

```
4/4 [==============================] - 0s 85ms/step - loss: 0.2708 - accuracy: 0.8906
Test accuracy : 0.890625
```

마지막으로 Transfer learning으로 테스트했던 영상을 다시 한번 테스트해 보겠습니다.

```
model = tf.keras.models.load_model('vgg16_flower_fine_tune_model')

#테스트 셋에서 한 개의 배치 (32장의 영상)을 예측 해본다.
predictions = model.predict_on_batch(image_batch)

# 확률로 표현하기 위해 softmax를 해준다.
predictions_softmax = tf.nn.softmax(predictions)
predictions_argmax = tf.argmax(predictions_softmax, axis=1).numpy()
result = predictions_argmax == label_batch

# 영상 위에 예측한 결과와 실제 라벨값을 괄호로 표현한다. 틀렸을 경우 빨간색으로 표시한다.
plt.figure(figsize=(10, 10))
for i in range(9):
    ax = plt.subplot(3, 3, i + 1)
    plt.imshow(image_batch[i].astype("uint8"))
    plt.title(f'{class_names[predictions_argmax[i]]}\n ({class_names[label_batch[i]]})', color='black' if result[i] else 'red')
    plt.axis("off")
```

[그림 20-7] Fine-tuning 테스트 결과

위 그림을 보면, 앞서 fine-tuning 하기 직전의 결과에서는 두 번째 행의 첫 번째 그림 예측을 틀리게 하였지만, fine-tuning 후에는 정확히 예측하는 것을 확인할 수 있습니다. (랜덤하게 데이터셋이 섞이므로 결과의 이미지가 다르게 나올 수 있습니다.)

20.4 Transfer Learning 전체 코드

다음은 이번 장에서 사용한 코드를 한꺼번에 모아 놓은 코드입니다.

```python
import numpy as np
import matplotlib.pyplot as plt
import os
import pathlib
import PIL   #pip install Pillow
import tensorflow as tf

dataset_url = "http://download.tensorflow.org/example_images/flower_photos.tgz"
file_path = tf.keras.utils.get_file(
            fname='flower_photos.tgz',
            origin=dataset_url,
            extract=True)

data_dir = os.path.join(os.path.dirname(file_path), 'flower_photos')
data_path = pathlib.Path(data_dir)
print(data_dir)


roses = list(data_path.glob(r'./roses/*.jpg'))
print(f'{len(roses)} rose images in {data_path}\\roses')
PIL.Image.open(str(roses[19]))


# ImageNet 데이터셋으로 학습한 모델을 불러온다.
# Image 의 사이즈는 (224, 224, 3)이고, 특성 병목 특성 추출을 위해 분류에 사용되는
  마지막 부분의 flatten, dense layer는 포함하지 않는다.img_shape = img_size + (3,)
img_size = (224, 224)
img_shape = img_size + (3,)
vgg_model = tf.keras.applications.VGG16(
    include_top=True,
    input_shape=img_shape)
vgg_model.summary()
```

```python
vgg_model = tf.keras.applications.VGG16(
    include_top=False,
    input_shape=img_shape)
vgg_model.summary()


batch_size = 32
train_ds = tf.keras.utils.image_dataset_from_directory(
    data_path,
    validation_split=0.2,
    subset="training",
    seed=seed,
    batch_size=batch_size,
    image_size=img_size)

val_ds = tf.keras.utils.image_dataset_from_directory(
    data_path,
    validation_split=0.2,
    subset="validation",
    seed=seed,
    batch_size=batch_size,
    image_size=img_size)

class_names = train_ds.class_names
print(f'\nThere are {len(class_names)} classes in dataset')
print(class_names)


plt.figure(figsize=(10, 10))
for images, labels in train_ds.take(1):
  for i in range(9):
    ax = plt.subplot(3, 3, i + 1)
    plt.imshow(images[i].numpy().astype("uint8"))
    plt.title(class_names[labels[i]])
    plt.axis("off")


val_batches = tf.data.experimental.cardinality(val_ds)
test_ds = val_ds.take(val_batches // 5)
val_ds = val_ds.skip(val_batches // 5)

print(f'val_batches: {val_batches}')
print(f'Number of test batches: {tf.data.experimental.cardinality(test_ds)}')
print(f'Number of validation batches: {tf.data.experimental.cardinality(val_ds)}')


# 병목 특성 추출 (Bottleneck feature extraction)
```

```python
# ImageNet 데이터셋으로 학습한 모델을 불러온다.
# Image 의 사이즈는 (224, 224, 3)이고, 특성 병목 특성 추출을 위해 분류에 사용되는
  마지막 부분의 flatten, dense layer는 포함하지 않는다.img_shape = img_size + (3,)
img_shape = img_size + (3,)
base_model = tf.keras.applications.VGG16(
    include_top=False,
    input_shape=img_shape)


base_model.summary()


image_batch, label_batch = next(iter(train_ds))
feature_batch = base_model(image_batch)
print(feature_batch.shape)


flatten_layer = tf.keras.layers.Flatten()
feature_flatten = flatten_layer(feature_batch)
print(f'flatten layer output shape : {feature_flatten.shape}')

global_average_layer = tf.keras.layers.GlobalAveragePooling2D()
global_averaged_batch = global_average_layer(feature_batch)
print(f'global average polling output shape : {global_averaged_batch.
    shape}')

fc_layer = tf.keras.layers.Dense(256, activation="relu")
feature_batch_fc = fc_layer(global_averaged_batch)
print(f'dense layer output shape : {feature_batch_fc.shape}')

dropout_layer = tf.keras.layers.Dropout(0.25)
dropout_batach = dropout_layer(feature_batch_fc)
print(f'dropout layer output shape : {dropout_batach.shape}')

prediction_layer = tf.keras.layers.Dense(len(class_names),
activation=None)
prediction_batch = prediction_layer(dropout_batach)
print(f'prediction layer output shape: {prediction_batch.shape}')


inputs = tf.keras.Input(shape=(img_shape))
x = base_model(inputs, training=False)
x = global_average_layer(x)
x = dropout_layer(x)
x = fc_layer(x)
outputs = prediction_layer(x)
model = tf.keras.Model(inputs, outputs)
```

```python
print(f'trainable variable : {len(model.trainable_variables)}')
base_model.trainable = False
print(f'trainable variable : {len(model.trainable_variables)}')

model.summary()


base_learning_rate = 0.0001
model.compile(
    optimizer=tf.keras.optimizers.Adam(learning_rate=base_learning_rate),
    loss=tf.keras.losses.SparseCategoricalCrossentropy(from_logits=True),
    metrics=['accuracy'])


epochs = 10
val_loss0, val_accuracy0 = model.evaluate(val_ds)
train_loss0, train_accuracy0 = model.evaluate(train_ds)


history = model.fit(
    train_ds,
    epochs=epochs,
    validation_data=val_ds)

model.save('vgg16_flower_model')


acc = [train_accuracy0] + history.history['accuracy']
val_acc = [val_accuracy0] + history.history['val_accuracy']

loss = [train_loss0] + history.history['loss']
val_loss = [val_loss0] + history.history['val_loss']

plt.figure(figsize=(8, 8))
plt.subplot(2, 1, 1)
plt.plot(acc, label='Training Accuracy')
plt.plot(val_acc, label='Validation Accuracy')
plt.legend(loc='lower right')
plt.ylabel('Accuracy')
plt.title('Training and Validation Accuracy')

plt.subplot(2, 1, 2)
plt.plot(loss, label='Training Loss')
plt.plot(val_loss, label='Validation Loss')
plt.legend(loc='upper right')
plt.ylabel('Cross Entropy')
```

```python
plt.title('Training and Validation Loss')
plt.xlabel('epoch')
plt.show()


loss_test, accuracy_test = model.evaluate(test_ds)
print('Test accuracy :', accuracy_test)


test_ds_list = list(test_ds.as_numpy_iterator())


model = tf.keras.models.load_model('vgg16_flower_model')

#테스트 셋에서 한 개의 배치 (32장의 영상)을 예측 해본다.
image_batch, label_batch = test_ds_list[1]
predictions = model.predict_on_batch(image_batch)

# 확률로 표현하기 위해 softmax를 해준다.
predictions_softmax = tf.nn.softmax(predictions)
predictions_argmax = tf.argmax(predictions_softmax, axis=1).numpy()
result = predictions_argmax == label_batch

# 영상 위에 예측한 결과와 실제 라벨값을 괄호로 표현한다. 틀렸을 경우 빨간색으로 표시한다.
plt.figure(figsize=(10, 10))
for i in range(9):
    ax = plt.subplot(3, 3, i + 1)
    plt.imshow(image_batch[i].astype("uint8"))
    plt.title(f'{class_names[predictions_argmax[i]]}\n ({class_
    names[label_batch[i]]})', color='black' if result[i] else 'red')
    plt.axis("off")


model.trainable = True
print(f'trainable variable before Fine-tuning : {len(model.trainable_
    variables)}')

# base model의 레이어의 수를 확인.
print("Number of layers in the base model: ", len(base_model.layers))

# fine_tune_at 이전의 레이어들을 학습이 되지 않도록 한다.
fine_tune_at = 15
for layer in base_model.layers[:fine_tune_at]:
  layer.trainable = False

print(f'trainable variable for Fine-tuning : {len(model.trainable_
    variables)}')

model.summary()
```

```python
#learning_rate는 기존의 했던 것보다 작게 한다. 이경우엔 1/10로 설정하였다.
model.compile(
    optimizer=tf.keras.optimizers.Adam(learning_rate=base_learning_rate/10),
    loss=tf.keras.losses.SparseCategoricalCrossentropy(from_logits=True),
    metrics=['accuracy'])


fine_tune_epochs = 10
total_epochs =  epochs + fine_tune_epochs

history_fine = model.fit(
    train_ds,
    epochs=total_epochs,
    initial_epoch=history.epoch[-1],
    validation_data=val_ds)

model.save('vgg16_flower_fine_tune_model')

acc += history_fine.history['accuracy']
val_acc += history_fine.history['val_accuracy']

loss += history_fine.history['loss']
val_loss += history_fine.history['val_loss']

plt.figure(figsize=(8, 8))
plt.subplot(2, 1, 1)
plt.plot(acc, label='Training Accuracy')
plt.plot(val_acc, label='Validation Accuracy')
plt.ylim([0.6, 1])
plt.plot([epochs,epochs],
          plt.ylim(), label='Start Fine Tuning')
plt.legend(loc='lower right')
plt.title('Training and Validation Accuracy')

plt.subplot(2, 1, 2)
plt.plot(loss, label='Training Loss')
plt.plot(val_loss, label='Validation Loss')
plt.ylim([0, 2.0])
plt.plot([epochs,epochs],
          plt.ylim(), label='Start Fine Tuning')
plt.legend(loc='upper right')
plt.title('Training and Validation Loss')
plt.xlabel('epoch')
plt.show()
```

```python
loss_test, accuracy_test = model.evaluate(test_ds)
print('Test accuracy :', accuracy_test)


model = tf.keras.models.load_model('vgg16_flower_fine_tune_model')

#테스트 셋에서 한 개의 배치 (32장의 영상)을 예측 해본다.
predictions = model.predict_on_batch(image_batch)

# 확률로 표현하기 위해 softmax를 해준다.
predictions_softmax = tf.nn.softmax(predictions)
predictions_argmax = tf.argmax(predictions_softmax, axis=1).numpy()
result = predictions_argmax == label_batch

# 영상 위에 예측한 결과와 실제 라벨값을 괄호로 표현한다. 틀렸을 경우 빨간색으로 표시한다.
plt.figure(figsize=(10, 10))
for i in range(9):
    ax = plt.subplot(3, 3, i + 1)
    plt.imshow(image_batch[i].astype("uint8"))
    plt.title(f'{class_names[predictions_argmax[i]]}\n  
    ({class_names[label_batch[i]]})', color='black' if result[i] else 'red')
    plt.axis("off")
```

Chapter 21 자연어 데이터 전처리와 머신러닝 모델

이번 장에서는 자연어 데이터를 이용하여 딥러닝 모델을 학습시키기 전에 필요한 사항들을 설명합니다. 가장 먼저 자연어 데이터는 숫자 값(Numeric Value)이 아닙니다. 따라서 이러한 자연어 데이터들을 숫자 값들로 바꾸어 머신러닝/딥러닝 모델에 입력값으로 넣을 수 있는 형태로 만드는 과정이 필요합니다. 이러한 과정을 통틀어 전처리 과정이라고 합니다.

전처리 과정을 통해서 자연어 데이터는 앞서 사용했던 예제들의 데이터처럼 숫자 값으로 변하게 됩니다. 다시 말하면, 일반적으로 String 타입의 자연어 데이터들이 Float 타입의 실숫값으로 변환됩니다. 이런 변환을 통해야 행렬/벡터 곱을 활용한 여러 레이어가 활용되는 딥러닝 모델을 학습시킬 수 있습니다.

이번 장에서는 IMDB 데이터를 통해 자연어 데이터의 원래 생긴 모습과 전처리 과정을 통해 단어사전(Vocabulary)과 문장을 실숫값으로 표현해 주는 방법을 설명합니다.

21.1 IMDB 데이터

IMDB 데이터는 IMDB라는 리뷰 시스템 데이터입니다. 영화, 드라마 등 다양한 작품의 리뷰가 있습니다. IMDB 데이터를 사용하면 해당 리뷰가 긍정인지 부정인지를 판별하기 위한 감정분석을 할 수 있습니다.

다음과 같이 필요한 라이브러리를 임포트하고 해당 URL에서 데이터를 다운로드하고 압축을 풀게 되면 aclImdb라는 폴더가 생깁니다.

```
import tensorflow as tf
import os
import shutil

url = "https://ai.stanford.edu/~amaas/data/sentiment/aclImdb_v1.tar.gz"
dataset = tf.keras.utils.get_file("aclImdb_v1.tar.gz", url,
                                   untar=True, cache_dir='.',
                                   cache_subdir='')
dataset_dir = os.path.join(os.path.dirname(dataset), 'aclImdb')
print(os.listdir(dataset_dir))

# 출력: ['imdb.vocab', 'imdbEr.txt', 'README', 'test', 'train']
```

폴더 안에는 학습용(train) 데이터와 평가용(test) 데이터가 있습니다. 각 폴더 안에는 부정(neg)적 리뷰와 긍정(pos)리뷰가 포함되어 있습니다. 다음 코드를 이용하면 폴더 구조를 출력해서 볼 수 있습니다.

```
train_dir = os.path.join(dataset_dir, 'train')
print(os.listdir(train_dir))

# 출력: ['labeledBow.feat', 'neg', 'pos', 'unsupBow.feat', 'urls_neg.
txt', 'urls_pos.txt', 'urls_unsup.txt']
```

학습용 폴더에 존재하는 필요 없는 unsup폴더는 삭제해 줍니다.

```
remove_dir = os.path.join(train_dir, 'unsup')
shutil.rmtree(remove_dir)
```

데이터 하나는 문장 하나입니다. 배치 크기를 128개로 한다는 것은 영상에서 128개의 이미지들을 한 뭉치로 학습시킨다는 것과 마찬가지로 128개의 문장을 학습의 한 뭉치로 사용하겠다는 겁니다. 다음은 배치 크기가 128개인 학습용 데이터와 검증용 데이터를 나누는 코드입니다. Seed는 코드 재현을 위해서 고정한 랜덤 시드 값입니다.

```
batch_size = 128
seed = 123
train_ds = tf.keras.utils.text_dataset_from_directory(
    'aclImdb/train', batch_size=batch_size, validation_split=0.2,
```

리를 하는 경우도 많습니다. 하지만 이 책에서는 입문을 위한 최소한의 전처리만 사용합니다.

이렇게 문장에서 불필요한 부분을 삭제하는 전처리 함수를 선언한 후에는 TextVectorization을 이용해서 단어에 번호를 붙여주게 됩니다. 모든 단어는 글자 대신 정숫값으로 ID를 부여받습니다. 하지만 모든 문장에 들어있는 단어들을 모두 포함하는 것은 비효율적이므로 사용자마다 사용할 단어 개수를 설정해서 단어사전을 만들 수 있습니다.

또한, 문장에 포함된 최대 단어 개수도 설정할 수 있습니다. 최대 단어 개수가 크면 클수록 좋겠지만, 적당한 크기로 잘라도 정확도가 꽤 잘 나오므로, 100개 정도로 설정합니다.

```
vocab_size = 10000
sequence_length = 100

vectorize_layer = TextVectorization(
    standardize=custom_standardization,
    max_tokens=vocab_size,
    output_mode='int',
    output_sequence_length=sequence_length)

text_ds = train_ds.map(lambda x, y: x)
vectorize_layer.adapt(text_ds)
vocabs = vectorize_layer.get_vocabulary()
```

TextVectorization은 standardize에 전처리 함수를 넣고 max_tokens에는 단어사전에 들어갈 최대 단어 개수를 넣어주게 됩니다. output_sequence_length는 문장에 포함된 최대 단어 개수를 나타냅니다.

이렇게 선언된 vectorize_layer에 예제 문장을 넣어주고 출력하는 코드입니다.

```
tokenized = vectorize_layer(example)
print(tokenized.numpy())
```

입력값에는 자연어 데이터가 들어갔지만 출력된 값을 보면 정숫값이 총 100개가 있는 리스트가 나오게 됩니다.

```
[  10   25  283   11   17   73  124    1  210    3   10  116    9  251
    3  171   59   10  283    9  409    9   68   26   52 2010   18    9
    7   79   52  158    3  721    2 1224  594    8    2   17    7    4
  144 1224   12   10  155 7296   16 1159  147    3    7  945   14 1224
   62    7    4   83  264    6 1099    2 1449  304   36   43  121  803
    6 1224  466    6  137    6 1224   41   43 1363    4  503    6 1224
  139   65   11   17   85 4160  701  141  368 1889   16   22    3   16
  122  320]
```

각 숫자는 단어에 부여된 ID입니다. 이런 ID와 단어의 매칭이 들어 있는 변수를 단어사전이라고 부릅니다. 단어사전에 있는 값들을 토큰이라고 부릅니다. 그래서 이렇게 단어사전을 만드는 과정을 Tokenize라고 부릅니다.

vectorize_layer는 해당 객체가 사용하고 있는 단어사전을 저장하고 있습니다. 해당 단어사전의 앞에서 20개만 출력해 보면 다음과 같습니다.

```
['', '[UNK]', 'the', 'and', 'a', 'of', 'to', 'is', 'in', 'it', 'i',
 'this', 'that', 'was', 'as', 'with', 'for', 'movie', 'but', 'film']
```

[UNK]의 경우 Unknown입니다. 단어사전에 존재하지 않는 모든 단어는 [UNK] 토큰과 매칭됩니다. 이런 단어사전을 이용해서 위에 정수로 변환된 값을 다시 문자로 돌리는 코드는 다음과 같습니다.

```
print(' '.join([ vocabs[token] for token in tokenized]))
```

실행하고 나면 다음과 같은 문장으로 복구가 됩니다. 문장 초반에 100-200번 정도 봤다는 내용 중에 "100-200"는 10,000개의 단어에 포함되지 않았기 때문에 [UNK]로 표시된 것을 확인할 수 있습니다.

```
i have watched this movie well over [UNK] times and i love it each and
every time i watched it yes it can be very corny but it is also very
funny and enjoyable the camp shown in the movie is a real camp that
i actually attended for 7 years and is portrayed as camp really is a
great place to spend the summer everyone who has ever gone to camp
wanted to go to camp or has sent a child to camp should see this movie
because itll bring back wonderful memories for you and for your kids
```

이번에는 10,000개의 단어 대신 5개의 단어만 사용하면 해당 문장이 어떻게 인코딩 되는지 확인함으로써 단어 개수에 따른 토크나이징 품질을 이해할 수 있습니다.

```
vocab_size = 5
sequence_length = 100

vectorize_layer = TextVectorization(
    standardize=custom_standardization,
    max_tokens=vocab_size,
    output_mode='int',
    output_sequence_length=sequence_length)
```

같은 문장을 넣고 출력하면 다음과 같습니다. 단어사전에 사용된 단어는 총 5개입니다. 그 5개는 공백과 [UNK]를 빼고 나면, 'the', 'and', 그리고 'a'뿐입니다.

```
print(vocabs)
# 출력: ['', '[UNK]', 'the', 'and', 'a']
```

다음을 통해 토크나이징 된 값을 출력하면 아주 단순한 숫자들만 나옵니다.

```
print(tokenized.numpy())
```

총 5개의 단어만을 사용했기 때문에 0~4까지 값을 갖고 있고, 공백은 이미 모두 제거했기 때문에 0은 나오지 않았습니다. 많은 부분 [UNK]를 나타내는 1이 있는 것을 볼 수 있습니다.

```
[1 1 1 1 1 1 1 1 3 1 1 1 1 3 1 1 1 1 1 1 1 1 1 1 1 1 1 1 1 3 1 2 1 1
 1 2 1 1 4 1 1 1 1 1 1 1 3 1 1 1 1 1 1 4 1 1 1 1 2 1 1 1 1 1 1 1 1 1
 1 1 1 1 1 1 4 1 1 1 1 1 1 1 1 1 1 1 1 1 1 3 1 1 1]
```

단어사전을 이용해서 문장을 복구해 보면 다음과 같이 형편없는 결과를 얻게 됩니다.

```
[UNK] [UNK] [UNK] [UNK] [UNK] [UNK] [UNK] [UNK] and [UNK] [UNK]
[UNK] [UNK] and [UNK] [UNK] [UNK] [UNK] [UNK] [UNK] [UNK] [UNK]
[UNK] [UNK] [UNK] [UNK] [UNK] [UNK] [UNK] and [UNK] the [UNK] [UNK]
[UNK] the [UNK] [UNK] a [UNK] [UNK] [UNK] [UNK] [UNK] [UNK] [UNK]
[UNK] and [UNK] [UNK] [UNK] [UNK] [UNK] [UNK] a [UNK] [UNK] [UNK] [UNK]
the [UNK] [UNK] [UNK] [UNK] [UNK] [UNK] [UNK] [UNK] [UNK] [UNK]
[UNK] [UNK] [UNK] [UNK] [UNK] a [UNK] [UNK] [UNK] [UNK] [UNK] [UNK]
[UNK] [UNK] [UNK] [UNK] [UNK] [UNK] [UNK] [UNK] and [UNK] [UNK] [UNK]
```

이렇게 단어사전의 개수를 5개로 줄이게 되는 예제를 통해서 단어사전이 너무 작으면 문장의 의미를 전혀 파악할 수 없게 되는 것을 직관적으로 확인할 수 있습니다. 하지만 단어사전의 크기를 너무 크게 가져가면 토크나이징하는데 많은 시간이 소요되므로 적절한 크기를 선택하는 것이 효율적입니다.

이번에는 단어사전의 크기는 그대로 10,000개로 유지하고, 문장에 포함된 최대 단어 개수를 5개로 줄여보겠습니다.

```python
vocab_size = 10000
sequence_length = 5

vectorize_layer = TextVectorization(
    standardize=custom_standardization,
    max_tokens=vocab_size,
    output_mode='int',
    output_sequence_length=sequence_length)
text_ds = train_ds.map(lambda x, y: x)
vectorize_layer.adapt(text_ds)
vocabs = vectorize_layer.get_vocabulary()
tokenized = vectorize_layer(example)

print(tokenized.numpy())
print(' '.join([ vocabs[token] for token in tokenized]))
```

단어사전의 크기는 충분하지만 문장의 최대 단어 개수는 총 5개입니다. 한 문장에 5단어 밖에 저장되지 않는 상황입니다. 그러므로 토크나이징 된 출력값에는 5개의 정수만 존재하게 됩니다.

```
[ 10   25  283   11   17]
```

이를 통해서 복구해 보면 다음과 같은 문장이 나옵니다.

```
i have watched this movie
```

문장을 구성하고 있는 단어의 개수가 너무 작다 보니 사람이 출력된 문장을 보더라도 이 영화에 대해서 긍정적인지 부정적인지 파악할 수 없습니다. 이러한 예제들을 통해서 단어 사전의 크기와 문장을 구성하는 최대 단어 수는 상당히 중요한 역할을 하는 것을 확인할 수 있습니다.

21.3 머신러닝에서 사용하던 전처리 기법

딥러닝 모델을 이용하는 경우는 대부분 단어사전을 활용하게 됩니다. 하지만 간단한 자연어 데이터 처리를 할 때는 굳이 딥러닝 모델을 사용하지 않아도 충분한 경우가 많습니다.

Scikit-Learn라이브러리를 이용하면 단어사전 외에 CountVectorizer[*]나 TfidVectorizer[**]를 이용해서 문장을 벡터값으로 변경할 수 있습니다. Scikit-Learn이 사용하는 데이터 포맷에 맞추기 위해서 다음과 같이 추가 코드를 실행합니다.

```
train_x = []
train_y = []

for batch_x, batch_y in train_ds:
    train_x += list(custom_standardization(batch_x).numpy())
    train_y += list(batch_y.numpy())

valid_x = []
valid_y = []

for batch_x, batch_y in val_ds:
    valid_x += list(custom_standardization(batch_x).numpy())
    valid_y += list(batch_y.numpy())
```

---

[*] https://scikit-learn.org/stable/modules/generated/sklearn.feature_extraction.text.CountVectorizer.html

[**] https://scikit-learn.org/stable/modules/generated/sklearn.feature_extraction.text.TfidfVectorizer.html

다음과 같이 CountVectorizer를 사용하면 바로 20,000개의 문장들이 일정 크기의 실수 벡터들로 변환됩니다.

```
from sklearn.feature_extraction.text import CountVectorizer
count_vect = CountVectorizer()
X = count_vect.fit_transform(train_x + valid_x)
vectorized_train_x = X[:len(train_x)]
vectorized_valid_x = X[len(train_x):]
```

출력된 값은 행이 20,000개이고, 열이 111,323개인 행렬이 나옵니다. 열이 111,323개로 매우 많아 보이지만 사실 이 행렬은 Sparse 행렬이기 때문에 원소의 개수는 매우 작습니다.

```
<20000x111323 sparse matrix of type '<class 'numpy.float64'>'
    with 2749612 stored elements in Compressed Sparse Row format>
```

첫 번째 문장 안의 값들을 출력하면 다음과 같습니다.

```
print(vectorized_train_x[0])
```

전체 111,323개의 열의 크기가 있지만, 다음과 같이 실제로 값이 들어있는 부분은 극히 일부인 Sparse 행렬인 것을 알 수 있습니다.

```
  (0,  48494)   2
  (0,  52501)   1
  (0,  98392)   1
  (0,  43390)   1
     :      :
  (0, 102150)   1
  (0,  65131)   1
  (0,   2601)   1
  (0,  49295)   1
```

이러한 행렬 데이터 변환이 완료되었으니 가장 기본적인 로지스틱 회귀 모델을 통해 학습시킬 수 있습니다.

```
from sklearn.linear_model import LogisticRegression
clf = LogisticRegression(class_weight='balanced')
clf.fit(vectorized_train_x, train_y)
```

또한, 비슷한 방법으로 TfidVectorizer가 있습니다.

```
from sklearn.feature_extraction.text import TfidfVectorizer
vectorizer = TfidfVectorizer()
X = vectorizer.fit_transform(train_x + valid_x)
vectorized_train_x = X[:len(train_x)]
vectorized_valid_x = X[len(train_x):]
```

앞선 경우와 마찬가지로 Sparse 행렬이 얻어집니다.

```
<20000x111323 sparse matrix of type '<class 'numpy.float64'>'
    with 2749612 stored elements in Compressed Sparse Row format>
```

다만 TfidVectorizer를 통해 얻은 값들은 정수가 아니라 실숫값들이 포함되어 있는 것을 확인할 수 있습니다.

```
  (0, 49295)    0.12058143514281293
  (0, 2601)     0.08937667105379675
  (0, 65131)    0.025295911037856153
  (0, 102150)   0.05935933260801086
    :   :
  (0, 43390)    0.037150343865252594
  (0, 98392)    0.1375005611937597
  (0, 52501)    0.06353315166557384
  (0, 48494)    0.06242643015569093
```

이 경우에도 로지스틱 회귀 모델을 학습시킬 수 있습니다. 두 가지 경우 모두 이렇게 학습을 진행하면 검증용 데이터에서 88~89% 정도의 정확도를 얻을 수 있습니다. 이런 방법들은 딥러닝에서는 활용이 많이 되지는 않지만, 가장 간단하게 시도할 수 있는 간편한 방법이라 소개했습니다. 자연어 처리는 역사가 오래된 분야이므로 이 외에도 많은 통계적 기법이 있습니다.

Chapter 22

IMDB 영화 리뷰 예제: RNN 모델 학습

이번 장에서는 IMDB 영화 리뷰 분류 문제를 풀어줄 RNN 모델을 구성하고 학습합니다. 자연어 데이터는 이미지 데이터와는 다르게 문장으로 구성되어 있습니다. 문장은 문맥(Context)이 있습니다. 이러한 문맥은 자연어 데이터 분류 문제에서 중요합니다. 그러므로 단순 신경망 모델이 아닌 문맥을 파악할 수 있는 딥러닝 모델을 선택해야 합니다.

문맥 파악에 뛰어난 모델 구조는 바로 순환신경망(Recurrent Neural Network, RNN)입니다. RNN의 종류에는 여러 가지가 있지만 대표적으로 다음 SimpleRNN, GRU, LSTM이 있습니다. 3가지 모두 텐서플로에서 제공하고 있습니다.

- Simple RNN
- GRU(Gated Recurrent Unit)
- LSTM(Long Short-Term Memory)

이번 장에서는 이 3가지 중 가장 많이 사용되는 LSTM 모델을 사용하여 IMDB 영화 리뷰 분석을 위한 모델을 학습시킵니다. 가장 먼저 필요한 패키지를 로드하고 IMDB 데이터를 다운로드해서 학습/테스트용 데이터로 분리합니다. 이를 위한 코드는 다음과 같습니다.

```python
import numpy as np
import tensorflow_datasets as tfds
import tensorflow as tf

dataset, info = tfds.load('imdb_reviews',
                          with_info=True,
                          as_supervised=True)
train_dataset, test_dataset = dataset['train'], dataset['test']
```

```
for example, label in train_dataset.take(1):
    print('text: ', example.numpy()[:50])
    print('label: ', label.numpy())
```

학습용 데이터에서 하나의 데이터를 뽑아서 보면 다음과 같은 출력이 나옵니다.

```
text:  b"This was an absolutely terrible movie. Don't be lu"
label:  0
```

내용을 보면 알 수 있듯이 레이블이 0이면 부정적인 리뷰입니다. 긍정과 부정 두 가지의 경우가 있으므로 Softmax 대신 Sigmoid 등을 활용한 이항 분류(Binary Classification) 문제입니다. 또한, 앞장에서 다뤘던 자연어 데이터에서 가장 중요한 단어사전은 TextVectorization( )을 통해 만들어 줍니다. 단순히 해당 객체를 생성하면 되는 것이 아니라 adapt( )에 학습 데이터를 추가해야 합니다. 단어사전의 크기는 총 1,000개로 구성합니다.

```
VOCAB_SIZE = 1000
encoder = tf.keras.layers.TextVectorization(max_tokens=VOCAB_SIZE)
encoder.adapt(train_dataset.map(lambda text, label: text))
```

인코더가 잘 구성되었는지 확인하기 위해 임의의 문장을 넣어서 테스트해 봅니다.

```
example = "This was an absolutely terrible movie."
encoded_example = encoder(example).numpy()
print(encoded_example)
print([vocab[idx] for idx in encoded_example])
```

출력이 다음과 같이 잘 되는 것을 확인할 수 있습니다.

```
[ 11  14  34 412 384  18]
['this', 'was', 'an', 'absolutely', 'terrible', 'movie']
```

22.1 Embedding

이번 절에서는 가장 간단한 LSTM 레이어와 신경망 모델을 조합하여 모델을 구성합니다. 모델은 Sequential 모델을 사용하여 간단하게 구성할 수 있습니다.

```
model = tf.keras.Sequential([
    encoder,
    tf.keras.layers.Embedding(
        input_dim=len(encoder.get_vocabulary()),
        output_dim=64, mask_zero=True),
    tf.keras.layers.LSTM(96),
    tf.keras.layers.Dense(64, activation='relu'),
    tf.keras.layers.Dense(1)
])
```

반드시 앞부분에 인코더를 넣어줘야 하고, 임베딩(Embedding)이라는 새로운 레이어가 등장합니다. 임베딩은 딥러닝을 사용한 자연어 데이터에서 아주 중요한 역할을 하는 레이어입니다. 하지만 그 구조는 아주 단순한 행렬입니다. 각 단어마다 벡터를 페어링(Pairing)해주는 역할입니다. 현재 단어사전 크기가 총 1,000개이고 임베딩의 출력 차원(output_dim)은 64개이므로, 행은 1000개이고 열은 64개인 행렬이 임베딩의 구조입니다. [그림 22-1]과 같이 각 단어는 이 임베딩 행렬을 통해 64차원 벡터로 변환됩니다.

정리해 보면 단어는 단어사전을 통해 정수가 되고, 이 정수는 임베딩을 통해 64차원의 벡터가 됩니다(단어→정수→벡터). 이러한 임베딩의 값들은 변하지 않는 상수가 아닙니다. 학습을 진행할 때마다 업데이트되는 값입니다. 이러한 특성을 이용해서 남들이 미리 학습시킨 임베딩을 가져와서 그 뒷부분의 LSTM과 신경망 레이어로 구성된 모델만 학습시키는 방법도 가능합니다. 하지만 준비된 예제는 임베딩을 포함하여 모두 학습하는 예제입니다.

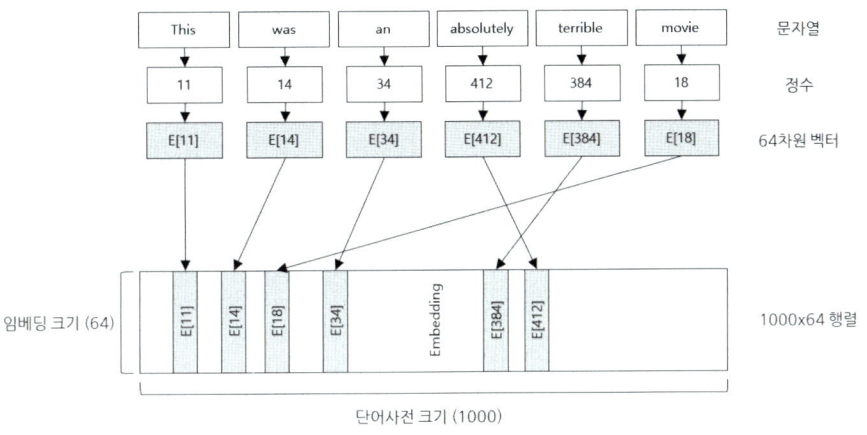

[그림 22-1] 임베딩 원리의 시각화

```
embedding_model = tf.keras.Model(model.input, model.layers[1].output)
input_example = np.array([example])
print(input_example)
print(input_example.shape)
encoded = encoder(input_example)
print(encoded)
print(encoded.shape)
embedding_output = embedding_model(input_example)
print(embedding_output.shape)
```

결괏값은 다음과 같습니다.

```
['This was an absolutely terrible movie.']
(1,)
tf.Tensor([[ 11  14  34 412 384  18]], shape=(1, 6), dtype=int64)
(1, 6)
(1, 6, 64)
```

이 예제는 문장을 구성하는 단어 개수가 6개라서 임베딩 출력이 (1, 6, 64)입니다. 하지만 문장에 단어가 27개 포함되어 있다면 임베딩 출력은 (1, 27, 64)가 됩니다.

22.2 LSTM모델 학습

LSTM 모델은 문맥을 파악하는 데 중요한 역할을 합니다. 각 단어의 임베딩이 차례로 입력으로 들어가서 출력값을 제공합니다. 이때 순서가 중요한데 문장을 구성하는 단어의 순서대로 LSTM 모델에 누적되어 곱해집니다. 이 경우 LSTM 모델을 구성하는 Weight 값들은 변하지 않는다는 점에 주목해야 합니다. 문장의 순서가 달라지면 곱해지는 순서가 달라지므로 결괏값도 달라집니다. 이는 단어의 순서는 일종의 문맥을 형성한다는 점에서 RNN 계열 모델들의 문맥 파악의 기본 원리가 됩니다.

[그림 22-2]를 보면 첫 번째 단어의 임베딩 값인 E[11]이 LSTM에 들어가서 a라는 출력을 보내주면, 그다음 단어의 임베딩인 E[14]와 a라는 출력값이 LSTM에 입력으로 들어가서 b라는 출력값이 나옵니다. 예제 문장이 총 6단어이므로 이렇게 각 단어마다 순서대로 1부터 6까지 LSTM 모델에 입력값으로 들어가고, 바로 전 출력값이 a부터 e까지 그에 해당하여 입력값으로 들어갑니다. 이렇게 누적된 최종 계산값은 f입니다. 여기서 최종 출력값인 96차원의 벡터는 신경망 레이어로 전달 후 모델의 최종출력값을 계산하게 됩니다.

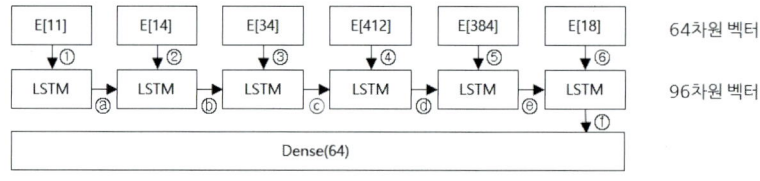

[그림 22-2] LSTM 레이어의 계산 순서

더 자세한 이해를 위해 데이터 구조를 확인하는 코드는 다음과 같습니다.

```
lstm_model = tf.keras.Model(model.input, model.layers[2].output)
input_example = np.array(["This was an absolutely terrible movie."])
lstm_output = lstm_model(input_example)
print(lstm_output[0, :4])
print(lstm_output.shape)
```

총 96차원의 벡터가 나오지만, 출력하기엔 너무 많으므로 앞 4개의 값만 출력해 보면 다음과 같습니다.

```
tf.Tensor([-0.00320172  0.00320054 -0.00528009 -0.01120885],
          shape=(4,), dtype=float32)
(1, 96)
```

같은 단어지만 순서가 반대인 문장을 임의로 입력으로 넣어주면 어떤 값이 나오는지 확인하는 코드입니다.

```
input_example = np.array(["movie terrible absolutely an was This."])
lstm_output = lstm_model(input_example)
print(lstm_output[0, :4])
print(lstm_output.shape)
```

교환법칙이 성립하지 않는 LSTM 모델의 특성 때문에 앞의 결과와는 다른 값이 출력됩니다.

```
tf.Tensor([-0.00748638 -0.00060623 -0.00187602 -0.00716687],
          shape=(4,), dtype=float32)
(1, 96)
```

이러한 계산의 순서에 유념하여 전체 모델을 보면 [그림 22-3]과 같습니다.

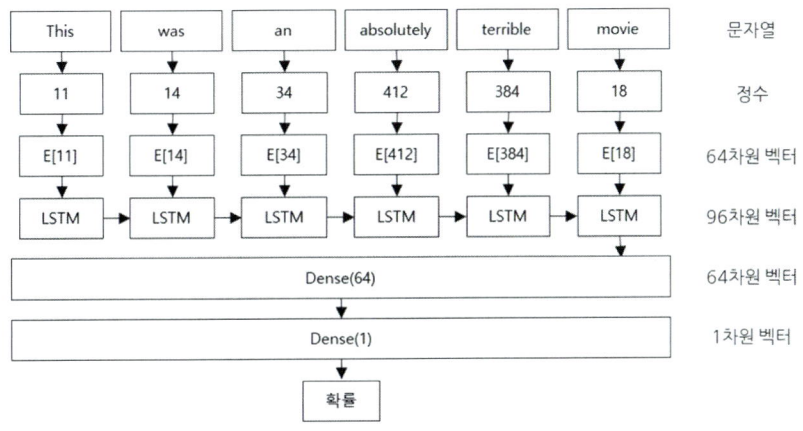

[그림 22-3] 학습에 사용하는 RNN 모델

이제 모델을 선언했으므로 모델에 사용할 손실함숫값과 최적화 알고리즘을 선택합니다. 손실함숫값은 이항 분류 모델을 사용하였고, Adam 알고리즘을 최적화 알고리즘으로 선택했습니다. 또한, 학습이 진행될 때마다 정확도(Accuracy)를 측정하도록 설정했습니다.

```
model.compile(loss=tf.keras.losses.BinaryCrossentropy(from_logits=True),
              optimizer=tf.keras.optimizers.Adam(1e-4),
              metrics=['accuracy'])
```

fit( )을 이용하여 학습을 시키는 코드는 다음과 같습니다.

```
history = model.fit(train_dataset, epochs=10,
                    validation_data=test_dataset,
                    validation_steps=30)
```

10번의 Epoch 후에는 약 85%의 정확도에 도달할 수 있습니다.

```
test_loss, test_acc = model.evaluate(test_dataset)

print('Test Loss:', test_loss)
print('Test Accuracy:', test_acc)
```

구글 Colab을 기준으로 1개의 Epoch 당 20초 정도 소요됩니다.

```
391/391 [============] - 11s 28ms/step - loss: 0.3578 - accuracy: 0.8576
Test Loss: 0.35783451795578003
Test Accuracy: 0.8576400279998779
```

22.3 Bidirectional LSTM모델 학습

언어의 특성에 따라 중요한 문맥이 거꾸로 형성되는 경우가 있을 수 있습니다. 이런 경우에는 Bidirectional LSTM을 사용하면 됩니다. 이 경우에도 계산 순서와 방식이 헷갈릴 수 있습니다. 하지만 문장을 구성하는 단어의 순서를 바꿔서 계산을 반복한다고 생각하면 쉽습니다.

[그림 22-4]를 보면 1부터 6까지와 a부터 e까지는 일반 LSTM과 동일한 것을 확인할 수 있습니다. 하지만 7부터 12까지 진행되는 방향이 1부터 6까지와 반대 방향인 것에 주목해야 합니다. 문장을 구성하는 단어 순서의 반대로 진행하면서 LSTM의 출력값을 누적하여 계산합니다.

Bidirectional LSTM의 경우 출력값이 일반 LSTM보다 2배 큽니다. 그 이유는 순방향 출력인 f와 역방향 출력인 l이 합쳐진 형태로 다음 레이어에 제공되기 때문입니다. 즉, 순방향 LSTM의 96차원 출력값과 역방향 LSTM의 96차원 출력값이 이어져서 192차원 벡터가 됩니다.

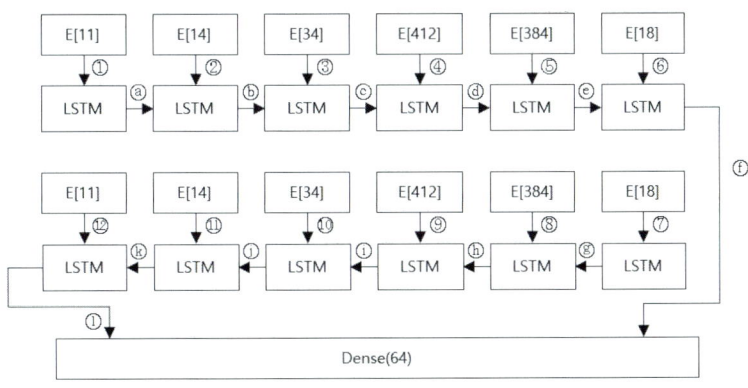

[그림 22-4] Bidirectional LSTM 구조

[그림22-4]와 다른 식으로 표현한 [그림 22-5]도 추가로 첨부합니다. 약간 복잡한 연산 방식으로 인해 시각화 방법이 다양합니다. 하지만 연산의 흐름은 같으므로 두 가지 그림에서 공통점을 찾으려고 하면 연산 방식 이해에 큰 도움이 될 것입니다.

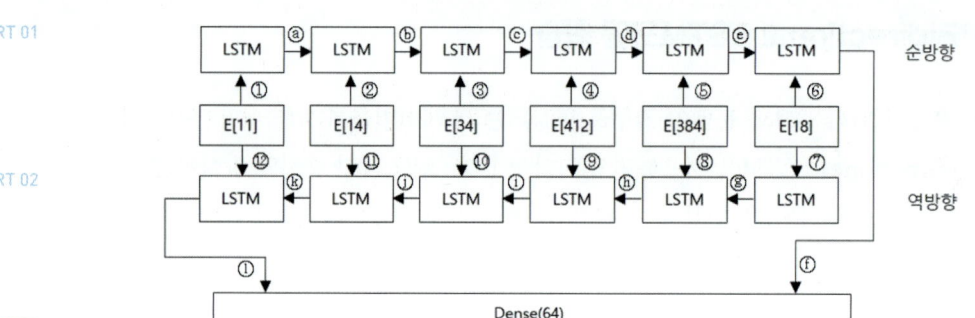

[그림 22-5] Bidirectional LSTM 구조 시각화

모델 학습을 위한 구성과 파라미터를 설정하고 학습시키는 코드는 다음과 같습니다.

```
model.compile(loss=tf.keras.losses.BinaryCrossentropy(from_logits=True),
              optimizer=tf.keras.optimizers.Adam(1e-4),
              metrics=['accuracy'])
history = model.fit(train_dataset, epochs=10,
                    validation_data=test_dataset,
                    validation_steps=30)
```

문맥을 파악하는 방법을 순방향 외에 역방향도 추가했지만, 일반 LSTM을 사용한 경우에 비해서 급격한 성능 향상은 없었습니다.

```
test_loss, test_acc = model.evaluate(test_dataset)

print('Test Loss:', test_loss)
print('Test Accuracy:', test_acc)
```

성능이 오히려 약간 하락했지만 동등하다고 봐도 무방합니다. 이렇게 Bidirectional LSTM을 사용한다고 무조건 성능 향상이 있는 것은 아니지만, 일반 LSTM보다 확장성이 높은 모델이기 때문에 항상 고려하는 것이 좋다고 생각합니다.

```
391/391 [=============] - 19s 49ms/step - loss: 0.3185 - accuracy: 0.8568
Test Loss: 0.31852924823760986
Test Accuracy: 0.8568400144577026
```

22.4 Multi-Layer LSTM 모델 학습

지금까지는 일반 LSTM과 Bidirectional LSTM의 레이어를 1개만 사용했습니다. LSTM 레이어는 신경망 레이어와 마찬가지로, 여러 레이어를 쌓아서 모델을 구성할 수 있습니다. 하지만 단순히 2번 반복해서 추가한다면 모델을 구성할 수 없다는 에러 메시지를 보게 됩니다.

```
model = tf.keras.Sequential([
    encoder,
    tf.keras.layers.Embedding(len(encoder.get_vocabulary()),
                              64, mask_zero=True),
    tf.keras.layers.Bidirectional(
    tf.keras.layers.LSTM(64, return_sequences=True)),
    tf.keras.layers.Bidirectional(tf.keras.layers.LSTM(32)),
    tf.keras.layers.Dense(64, activation='relu'),
    tf.keras.layers.Dropout(0.5),
    tf.keras.layers.Dense(1)
])
```

LSTM 레이어가 여러 개라면 가장 마지막 LSTM 레이어를 제외하고는 return_sequences 값을 True로 설정해 줘야 합니다. 이것만 유의한다면 손쉽게 여러 레이어를 구성하여 모델을 만들 수 있습니다.

```
model.compile(loss=tf.keras.losses.BinaryCrossentropy(from_logits=True),
              optimizer=tf.keras.optimizers.Adam(1e-4),
              metrics=['accuracy'])

history = model.fit(train_dataset, epochs=10,
                    validation_data=test_dataset,
                    validation_steps=30)

test_loss, test_acc = model.evaluate(test_dataset)

print('Test Loss:', test_loss)
print('Test Accuracy:', test_acc)
```

앞선 모델들과 동일한 설정과 동일한 하이퍼 파라미터로 학습하면 약 86%의 성능을 확보할 수 있습니다.

```
391/391 [=======] - 81s 207ms/step - loss: 0.3171 - accuracy: 0.8621
Test Loss: 0.31714650988578796
Test Accuracy: 0.8620799779891968
```

다음 장에서는 직접 모든 모델을 학습하는 방식이 아닌, 다른 사람들이 학습해 놓은 모델들을 활용하여 자연어 데이터를 재학습시키는 방법을 다룹니다. 다음 장에서 사전학습 방법을 습득하기 전 충분히 이번 장에서 다룬 RNN 모델 구조와 학습 방법을 숙지하는 것을 추천합니다.

Chapter 23 IMDB 영화 리뷰 예제: RNN 사전학습 모델 활용

22장에서는 RNN 모델을 이용하여 IMDB 영화 리뷰의 긍정/부정을 판별하는 모델을 학습시키는 방법을 설명했습니다. 이를 위해서는 자연어 데이터를 문자열에서 실숫값으로 변환해주기 위해 단어사전을 만들고 임베딩 레이어를 활용했습니다. 자연어 데이터를 학습시키려면 임베딩 레이어가 매우 중요합니다. 어떠한 임베딩이 학습되는지에 따라서 최종 모델의 성능이 영향을 많이 받기 때문입니다.

만약 누군가가 같은 데이터로 이미 학습시킨 임베딩 모델을 확보할 수 있다면 모든 과정은 상당히 편리해집니다. 이러한 편리성을 위해서 많은 사람이 각자 학습한 모델을 공유하는 플랫폼인 텐서플로 허브*(TensorFlow Hub)를 운영합니다. 텐서플로 허브에서는 데이터별로(사진/자연어/동영상/오디오) 학습된 모델들을 제공하고, 그 외 많은 카테고리로 다양한 사전학습 모델을 이용할 수 있습니다.

만약 유명한 데이터베이스를 이용해서 모델 학습을 하고자 한다면 가장 먼저 텐서플로 허브에서 사전학습된 모델들을 검색해서 활용하는 것을 추천합니다. 자연어 데이터 외에도 많은 사전학습 모델이 있으므로 다양한 분야의 데이터에서 활용될 수 있습니다. 이번 장에서 사용할 사전학습 임베딩 모델**은 구글 뉴스를 통해서 70억 개의 데이터로 학습한 결과입니다. 텐서플로 허브를 사용하기 위해서는 tensorflow-hub 라이브러리를 설치해야 합니다.

```
$ pip install tensorflow-hub tensorflow-datasets
```

---

* https://tfhub.dev
** https://tfhub.dev/google/nnlm-en-dim50/2

가장 먼저 필요한 라이브러리를 불러옵니다. 학습데이터 중에 60%를 학습용으로 40%를 검증용 데이터로 활용합니다.

```python
import tensorflow as tf
import tensorflow_hub as hub
import tensorflow_datasets as tfds

train_data, validation_data, test_data = tfds.load(
    name="imdb_reviews",
    split=('train[:60%]', 'train[60%:]', 'test'),
    as_supervised=True)
```

23.1 임베딩 그대로 사용하기

임베딩 레이어를 불러오려면 hub.KerasLayer( )를 이용해야 합니다. 이때 임베딩을 그대로 사용하려면 trainable값을 False로 설정해야 합니다. 만약 True로 설정한다면 4천 8백만 개의 Weight들을 학습시키게 됩니다.

```python
embedding = "https://tfhub.dev/google/nnlm-en-dim50/2"
hub_layer = hub.KerasLayer(embedding, input_shape=[],
                           dtype=tf.string, trainable=False)
```

데이터를 하나 뽑아서 사전학습된 hub_layer에 넣어주면 50차원 벡터가 나옵니다.

```python
train_examples_batch, train_labels_batch = next(iter(train_data.
batch(1)))
print(hub_layer(train_examples_batch))
```

다음과 같이 50차원 벡터가 출력되는 것을 확인할 수 있습니다.

```
tf.Tensor(
[[ 0.5423195  -0.0119017   0.06337538  0.06862972
   ...
 -0.03543064 -0.17533456]], shape=(1, 50), dtype=float32)
```

다음은 손실함숫값을 정하고 학습을 10 Epoch만큼 시키는 코드를 작성합니다.

```
model.compile(optimizer='adam',
              loss=tf.keras.losses.BinaryCrossentropy(from_logits=True),
              metrics=['accuracy'])
history = model.fit(train_data.shuffle(10000).batch(512),
                    epochs=10,
                    validation_data=validation_data.batch(512),
                    verbose=1)
```

데이터는 사용하기 전에 셔플시켰고, 배치 크기는 512개입니다. 학습한 결과를 테스트 데이터를 통해 평가하면 약 70%의 성능을 얻을 수 있습니다.

```
results = model.evaluate(test_data.batch(512), verbose=2)
for name, value in zip(model.metrics_names, results):
    print("%s: %.3f" % (name, value))
```

임베딩 레이어를 추가 학습하지 않기 때문에 학습 속도는 빠르지만, 높은 정확도는 얻을 수 없습니다.

```
49/49 - 2s - loss: 0.5342 - accuracy: 0.7072 - 2s/epoch - 45ms/step
loss: 0.534
accuracy: 0.707
```

다시 한번 강조하고 싶은 부분은 이 사전학습 모델은 구글 뉴스의 데이터를 활용한 것이지 IMDB 데이터로 학습한 것이 아닙니다. 뉴스에 포함된 단어들이 IMDB 리뷰보다 더 많으므로 사전학습된 임베딩을 사용해도 이 정도 성능이 나오게 됩니다. 같은 데이터로 학습된 사전학습 모델을 가져오면 더 정확할 수 있지만, 모든 사람이 "나"와 같은 데이터를 사용하지 않으므로 실전에서는 일어나기 어려운 상황입니다.

23.2 임베딩 추가 학습하기

이번에는 임베딩 레이어도 추가 학습하는 방식으로 접근할 예정입니다. 파라미터 중 trainable을 True로 설정합니다.

```
embedding = "https://tfhub.dev/google/nnlm-en-dim50/2"
hub_layer = hub.KerasLayer(embedding, input_shape=[],
                           dtype=tf.string, trainable=True)

model = tf.keras.Sequential()
model.add(hub_layer)
model.add(tf.keras.layers.Dense(16, activation='relu'))
model.add(tf.keras.layers.Dense(1))
```

그 외에 다른 사항들은 모두 23.1절과 동일하게 설정해 줍니다.

```
model.compile(optimizer='adam',
              loss=tf.keras.losses.BinaryCrossentropy(from_logits=True),
              metrics=['accuracy'])

history = model.fit(train_data.shuffle(10000).batch(512),
                    epochs=10,
                    validation_data=validation_data.batch(512),
                    verbose=1)
```

구글 Colab 기준으로 위와 같이 설정하면 1개의 Epoch 당 약 20초 정도 소요됩니다. 학습된 데이터를 테스트 데이터를 이용해서 평가해 보는 코드는 다음과 같습니다.

```
results = model.evaluate(test_data.batch(512), verbose=2)

for name, value in zip(model.metrics_names, results):
    print("%s: %.3f" % (name, value))
```

출력 결과를 보면 이번에는 85%를 확보한 것을 확인할 수 있습니다.

```
49/49 - 5s - loss: 0.3697 - accuracy: 0.8509 - 5s/epoch - 96ms/step
loss: 0.370
accuracy: 0.851
```

이렇게 사전학습 모델을 활용하면 서로 학습 데이터가 다르더라도 좋은 결과를 얻을 수 있습니다. 다음 장에서는 사전학습된 BERT 활용하는 법을 다룹니다.

Chapter 24 | IMDB 영화 리뷰 예제: BERT 사전학습 모델 활용

23장에서는 구글 뉴스에서 RNN 사전학습 모델을 이용하여 IMDB 영화 리뷰 데이터를 학습했습니다. 최근에는 구글이나 아마존 같은 큰 기업들은 압도적인 컴퓨팅 인프라로 대형 모델들을 이용해서 자연어 분석을 하고 있습니다. 이번 장에서는 대형 모델 중의 하나인 BERT 모델을 이용하여 IMDB 영화 리뷰를 감정분석하는 모델을 학습하는 코드를 살펴봅니다.

BERT 모델은 감정분석 같은 분류 문제만을 위한 모델이 아닙니다. 사전학습된 BERT 모델은 감정분석 외에 많은 문제에서 활용될 수 있습니다. 예를 들면, 요약이나 번역에도 사용될 수 있습니다. 이렇게 사전학습 모델을 이용하여 다른 분석 문제에 적용하는 것을 일반적으로 파인 튜닝이라고 부릅니다.

24.1 BERT 사전학습 모델

BERT는 Bidirectional Encoder Representation from Transformers의 약자입니다. 주요 키워드는 양방향(Bidirectional)과 트랜스포머(Transformer)입니다. BERT 모델의 메커니즘에 대한 자세한 이해를 하려면 많은 사전 지식이 필요합니다. 이번 장에서는 BERT 학습이 목적이 아니라 사전학습된 BERT를 파인 튜닝하여 활용하는 것이 목적이므로 이에 필수적인 사항들을 중심으로 설명할 예정입니다. 자세한 이해를 원하시는 독자께서는 구글에서 발표한 논문*을 참고하면 좋습니다. 논문이 부담스러운 분들은 BERT

---

* BERT: Pre-training of Deep Bidirectional Transformers for Language Understanding (https://arxiv.org/abs/1810.04805)

모델로 검색하면 설명이 잘 된 블로그들을 발견할 수 있습니다.

텐서플로 허브에는 BERT 모델은 크기에 따라 분류되어 있습니다. 논문에서는 BASE와 LARGE로 두 가지를 다룹니다. 하지만 이번 장에서는 텐서플로에서 제공하는 작은 크기의 Small BERT 모델을 활용합니다. 텐서플로에서는 [표 24-1]과 같이 총 20개의 사전학습 모델을 제공합니다.

트랜스포머 레이어 개수인 L과 은닉층의 출력 벡터의 크기인 H에 따라서 학습된 모델을 제공합니다. 23장에서 사용한 RNN 모델은 구글의 뉴스를 데이터로 사용하여 학습했습니다. 이번에 사용할 BERT 모델은 위키피디아와 1만여 개의 책 데이터를 학습한 모델입니다.

[표 24-1] 레이어(L)과 은닉층 크기(H)에 따른 사전학습 BERT모델[**]

	H=128	H=256	H=512	H=768
L=2	2/128	2/256	2/512	2/768
L=4	4/128	4/256	4/512	4/768
L=6	6/128	6/256	6/512	6/768
L=8	8/128	8/256	8/512	8/768
L=10	10/128	10/256	10/512	10/768
L=12	12/128	12/256	12/512	12/768

24.2 BERT 사전학습 모델 로드하기

가장 먼저 사전학습 모델 사용을 위한 필요한 라이브러리를 설치합니다.

```
$ pip install -q -U "tensorflow-text==2.8.*"
$ pip install -q tf-models-official==2.7.0
```

[**] https://tfhub.dev/google/collections/bert/1

라이브러리 설치 후 사용할 라이브러리를 로드합니다.

```python
import os
import shutil
import tensorflow as tf
import tensorflow_hub as hub
import tensorflow_text as text
from official.nlp import optimization
import matplotlib.pyplot as plt
```

IMDB 데이터를 다운로드하고 필요 없는 폴더인 unsup 폴더를 삭제합니다.

```python
url = 'https://ai.stanford.edu/~amaas/data/sentiment/aclImdb_v1.tar.gz'
dataset = tf.keras.utils.get_file('aclImdb_v1.tar.gz', url,
                                  untar=True, cache_dir='.',
                                  cache_subdir='')
dataset_dir = os.path.join(os.path.dirname(dataset), 'aclImdb')
train_dir = os.path.join(dataset_dir, 'train')
remove_dir = os.path.join(train_dir, 'unsup')
shutil.rmtree(remove_dir)
```

다음은 학습용 데이터에서 8:2비율로 학습에 사용할 데이터와 검증용 데이터를 나누어서 저장합니다. 총 25,000개의 데이터를 20,000개와 5,000로 나누어집니다.

```python
AUTOTUNE = tf.data.AUTOTUNE
batch_size = 32
seed = 42

raw_train_ds = tf.keras.utils.text_dataset_from_directory(
    'aclImdb/train',
    batch_size=batch_size,
    validation_split=0.2,
    subset='training',
    seed=seed)

class_names = raw_train_ds.class_names
train_ds = raw_train_ds.cache().prefetch(buffer_size=AUTOTUNE)

val_ds = tf.keras.utils.text_dataset_from_directory(
    'aclImdb/train',
    batch_size=batch_size,
```

```
    validation_split=0.2,
    subset='validation',
    seed=seed)
val_ds = val_ds.cache().prefetch(buffer_size=AUTOTUNE)
```

다음은 테스트를 위한 25,000개의 데이터를 저장합니다.

```
test_ds = tf.keras.utils.text_dataset_from_directory(
    'aclImdb/test',
    batch_size=batch_size)
test_ds = test_ds.cache().prefetch(buffer_size=AUTOTUNE)
```

먼저 텐서플로에서 제공하는 사전학습 BERT 모델을 사용하려면 그에 대응하는 전처리 모델을 사용해야 합니다. 전처리 모델에 해당되는 URL은 다음과 같습니다. 20개의 사전학습 모델 중에 4개의 레이어와 512차원 벡터가 은닉층의 출력으로 나오는 모델을 선택해서 사용합니다.

```
tfhub_handle_encoder = 'https://tfhub.dev/tensorflow/small_bert/bert_en_uncased_L-4_H-512_A-8/1'
tfhub_handle_preprocess = 'https://tfhub.dev/tensorflow/bert_en_uncased_preprocess/3'

print(f'BERT model selected           : {tfhub_handle_encoder}')
print(f'Preprocess model auto-selected: {tfhub_handle_preprocess}')
```

KerasLayer에 URL을 넣어주면 사전학습 모델을 다운로드 받게 됩니다.

```
bert_preprocess_model = hub.KerasLayer(tfhub_handle_preprocess)
text_test = ['this is such an amazing movie!']
text_preprocessed = bert_preprocess_model(text_test)

print(f'Keys       : {list(text_preprocessed.keys())}')
print(f'Shape      : {text_preprocessed["input_word_ids"].shape}')
print(f'Word Ids   : {text_preprocessed["input_word_ids"][0, :12]}')
```

"this is such an amazing movie!"라는 문장을 넣어주면 전처리 모델의 출력값은 다음과 같습니다.

```
Keys       : ['input_word_ids', 'input_mask', 'input_type_ids']
Shape      : (1, 128)
Word Ids   : [ 101 2023 2003 2107 2019 6429 3185  999  102    0    0
    0]
```

다음은 사전학습된 BERT 모델을 로드합니다. 이번에도 역시 KerasLayer를 사용해서 로드합니다. 전처리를 먼저 거친 값을 모델에 넣어주면 다음과 같이 임베딩값이 출력됩니다.

```
bert_model = hub.KerasLayer(tfhub_handle_encoder)

bert_results = bert_model(text_preprocessed)
print(f'Loaded BERT: {tfhub_handle_encoder}')
print(f'Pooled Outputs Shape:{bert_results["pooled_output"].shape}')
print(f'Pooled Outputs Values:{bert_results["pooled_output"][0, :12]}')
```

H가 512였으므로 512차원 임베딩을 얻을 수 있습니다. BERT 모델의 출력에는 pooled_output 외에 다른 값들도 있지만 여기서는 pooled_ouput만 사용하면 됩니다.

```
Loaded BERT: https://tfhub.dev/tensorflow/small_bert/bert_en_uncased_L-4_H-512_A-8/1
Pooled Outputs Shape:(1, 512)
Pooled Outputs Values:[ 0.76262903  0.99280983 -0.18611853  0.3667385
  0.15233739  0.6550446
  0.9681154  -0.9486271   0.00216157 -0.9877732   0.06842728 -0.97630596]
```

24.3 BERT 사전학습을 IMDB 감정 분석으로 추가 학습

지금까지 사전학습된 BERT 모델과 전처리 모델을 로드했습니다. 다음은 전체 모델을 만드는 코드입니다.

```
text_input = tf.keras.layers.Input( shape=(),
                                    dtype=tf.string,
                                    name='text')
preprocessing_layer = hub.KerasLayer(tfhub_handle_preprocess,
                                     name='preprocessing')
encoder_inputs = preprocessing_layer(text_input)
encoder = hub.KerasLayer(tfhub_handle_encoder, trainable=True,
                         name='BERT_encoder')
outputs = encoder(encoder_inputs)
net = outputs['pooled_output']
net = tf.keras.layers.Dropout(0.1)(net)
net = tf.keras.layers.Dense(1, activation='sigmoid',
                            name='classifier')(net)
classifier_model = tf.keras.Model(text_input, net)
```

BERT 사전학습 모델에 Dropout 레이어와 Dense 레이어를 붙인 아주 간단한 모델입니다. 물론 BERT 모델의 내부는 더 복잡합니다. 이제 손실함숫값과 최적화 알고리즘을 선택하여 학습을 시키는 과정만 남았습니다. 여기서는 일반 Adam이 아닌 AdamW를 사용하는 것에 유의합니다.

```
loss = tf.keras.losses.BinaryCrossentropy(from_logits=False)
metrics = tf.metrics.BinaryAccuracy()
epochs = 5
steps_per_epoch = tf.data.experimental.cardinality(train_ds).numpy()
num_train_steps = steps_per_epoch * epochs
num_warmup_steps = int(0.1*num_train_steps)
init_lr = 3e-5
optimizer = optimization.create_optimizer(
                    init_lr=init_lr, num_train_steps=num_train_ steps,
                    num_warmup_steps=num_warmup_steps,
                    optimizer_type='adamw'
                )
```

다음은 학습을 진행하는 코드입니다. 총 5 Epoch을 진행하는 동안 검증용 데이터로 학습이 잘되고 있는지 파악합니다.

```
classifier_model.compile(optimizer=optimizer, loss=loss,
                         metrics=metrics)
history = classifier_model.fit(x=train_ds, validation_data=val_ds,
                               epochs=epochs)
```

구글 Colab에서 GPU를 사용하는 경우에는 1개의 Epcoh이 진행하는데 약 2분이 소요됩니다. 학습이 완료되었다면 테스트용 데이터를 활용하여 모델 평가를 진행합니다.

```
loss, accuracy = classifier_model.evaluate(test_ds)
print(f'Loss: {loss}')
print(f'Accuracy: {accuracy}')
```

정확도는 85% 정도를 확보할 수 있습니다. 더 높은 정확도를 원하는 경우 Epoch을 늘릴 수도 있고, 더 큰 BERT 모델을 가져와서 학습을 시킬 수도 있습니다.

```
Loss: 0.45370206236839294
Accuracy: 0.8554400205612183
```

5가지의 예제 문장을 추가로 테스트해 보는 코드는 다음과 같습니다.

```
def print_my_examples(inputs, results):
  result_for_printing = \
    [f'input: {inputs[i]:<30} : score: {results[i][0]:.6f}'
                         for i in range(len(inputs))]
  print(*result_for_printing, sep='\n')
  print()

examples = [
    'this is such an amazing movie!',
    'The movie was great!',
    'The movie was meh.',
    'The movie was okish.',
    'The movie was terrible...'
]

original_results = classifier_model(tf.constant(examples))
print_my_examples(examples, original_results)
```

다음과 같이 상당히 높은 정확도로 긍정/부정을 판별하는 것을 알 수 있습니다.

```
input: this is such an amazing movie!  : score: 0.999629
input: The movie was great!            : score: 0.996515
input: The movie was meh.              : score: 0.849993
input: The movie was okish.            : score: 0.023022
input: The movie was terrible...       : score: 0.000699
```

Chapter 25 혼합 타입 데이터를 입력으로 받는 딥러닝 모델

지금까지 학습데이터로 사용한 데이터 타입은 크게 3가지입니다. 가장 먼저, 표 형식을 갖고 있는데 테이블 데이터 방식이 있습니다. 테이블 데이터는 바로 신경망 모델을 적용하여 딥러닝 모델의 출력을 만들 수 있었습니다. 그다음은 이미지 데이터입니다. 이미지 데이터는 콘볼루션(Convolution)이 핵심이므로, CNN 모델을 적용하여 MNIST 데이터를 학습할 수 있었습니다. 마지막으로 자연어 데이터입니다. 자연어 데이터는 단어사전을 만들고 임베딩 레이어를 통한 후 RNN을 적용하는 방식으로 IMDB 데이터를 학습했습니다.

하지만 실제 문제에 적용할 때는 위에서 언급한 3가지의 데이터가 따로 있는 경우만 있는 것은 아닙니다. 이미지와 자연어 데이터가 동시에 있을 때도 있고, 이미지와 테이블 형식의 분류표가 주어진 경우도 있습니다. 이런 경우에는 지금까지 배웠던 딥러닝 모델들을 적용할 수 없습니다. 이번 장에서는 서로 다른 타입의 데이터들을 이용하여 학습해야 할 때 해결하는 방법 중 가장 대표적인 Concatenate 방식을 설명합니다. 이번 장까지 진행하게 되면 [그림 25-1]과 같은 레이어를 만들 수 있게 됩니다.

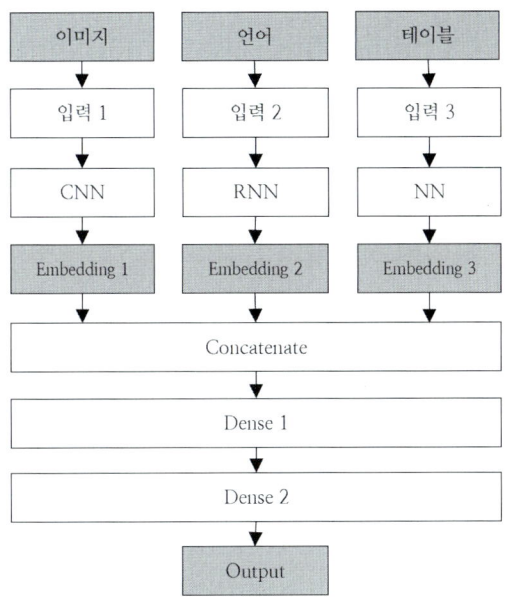

[그림 25-1] 혼합 타입 데이터 학습 모델 구조

25.1 Concatenate를 활용한 다중 입력 모델 생성

[그림 25-1]을 보면 입력 1에는 이미지 데이터가 들어가고 입력 2에는 자연어 데이터가 들어가며, 테이블 형식의 데이터가 입력 3에 들어가는 다중 입력 구조를 갖고 있습니다. 이러한 혼합 타입 데이터의 경우라도 결국에는 하나의 벡터로 정보들이 합쳐져야 합니다. 합치는 방식은 여러 방법이 있겠지만 이 책에서는 가장 기본적인 Concatenate만 설명합니다. Concatenate는 "사슬을 묶다"라는 뜻을 갖고 있습니다.

각 타입의 데이터에 알맞은 부분 딥러닝 모델을 적용한 후 얻을 수 있는 출력 벡터값들을 따로 얻습니다. 각 벡터값을 일렬로 사슬처럼 연결하는 방식을 Concatenate라고 합니다. 텐서플로에서는 layers.concatenate( )를 제공합니다. 이 함수를 이용해서 아주 간편하게 적용할 수 있습니다.

Concatenate의 사용법을 위해서 테이블 데이터를 3개 연결하는 예제를 만드는 방식으로 설명합니다. 최종 목표는 이미지, 자연어, 그리고 테이블 데이터를 통합하는 것이지만,

단계적 이해를 위해 [그림 25-2]와 같이 테이블 데이터로 동일한 멀티 입력 모델을 구성합니다.

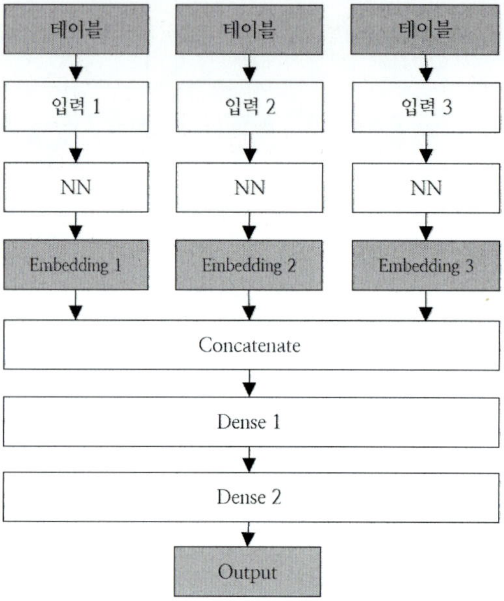

```
        테이블           테이블           테이블
          ↓               ↓               ↓
        입력 1           입력 2           입력 3
          ↓               ↓               ↓
         NN              NN              NN
          ↓               ↓               ↓
      Embedding 1     Embedding 2     Embedding 3
          ↓               ↓               ↓
              →     Concatenate     ←
                         ↓
                      Dense 1
                         ↓
                      Dense 2
                         ↓
                      Output
```

[그림 25-2] 다중 입력(모두 테이블 데이터)를 받는 모델 구조

가장 먼저 필요한 패키지들을 로드합니다.

```
import numpy as np
import tensorflow as tf
from tensorflow import keras
from tensorflow.keras import layers
```

구분의 편의를 위해 각 테이블의 열의 개수는 30, 20, 10개로 설정하고 Input 레이어의 이름도 다음과 같이 설정해 줍니다.

```
num_cols1 = 30
num_cols2 = 20
num_cols3 = 10

input1 = keras.Input(shape=(num_cols1,), name="Input1")
```

```
input2 = keras.Input(shape=(num_cols2,), name="Input2")
input3 = keras.Input(shape=(num_cols3,), name="Input3")
```

[그림 25-2]에서 신경망 모델(NN) 부분을 Dense 레이어로 구현을 간단하게 해줍니다. 이 레이어들의 출력값인 x1, x2, 그리고 x3은 Concatenate될 벡터들입니다. 각 입력 차원은 30, 20, 10차원이지만, 최종 임베딩 출력값의 차원은 10, 20, 5차원으로 설정된 것에 주의합니다.

```
x1 = layers.Dense(10, name='embedding1')(input1)
x2 = layers.Dense(20, name='embedding2')(input2)
x3 = layers.Dense(5, name='embedding3')(input3)
```

가장 중요한 Concatenate하는 방법은 다음과 같이 간단합니다.

```
x123 = layers.concatenate([x1, x2, x3], name='merging')
```

이제 Concatenate된 x123을 2개의 Dense 레이어와 연결합니다.

```
y1 = layers.Dense(10, activation='relu', name='FC1')(x123)
y = layers.Dense(1, activation='sigmoid', name='FC2')(y1)
```

그리고 keras.Model( )을 활용해서 입력과 출력을 설정하여 모델을 만들어 줍니다. 이때, 입력의 값에 위에서 선언한 input1, input2, input3이 리스트 형식으로 들어가는 것이 중요합니다.

```
model = keras.Model(inputs=[input1, input2, input3], outputs=y)
```

모델 시각화를 하면 더욱 쉽게 데이터의 흐름을 이해할 수 있습니다. keras.utils.plot_model( )을 이용하여 쉽게 그릴 수 있습니다. 주피터 노트북을 이용하여 실행하면 [그림 25-3]처럼 그림이 나오는 것을 확인할 수 있습니다.

```
keras.utils.plot_model(model)
```

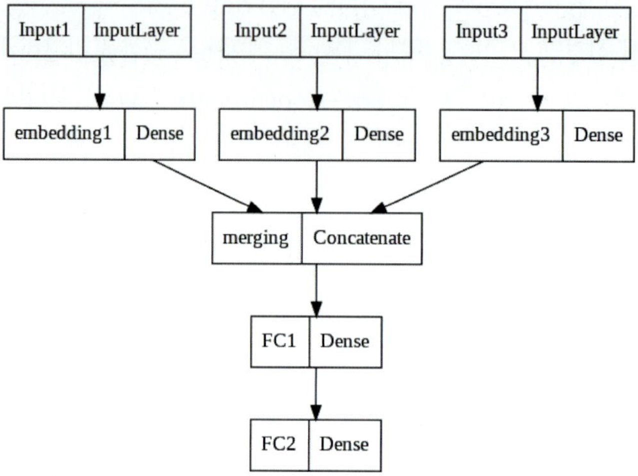
Input1 InputLayer
Input2 InputLayer
Input3 InputLayer
embedding1 Dense
embedding2 Dense
embedding3 Dense
merging Concatenate
FC1 Dense
FC2 Dense

[그림 25-3] 3개의 서로 다른 입력값을 Concatenate한 딥러닝 모델 구조

구성한 모델이 정해놓은 데이터가 들어왔을 때 올바른 출력값을 확인하는 코드를 소개하며 이번 절은 마무리합니다.

```
batch_size = 4
input1_value = tf.random.normal((batch_size, num_cols1))
input2_value = tf.random.normal((batch_size, num_cols2))
input3_value = tf.random.normal((batch_size, num_cols3))

output = model([input1_value, input2_value, input3_value])
print(output)
```

현재 구체적인 학습데이터는 없지만 차원이 일치하는 임의의 데이터를 생성하여 학습데이터를 대신하였습니다. 출력된 값을 보면 4개의 확률 값이 나옵니다.

```
tf.Tensor(
[[0.26789957]
 [0.01387283]
 [0.15676361]
 [0.03729185]], shape=(4, 1), dtype=float32)
```

25.2 이미지 데이터 추가한 모델 생성

이번 절에서는 위에서 사용한 코드를 최대한 재사용합니다. [그림 25-4]처럼 만들기 위해서 첫 번째 입력값을 이미지 데이터로만 바꾸고, 첫 번째 임베딩을 CNN을 통해서 만들어내는 것만 제외하면 모든 것이 동일합니다. 설명이 복잡해 보여도 코드를 보면 매우 간단합니다.

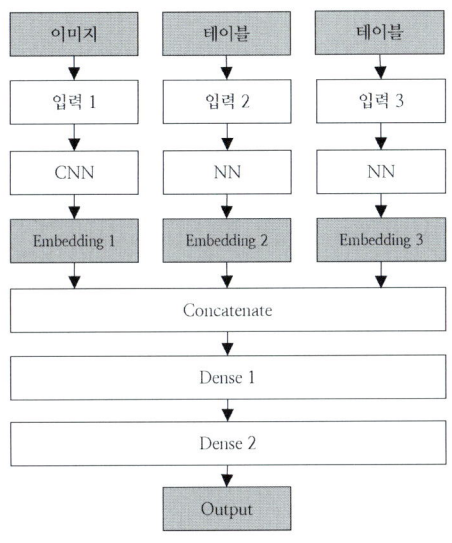

[그림 25-4] 이미지와 테이블 데이터가 혼합된 딥러닝 모델 구조

이미지 데이터는 MNIST 데이터와 크기가 동일한 28x28 흑백 이미지로 설정했습니다. 나머지 테이블 데이터의 크기는 모두 전과 동일합니다.

```
img_shape1 = (28, 28, 1)
num_cols2 = 20
num_cols3 = 10

input1 = keras.Input(shape=img_shape1, name="input1")
input2 = keras.Input(shape=(num_cols2,), name="input2")
input3 = keras.Input(shape=(num_cols3,), name="input3")
```

다음은 CNN을 사용한 후 Flatten( )을 이용해서 임베딩 1을 만드는 코드입니다.

```
x1 = layers.Conv2D(32, (3, 3), activation='relu')(input1)
x1 = layers.MaxPooling2D(2)(x1)
x1 = layers.Flatten(name='embedding1')(x1)

x2 = layers.Dense(20, name='embedding2')(input2)
x3 = layers.Dense(5, name='embedding3')(input3)
```

이렇게 얻은 3개의 임베딩 출력들을 Concatenate 한 후 Dense 레이어 2개를 전과 동일하게 설정해줍니다.

```
x123 = layers.concatenate([x1, x2, x3], name='merging')
y1 = layers.Dense(10, activation='relu', name='FC1')(x123)
y = layers.Dense(1, activation='sigmoid', name='FC2')(y1)
model = keras.Model(inputs=[input1, input2, input3], outputs=y)
```

해당 모델 구조를 그려보면 [그림 25-5]와 같습니다. CNN을 사용하는 것을 제외하면 전의 결과와 동일합니다. 하지만 CNN을 활용한 후 Flatten을 이용하여 랭크 1 텐서로 변환이 필수입니다.

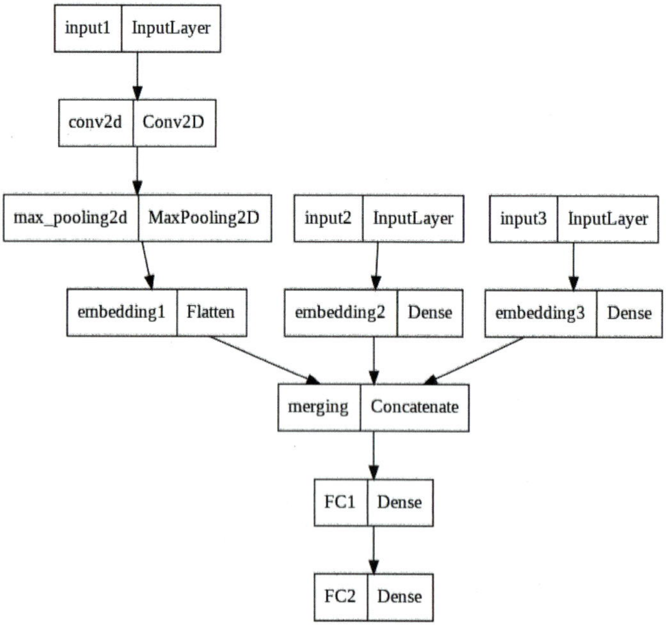

[그림 25-5] 이미지/테이블/테이블 데이터가 입력값으로 받는 딥러닝 모델 구조

임의의 데이터를 이용하여 모델을 출력이 정상적으로 되는지 체크하는 코드입니다.

```
batch_size = 4
input1_value = tf.random.normal((batch_size, *img_shape1))
input2_value = tf.random.normal((batch_size, num_cols2))
input3_value = tf.random.normal((batch_size, num_cols3))

output = model([input1_value, input2_value, input3_value])
print(output)
```

출력값을 보면 4개의 데이터 뭉치에 대한 결괏값인 양성일 확률이 4차원 벡터로 나옵니다.

```
tf.Tensor(
[[0.48666993]
 [0.5371525 ]
 [0.5317024 ]
 [0.5305435 ]], shape=(4, 1), dtype=float32)
```

25.3 이미지와 자연어 데이터 추가한 모델 생성

이번 절에서는 앞서 설명했던 [그림 25-1]을 만드는 코드입니다. 바로 앞에서는 이미지와 테이블 데이터 2개를 섞은 딥러닝 모델을 만들었습니다. 테이블 데이터 중 1개를 자연어 데이터로 변경하는 것이 이번 절의 목표입니다.

추가된 자연어 데이터에서 단어사전의 크기는 1,000개로 설정합니다. 단어사전의 크기는 Embedding( )에 들어가는 인자이므로 반드시 필요합니다. 이제 입력 1은 이미지 데이터를 위한 레이어이고, 입력 2는 자연어 데이터를 위한 레이어이며, 입력 3은 테이블 데이터를 위한 레이어입니다.

```
img_shape1 = (28, 28, 1)
text_shape2 = (None,)
num_words = 1000
num_cols3 = 10
```

```
input1 = keras.Input(shape=img_shape1, name="input1")
input2 = keras.Input(shape=text_shape2, name="input2")
input3 = keras.Input(shape=(num_cols3,), name="input3")
```

이렇게 각자 따로 크기가 정해진 입력 레이어에 Embedding 레이어와 LSTM 레이어를 설정하여 Concatenate를 위한 임베딩값을 만들어줍니다.

```
x1 = layers.Conv2D(32, (3, 3), activation='relu')(input1)
x1 = layers.MaxPooling2D(2)(x1)
x1 = layers.Flatten(name='embedding1')(x1)

x2 = layers.Embedding(num_words, 64)(input2)
x2 = layers.LSTM(32, name='embedding2')(x2)

x3 = layers.Dense(5, name='embedding3')(input3)
```

전과 동일하게 Concatenate를 하게 되면 모델에 해당 입력값들을 리스트로 넣어줄 수 있습니다.

```
x123 = layers.concatenate([x1, x2, x3], name='merging')
y1 = layers.Dense(10, activation='relu', name='FC1')(x123)
y = layers.Dense(1, activation='sigmoid', name='FC2')(y1)
```

자연어 데이터는 일괄적으로 각 문장마다 50개의 단어가 있다는 가정을 했습니다만, 실제 적용 시 문장 길이가 변동이 있어도 정상 동작합니다.

```
batch_size = 4
input1_value = tf.random.normal((batch_size, *img_shape1))
input2_value = np.random.randint(num_words, size=(batch_size, 50))
input3_value = tf.random.normal((batch_size, num_cols3))

output = model([input1_value, input2_value, input3_value])
print(output)
```

이때 출력값은 다음과 같습니다.

```
tf.Tensor(
[[0.46789673]
 [0.452965  ]
 [0.44578075]
 [0.45835304]], shape=(4, 1), dtype=float32)
```

드디어 [그림 25-1]처럼 계획했던 이미지, 자연어, 그리고 테이블 데이터를 모두 고려하여 학습할 수 있는 딥러닝 모델 구조가 [그림 25-6]과 같이 만들어졌습니다.

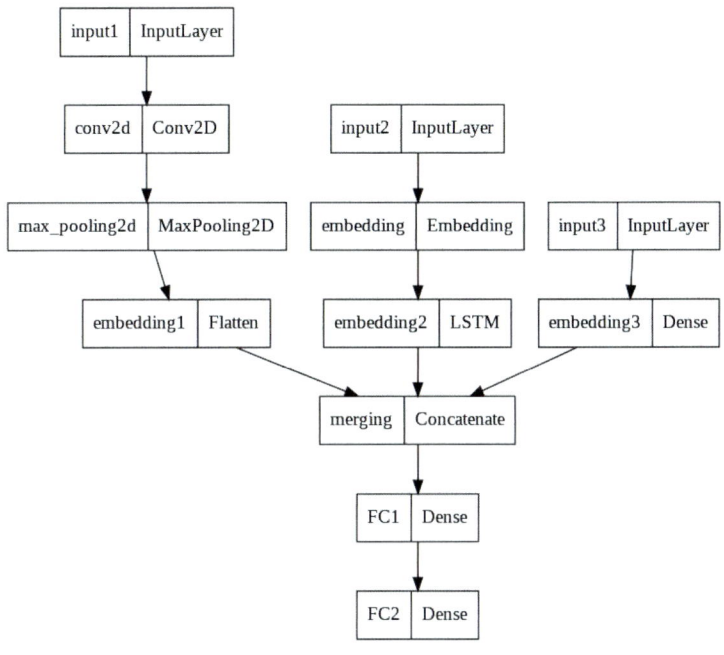

[그림 25-6] 이미지/자연어/테이블 데이터가 모두 합쳐지는 딥러닝 모델 구조

사실 keras.concatenate( )를 잘 활용하기만 하면 다양한 형태의 혼합 타입 데이터를 학습하는 딥러닝 구조를 만들 수 있습니다. 자연어 데이터를 다룰 때 나왔던 임베딩 개념이 조금 더 일반화되어 각 데이터 타입마다 임베딩을 만드는 방식입니다.

각 데이터 타입마다 임베딩을 만드는 구조도 중요하고 통합된 값을 학습하는 최종 레이어 구조 또한 중요합니다. 이렇게 다양한 데이터 타입을 다룰 때는 고려할 점이 많으므로 실험을 단계적으로 설정하는 것을 권장합니다.

PART 01

PART 02

PART 03

PART 04

PART 05

PART 06

PART 07

PART 01

PART 02

PART 03

PART 04

PART 05

PART 06

PART 07

PART 7

부록

딥러닝 학습은 시간이 많이 소요되는 작업입니다. 유명한 모델을 바닥부터 학습하거나 ImageNet 데이터셋에서 우수한 모델을 Transfer learning(전이 학습)을 이용하는 경우에도 좋은 성능이 있는 모델을 학습하기 위해서는 많은 시간이 필요합니다. 복잡하고 성능 좋은 모델을 학습하려면 GPU를 사용해야 한다는 것은 딥러닝을 사용하는 모두에게 필수적인 일이 되었습니다. 이번 파트에서는 GPU에 대해서 간단히 알아보고 텐서플로에서 GPU를 사용하는 방법, 여러 개의 GPU를 사용하는 방법에 대해서 살펴보겠습니다.

Chapter 26 GPU 사용하기

GPU를 딥러닝에 이용하면 학습 시간이 단축된다는 것은 딥러닝에 대해서 들어본 사람이라면 누구나 알고 있는 보편적인 사실입니다. 컴퓨터게임을 좋아하는 사람이라면 고사양의 게임을 원활하게 즐기기 위해서 가격이 높더라도, 하이엔드 그래픽카드를 같이 구매합니다. 최근에는 암호화폐 채굴에도 그래픽카드를 사용해서 그래픽카드 수요의 급증으로 발매가격보다 훨씬 비싼 가격으로 프리미엄이 붙게 되었습니다. 고사양의 게임은 그래픽카드가 좋아야 게임을 즐기기에 원활하리라는 것은 모두가 쉽게 유추할 수 있지만, 암호화폐나 딥러닝처럼 계산이 많이 필요한 경우 그래픽카드를 사용하는 것에 대해서는 컴퓨터에 익숙하지 않은 사람들에게는 쉽게 이해되지 않습니다.

암호화폐의 채굴이나 딥러닝 학습에 엄청난 연산이 필요하다는 사실은 널리 알려져 있습니다. 그렇지만 그래픽카드는 말 그대로 컴퓨터의 그래픽, 즉 영상을 담당하고 있는 부분인데 왜 엄청난 연산을 해야 하는 것에 필요하게 된 것일까요? 고성능 3D 게임의 영상은 그래픽카드에서 영상을 실시간으로 계산하여 만들어 냅니다. 높은 FPS는 게임을 원활하게 꼭 필요하고 해상도가 높을수록 좋은 그래픽카드가 필요합니다. 즉, 게임은 복잡한 계산을 실시간으로 그래픽카드에서 엄청나게 하고 있다는 사실을 알 수 있습니다. 이것을 똑같이 딥러닝에 적용하면 엄청나게 많은 연산을 그래픽카드에 맡긴다고 생각하면 됩니다.

그래픽카드라고 하면 화면에 영상을 출력하는 역할만을 생각하기 쉽습니다. 그래픽카드에서 또 하나의 주요 기능은 많은 계산을 동시에 하는 것입니다. 이 기능을 이용하여 딥러닝에 필요한 많은 연산을 그래픽카드에서 하게 됩니다. 그렇기 때문에 그래픽카드라고 부르기도 하지만 계산 전용으로 사용할 때는 가속기(accelerator)라고도 부릅니다. 실제로 전문적으로 기업에서 사용하는 GPU의 경우에는 화면 출력의 기능을 제거한 제품을 사용하여 딥러닝이나 다른 과학 계산 용도로 사용합니다.

26.1 CPU vs GPU – Latency and throughput processing

왜 딥러닝이나 머신러닝을 하는데 CPU만을 사용하지 않고 GPU도 사용하는지 의문이 있을 수 있습니다. CPU만 사용한다면 GPU 사용 방법을 배우지 않아도 되어서 좀 더 딥러닝 자체에만 집중할 수 있을 것 같다고 생각할 수도 있습니다. 이 의문은 GPU가 많은 계산을 훨씬 적은 시간 안에 할 수 있다는 것으로 대답할 수 있습니다. CPU를 사용하면 며칠, 몇 주가 걸리는 계산을 GPU를 사용하면 몇 시간으로 줄여 주기 때문에 현실적으로 해결하기 불가능했던 문제들을 해결할 수 있게 된 것입니다. 실제로 딥러닝이 널리 알려지게 된 주요 원인 중 하나가 GPU를 계산에 활용하여 기존의 이미지 분류 문제를 보다 정확히 해결하게 된 것이었습니다.

그렇다면 왜 GPU는 CPU보다 많은 계산을 더 빠르게 할까요? 그 이유는 CPU와 GPU의 발전 목표가 달랐기 때문입니다. CPU는 Central Processing Unit의 약자입니다. 우리가 원하는 특정 작업을 최대한 빠르게 끝내는 것이 목표입니다. 우리가 실행시키는 작업은 많은 계산이 있을 수도 있지만, 조건문이나 분기문처럼 논리적인 판단을 내리는 것들이 많은 부분을 차지합니다. 따라서 CPU는 하나하나의 명령어가 빠르게 처리되는 방향으로 발전했습니다.

다음 명령어를 예측해서 미리 명령어를 준비하는 예측 부분, 사용할 명령어나 데이터를 효과적으로 캐싱(caching)하는 부분 등 연산 보다는 어떻게 하면 빠르게 명령어를 처리할 수 있는지에 초점이 맞추어 발전되었습니다. 우리가 인터넷 브라우저에서 특정 링크를 눌렀을 때 빠르게 페이지가 열리는 것으로 컴퓨터 성능이 좋다고 판단할 때, CPU의 성능이 이것에 많은 영향을 줍니다. 요약하면 CPU는 지연시간(latency)을 최소화하는 것을 목표로 하는 연산 유닛입니다.

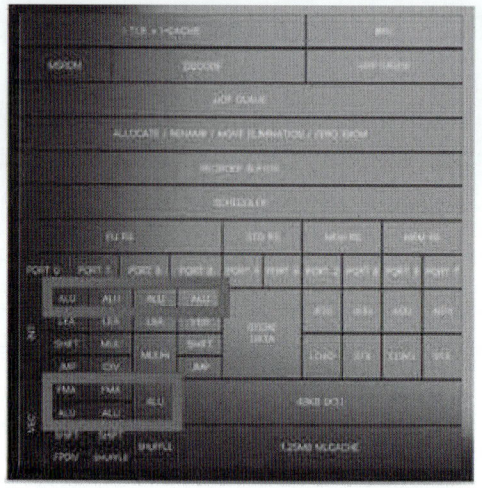

[그림 26-1] 인텔 11세대 Core 프로세서의 Willow Cove architecture, 빨간색 부분이 연산 부분(출처: intel)

초기의 그래픽카드는 컴퓨터의 화면 출력을 목표로 개발되었습니다. 컴퓨터 게임산업의 발전에 따라 좀 더 화려한 영상의 게임이 나타나게 되었고, 3D 영상의 게임도 점점 더 그 품질이 나아지는 방향으로 발전하였습니다. 영상의 품질을 좋게 하려면 그만큼 많은 양의 계산을 실시간으로 해야 합니다. 그리고 그 계산은 대부분 부동소수점(floating point) 연산이었습니다.

모니터의 주사율은 60Hz에서 144Hz입니다. 모니터 주사율에 맞게 최대한 많이 계산하는 것을 목표로 하기 때문에 하나의 명령어가 빠르게 처리되기보다 주어진 시간 내(게임의 경우에는 화면 주사율에 해당하는 시간)에 최대한 많은 계산을 하는 것을 목표로 발전했습니다. 말 그대로 계산의 throughput을 최대화하는 것을 목표로 GPU는 발전하였습니다.

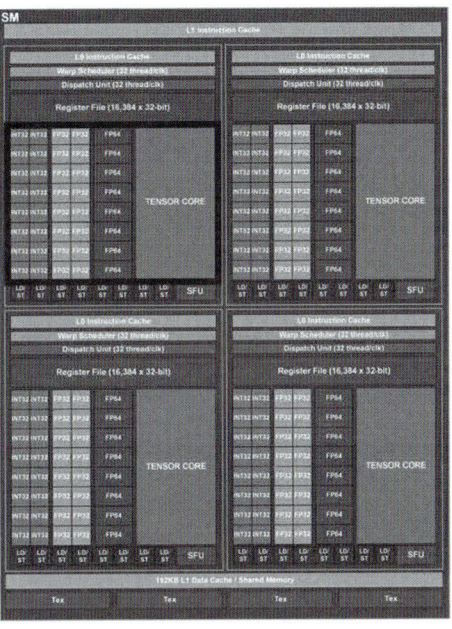

[그림 26-2] 엔비디아 Ampere architecture 의 Streaming Multiprocessor, 녹색 계열부분이 연산 부분
(출처: 엔비디아)

[그림 26-1]과 [그림 26-2]는 각각 2020년에 출시한 인텔 CPU, 엔비디아 GPU를 구성하는 가장 기본 단위의 모식도입니다. 인텔 CPU는 core, 엔비디아 GPU는 SM(streaming multiprocessor)이라고 부릅니다. 인텔 CPU는 각 제품의 사양에 따라 저core 숫자의 개수가 달라지고, 엔비디아 GPU의 경우에도 각 제품의 성능에 따라 SM의 개수가 달라지게 됩니다.

우리가 눈여겨볼 점은 CPU와 GPU를 이루는 기본단위에서 계산 및 연산에 해당하는 부분의 비율입니다. 실제 다이(die) 사이즈와는 차이가 있겠지만, 모식도만으로도 어림짐작이 가능합니다. GPU의 경우 녹색 계열의 부분이 전체 면적에 반 이상을 차지하는 것에 반해, CPU는 전체 면적에 매우 작은 부분이 연산에 할당되어 있는 것을 알 수 있습니다. 단순하게 연산에 사용하는 비율만을 봐도 GPU가 연산에 얼마나 특화되어 있는지 알 수 있습니다.

26.2 TPU, Tensor core

딥러닝을 공부하다 보면 TPU(Tensor processing unit)나 텐서 코어(Tensor core)라는 단어를 종종 볼 수 있습니다. 게다가 최신 스마트폰 AP(application processor)에는 머신러닝에서 사용하는 뉴럴엔진(Neural engine)이라고 부르는 부분이 있습니다. 이름에서 유추할 수 있듯이 GPU보다 조금 더 머신러닝 및 딥러닝에 특화된 연산(processing) 유닛을 만들어서 각 제조사마다 고유의 이름을 붙여 사용하고 있습니다. TPU 및 텐서 코어의 경우 주로 클라우드 같은 대규모 서버에서 사용하여 복잡한 모델의 학습에 사용하고, 스마트폰에서 사용하는 뉴럴엔진은 학습을 마친 모델을 사용해서 주로 추론(inference)에 사용합니다.

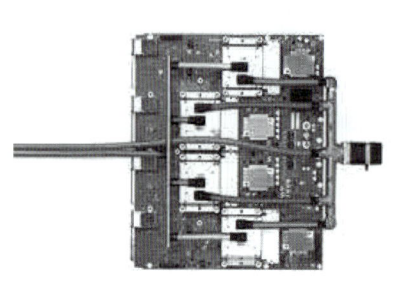

[그림 26-3] 왼쪽: TPU v4 chip tray; 오른쪽: 구글 오클라호마 데이터 센터의 TPU v4 pods(출처: blog.google)

데이터 센터에서 대규모로 환경을 조성해서 사용하도록 구글에서 만든 것이 TPU입니다. 엔비디아의 GPU는 그 안에 연산에 필요한 여러 부분이 있는데, 그중에서 머신러닝에 특화된 계산을 하는 부분을 텐서 코어라고 부릅니다. 텐서 코어라는 부분이 만들어지기 전의 그래픽카드 연산 부분은 부동소수점(floating point) 연산에 특화가 되어있었습니다. 이 부분이 GPU가 대량 연산을 할 수 있도록 전문화되어 발전시켜온 부분입니다.

초기의 딥러닝 연구에서는 이러한 GPU 특징을 잘 이용했습니다. 하지만 더욱 복잡한 모델과 그에 따른 연산량의 증가로 인해 머신러닝과 딥러닝의 대부분 연산인 행렬 연산을 더 빠르고 많이 할 수 있도록 발전되었습니다. 그래서 그렇게 특화된 프로세서의 이름이 Tensor(n차원 이상의 행렬)라는 이름입니다. 이렇게 만들어진 TPU나 텐서 코어, 뉴럴엔진은 단순히 행렬 연산만 빠른 것뿐만 아니라 16bit integer, half precision floating point 와 같은 머신러닝 및 딥러닝에 특화된 데이터 타입의 연산을 더 빠르게 할 수 있도록 디자인되어 있고 지금도 계속 발전하고 있습니다.

[그림 26-4] NVIDIA A100 Tensor Core GPU(출처: developer.nvidia.com)

TPU는 구글 클라우드 서비스를 통해서 사용할 수 있습니다. 개인이 TPU를 구매할 수 있는 방법은 없고, 오직 구글 클라우드 서비스를 통해서 시간당 요금을 지불하고 사용할 수 있습니다.

Tensor core는 텐서플로나 파이토치 같은 딥러닝용 소프트웨어를 NVIDIA 그래픽 카드를 사용할 경우에 자동으로 사용하게 되므로, 대부분은 따로 신경 쓸 일이 없습니다. 직접 텐서 코어를 사용하려면 CUDA라는 엔비디아의 GPU 프로그래밍 언어를 통해 사용할 수 있습니다.

26.3 GPU 환경 구축

텐서플로에서 GPU를 사용하기 위해서는 먼저 GPU를 사용할 수 있는 환경이 준비되어 있어야 합니다. GPU 환경 구축을 한 뒤 GPU 사용 방법에 관해서 설명하겠습니다. 다음 내용은 텐서플로 버전 2.8.0 기준으로 기술되어 있습니다. 갱신되거나 자세한 내용은 tensorflow.org/install에서 확인할 수 있습니다. 텐서플로는 Windows와 Linux에서

NVIDIA의 GPU를 지원합니다. AMD나 Intel, Apple의 GPU는 공식적으로 지원하지 않습니다.

대략 2015년 이후에 출시한 NVIDIA GPU를 사용하는 경우 큰 문제없이 텐서플로에서 사용할 수 있습니다. 텐서플로 2.8.0은 NVIDIA GPU DRIVER 450.80.02 이상을 필요로 하고 CUDA 11.2 및 cuDNN 8.1.0을 사용합니다. 자세한 하드웨어 요구사항이나 소프트웨어 요구사항은 tensorflow.org/install/gpu에서 확인할 수 있습니다.

26.3.1 Linux(리눅스)

리눅스에서는 Docker를 사용한 환경설정을 추천합니다. Docker는 컨테이너라는 가상 환경을 사용해 사용자가 원하는 개발 환경을 시스템의 다른 부분들로 분리시켜 관리하는 프로그램입니다. 리눅스나 서버 환경에서 널리 사용하는 프로그램으로 개인 사용자는 무료로 사용할 수 있습니다. 자세한 설치 방법은 https://docs.docker.com/get-docker/에서 차근차근 따라 하면 어렵지 않게 설치할 수 있습니다.

Docker, NVIDIA GPU driver와 NVIDIA Container Toolkit이 설치 되어있으면, Docker를 사용해 GPU를 사용할 수 있습니다. 자세한 설치 방법은 https://github.com/NVIDIA/nvidia-docker 에서 확인할 수 있습니다. 위에서 언급한 세 가지가 잘 설치되었다면, 아래의 명령어를 Terminal에서 실행시키는 것으로 텐서플로를 실행시킬 수 있습니다.

```
docker pull tensorflow/tensorflow:latest-jupyter
docker run -it -p 8888:8888 tensorflow/tensorflow:latest-jupyter
```

첫 번째 실행한 docker pull tensorflow/tensorflow:latest의 경우 텐서플로를 사용할 수 있는 환경을 Docker Hub로 부터 다운로드하는 명령입니다. 여기서 콜론 이후의 부분(:latest-jupyter)은 tag라고 부르는데 다른 버전의 텐서플로를 사용하려고 할 경우나 GPU를 사용하려고 할 경우, tag를 변경해서 사용할 수 있습니다.

예를 들면, 위의 명령어는 latest 즉, 가장 최근 버전이고 jupyter 환경을 실행해주는 환경을 만들어줍니다. 2.7.1 버전을 사용하고 싶다면, :2.7.1로 tag를 바꾸면 사용할 수 있습니다. 가장 최근 버전을 사용하고 GPU 사용을 하지 않아도 되는 경우에는 tag를 생략할 수 있습니다. https://hub.docker.com/r/tensorflow/tensorflow/tags/에서 사용할 수 있는 tag들을 확인할 수 있습니다.

두 번째 줄의 docker run -it -p 8888:8888 tensorflow/tensorflow:latest- jupyter 의 경우는 jupyter notebook 환경으로 Docker 컨테이너를 실행하는 명령어입니다. 위 명령어 실행 후에 해당 커맨드 라인의 출력으로 나오는 웹페이지 주소를 크롬이나 에지 같은 인터넷 브라우저에서 접속하면, jupyter 환경에서 텐서플로를 사용할 수 있습니다.

GPU를 사용할 경우에는 tag에 -gpu를 추가해주고, docker 실행 명령어의 파라미터로 "-- gpus all"를 추가(Docker 버전 19.03 이상을 쓸 경우)해주는 것이 중요합니다. 아래 명령어처럼 실행해 보겠습니다.

```
docker pull tensorflow/tensorflow:latest-gpu-jupyter
docker run -it --gpus all -p 8888:8888 tensorflow/tensorflow:latest-gpu-jupyter
```

인터넷 브라우저를 열어 해당 커맨드 창에서 나타난 주소로 인터넷 브라우저로 접속하고 새 notebook을 만들겠습니다. 해당 notebook에서 아래와 같이 실행해봅니다.

```
import tensorflow as tf
tf.config.list_physical_devices()
```

- [PhysicalDevice(name='/physical_device:CPU:0', device_type='CPU'),
- PhysicalDevice(name='/physical_device:GPU:0', device_type='GPU')]

그래픽카드 한 개가 설치되어 있는 시스템을 사용한다면 실행 결과가 위와 같이 출력될 것입니다. GPU라는 디바이스가 텐서플로에서 정상적으로 확인되었으니 사용할 수 있는 준비가 된 상태입니다. 시스템에 여러 개의 GPU가 설치되어 있는 경우 위 결과에서 PhysicalDevice가 그만큼 더 출력될 것입니다.

26.3.2 Windows(윈도)

리눅스의 경우에는 Docker 설치하고 텐서플로 컨테이너 실행이라는 방법으로 GPU를 사용할 수 있었다면, 윈도의 경우에는 필요한 소프트웨어 및 툴들을 하나하나 설치하고 설정해줘야 하는 번거로움이 있습니다. 차근차근 설치하면 큰 어려움 없이 GPU 환경을 구축할 수 있으나 중간 과정 중 한 가지라도 간단한 실수를 할 경우에는 실행이 되지 않기 때문에 주의를 요구하는 작업입니다.

텐서플로에서 GPU를 사용하기 위해서 윈도에서 필요한 것은 최신의 NVIDIA driver와 CUDA(쿠다) 11.2, cuDNN 8.1.0입니다. CUDA 및 cuDNN의 경우 모두 developer. nvidia.com에서 다운로드받을 수 있습니다. CUDA는 회원가입을 하지 않고도 다운로드받을 수 있으나, cuDNN의 경우에는 developer.nvidia.com에 회원가입을 해야 합니다.

먼저 CUDA는 https://developer.nvidia.com/cuda-downloads에서 다운로드받을 수 있습니다. 텐서플로가 공식적으로 지원하는 버전은 11.2(2022년 4월 기준)이기 때문에 위 페이지로 갔을 때 CUDA 11.2가 바로 보이지 않습니다. 페이지 아래쪽의 "Archive of Previous CUDA Releases" 링크를 통해 이전 버전의 CUDA를 다운받을 수 있습니다. 해당 링크를 들어가면 CUDA Toolkit 11.2.2를 찾을 수 있고, 다시 한번 그 링크를 통해서 Windows용 CUDA를 다운로드받습니다. 다운로드한 설치 파일을 실행해서 CUDA 11.2를 설치합니다.

cuDNN은 https://developer.nvidia.com/cudnn 페이지의 Download cuDNN 버튼을 통해 들어간 페이지에서 다운받을 수 있습니다. 회원가입을 확인하는 로그인 창을 지나면 cuDNN을 받을 수 있는 페이지가 나타납니다. 최신의 cuDNN은 텐서플로가 공식적으로 지원하지 않기 때문에 "Archived cuDNN Releases" 링크를 통해 8.1.0 버전의 cuDNN을 다운로드할 수 있습니다. "Download cuDNN v8.1.1 (Feburary 26th, 2021), for CUDA 11.0,11.1 and 11.2" 링크를 누르면 다운받을 수 있는 리스트가 나타납니다.

윈도의 경우 "cuDNN Library for Windows (x86)"라는 한 개의 링크가 있습니다. 이 링크를 통해 압축파일(zip)을 다운로드합니다. cudnn-11.2-windows-x64-v8.1.0.77. zip과 같은 이름의 압축파일을 해제하면, cuda라는 폴더와 그 아래에 bin, include, lib

이라는 폴더를 찾을 수 있습니다. 우리가 필요한 파일은 bin 폴더 안의 cudnn64_8.dll 파일 및 같은 폴더의 다른 dll 파일들입니다. 어디서나 해당 dll들이 접근되도록 PATH 환경 변수를 수정해도 되나, CUDA 11.2를 설치하면서 CUDA 11.2의 설치 경로가 이미 PATH 환경 변수에 등록되어 있기 때문에 그 경로에 cuDNN 파일들을 복사하면 됩니다.

예를 들어, C:₩Program Files₩NVIDIA GPU Computing Toolkit₩CUDA₩v11.2의 경로에 CUDA 11.2가 설치되었다면 위에서 cuDNN 8.1.1을 압축 해제했을 때 보이는 bin, include, lib 폴더를 복사합니다. 해당 경로에 이미 그 폴더들이 존재하므로 해당 경로의 파일들과 섞이게 됩니다. 이미 파이썬과 텐서플로를 설치했으므로 jupyter notebook을 열고 앞서 리눅스에서 확인한 방법과 동일한 방법으로 GPU를 사용할 수 있는지 확인합니다.

```
import tensorflow as tf
tf.config.list_physical_devices()
```

출력에 앞서 Linux의 경우처럼 GPU가 확인되면 환경설정이 완료된 것입니다.

26.4 텐서플로 예제

GPU를 사용할 수 있도록 환경설정을 다 했으니 GPU를 사용해서 텐서플로가 정상적으로 사용되는지 확인하겠습니다. 앞 절에서 사용했던 코드와 아주 약간 변형을 주었습니다.

```
import tensorflow as tf
print("Num GPUs Available: ", len(tf.config.list_physical_devices("GPU")))
```

"GPU" 파라미터를 넣어서 사용할 수 있는 GPU 개수를 확인합니다. 결과가 0보다 크면 GPU를 사용할 수 있습니다. 텐서플로는 CPU와 GPU 모두 사용 가능할 때는 기본적으로 GPU를 사용하도록 되어있습니다. 따라서 특별히 별다른 작업을 하지 않아도 만들었던 코드는 모두 GPU에서 동작합니다. 만약 GPU가 여러 개 있다면, GPU:0 즉, Index 0인 GPU를 사용합니다. 따라서 GPU가 없거나 환경설정이 되지 않은 경우 자동으로 CPU:0에서 동작합니다.

tf.debugging.set_log_device_placement(True)라는 명령어를 처음에 실행하면 다음의 연산들이 어느 디바이스에서 수행되는지 알 수 있습니다. 다음 예제 코드를 실행해봅시다.

```
tf.debugging.set_log_device_placement(True)

a = tf.constant([[1, 2, 3], [4, 5, 6]], dtype=tf.float32)
b = tf.constant([[1, 2], [3, 4], [5, 6]], dtype=tf.float32)
c = tf.matmul(a, b)

print(c)
```

```
#출력
Executing op MatMul in device /job:localhost/replica:0/task:0/device:GPU:0
tf.Tensor(
[[22. 28.]
 [49. 64.]], shape=(2, 2), dtype=float32)
```

출력 결과를 살펴보면, 행렬 곱(MatMul)이 GPU에서 실행된 것을 알 수 있습니다. 아래 코드와 같은 방법으로 강제로 특정 디바이스(아래의 경우 CPU)에서 연산할 수 있습니다.

```
tf.debugging.set_log_device_placement(True)

with tf.device('/CPU:0'):
    a = tf.constant([[1, 2, 3], [4, 5, 6]], dtype=tf.float32)
    b = tf.constant([[1, 2], [3, 4], [5, 6]], dtype=tf.float32)
    c = tf.matmul(a, b)

c_gpu = tf.matmul(a, b)

print(c)
print(c_gpu)
```

```
#출력
Executing op MatMul in device /job:localhost/replica:0/task:0/
device:CPU:0
Executing op MatMul in device /job:localhost/replica:0/task:0/
device:GPU:0
tf.Tensor(
[[22. 28.]
 [49. 64.]], shape=(2, 2), dtype=float32)
tf.Tensor(
[[22. 28.]
 [49. 64.]], shape=(2, 2), dtype=float32)
```

with tf.device를 이용하여 c는 CPU에서 연산이 되도록 하였습니다. 명시적으로 지시하지 않은 c_gpu=tf.matmul(a,b)의 경우에는 GPU에서 연산이 되는 것을 알 수 있습니다.

대부분의 경우 GPU가 CPU보다 빠르게 딥러닝 연산을 하고, GPU 환경설정이 되어있는 경우 자동으로 GPU를 사용하기 때문에 특별한 이유가 없을 경우 딱히 위처럼 수동으로 연산을 수행하는 장치를 지정하지 않도록 프로그램을 만드는 것을 추천합니다.

Chapter 27 텐서플로를 이용한 병렬 계산

아무리 비싸고 성능이 좋은 그래픽카드를 사용한다고 해도, 복잡하고 성능이 좋은 딥러닝 모델을 학습할 때는 몇 시간이 금방 지나갑니다. 필자의 경우 객체 탐지(object detection) 모델로 학습 이미지를 수만 장을 학습했을 때, 반나절 이상의 시간이 훌쩍 지나갔습니다. 성능을 높이기 위해 모델의 하이퍼 파라미터를 변경하고 다시 학습하기를 반복하면 며칠이 금세 지나가기도 했습니다. 영상 데이터를 사용하는 모델은 영상의 해상도가 증가하면 학습 시간도 또한 같이 증가하는데, 바뀐 해상도에서 하이퍼 파라미터를 변경하고 다시 학습하여 모델의 성능을 높이는 시간이 며칠 이상의 시간이 걸리기도 합니다.

학습 시간이 길어지면 가장 먼저 생각 나는 방법은 분산처리나 병렬처리를 시도해 보는 것입니다. 머신러닝과 딥러닝 학습에 익숙한 사람들은 이미 여러 유명한 성공 사례를 통해 그래픽카드를 여러 개 사용하면 학습이 빨라진다는 사실을 들어보았을 것입니다. 그리고 처음 병렬처리를 해보는 것이라면 컴퓨터에 그래픽카드만 추가 설치하면 텐서플로 같은 딥러닝 소프트웨어들이 자동으로 설치된 모든 그래픽카드를 사용하여 병렬처리를 해줄 것이라고 생각할 수 있습니다.

하지만, 막상 직접 해보려고 하면 생각만큼 쉽게 병렬처리를 할 수 없다는 것을 곧 알게 됩니다. 또한, 인터넷에서 찾아본 가이드대로 따라 했지만, 무슨 이유 때문인지 기대만큼 학습 시간이 줄어들지 않아서 실망하기도 합니다. 이번 장에서는 텐서플로를 사용하여 병렬처리와 분산처리 방법에 대해서 알아보겠습니다. 병렬연산의 기본적인 원리 알아보고 예제를 통해 학습 시간을 줄여보는 것이 목표입니다.

27.1 암달의 법칙(Amdahl's law)

CPU 코어 숫자가 두 배가 되면 두 배로 빨라질까요? 동일한 그래픽카드를 두 장으로 학습하면 한 장으로 할 때 보다 두 배가 빨라질까요? 하드웨어를 두 배로 늘리면 성능이 두 배가 될 거라고 생각하기 쉽습니다. CPU나 GPU 같은 하드웨어의 개수를 늘려서 우리가 원하는 작업을 빠르게 하려고 하면 생각만큼 성능이 안 나올 때가 많습니다.

그 원인은 여러 가지가 있겠지만, 먼저 이론적으로 알아보겠습니다. 병렬처리를 할 때 꼭 알아 두어야 할 이론은 바로 암달의 법칙입니다. 진 암달(Gene Amdahl)이 1967년에 발표한 암달의 법칙은 컴퓨터 시스템의 일부를 개선할 때 전체적으로 얼마만큼 이론상의 성능 향상이 있는지 계산하는 데 사용합니다. 그 식을 살펴보면 아래와 같습니다.

$$S_{\text{latency}}(s) = \frac{1}{(1-p) + \frac{p}{s}}$$

수식을 설명하기 전에 먼저 예를 들어 보겠습니다. 하나의 프로세서를 사용하면 20시간이 걸리는 어떤 프로그램이 있다고 가정해봅시다. 이 프로그램의 한 시간은 병렬화가 불가능한 부분이라고 할 때 남은 19시간(p=19/20)은 병렬화가 가능합니다. 아무리 많은 프로세서(s가 무한대)를 사용하더라도 이 프로그램은 병렬화가 불가능한 시간 즉, 최소 한 시간이 필요합니다. 병렬화가 가능한 부분을 무한히 많은 프로세서로 사용할 경우 이론적인 속도 향상은 1 / (1 − p) = 1 / (1 − 19/20) = 20, 즉, 한 개의 프로세서로 프로그램을 실행시켰을 때에 비해 20배의 속도 향상이 이론적인 최대 성능 향상이 됩니다.

암달의 법칙을 다시 살펴보면, S_{latency}는 이론적인 성능 향상을 나타내고, s는 시스템 향상으로 얻을 수 있는 스피드업, 쉽게 말하면 코어의 개수, 그래픽카드의 개수로 생각할 수 있습니다. p는 병렬화가 가능한 부분입니다. [그림27-1]은 병렬화 가능한 부분에 따른 이론적인 수행스피드 향상을 그래프로 나타냅니다. 앞선 예와 같이 병렬화가 가능한 부분이 95%일 경우 이론적으로 가능한 최대 수행스피드 향상은 20배입니다. 병렬화가 가능한 부분이 75% 일 경우에는 최대 4배까지 수행스피드 향상이 되고, 50%일 경우에는 아무리 프로세서의 숫자를 늘려도 수행스피드 향상은 2배밖에 얻을 수 없습니다.

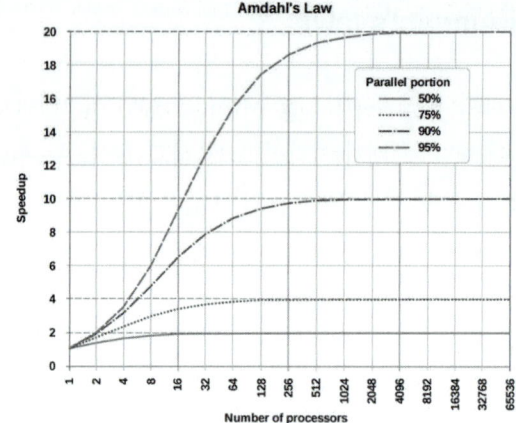

[그림 27-1] 암달의 법칙에 의한 수행스피드 향상. 병렬화 가능한 부분이 95%일 경우 이론적으로20배 향상(출처: 위키피디아)

암달의 법칙에 따르면 병렬화가 가능한 부분이 많을수록 수행스피드 향상이 크고, 적을수록 수행스피드 향상이 작습니다. 머신러닝 학습의 병렬화를 적용할 경우 이 부분을 꼭 기억합시다.

27.2 데이터 병렬화(data parallelism)와 모델 병렬화(model parallelism)

어떤 일이 있을 때 두 명에게 그 일을 나눠서 하게 한다면, 두 명의 능력이 동일하다고 가정할 때 원래 예상했던 시간보다 절반의 시간으로 그 일을 마칠 수 있다고 생각합니다. 여기서 일을 어떻게 두 명에게 나누는가에 따라서 데이터 병렬화, 모델 병렬화로 구분할 수 있습니다.

나누려고 하는 일이 단순한 작업의 반복이고 그 작업을 매우 많이 반복하는 일이라면, 반복하는 횟수를 두 명에게 나눠서 일을 시킬 수 있습니다. 아니면 그 일이 여러 가지 단계를 거치는 연속적인 일이라고 할 때, 처음부터 절반까지를 한 명에게, 나머지 절반부터 마지막까지를 다른 한 명에게 맡기는 방법으로 일을 나눌 수 있습니다. 여기서 일을 딥러닝 모델의 학습이라고 하고 일을 하는 사람을 CPU나 GPU 같은 컴퓨터 리소스라고 하면 전자는 데이터 병렬화, 후자는 모델 병렬화라고 볼 수 있습니다.

[그림27-2]는 데이터 병렬화와 모델 병렬화를 그림으로 나타낸 것입니다. 데이터 병렬화는 각 연산 유닛(그림의 경우 GPU)에 동일한 모델을 만들고 서로 다른 데이터를 주고 학습하는 방법이고, 모델 병렬화는 하나의 모델을 적당히 나눠서 연산 유닛에 할당하는 방법입니다. [그림27-2]의 경우에는 특정 레이어를 특정 연산 유닛에 할당하는 방법을 나타냅니다.

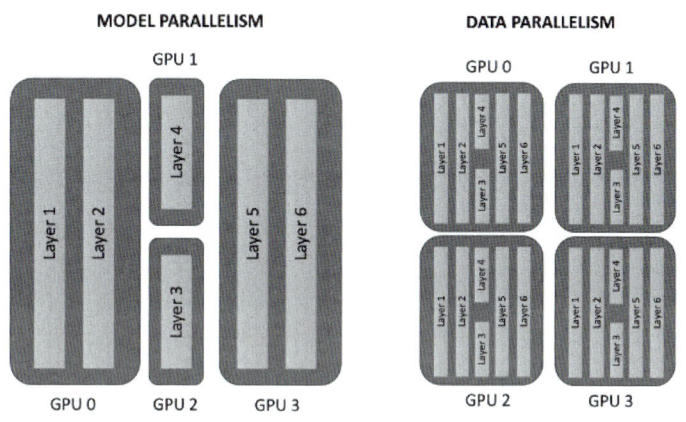

[그림 27-2] 모델 병렬화와 데이터 병렬화(출처 : https://towardsdatascience.com/deep-learning-on-supercomputers-96319056c61f)

보통 딥러닝 학습은 학습할 데이터가 엄청나게 많기 때문에 병렬화를 할 때 가장 쉽게 떠오르는 방법은 학습할 데이터를 가지고 있는 그래픽카드 수만큼 나눠서 학습하는 것입니다. 데이터 병렬화 방법은 다양한 사람에게 직관적으로 이해하기 쉬울 뿐만 아니라, 많은 딥러닝 SW에서도 쉽게 사용할 수 있도록 지원합니다. 게다가 모델 병렬화에 비해 구현하기도 쉽고, 병렬화를 더 많이 해야 할 경우에도 모델 병렬화에 비해 매우 쉽게 병렬화를 할 수 있습니다.

모델 병렬화는 학습하려고 하는 모델이 매우 복잡하고 커서 하나의 머신(GPU 같은 연산 유닛)의 메모리로 학습이 불가능한 경우같이 특수한 상황의 경우에 사용합니다. 혹은, 모델의 레이어 구성이 병렬화가 유리한 경우와 같이 특수한 상황에서는 모델 병렬화를 사용하기도 합니다. GPT-3 같은 거대한 언어 모델은 모델 병렬화를 사용하는 것으로 알려져 있습니다.

27.2.1 데이터 병렬화(data parallelism)

예를 들어, 배치 사이즈(batch size) 64로 학습하는 모델이 있다고 가정하겠습니다. 병렬화를 하기 전에는 한 개의 그래픽카드에서 64의 배치 사이즈로 학습한다면, 데이터 병렬화를 4개의 그래픽카드(노드라고도 표현)에서 할 때는 각 그래픽카드에 동일한 모델로 배치 사이즈 16으로 데이터를 나눠서 학습합니다. 학습할 때는 각 그래픽카드에서 순전파(forward propagation)와 역전파(back propagation)를 거친 후에 그라디언트를 계산하게 됩니다.

각 그래픽카드에서 계산된 그라디언트는 한곳으로 모여서 평균을 내고 그것으로 모델의 파라미터(weights)를 업데이트합니다. 업데이트 된 모델을 다시 각 그래픽카드로 전달하는 과정까지가 한 번의 배치가 학습되는 과정입니다. 각 그래픽카드에서 그라디언트를 계산하는 부분까지는 완벽하게 병렬화가 이루어지는 부분이고, 각각의 그래픽카드에서 계산된 그라디언트를 평균하고 모델을 업데이트하는 부분은 병렬화가 되지 않는 부분입니다. 병렬화가 되지 않는 부분은 각 그래픽카드 모델의 파라미터를 동기화하는 부분으로 동기화를 얼마나 효율적으로 빠르게 하는 것에 대해서 여러 가지 다양한 방법이 있습니다.

앞서 언급한 암달의 법칙을 생각하면 각 그래픽카드에서 계산된 그라디언트를 모으고 다시 모델을 전부 업데이트하는 부분이 전체에 비해 작을수록, 각 그래픽카드에서 계산하는 부분이 클수록 병렬화 효과는 좋아질 것이라고 예상할 수 있습니다. [그림27-3]은 딥러닝 모델 학습의 데이터 병렬화를 하는 것을 나타내는 그림입니다.

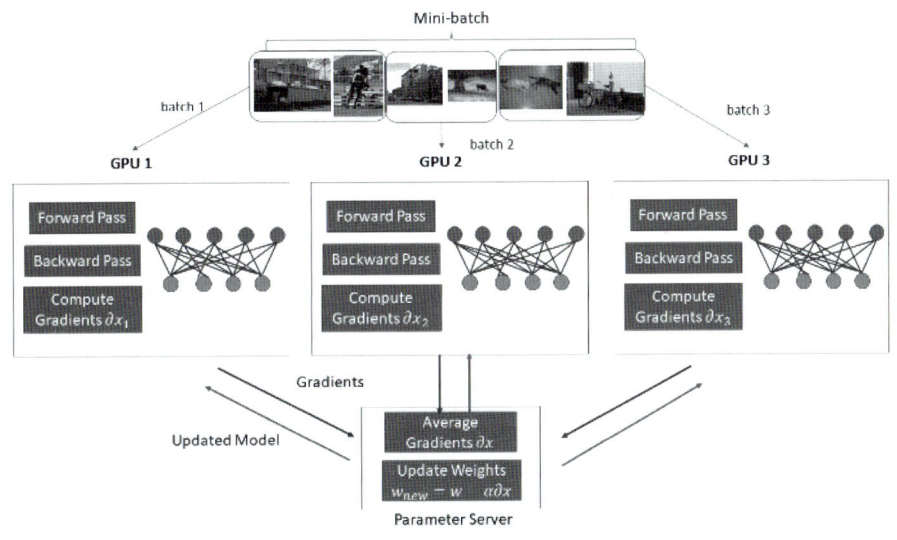

[그림 27-3] 딥러닝 학습의 데이터 병렬화(출처: https://www.telesens.co/2017/12/25/understanding-data-parallelism-in-machine-learning/)

텐서플로에서 데이터 병렬화는 기존 코드를 거의 고치지 않고 쉽게 적용할 수 있습니다. tf.distribute.MirroredStrategy( )를 이용해서 기존 코드에 추가해주면 되는데 그 내용은 아래의 샘플 코드와 비슷한 구조를 갖습니다.

```
import tensorflow as tf

strategy = tf.distribute.MirroredStrategy()
with strategy.scope():
    model = Model(...)
    model.compile(...)
```

위 예제 코드처럼 strategy = tf.distribute.MirroredStrategy( )를 추가해주고, with strategy.scope( ): 안에서 모델을 만들어 주는 것만으로 가지고 있는 그래픽카드 개수만큼 모델을 각 그래픽카드에 만들고, 학습할 배치를 각 그래픽카드로 나누어 주고, 그라디언트를 계산하고 다시 그래픽카드를 갱신된 모델로 업데이트하는 일련의 작업을 자동으로 해줍니다.

뿐만 아니라 MirroredStrategy( ) 아닌 다른 strategy를 이용하여, TPU나 여러 머신을 이용한 대규모 병렬화까지도 쉽게 적용할 수 있습니다. 더 자세한 내용은 https://www.tensorflow.org/guide/distributed_training에서 확인할 수 있습니다.

27.2.2 모델 병렬화(model parallelism)

모델 병렬화의 경우 데이터 병렬화처럼 텐서플로에서 병렬화를 쉽게 해주는 방법은 없습니다. 모델 병렬화는 하나하나 프로그래밍을 직접 해서 병렬화를 해야 합니다. 아래 예제로 모델 병렬화를 이해할 수 있습니다.

```
import tensorflow as tf
from tensorflow.keras import layers

with tf.device('/GPU:0'):
    linear1 = layers.Dense(8, input_dim=16)
with tf.device('/GPU:1'):
    linear2 = layers.Dense(4, input_dim=8)
```

위 코드는 레이어1과 레이어2를 각각 GPU0과 GPU1에 할당하는 모델의 일부분이라고 생각할 수 있습니다. 이렇게 코드를 통해서 수작업으로 병렬화할 부분을 지정해서 모델 병렬화를 할 수 있습니다. 모델 병렬화의 단점은 레이어에서 다른 레이어로 연산이 이어질 경우, 각 GPU 간의 통신이 발생합니다. 서로 데이터를 주고받는 과정(동기화 과정)은 병렬화가 불가능한 부분입니다.

일반적으로 모델 병렬화는 데이터 병렬화의 경우보다 동기화 과정이 더 많기 때문에 병렬화로 얻는 속도 향상이 좋지 않습니다. 그 외에 모델 병렬화와 데이터 병렬화를 섞은 하이브리드 병렬화라는 방법도 있지만, 모델 병렬화와 마찬가지로 그 방법이 복잡하고 코드 수정이 많으므로 데이터 병렬화를 사용할 수 없을 경우가 아니면 그다지 권하지 않는 방법입니다.

27.3 데이터 병렬화 예제

18장과 20장에서 사용했던 모델 학습에 데이터 병렬화를 적용해 보겠습니다. 필자가 사용한 CPU는 Intel Xeon Silver 4116이고, 학습에 사용한 그래픽카드는 NVIDIA RTX A4000 2장을 사용했습니다. 딥러닝 모델의 학습은 보통 리눅스 환경에서 많이 하는데 27장에서 언급한 것처럼 리눅스 환경에서는 Docker를 활용하면 GPU 환경설정이 쉽습니다. 우분투(Ubuntu) 20.04 환경에서 NVIDIA 그래픽카드 드라이버, Docker, NVIDIA docker toolkit을 설치해서 환경설정을 합니다. 환경설정 후 터미널 창에서 아래와 같은 명령어를 입력합니다.

```
docker run -it -gpus all -p 8888:8888 tensorflow/tensorflow:latest-gpu-jupyter
```

Docker 명령어를 실행했을 때 특별한 에러 메시지가 없다면, 주피터 노트북에서 그래픽카드를 사용할 수 있는 텐서플로 환경 준비가 된 것입니다. tf.config.list_physical_devices( )를 통해 현재 사용가능한 GPU를 확인할 수도 있지만, 아래 코드처럼 데이터 병렬화를 위한 코드를 실행하면 출력으로 데이터 병렬화에 사용할 그래픽카드를 보여줍니다.

```
import tensorflow as tf
strategy = tf.distribute.MirroredStrategy()
```

```
INFO:tensorflow:Using MirroredStrategy with devices ('/job:localhost/replica:0/task:0/device:GPU:0', '/job:localhost/replica:0/task:0/device:GPU:1')
```

18장 코드에서 변경해야 할 부분은 모델을 만드는 부분입니다.

```
with strategy.scope():
    model = Sequential([
        Conv2D(32, 3, activation='relu', input_shape=[28, 28, 1]),
        MaxPool2D(pool_size=(2, 2), strides=(2, 2)),
```

```
            Conv2D(64, 3, activation='relu'),
            MaxPool2D(pool_size=(2, 2), strides=(2, 2)),
            Dropout(0.25),
            Flatten(),
            Dense(128, activation='relu'),
            Dropout(0.5),
            Dense(10, activation='softmax')
        ])
    ….
    with strategy.scope():
        model.compile(
            optimizer=opt,
            loss=tf.keras.losses.SparseCategoricalCrossentropy(),
            metrics=[tf.keras.metrics.SparseCategoricalAccuracy()]
        )
```

위 코드와 같이 model = Sequential( )과 model.compile( ) 부분을 with strategy.scope( ): 안으로 넣어주는 것으로 데이터 병렬화를 할 수 있습니다. 위와 같이 코드를 수정한 후 학습하면 한 개의 epoch을 학습하는 데 11초 정도가 소요되는 것을 확인할 수 있습니다. 수정하기 전 즉, 데이터 병렬화하지 않는 코드로 학습하면 9초 정도로 오히려 병렬화 이후에 더 느려진 것을 볼 수 있습니다.

분명 병렬화했으니 더 빨라져야 할 것 같은데 왜 느려졌을까요? 데이터 병렬화하기 전과 다른 점은 각 그래픽카드로 배치를 나눠서 전달하는 부분과 계산된 그라디언트를 모아서 평균하는 부분, 계산된 그라디언트로 각 그래픽카드의 모델을 업데이트하는 부분이 추가되었습니다. 추가된 부분은 병렬화할 수 없는 부분이기 때문에 순수하게 증가된 시간으로 볼 수 있습니다. 18장의 모델은 레이어 수가 작은 계산이 간단하고 단순한 모델이기 때문에 병렬화 가능한 부분에서 얻는 이득보다 추가된 병렬화 불가능한 부분의 증가가 더 많아서 전체 학습 시간이 증가된 것입니다.

이것을 확인해보기 위해 좀 더 복잡한 모델을 학습에 사용해 보겠습니다. 20장에서는 VGG 모델로 전이 학습(transfer learning)을 했습니다. 이 모델은 18장에서 사용한 모델에 비해 레이어 수가 월등히 많은 복잡한 모델입니다. 18장의 코드를 데이터 병렬화한 것처럼 아래와 같이 모델을 만드는 부분의 코드를 수정합니다.

```python
with strategy.scope():
    base_model = tf.keras.applications.VGG16(
        include_top=False,
        input_shape=img_shape)

image_batch, label_batch = next(iter(train_ds))
with strategy.scope():
    feature_batch = base_model(image_batch)
    print(f'base model output shape : {feature_batch.shape}')

    global_average_layer = tf.keras.layers.GlobalAveragePooling2D()
    global_averaged_batch = global_average_layer(feature_batch)
    print(f'global average polling output shape : {global_averaged_batch.shape}')

    fc_layer = tf.keras.layers.Dense(256, activation="relu")
    feature_batch_fc = fc_layer(global_averaged_batch)
    print(f'dense layer output shape : {feature_batch_fc.shape}')

    dropout_layer = tf.keras.layers.Dropout(0.25)
    dropout_batach = dropout_layer(feature_batch_fc)
    print(f'dropout layer output shape : {dropout_batach.shape}')

    prediction_layer = tf.keras.layers.Dense(len(class_names), activation=None)
    prediction_batch = prediction_layer(dropout_batach)
    print(f'prediction layer output shape: {prediction_batch.shape}')

with strategy.scope():
    inputs = tf.keras.Input(shape=(img_shape))
    x = base_model(inputs, training=False)
    x = global_average_layer(x)
    x = dropout_layer(x)
    x = fc_layer(x)
    outputs = prediction_layer(x)
    model = tf.keras.Model(inputs, outputs)
…
with strategy.scope():
    model.compile(
        optimizer=tf.keras.optimizers.Adam(learning_rate=base_learning_rate),
        loss=tf.keras.losses.SparseCategoricalCrossentropy(from_logits=True),
        metrics=['accuracy'])
```

위와 같이 수정한 후 학습하면 한 epoch을 학습하는데 약 8초 정도 소요되는 것을 확인할 수 있습니다. 수정 전의 학습 시에는 약 10초 정도로 20% 정도 학습 시간이 개선되었습니다. 18장과 20장의 데이터 병렬화 결과로 미뤄볼 때 모델의 연산이 복잡할수록 즉, 전체 시간에서 병렬화 부분이 많을수록 병렬화 효과가 높은 것을 알 수 있습니다.

병렬화 효과를 더 보기 위해서 텐서플로에서 제공하는 제일 복잡한 영상 모델로 다시 20장의 모델을 전이 학습해 보겠습니다. 텐서플로가 제공하는 ImageNet 데이터셋을 학습한 모델을 https://keras.io/api/applications/에서 확인할 수 있습니다. 이 중에서 가장 성능이 좋은 EfficientNetV2L 모델을 사용해서 20장의 모델을 학습해 보겠습니다. 보통은 성능이 좋은 만큼 모델의 크기도 크고 파라미터의 개수도 많습니다. 그리고 학습도 보통 성능만큼 오래 걸리는 것이 일반적입니다.

```
with strategy.scope():
    base_model = tf.keras.applications.EfficientNetV2L(
        include_top=False,
        input_shape=img_shape)
```

위 코드처럼 베이스 모델을 EfficientNetV2L로 바꾸는 것만으로 손쉽게 텐서플로에서 제공하는 학습된 모델을 사용할 수 있습니다. 같은 코드로 학습해보면 2개의 그래픽카드를 사용한 경우 한 개의 epoch을 학습하는데 약 20초 병렬화하지 않은 경우 27초로 약 30프로 향상된 것을 볼 수 있습니다. 예상대로 VGG 모델을 사용한 경우보다 병렬화 효과가 좋은 것을 알 수 있습니다.

27.4 전체 코드

아래 코드의 경우 리눅스 환경에서만 동작합니다. 윈도에서 여러 개의 그래픽카드를 이용하여 학습할 경우에는 다음 코드와 같이 tf.distribute.MirroredStrategy( )의 파라미터를 명시적으로 지정해줘야 문제없이 학습됩니다.

```
strategy = tf.distribute.MirroredStrategy(cross_device_ops=tf.distribute.
 HierarchicalCopyAllReduce())
```

텐서플로는 모델 동기화를 위해 NCCL(NVIDIA Collective Communication Library)이라는 엔비디아가 만든 SW를 데이터 병렬화의 기본 옵션으로 사용하는데, NCCL은 리눅스만을 지원하기 때문에 윈도에서는 NCCL을 사용하지 않도록 변경해줘야 합니다.

27.4.1 18장 데이터 병렬화

```
import numpy as np
import numpy as np
import tensorflow as tf
import matplotlib.pylab as plt

mnist = tf.keras.datasets.mnist
(x_train, y_train), (x_test, y_test) = mnist.load_data()
x_train, x_test = x_train / 255.0, x_test / 255.0

# 현재 사용가능한 device 목록 보여주기
print(tf.config.list_physical_devices())

strategy = tf.distribute.MirroredStrategy()

from tensorflow.keras.layers import Dense, Flatten, Conv2D, MaxPool2D, Dropout
from tensorflow.keras.models import Sequential

with strategy.scope():
    model = Sequential([
        Conv2D(32, 3, activation='relu', input_shape=[28, 28, 1]),
        MaxPool2D(pool_size=(2, 2), strides=(2, 2)),
        Conv2D(64, 3, activation='relu'),
        MaxPool2D(pool_size=(2, 2), strides=(2, 2)),
        Dropout(0.25),
        Flatten(),
        Dense(128, activation='relu'),
        Dropout(0.5),
        Dense(10, activation='softmax')
    ])

# learning rate를 변경
opt = tf.keras.optimizers.Adam(learning_rate=0.001)

with strategy.scope():
    model.compile(
        optimizer=opt,
        loss=tf.keras.losses.SparseCategoricalCrossentropy(),
        metrics=[tf.keras.metrics.SparseCategoricalAccuracy()]
    )
```

```
batch_size = 64
MaxEpoch = 5

model.fit(
    x_train[..., np.newaxis],
    y_train,
    epochs=MaxEpoch,
    batch_size=batch_size,
    validation_split=0.2,
    )

[loss, acc] = model.evaluate(x_test[..., np.newaxis], y_test)
print(f'테스트셋 평가 결과 loss : {loss}, accuracy : {acc}')

test_index = 15
test_image = x_test[test_index]
test_tensor = test_image[np.newaxis, ..., np.newaxis]
result = model.predict(test_tensor)

plt.imshow(test_image, cmap='gray')
plt.title(f"prediction : {result.argmax()}, truth :{y_test[test_index]}")
plt.show()
```

27.4.2 20장 데이터 병렬화

```
import numpy as np
import matplotlib.pyplot as plt
import os
import pathlib
import tensorflow as tf

dataset_url = "http://download.tensorflow.org/example_images/flower_photos.tgz"
file_path = tf.keras.utils.get_file(
            fname='flower_photos.tgz',
            origin=dataset_url,
            extract=True)

data_dir = os.path.join(os.path.dirname(file_path), 'flower_photos')
data_path = pathlib.Path(data_dir)
print(data_dir)

img_size = (224, 224)
img_shape = img_size + (3,)
```

```
batch_size = 32
train_ds = tf.keras.utils.image_dataset_from_directory(
    data_path,
    validation_split=0.2,
    subset="training",
    seed=seed,
    batch_size=batch_size,
    image_size=img_size)

val_ds = tf.keras.utils.image_dataset_from_directory(
    data_path,
    validation_split=0.2,
    subset="validation",
    seed=seed,
    batch_size=batch_size,
    image_size=img_size)

class_names = train_ds.class_names
print(f'\nThere are {len(class_names)} classes in dataset')
print(class_names)

val_batches = tf.data.experimental.cardinality(val_ds)
test_ds = val_ds.take(val_batches // 5)
val_ds = val_ds.skip(val_batches // 5)

print(f'val_batches: {val_batches}')
print(f'Number of test batches: {tf.data.experimental.cardinality(test_ds)}')
print(f'Number of validation batches: {tf.data.experimental.cardinality(val_ds)}')

strategy = tf.distribute.MirroredStrategy()

# 병목 특성 추출 (Bottleneck feature extraction)
# ImageNet 데이터셋으로 학습한 모델을 불러온다.
# 특성 병목 특성 추출을 위해 분류에 사용되는 마지막 부분의 flatten, dense layer는
포함하지 않는다.img_shape = img_size + (3,)
with strategy.scope():
    base_model = tf.keras.applications.VGG16(
        include_top=False,
        input_shape=img_shape)

image_batch, label_batch = next(iter(train_ds))
with strategy.scope():
    feature_batch = base_model(image_batch)
    print(f'base model output shape : {feature_batch.shape}')

    global_average_layer = tf.keras.layers.GlobalAveragePooling2D()
    global_averaged_batch = global_average_layer(feature_batch)
```

```
    print(f'global average polling output shape : {global_averaged_batch.
shape}')

    fc_layer = tf.keras.layers.Dense(256, activation="relu")
    feature_batch_fc = fc_layer(global_averaged_batch)
    print(f'dense layer output shape : {feature_batch_fc.shape}')

    dropout_layer = tf.keras.layers.Dropout(0.25)
    dropout_batach = dropout_layer(feature_batch_fc)
    print(f'dropout layer output shape : {dropout_batach.shape}')

    prediction_layer = tf.keras.layers.Dense(len(class_names),
activation=None)
    prediction_batch = prediction_layer(dropout_batach)
    print(f'prediction layer output shape: {prediction_batch.shape}')

with strategy.scope():
    inputs = tf.keras.Input(shape=(img_shape))
    x = base_model(inputs, training=False)
    x = global_average_layer(x)
    x = dropout_layer(x)
    x = fc_layer(x)
    outputs = prediction_layer(x)
    model = tf.keras.Model(inputs, outputs)

print(f'trainable variable : {len(model.trainable_variables)}')
base_model.trainable = False
print(f'trainable variable : {len(model.trainable_variables)}')

model.summary()

base_learning_rate = 0.0001

with strategy.scope():
    model.compile(
        optimizer=tf.keras.optimizers.Adam(learning_rate=base_learning_
rate),
        loss=tf.keras.losses.SparseCategoricalCrossentropy(from_
logits=True),
        metrics=['accuracy'])

epochs = 10
val_loss0, val_accuracy0 = model.evaluate(val_ds)
train_loss0, train_accuracy0 = model.evaluate(train_ds)

history = model.fit(
    train_ds,
    epochs=epochs,
    validation_data=val_ds)
```

```python
loss_test, accuracy_test = model.evaluate(test_ds)
print('Test accuracy :', accuracy_test)

acc = [train_accuracy0] + history.history['accuracy']
val_acc = [val_accuracy0] + history.history['val_accuracy']

loss = [train_loss0] + history.history['loss']
val_loss = [val_loss0] + history.history['val_loss']

plt.figure(figsize=(8, 8))
plt.subplot(2, 1, 1)
plt.plot(acc, label='Training Accuracy')
plt.plot(val_acc, label='Validation Accuracy')
plt.legend(loc='lower right')
plt.ylabel('Accuracy')
plt.title('Training and Validation Accuracy')

plt.subplot(2, 1, 2)
plt.plot(loss, label='Training Loss')
plt.plot(val_loss, label='Validation Loss')
plt.legend(loc='upper right')
plt.ylabel('Cross Entropy')
plt.title('Training and Validation Loss')
plt.xlabel('epoch')
plt.show()

test_ds_list = list(test_ds.as_numpy_iterator())

#테스트 셋에서 한 개의 배치 (32장의 영상)을 예측 해본다.
image_batch, label_batch = test_ds_list[1]
predictions = model.predict_on_batch(image_batch)

# 확률로 표현하기 위해 softmax를 해준다.
predictions_softmax = tf.nn.softmax(predictions)
predictions_argmax = tf.argmax(predictions_softmax, axis=1).numpy()
result = predictions_argmax == label_batch

# 영상 위에 예측한 결과와 실제 라벨값을 괄호로 표현한다. 틀렸을 경우 빨간색으로 표시한다.
plt.figure(figsize=(10, 10))
for i in range(9):
    ax = plt.subplot(3, 3, i + 1)
    plt.imshow(image_batch[i].astype("uint8"))
    plt.title(f'{class_names[predictions_argmax[i]]}\n ({class_names[label_batch[i]]})', color='black' if result[i] else 'red')
    plt.axis("off")
```

찾아보기

ㄱ

가속기(accelerator)	552
가중치	124
개발환경	22
결정경계선(Decision Boundary)	243
결정론적 방법	222
고전 수치최적화 알고리즘	154
과적합(Overfitting)	303
교차검증 데이터	389
국소 최솟값(Local minimum)	167
그래디언트 디센트 방법(Gradient descent method)	158
그래디언트(Gradient)	129
극값(Extreme value)	155

ㄴ

네스테로프 방법	196
노름(Norm)	107

ㄷ

다중 분류 모델	259
다중 분류 모델(Multi-label classification model)	242
데이터 병렬화(data parallelism)	568
데이터 타입	538
드롭아웃(Dropout)	375
딕셔너리(Dictionary)	47
딥러닝 모델	423
딥러닝(Deep Learning)	425

ㄹ

로짓(Logit)	282
리덕션(Reduction)	89
리스트(List)	44

ㅁ

마크다운(Markdown)	39
모델 병렬화(model parallelism)	570
모델 복잡도	344
모멘텀 방법	196
미니 배치 방법	186
미분	129

ㅂ

바이어스	124
반복법(Iterative method)	156
발산(Diverge)	417
배열 인덱싱	61
배치 크기(Batch size)	186
벡터	101
벡터/벡터 연산	105
변수 선언	43
병렬 계산	564
부동소수점(floating point)	554
분류 모델(Classification model)	242
분포도(Scatter Plot)	62
불러오기	407
비선형 회귀 모델	227

ㅅ

선형대수	100
선형 모델	124
선형 분류 모델	242
선형시스템	120
선형 회귀 모델	139, 218
선형 회귀 문제	174
소프트맥스(Softmax)	260, 445
손실함수	139
순환신경망	512
스칼라(Scalar)	393
스토캐스틱 그래디언트 디센트 방법	192
스토캐스틱 방법	224
스토캐스틱 방법(Stochastic method)	184
신경망 모델(Neural Network Model)	274
신경망 분류 모델	304
신경망 회귀 모델	274

ㅇ

아나콘다(Anaconda)	23
암달의 법칙(Amdahl's law)	565
언더피팅	328
연속 확률 모델	244
영상	472
예측 모델	219
오버피팅	328
원-핫(One-hot) 인코딩	261
웨이트	124
은닉층(Hidden Layer)	281
이미지 데이터	538
이중 리스트	51

이항 분류 모델	242
익명함수	44
임베딩(Embedding)	514
입력층(Input Layer)	281

ㅈ

자연어 데이터	538
저장하기	404, 500
적응형 학습률 방법	201
적응형(Adaptive) 알고리즘	201
전역 최솟값	167
전처리 과정	500
전치 연산(Transpose)	59
전치(Transpose) 행렬	102
정규화(Regularization)	361
정답함수	330
제너레이터(Generator)	49
제어변수	138
조건 제어문	48
주피터 노트북(Jupyter Notebook)	38
지도학습(Supervised Learning)	153

ㅊ

체커보드	316
최대우도법(Maximum Likelihood Estimation)	249
최소 제곱법	140
최소제곱법(Least squares method)	221
최적화 문제	135
최적화 이론	132
출력층(Output Layer)	281

ㅋ

커널(Kernel)	428
컨투어(Contour)	75
케라스(Keras) 모델	91
콘볼루션(Convolution)	426
크로스 엔트로피	253
크로스엔트로피(Cross-entropy)	445

ㅌ

탐색 방향 기반 알고리즘	192
터미널(Terminal)	28
테스트용 데이터	332
테이블 데이터	538
텐서보드	78
텐서보드(TensorBoard)	392
텐서 코어(Tensor core)	556
텐서플로 허브	524
텐서플로(TensorFlow)	21
통합개발환경	38
튜플(Tuple)	46
특성값	239
특성값 자동 추출	295
특성값(Feature)	218
특성 추출(Feature Extraction)	431

ㅍ

파인 튜닝	530
페어링(Pairing)	514
편미분	129
편향	124
표기법	101

ㅎ

학습률 기반 알고리즘	200
학습률(Learning rate)	156
학습 반복 횟수	336, 360
학습용 데이터	330
함수 선언	43
행렬	101
활성함수(Activation Function)	281
히스토그램	395

A

Adagrad 방법	204
Adam	211

B

BERT 사전학습 모델	530
bias	124
Bidirectional LSTM모델	519
Bottleneck feature	478

C

CNN 모델	424
Concatenate 방식	538
CPU	553
Cross-Validation	389

D

Discriminator(판별기)	456
Dropout	436

E

Early Stopping	360

F

for문	47

G

GAN(Generative Adversarial Networks)	452
Generator(생성기)	454
GPU	552
GRU(Gated Recurrent Unit)	512

H

Hyperparameters	457

I

ImageNet	473

L

L2 Regularization	362
Leaky ReLU(누설 ReLU)	455
Least Squares Method	140
linear model	124
Linux(리눅스)	558
LSTM모델	516
LSTM(Long Short-Term Memory)	512

M

matplotlib	62
Max-Pooling	434
min-max 최적화 문제	453
MNIST	267, 323, 440
Multi-Layer LSTM 모델	521

N

numpy	56

O

One-Hot 인코딩	443

P

Padding	432
Pair Plot(페어플랏)	65

R

Regularization	361, 369
ReLU 활성 함수	438
Reshape	59
RMSProp 방법	209
RNN 모델	512

S

Simple RNN	512
Strides	431

T

TPU(Tensor processing unit)	556
Training(학습)	459
Training loss(학습 손실)	462
Transfer learning(전이 학습)	551

V

Variable Scope(변수 범위)	455
VGG16	474
Visual Studio	38

W

weight	124
Windows(윈도)	560
with문	55

X

Xcode	38

Y

YAML	34